에피소드
세계사

교과서 속 한 줄 역사 210 장면

에피소드 세계사

하
혁명과 자본의 시대

표학렬 지음

앨피 Long Playing Book

'세계사'라는 말이 던지는 수많은 고민들

세계사란 무엇인가? 생뚱맞은 질문 같지만, 많은 논란을 안고 있는 주제이다. 우리가 알고 있는 세계사 지식의 90퍼센트는 중국사와 유럽사인데 이를 세계사라 할 수 있을까? 그럼 핸드볼 세계 1위 국가인 몬테네그로나 올림픽 육상 금메달에 빛나는 트리니다드토바고의 역사까지 다 다루어야 진정한 '세계사'일까? 그러려면 세계사 교과서는 족히 트럭 한 대 분량은 나올 것이다. 여기서 이 책의 고민은 시작된다. 세계사는 세계 모든 나라의 역사를 다 망라해야 할까?

그동안 우리가 배운 세계사는 서양사를 중심에 두고 서술하는 경향이 강했다. 서구 문명이 오늘날 세계를 주도한다는 점에서, 우리가 아는 세계사는 힘의 논리에 충실한 역사이자 승리자의 역사이다. 요즘에는 다원화된 역사를 추구하는 경향에 따라 남미나 서

남아시아의 역사도 많이 소개되고 있지만, 분량이 많지 않고 그 지역을 지배했던 민족이나 국가의 역사에 국한되어 역시 힘의 논리에서 자유롭지 못하다. 서양의 시각으로 지역사를 바라보면서, 오히려 왜곡시키거나 심지어 식민지 역사를 정당화하는 길을 열어 놓기도 했다.

세계사는 한국사에 비해 다루는 시공간의 범위가 넓은 만큼 그 연구 방향도 다양하다. 우선 주제사가 발달했다. 특정 분야를 중심으로 세계 역사를 재구성하여 전체 흐름을 이해하려는 시도이다. 동서교류사 · 민족이동사 등이 이에 포함된다. 어떤 목적 아래 특정 국가와 민족의 역사를 연구하는 경향도 있다. 중국사 · 일본사 · 미국사 · 프랑스사 등 대학에서 특정 국가의 역사를 전공한 교수나 연구자들은 그 나라와의 외교 · 무역 등과 관련한 고급 정보를 제공한다. 그런 연구자들이 없었다면 우리는 미국의 남북전쟁이나 프랑스혁명을 자세히 알거나 이해하지 못했을 것이다. 요즘 많은 관심을 받는 사회민주주의에 대한 지향 역시, 선진 복지국가들의 구체적 역사 이해에서 비롯된 것이다.

한편, 우리 관점에서 세계사를 이해하려는 흐름도 있다. 한국사를 둘러싼 국제환경으로서의 세계사, 한국사의 특수성과 외국 역사의 특수성을 비교함으로써 세계사의 보편성에 새롭게 접근하려는 시도들이다. 이는 특히 한국사를 바라보는 외국인의 시각을 이해하는 데 큰 도움이 된다.

이 책에서는 이처럼 다양한 시각과 연구 방향을 최대한 종합하고 다원적 세계관을 지향하고자 했다. 한국인의 관점에서 바라보고, 강대국 중심에서 벗어나 약소국의 관점에서 이해하고, 찬양보다 반성을 위한 세계사를 쓰려 했다.

한때 우리는 '고대 노예제 – 중세 봉건제 – 현대 자본주의'의 틀로 세계사를 이해하고, 이에 따라 근대로 진입하는 과정에서 봉건 시대에 머문 민족과 나라들의 식민지화를 당연하게 받아들였다. 하지만 오늘날 전 세계적 갈등과 파괴 행위가 끊이지 않으면서 자기 문명 중심 사고의 폭력성에 대한 반성과 함께, 그동안 문명화에 뒤처졌다고 평가받은 제3세계의 역사와 그들의 문명을 재인식하려는 노력들이 나타나고 있다. 이 책 역시 서구 문명이 들어오기 이전 동남아시아 · 아프리카 · 남아메리카 역사에 좀 더 관심을 기울였다. 가령 남아메리카 역사를 살피면서 마야 문명과 잉카, 아스텍 문명, 침략과 저항, 스페인 지배에 대한 독립운동, 선거를 통한 아옌데 좌파 정권 수립, 룰라 대통령의 민주화 노력 등을 폭넓게 다루고자 했다.

서양사에 대해서는 균형 잡힌 시각을 유지하려고 노력했다. 독일의 역사를 살피면서는 그들이 민족국가를 건설하고 산업혁명을 이루며 근대국가를 수립하는 과정과 함께, 제국주의 시대에 독일이 아프리카에서 자행한 학살과 나치의 만행을 모두 다루어 찬양도 적대도 아닌, 배울 것은 배우고 버릴 것은 버리는 자세를 견지하려 했다.

또한 이 책은 한국사적 관점, 즉 한국사를 풍부하게 이해하기 위한 세계사를 지향한다. 그동안 동아시아 역사에 대한 우리의 관심은 중국과 한국의 관계에 초점이 맞춰져 있었다. 그런데 중국과 다른 나라의 관계, 곧 중국과 조선, 중국과 일본, 중국과 몽골, 중국과 티베트, 중국과 베트남의 관계는 어땠을까?

우리는 베트남이 유교를 받아들이며 명나라와 적극적 관계를 맺고 동아시아 2인자의 자리를 놓고 조선과 경쟁했다는 사실에서, 16~17세기 일본이 동지나해 중심의 해상무역을 통해 서양 문물을 받아들였기 때문에 상대적으로 조선에 대한 의존이 줄어들었다는 사실에서, 티베트가 한때 당의 수도 장안을 함락하며 동아시아 통일을 시도한 강대국이었다는 사실에서, 중국과 조선의 조공 관계와 소중화小中華 의식을 바라보는 또 다른 시각을 얻을 수 있다. 즉, 조선·베트남·티베트·일본이 각각 중국과 맺은 관계를 통해, 조선과 중국의 관계를 단순히 대국과 소국의 관계가 아니라 동아시아 사회의 기본적인 국가 간 질서, 일종의 '팍스 시니카Pax Sinica'의 관점에서 바라볼 수 있는 것이다.

이 책이 그동안의 역사 상식, 역사 발전의 기준, 선진 문명에 대한 평가, 다른 나라에 대한 우월의식 혹은 열등의식 등을 다시 한 번 생각해 볼 수 있는 기회를 제공한다면 더 바랄 것이 없겠다. 거대한 규모를 자랑하는 고대문명 유적의 웅장함은, 오늘날 뉴욕·런던 등 선진 대도시 고층빌딩의 위용에 뒤지지 않는다. 즉, 겉으로 드러나는 외적 규모는 문명의 성장에 따라 순환하는 것이다. 정치가 권력을 과시하는 데에서 백성과 나라를 알차게 하는 방향으로 발전할수록 지배자의 무덤은 점점 작아지고 검소해진다. 이제 우리도 크기를 강조하는 사고방식에서 벗어나 문명의 안쪽을 들여다보고 성숙의 의미를 다시 한 번 생각해 봐야 하지 않을까?

역사는 발전하지만 순환하기도 한다. 삶의 질은 발전하지만, 권력은 항상 생성·성장·소멸을 반복한다. 우리는 발전을 확인함으로써 미래에 대한 희망을 갖되 순환을 통해 겸손함을 배우고, 다양한 과정과 관계들을 들여다봄으로써 인간에 대한 성찰의 기회를 가질 수 있다. 세계사를 공부하는 진정한 의미는 바로 여기 있는 것이 아닐까? 이 책이 만용과 열등감과 허무감을 극복할 기회를 조금이라도 제공할 수 있기를….

이 책은 나와 세계사 수업을 함께했던 학생들 덕분에 나올 수 있었다. 2010년 한국 근현대사가 수능 선택 과목에서 폐지되면서, 교직 생활 15년 만에 학생들에게 세계사를 가르치게 되었다. 수십여 명의 학생들이 질문 공세를 퍼부을 때마다 식은땀을 흘리며 나름대로 열심히 공부해서 답을 해 주었다. 학생들에게 교과서를 읽어 주는 교사가 될 수는 없었기에, 그때부터 소설을 포함하여 200권 정도의 책을 읽고, 다큐멘터리 100여 편, 영화 몇 백 편을 섭렵했다. 공부하고, 정리하고, 학생들에게 설명하는 과정에서 이것만은 꼭 알았으면 좋겠다고 생각한 내용들을 차근차근 모았다. 그 결과물이 바로 이 책이다.

학생들은 정말 나의 스승이다. 한국 근현대사를 고등학교 교육 과정에서 폐지하여, 세계사를 가르칠 수밖에 없도록 만든 교육 당국의 공(?)도 무시할 수 없겠다. 보잘것없는 글을 다듬어 책을 만들어 준 앨피출판사, 성실한 조력자인 아내, 내 책의 애독자이자 광고꾼인 자식, 나의 책을 자랑스러워하는 형제들, 항상 응원해 준 동료 교사들에게도 감사의 뜻을 전한다.

2016년 1월

표학렬

| 차례 |

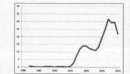

최초의 프롤레타리아 반란

프랑스 혁명

1789~1794

교과서 속 한 줄 역사 1789년 루이 16세는 재정 위기를 해결하고자 삼부회의를 소집하였다. 이때 평민 대표들은 삼부회를 대신해 국민의회를 구성하였다. 왕이 국민의회를 무력으로 해산하려 하자, 파리 시민들이 바스티유 감옥을 습격하면서 혁명이 본격화되었다. 로베스피에르가 이끈 급진파 자코뱅이 온건파를 몰아내고 정권을 장악했다. 자코뱅은 최고가격제 시행 등 민중의 처지를 대변하는 개혁을 추진하고 프랑스를 위협하는 동맹군을 물리쳤다. 그리고 저항 세력을 단두대에서 처형하는 공포정치를 시행했다.

　　15~16세기 유럽을 휩쓴 종교전쟁의 혼란은 이를 수습할 강력한 권력에 대한 갈망으로 이어졌고, 이는 절대왕정으로 귀결되었다. 절대왕정은 강력한 군사력과 관료제를 토대로 왕이 부르주아와 봉건 귀족, 신교와 구교의 싸움을 힘으로 억누른 체제이다. 대신 귀족에게는 면세 혜택 등 봉건적 특권을 유지해 주고, 부르주아에게는 중상주의를 통해 이윤 추구를 보장해 주었다. 이로써 종교전쟁의 혼란은 수습되는 것처럼 보였다.

　　그러나 절대왕정 체제는 종교나 지역이 아닌 국가적 소속감(애국심)을 고쳐시키고 국가의 이익을 위해 전쟁을 부추겼다. 또한 과거에 비해 권력이 약화되어 무기력해진 귀족들이 사치와 향락에 빠져들면서 그들의 특권을 유지하는 데 많은 비용이 들어가게 되었다. 왕은 이를 지탱하려고 부르주아와 평민에게 더 많은 세금을 부과했고, 이것이 부르주아의 불만과 평민의 빈곤을 심화시켰다. 마침내 시민계급은 왕과 귀족으로 대표되는 구舊체제(앙시앵레짐)를 타도하고 자신들의 세상을 만들어야 한다고 생각하기 시작했다. 그리하여 일어난 것이 프랑스 혁명이다.

불평등한 삼부회와 '테니스 코트 서약'

모든 혁명이 그러하듯 시작은 단순했다. 루이 16세는 선왕 때부터 누적된 재정 적자를 호전시키지 못한 채 무모하게 미국 독립전쟁에 뛰어들었다가 재정 파탄에 직면했다. 당시 프랑스 왕실은 루이 16세 아들의 장례식조차 대출을 받아 치를 정도로 재정 상태가 형편없었다. 재정 적자에서 벗어나려면 세금을 늘려야 했고, 세금을 늘리려면 의회의 동의를 얻어야 했다. 그리하여 1789년 삼부회가 열렸는데, 이것이 결국 혁명으로 발전했다.

'삼부회'란 성직자·귀족·평민 세 신분으로 구성된 의회로서, 당시 성직자 대표 308명, 귀족 대표 285명, 평민 대표 621명으로 이루어졌다. 평민이 전체 인구의 95퍼센트임을 감안하면 평민 의원 수가 절대적으로 적었지만, 그래도 평민 의원이 과반수가 넘었으므로 전체 표결에 붙인다면 평민이 유리했다. 하지만 신분 의회별로 투표를 하는 것이 관례였고, 그러면 2대 1로 평민이 불리했다.

성직자와 귀족에게는 면세 특권이 있어 세금을 올리면 그 인상분이 고스란히 평민의 부담으로 돌아올 텐데, 그 결정이 성직자와 귀족의 손에 달려 있다니! 평민 의원들은 전체 의원 투표로 결정하자고 주장하며 반발했다.

왕은 일단 세금 문제만 논의하고 의결 형식은 다음에 논의하자고 제안하면서, 국가재정 문제를 볼모로 자기 계급의 이익을 취하려 한다는 비판을 덧붙였다. 이에 평민 의원들이 삼부회를 이탈하여 그들만의 의회인 '국민의회'를 만들었다. 왕의 군대가 출동하여 국민의회를 탄압하자, 의원들이 모일 장소를 찾아 헤매다가 테니스 코트까지 가게 되었다. 이곳에서 새로운 헌법이 제정될 때까지 타협하지 말고 투쟁하자는 '테니스 코트의 서약'이 이루어진다. 마침내 프랑스 혁명의 봉화가 오른 것이다.

1789년 6월의 〈테니스 코트의 서약Le Serment du Jeu de Paume〉. 19세기 프랑스 화가 루이 샤를 오귀스트 쿠데 작. 혁명의 불을 댕긴 서약이 맺어진 장소는 사실 테니스장이 아니라 '주드폼Jeu de Paume' 경기장이었다. 주걱 모양의 채로 공을 치고 받는 주드폼이 영미권에 테니스로 전해졌다.

입헌군주제에서 공화정으로

6월 20일 국민의회의 '테니스 코트의 서약' 이후 루이 16세와 정부는 사태 수습 방안을 놓고 갈팡질팡했다. 귀족들은 사태를 조기에 수습하려면 강경하게 진압해야 한다고 주장했고, 일부 대화와 타협을 권하는 목소리도 있었다. 이 와중에 지방에 주둔하던 왕의 군대가 만약의 사태에 대비하여 대거 파리로 올라왔다.

파리에서는 무력 진압 소문이 돌고 곳곳에서 무장의 필요성을 주장하는 선동적 연설이 행해졌다. 마침내 7월 14일, 바스티유 감옥에 무기가 있다는 소문과 정치범을 구출하자는 선동이 더해져 파리 민중들이 감옥을 습격하면서 무장봉기가 시작되었다.•

8월, 귀족들의 봉건 특권이 폐지되고 국민의회에서 〈인권선언〉('인간 및 시민의 권리 선언')을 발표하면서 혁명은 돌이킬 수 없게 되었다. 이제 중요한 것은 혁명의 완수였다. 그런데 이때부터 혁명 세력 내부에서 의견 차이가 나타나기 시작했다. 혁명에 참여한 온건파 귀족과 부르주아들은 입헌군주제 등 온건한 방식의 정치체제를 지향했다. 반면 전문직 종사자들이나 노동자·농민·도시 빈민들은 가난을 구제할 급진적 개혁을 추구했다. 로베스피에르·당통·마라 등 쟁쟁한 투사들이 주도한 급진파는 파리의 서민인 '상퀼로트sans-culotte'('퀼로트'는 귀족들이 입던 반바지로 상퀼로트는 '퀼로트를 입지 않은 사람', 곧 귀족이 아닌 사람을 뜻하였다.)의 지지를 받았다. 이들을 '자코뱅'(이들이 모인 수도원 이름)이라 불렀으며, 자코뱅을 견제한 온건파는 훗날 '지롱드'(지롱드 주 출신이 많다 하여)라 이름 붙여졌다.

처음 의회를 주도한 세력은 지롱드 쪽이었다. 부르주아와 대지주 귀족들은 안정적인 이윤 창출을 위해 평민들의 정치 참여를 막

• 14일 밤 바스티유 감옥이 습격당했다는 보고를 받고 루이 16세가 "폭동인가?"라고 묻자 "아닙니다. 혁명입니다."라고 대답했다는 일화가 전한다. 이 대답을 한 사람은 온건파 귀족인 라 로슈푸코 리앙쿠르 공작이다. 그는 국민의회에서 일하기도 했지만 왕당파로서 루이 16세를 돕느라 막대한 희생을 치르고 미국으로 망명했다가 나폴레옹 시대에 프랑스로 되돌아와 사회 개혁가로 활동했다.

으려 했으며, 평민들의 빈곤을 해결하는 것보다는 자본가와 지주들의 이익을 더 강조했다. 빈곤에 허덕이던 파리 서민들의 분노가 폭발했고, 여기에 혁명헌법을 받아들이기로 한 루이 16세가 1791년 6월 마리 앙투아네트와 프랑스를 탈출하려다 붙잡혔다. 엎친 데 덮친 격으로 이듬해에는 오스트리아가 왕을 구하고 혁명을 진압한다며 침공해 왔다. 험악한 분위기 속에 민심은 자코뱅에 쏠렸고, 마침내 공화정이 선포되었다. 루이 16세는 폐위되고 1793년 1월 처형되었다.

5년간의 혁명이 남긴 긴 여운

자코뱅 중심의 국민공회(공화정 의회) 정부는 강력한 혁명 정책, 곧 남녀평등과 미신 타파, 토지 무상 분배 등 철저한 좌파 정책을 단행했다. 혁명 정책 시행의 동력은 '상퀼로트'였다. 대개 노동자와 빈민들이었던 상퀼로트는 중요한 무장봉기에 앞장서고 오스트리아 군대에 맞서 싸웠다. 이들이 원한 것은 자유와 평등이었고, 자코뱅은 그것이 혁명의 정의라고 믿었다.

하지만 자코뱅의 정치는 곧 벽에 부딪혔다. 루이 16세의 처형에 위기의식을 느낀 유럽 제국들이 반反프랑스 동맹을 결성해 침공했고, 내부에서도 왕의 처형에 반감을 가진 귀족들이 혁명에 반발하며 반프랑스 동맹 편에 섰다. 원래 군대 장교들은 귀족이었으므로 귀족의 이탈은 곧 군대의 약화로 나타났다. 부르주아들도 혁명에 반발하여 투자를 기피했고, 이는 생산 감소와 경제 악화로 이어졌다. 계속된 패배와 전사자의 증가로 전쟁에 염증을 느끼던 평민들은 경제 사정이 나빠지자 혁명 자체에 회의를 나타냈다.

　점점 많은 이들이 혁명 대열에서 이탈하자, 자코뱅과 일부 파리 빈민들은 반혁명 분자들을 색출해 처형하기 시작했다. 대량 처형을 위해 개발된 단두대 '기요틴'은 자코뱅 공포정치의 상징이 되었다. 자코뱅 지도부는 점점 혼란에 빠졌다. 당통은 온건 정책을 주장하다 처형되고, 마라는 강경책을 주장하다 암살당했다. 마침내 1794년 7월, 혁명력으로 '뜨거운 달'을 뜻하는 테르미도르 달에 귀족과 부르주아 연합 세력이 반혁명 쿠데타를 일으켰다.('테르미도르의 반동') 로베스피에르 등 자코뱅 지도부는 처형당했고, 강경 노선을 걷던 파리 빈민들도 대거 학살당했다.

　상퀼로트는 특정 세력이라기보다는 지배계급에 불만을 가진 도시 서민들의 분노 그 자체였다. 그것은 과거 몇 백 년 사이에 성장

로베스피에르의 처형. 귀족과 부르주아 세력의 반혁명 쿠데타로 자코뱅 지도자 로베스피에르는 기요틴에서 처형당했다. 프랑스 혁명력 제2년 '테르미도르'(11월) 9일, 곧 1794년 7월 27일이었다. 프랑스 국립도서관.

한 근대사회의 힘이 누적된 결과이기도 했다. 하지만 그들을 이끌어 줄 정치 세력과 정치사상이 없었기 때문에 그 에너지는 폭력적으로 분출될 수밖에 없었다.

프랑스 혁명에서 폭발한 시민들의 에너지는 19세기 유럽 사회에 큰 영향을 끼쳤다. 그것은 이후로도 계속된 유혈 시위와 혁명의 동력이자 유럽 민주주의와 휴머니즘의 뿌리였다. 프랑스 혁명이 근대 역사에서 가장 중요한 사건으로 꼽히는 이유가 바로 여기에 있다.

◇ 혁명을 좌우한 선동과 소문

혁명은 사회 전체의 정신 에너지가 일시적으로 폭발하는 상황이므로 격렬하고 무섭다. 또한 대량 학살을 수반하여 생존 본능에 휩싸인 사람들의 극단적 행동과 광기가 표출되곤 한다. 프랑스 혁명 과정에서 일어난 수많은 유혈 사태는, 사실 평소의 차분한 상황이었으면 막을 수 있는 것들이었다. 예컨대, 바스티유 감옥에는 아무것도 없었다. 죄수도 없었고, 수비병도 많지 않았다. 그럼에도 바스티유 감옥이 습격당한 것은 그곳이 구체제의 상징인 데다가, 전날 일부 시위대가 그곳으로 연행되었기 때문이다. 그리고 더 결정적 이유는 선동이었다. 바스티유로 연행된 시위대를 처형할 거란 소문이 돌자 거리의 선동가들이 습격을 부추겼다. 연행자들을 풀어 주겠다는 약속을 받았지만 혼란 속에서 그 진실을 확인할 수 없었고, 선동가들은 약속을 믿으려 하지 않았다.

루이 16세가 절대왕권을 잃은 이후에는 궁전에서 왕과 왕비를 처형할 것이란 소문이 돌았다. 초조해진 왕과 왕비는 탈출을 결행했다가 국경 근처 바렌느 역에서 체포되었다. 사람들은 탈출 시도에 분노했고, 왕비가 친정인 오스트리아에 군대를 요청했을 거란 말이 떠돌았다. 선동가들은 왕을 처형하여 전쟁에 맞설 분위기를 조성해야 한다고 주장했고, 마침내 처형이 이루어졌다. 왕의 처형을 지켜본 유럽 제국들은 프랑스의 상황에 위기를 느끼고 비로소 공격을 시작했다. 아무도 믿을 수 없고, 제대로 된 정보도 얻을 수 없는 상황에서 목숨을 걸고 판단해야 하는 순간이 이어지면서, 혁명은 자꾸 앞서 나가게 되었고 그 와중에 유혈 사태만 가속화되었다.

109

구체제와 운명을 함께한 왕비

마리 앙투아네트

1755~1793

교과서 속 한 줄 역사 국민의회에 이어 성립된 입법의회에서 왕정을 폐지하고, 이어 구성된 국민공회에서 루이 16세를 처형하였다.

프랑스 혁명 당시 왕비였던 마리 앙투아네트, 그녀에게는 죽을 때까지 이루지 못한 소원이 하나 있었다. 그녀의 소원은 바다를 보는 것이었다. 왜 그녀는 바다를 볼 수 없었을까? 그것은 혁명에 어떤 영향을 미쳤을까?

프랑스로 시집간 오스트리아 공주

오스트리아의 공주였던 마리 앙투아네트가 만 14세의 어린 나이에 프랑스로 시집왔을 때, 그녀를 맞이한 프랑스의 분위기는 냉랭하기 그지없었다.

"오스트리아의 것은 아무것도 걸칠 수 없습니다. 심지어 속옷까지도."

그녀가 처음 프랑스에 도착해서 들은 말이다. 그녀는 철저하게 모국을 부정당했다. 여러 차례의 왕위 계승 전쟁에서 프랑스는 항상 반反오스트리아 편에 섰고, 이 때문에 양국의 감정은 극단으로 치달았다. 하지만 오랜 전쟁으로 재정 적자가 심각해져 더 이상 국방비를 감당하기가 어렵게 되자 두 나라는 재정 확보와 국가 발전을 위해 화해를 도모하였고, 결국 프랑스의 루이 15세와 오스트리아의 마리아 테레지아는 혼인동맹을 맺기로 합의했다. 루이 15세의 손주인 황태자와 마리아 테레지아의 딸인 공주를 결혼시키기로 한 것이다. 역사상 가장 비극적 부부로 꼽히는 루이 16세와 마리 앙투아네트는 이렇게 맺어졌다.

마리 앙투아네트는 평화의 사도로 프랑스에 왔지만, 프랑스 국민들은 그녀에게 좋지 않은 감정을 갖고 있었다. 당시 인쇄술의 발달로 만화와 소설이 널리 읽히고 뒷골목에서는 포르노물이 많이 나돌았는데, 수많은 포르노물의 주인공으로 마리 앙투아네트가 등장했다. 마치 조선 숙종 대에 장희빈을 비난한 《사씨남정기》가 널리 읽혔던 것과 비슷하다고나 할까. 마리 앙투아네트는 오스트리아에서 온 '마녀'로서 갖은 부정과 악행을 저지르며 프랑스 왕실을 타락시키고 프랑스를 위험에 빠뜨릴 존재로 형상화되었다. 이런 이미지는 훗날 혁명 세력에 의해 의도적으로 더욱 부풀려졌다.

아름다운 베르사유 궁에 입성한 사춘기 소녀의 눈앞에는 당황스러운 풍경이 펼쳐졌다. 엄격한 여왕의 막내딸로 자란 마리 앙투아네트 주변에는 루이 16세의 정부情婦들과 결혼하지 않은 노처녀 시고모들이 가득했다. 특히 창녀 출신으로 루이 15세의 총애를 받던 뒤바리 부인에게 그녀는 강한 혐오감을 느꼈다. 베르사유의 여자들 역시 오스트리아 출신 황태자비인 마리 앙투아네트에게 냉랭하기 그지없었다.

게다가 남편 루이는 사교성이라고는 눈곱만큼도 없는 남자였다. 자물쇠를 고치는 특이한 취미를 갖고 있던 그는 아내를 다독이고 이끌기보다는 하루 종일 대장간에서 망치질을 하며 소일했다. 사면 초가 상태에 놓인 자존심 강한 10대 소녀의 마음이 어땠을까?

당당하게 맞이한 최후

그녀는 자유를 꿈꾸었지만 프랑스 왕실은 엄격했다. 프랑스의 왕은 루이 14세 때부터 왕의 권력은 신이 내려 준 것이라는 '왕권신수설'에 입각하여 절대 권력을 휘둘렀다. 절대왕정을 유지하려면 신비주의가 필요했으므로 함부로 왕의 모습을 대중 앞에 드러내지 않았다.(1926년 즉위한 일본의 쇼와昭和 천황(히로히토 천황)이 20년 동안 한 번도 국민들에게 목소리를 들려주지 않았다는 일화는 절대왕정의 신비주의를 잘 보여 준다.) 마리 앙투아네트 역시 궁궐 밖으로 나갈 수 없었다. 내륙 국가인 오스트리아 출신이었던 그녀는 프랑스의 아름다운 지중해 풍광을 보길 소원했지만, 끝내 그 꿈을 이루지 못했다.

1774년 19세의 나이로 프랑스 왕비가 된 뒤 혁명이 닥쳐올 때까지 15년 동안 그녀는 궁궐 밖 세상에 대해 전혀 알지 못했다. 그러니 "빵을 달라"는 파리 시민의 외침에 "케이크를 먹으면 되지 않나요?"라는 사오정식 대답을 할 수밖에. 그녀는 국민들이 자신을 사랑한다고 맹목적으로 믿었고, 그래서 혁명 상황을 단지 나쁜 무리들이 어리석은 백성들을 선동하여 권력을 빼앗으려 벌인 일이라고 생각했다. 그래서 오빠인 오스트리아 황제 레오폴트에게 군대를 요청했다. 그것이 타오르는 혁명의 불길에 기름을 끼얹었고 자신의 목숨까지 빼앗을 것이라고는 미처 생각하지 못했다.

많은 이들의 증언에서 확인할 수 있듯, 그녀는 왕비 자리에서 쫓겨나고 감옥에 갇힌 뒤부터 정신적으로 급속히 성장했다. 혁명의 정당성을 확보하고자 자신의 행동을 악의적으로 왜곡하는 것에 맞서, 왕비의 품위를 지키며 당당히 자신을 변론하고 달게 사형을 받

◈ **마리 앙투아네트의 진실과 거짓**

마리 앙투아네트의 재판은, 그녀가 끌어들인 오스트리아 군대와 전쟁을 치르는 와중에 진행되었다. 사형은 이미 결정 나 있었고, 재판은 명분을 제공하는 요식 절차에 지나지 않았다. 악의적인 죄목과 증거 부족에도 불구하고 재판은 신속하게 진행되었다. 그녀의 죄목 중에 아들과 동침했다는 근친상간 혐의도 있었는데, 증거는 시중에 나도는 포르노뿐이었다. 마리 앙투아네트가 국가재정으로 엄청난 금액의 보석 목걸이를 샀다는 '목걸이 스캔들'에 대해서는, 그녀에게 불리한 증언을 하기로 한 사람들만 증언했다. 하지만 그녀는 차분하게 자신을 변론했다.

1793년 10월 14일, 검찰관 푸키에 탱빌의 혁명재판소에 선 마리 앙투아네트. 이 오스트리아 출신 '작은 요정'은 이틀 뒤 단두대에서 처형되었다. 국고 낭비와 반혁명 시도죄였다.

이 변론으로 인해 마리 앙투아네트에 대한 세간의 평가가 크게 바뀌었다. 하지만 그녀 역시 자신을 변론하는 중에 거짓말을 했다. 그녀는 오스트리아에 군대 요청을 하지 않았다고 말했는데, 오늘날까지 전하는 그녀의 친필 편지는 이 말이 거짓말이었음을 입증한다. 정치인다운 세련된 거짓말이랄까? 일부 재판관조차 그녀의 거짓말을 믿었다고 하니 말이다. 어쨌든 마리 앙투아네트는 결국 사형을 언도받고 처형당했다. 하지만 재판은 사실상 그녀의 판정승이었고, 이는 훗날 반동정치와 왕정복고의 계기를 제공했다.

았다. 그녀의 모습은, 점차 변질되어 가던 혁명과 극명한 대비를 이루었다.

그녀는 구체제의 상징이었고, 구체제를 지키려 노력했다. 그녀의 몰락과 처형은 역사의 흐름 속에 당연한 귀결이었다. 그렇다고 해도 그녀를 어리석은 사람으로 모는 것은 부당한 폄하이다. 그녀는 처음부터 새로운 세상을 볼 기회를 얻지 못했다. 그 기회는 그녀에게 주어질 수 없는 것이었다. 그것이 역사의 필연이며, 필연 속에 놓인 개인의 운명이다.

110

러시아, 아시아에서 유럽으로

표트르 대제 · 예카테리나 2세

17~18세기

교과서 속 한 줄 역사 러시아는 17세기 말 표트르 대제 때 후진성을 극복하려고 유럽 문물을 적극 받아들이고 내정 개혁과 군비 확장에 열을 올렸다. 예카테리나 2세도 계몽전제군주를 자처하며 내정을 개혁하고 영토를 확장하였다.

"국민이 군주를 위해 만들어진 것이 아니라, 군주가 국민을 위해 만들어진 것이다. 군주 정치의 진정한 목적은 백성에게서 그들이 타고난 자유를 빼앗는 것이 아니라, 가장 높은 선善에 이르도록 그들을 올바로 이끄는 것이다."

18세기 후반 러시아의 예카테리나 2세는 계몽군주를 자처하며 '국민을 위한 군주'를 선언했다. 역사적으로 제멋대로 권력을 휘두른 전제군주로 평가받는 그녀는 왜 계몽군주를 자처했을까?

몽골 문명의 세례 받은 슬라브족 나라

오늘날 모스크바가 자리하고 있는 동유럽의 평원 지대는 1천 년 전만 해도 유목 생활을 하는 슬라브족의 터전이었다. 주목할 만한 국가나 도시 · 권력 등은 존재하지 않았고, 상트페테르부르크 남쪽 200여 킬로미터 떨어진 곳의 일멘 호 인근 성채 노브고로트에서 노르만의 바이킹과 교역을 하는 정도였다.

이 지역에 문명의 세례를 준 세력은 몽골이었다. 몽골 장군 바투가 건설한 '킵차크한국'이 볼가 강 하류에 위치한 수도 사라이를 중심으로 러시아 일대를 지배하면서 문명을 전파하였다. 슬라브인들은 한편으로는 문명을 흡수하고 한편으로는 몽골의 지배에 저항하며 민족의식을 키워 갔다. 마침내 몽골을 몰아내고 모스크바를 중심으로 자립한 슬라브족은 이반 대제(1462~1505 재위)와 이반 4세 (1533~1584 재위) 시절 강력한 권력을 가진 국가로 성장했다.

하지만 17세기까지 러시아는 유럽보다는 아시아에 가까운 나라였다. 여전히 몽골의 문화가 남아 있었고, 정치체제 역시 전제군주적 요소가 강했다. 러시아 귀족들은 폭음하고 싸우고 농노들을 착취하며 자기 지역을 지배했다. 그러다가 17세기 후반 들어 영국 · 스페인 · 프랑스 등 서유럽에서 발전한 절대왕정과 영토 확장에 강한 위기감을 느낀 러시아 지배층은 변화의 필요성을 절감하게 되었다. 그때 등장한 왕이 표트르 대제(1672~1725)이다.

표트르 대제가 수염을 자른 까닭

표트르 대제는 1682년 열 살의 어린 나이로 왕위에 올랐지만, 형제와 귀족들의 권력투쟁 속에서 허울뿐인 왕이었다. 실권은 이복누나 소피아와 그 측근들이 쥐고 있었다. 어린 왕으로서는 목수나 대장

장이 일로 소일하며 목숨을 지키는 것이 최선이었다. 아마도 그 시절 그의 가슴에 정치 개혁의 열정이 싹텄을 것이다.

열일곱 살에 쿠데타를 일으켜 소피아를 몰아내고 권력을 잡은 대제는, 남쪽의 따뜻한 흑해 연안으로 진출을 꾀하며 강력한 함대와 서양 문명을 갈구하게 되었다. 그리하여 많은 유학생을 서유럽에 파견하고, 본인도 신분을 위장하여 프로이센 · 네덜란드 · 영국 등지에서 노동자들과 함께 일하며 기술을 배웠다. 각국 정부는 무한한 잠재력을 가진 러시아와 동맹을 맺고자 대제의 밀행을 도와주었다.

2미터에 달하는 큰 키와 건장한 체격의 대제는 노동 현장에서 강한 힘으로 두각을 드러냈다. 그는 여관에서 질펀한 술자리를 벌이곤 했는데, 다음 날 아침이면 곯아떨어진 술꾼들과 대제의 주먹에 나가떨어진 사람들이 여기저기 널브러져 있었고, 대제는 입에서 술 냄새를 풍기며 눈이 시퍼렇게 멍이 든 채 일하러 나가곤 했다.

17세기 말 서유럽을 돌며 각국의 문물을 연구하고 귀국한 표트르 대제는, 러시아 귀족들에게 서유럽의 풍습을 강요했다. 긴 수염에 세금을 매기는 식이었다.

모스크바로 돌아온 대제는 곧 러시아의 서유럽화를 추진했다. 그의 정책 중 가장 상징적인 것이 러시아 귀족들이 즐겨 기르던 긴 수염을 자르도록 한 것이다. 지금도

가위로 귀족의 수염을 자르는 대제의 캐리커처가 종종 등장할 만큼 수염 자르기는 표트르 대제 개혁의 상징이었다.

대제의 여러 정책 중 가장 중요한 것은, 수도를 모스크바에서 핀란드 만의 항구도시로 옮긴 것이다. 한 발자국이라도 더 서유럽 쪽으로 가까이 가서 발달된 문명을 받아들이겠다는 의지의 표현이었다. 이렇게 해서 러시아의 '베르사유'로 일컬어진 새로운 수도 상트페테르부르크가 탄생했다. 상트페테르부르크는 이후 200년간 러시아의 수도이자 근대적 개혁의 중심지로 기능하였다.

남편을 몰아내고 차르가 된 예카테리나 2세

표트르 대제가 죽은 뒤 러시아의 왕정은 다시 불안해졌다. 왕위는 왕비 예카테리나 1세에게 잠시 넘어갔다가 딸 안나와 엘리자베타에게 계승되었는데, 이 과정에서 러시아는 개혁과 반개혁의 소용돌이에 휘말렸다. 마침내 안나의 아들 표트르 3세가 즉위했을 때 정치적 혼란은 극에 달했다.

표트르 3세의 아버지는 독일 홀슈타인 귀족이었다. 프로이센의 군주 프리드리히 대제를 숭배하며 반러시아적 성향을 갖고 있던 표트르 3세의 즉위는 성난 민심에 기름을 끼얹는 격이었다. 민심은 점차 표트르 3세의 아내

1745년 무렵의 표트르 3세와 예카테리나 2세 부부. 열여섯, 열일곱의 앳된 모습이다. 18세기 독일 화가 게오르크 크리스토프 그루스 작.

예카테리나(훗날 예카테리나 2세)에게 쏠렸다.

왕비 예카테리나는 프로이센 출신의 독일 여성이었다. 열네 살 때 표트르 3세에게 시집온 그녀는 개신교를 버리고 러시아정교(그리스정교)로 개종하는 등 친러시아적 성향을 보여 남편과 사이가 좋지 않았다. 두 사람은 각자 애인을 두고 형식적으로만 부부 생활을 유지했다. 그리하여 예카테리나의 남성 편력에 관한 많은 전설이

◈ '계몽'과 '전제'가 만나면?

지중해 무역과 지리상의 발견에 따른 대서양 무역에서 소외되어 있던 중부 유럽 및 동유럽은 부르주아, 즉 시민계급의 성장이 더뎠다. 그래서 봉건적인 귀족계급의 힘이 강했고 왕권은 매우 취약했다. 가장 대표적인 곳이 신성로마제국으로 여러 명의 선제후選帝侯가 황제를 선출하는 지방분권 체제를 유지했다. 그런데 18세기 베를린을 중심으로 프로이센 지역의 영주가 두각을 드러내기 시작했고, 1740년 즉위한 프리드리히 2세가 북독일 지방의 최고 강자로 부상했다.

프리드리히 2세는 계몽전제군주를 자처하며 산업을 발전시키고 왕위 계승 전쟁에 참여하여 슐레지엔 지방을 빼앗는 등 영토를 넓히면서 제국의 면모를 갖추었다. 이로써 신성로마제국은 남부의 오스트리아와 북부의 프로이센을 중심으로 서서히 뭉쳐 갔고, 마침내 1871년 프로이센을 중심으로 독일 제국이 탄생하기에 이르렀다.

프리드리히 2세가 계몽전제군주를 자처한 것은 근대화를 뒷받침할 시민계급이 부실했기 때문이다. 강력한 왕권을 바탕으로 귀족을 억누르며 인위적으로 부르주아를 성장시키기 위해 당시 유행하던 계몽주의 지도자를 자처한 것이다. 하지만 서유럽과 달리 강력한 왕권을 유지했으며, 억눌린 귀족을 달래려고 농노제를 강화하는 등 근본적인 근대적 개혁에 이르지는 못했다. 프로이센의 농노제는 결국 정복자 나폴레옹에 의해 폐지되었다. 근대 사상인 '계몽'과 전근대적인 '전제'라는 말의 결합에서 보이듯, 프리드리히 2세의 통치는 모순된 측면이 많았다. 이는 훗날 독일과 러시아 정치가 서유럽과 달리 독재로 나아가는 계기가 되었다.

생겨났으며, 실제로 그녀의 자식들은 모두 정부情夫의 소생이었다.

1761년 엘리자베타 여왕이 죽고 33세의 나이에 차르가 된 표트르 3세는 장례 주간 동안 술을 마시고 웃고 떠들며 러시아의 적국인 프로이센을 공공연히 찬양했다. 반면 예카테리나는 시신 앞을 지키며 고인을 추도했고, 귀족과 여러 지식인들을 만나 러시아 발전에 대한 견해를 청취하고 의견을 나누었다. 이로써 민심은 결정적으로 예카테리나에게 돌아섰다.

1762년 표트르 3세가 왕위에 오르고 불과 반년 만에 예카테리나는 쿠데타를 일으켜 정권을 장악하고 남편을 폐위시켰다. 표트르 3세는 폐위된 지 불과 1주일 만에 죽었는데, 공식적인 사인은 복통에 따른 내출혈이지만 예카테리나를 지지하는 귀족들에게 암살당한 것으로 알려졌다.

왕위에 오른 예카테리나는 계몽군주를 자처하였지만, 러시아의 영토를 넓히고 권력을 강화하는 한편 농노제 아래서 귀족의 이익을 보장하는 등 정반대 행보를 보이기도 했다. 그러나 그녀가 이룩한 러시아의 국력은 그녀 사후 러시아가 나폴레옹의 침공을 물리치고 19세기 열강의 지위를 강화하는 토대가 되었다. 이는 표트르 대제 때부터 이어진 과감한 서구 근대화 정책을 계승했기에 가능한 일이었다.

111

셰익스피어를 인도와 바꾸지 않은 이유

국민문학

16~19세기

교과서 속 한 줄 역사 16세기 북유럽 르네상스 이후 자국 언어를 사용하는 국민문학이 발달했다. 세르반테스, 셰익스피어가 대표 작가이다.

'국민문학'이란 무엇일까? 요즘의 '국민가수'나 '국민배우' 같은 것? 국민문학은 근대국가 성립기에 그 나라의 언어로 씌어져 국민들의 사랑을 받은 문학작품을 말한다. 국민문학은 근대국가 성립 과정에서 매우 중요한 역할을 담당했다. 영국의 '셰익스피어'와 독일의 '그림 형제'를 통해 국민문학의 의미를 살펴보자.

셰익스피어, 영국을 만들다

셰익스피어의 생애를 대략 살펴보면(그의 전기가 제각각이어서 정확하지는 않지만) 이렇다. 1590년 26세의 청년 윌리엄 셰익스피어는 엘리자베스 여왕의 통치 아래 전성기를 누리던 런던으로 이주했다. 제대로 된 교육을 받지 못한 촌뜨기로 런던의 극장에서 잡역부나

조연 배우 등의 일을 하며 근근이 입에 풀칠하던 그는 곧 극작가로서 두각을 나타냈고, 최소한 1592년부터 이름을 떨치며 각광을 받기 시작했다. 궁내부 극단 소속 극작가로 활약하면서 엘리자베스 여왕에게 "국가를 모두 내주어도 셰익스피어는 넘기지 못한다"는 극찬을 받았다. 여왕 사후 제임스 1세 때에도 셰익스피어의 활약은 계속되었다.

그의 작품은 크게 4기로 나뉜다. 1기는 고전의 모방과 타고난 천재성이 어우러진 시기로 《로미오와 줄리엣》, 《말괄량이 길들이기》 등 오늘날 가장 인기 있는 작품들이 이때 탄생했다. 2기는 《한여름 밤의 꿈》, 《베니스의 상인》 등 아름답고 낭만적인 희극의 시기다. 30대 후반쯤인 3기에는 4대 비극인 《햄릿》, 《리어 왕》, 《맥베스》, 《오셀로》 등 심각하고 어둡고 슬픈 작품들을 주로 남겼다. 4기에는 《심벨린》, 《겨울밤 이야기》 등 로맨스 작품을 남겼는데, 앞 시기에 비해서는 덜 알려진 편이다.

셰익스피어는 2만5천여 개에 달하는 풍부한 어휘, 아름답고 생동하는 단어와 문장으로 36편에 달하는 희곡과 154편의 소네트(14행시)를 창작했다. 그의 작품은 당대는 물론이고 그가 죽은 뒤에도 영국 국민들 사이에서 절대적인 인기를 누렸다. 이는 대단한 사건이었다. 왜?

당시 유럽 귀족들은 라틴어로 쓰고 읽었으며 심지어 대화도 라틴어로 나누곤 했다. 또한 영국의 지방민들은 웨일스어, 스코틀랜드어, 아일랜드어 등 수많은 방언을 사용했다. 하나의 나라라고는 하지만 지방분권적 체제였던 중세 시대에는 언어도 제각각이고, 각

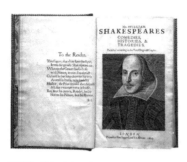

윌리엄 셰익스피어 사후 7년 후인 1623년 폴리오판으로 처음 출간된 작품집. 당시 유럽에서 출간되던 2절판 대형 책으로, 보통 크기의 4절판보다 비싸고 품격 있는 책 형태이다.

지역민들 사이에 동질감이나 통일성도 거의 없었다. 그런 상황에서 셰익스피어의 희곡이 영국 전역에서 보편적으로 읽히고 상연되었다. 셰익스피어의 희곡에 담긴 2만5천여 개에 달하는 어휘는 그 자체로 훌륭한 표준어 사전이었던 것이다! 셰익스피어가 외래어의 과도한 사용과 엉터리 문법으로 영어를 망쳤다고 비난하는 이들도 있지만, 이는 역설적으로 셰익스피어가 근대 영어 형성과 근대 영국인의 영어 생활에 얼마나 큰 영향을 미쳤는지를 말해 준다.

그림 형제가 찾아낸 '독일 민족'

1800년대로 접어들면서 독일에는 민족주의가 널리 퍼졌다. 독일 통일의 분위기가 무르익을수록 '독일적인 것'에 대한 관심도 높아졌으며, 이는 독일 역사와 독일 민족의 정체성, 독일의 본질을 탐구하는 열정으로 확대되었다.

이러한 열정은 '그림 형제'가 독일 전래 민담을 수집하고 정리하는 데에도 영향을 미쳤다. 1785년, 1786년 연년생으로 태어난 야곱 그림과 빌헬름 그림 형제는 독일 역사가 폰 사비니의 영향을 받아 초기 독일어 및 독일 문학을 연구했다. 그 성과물 중 하나가 4천페이지에 달하는 방대한 《독일어 문법》과 《독일어 사전》이다.

형제는 또한 동네 보모, 늙은이 할 것 없이 많은 사람을 찾아다니며 옛날이야기를 듣고 채록했다. 그림 형제에게 옛이야기를 들려준 사람들은 늙은 군인인 요한 크라우제, 가난한 미망인인 도로테아 비어만 같은 평범한 사람들이었다. 이들은 낡은 바지 한 벌, 따뜻한 커피 한 잔을 대가로 어렸을 적 들은 독일의 옛 민담을 손주에게 들려주듯 그림 형제에게 풀어 놓았다. 그중에 이런 이야기도 있었다.

한 여인이 딸에게 신실한 신앙을 당부하고 죽었다. 그 후 딸은 계모에게 '신데렐라'(재를 뒤집어 쓴 아이)라 불리며 구박을 받았다. 딸은 엄마 무덤에 개암나무를 심고 눈물로 물을 주었다. 나무가 크자 흰 새가 날아와 둥지를 틀었다. 왕자의 신부를 선택하는 파티가 열린다는 소식을 듣고 딸이 나무 앞에서 간절히 기도를 하니, 흰 새가 금빛 드레스와 슬리퍼를 물어다 주었다. 딸은 왕자와 춤을 추다 밤이 늦어 도망치다가 황금 슬리퍼를 흘리고 말았다. 왕자가 황금 슬리퍼의 주인을 찾으려 하자, 계모의 큰딸은 작은 슬리퍼에 발을 넣으려고 발가락을 잘랐고 작은딸은 발뒤꿈치를 잘랐다. 흰 새가 "신발 안에 핏자국이 있으면 거짓입니다."라고 귀띔해 주어 왕자는 마침내 신데렐라를 찾아 결혼하였고, 계모의 두 딸은 새들에게 눈이 쪼여 눈이 멀고 말았다.

1812년에 출판된 그림 형제의 민담집 《어린이와 가정을 위한 옛날이야기》는 시간이 흐를수록 점점 더 인기를 끌었다. 독일 언어와 민속 연구는 그림 형제에게는 박사 학위와 교수직을, 그들의 나라에는 독일의 정체성 확립이라는 성과를 안겨 주었다. 마침내 야곱

야곱 그림(왼쪽)과 빌헬름 그림.

그림은 1848년 통일 독일 설립을 위해 구성된 프랑크푸르트 의회에서 의원들의 존경에 찬 눈빛을 받으며 연설하였다. 그림 형제는 독일 통일의 소용돌이에 휩쓸리는 것을 마다하지 않았으며, 1858년 죽기 직전까지 통일에 헌신하였다. 그림 형제야말로 국민문학의 대표적 실천가였다.

영어가 있었기에 영국이 있었고, 독일어가 있었기에 독일이 있었다. 근대 영국과 독일의 탄생을 가능하게 한 것이 바로 국민문학의 힘이었다. 19세기 영국의 비평가 토머스 칼라일이 "셰익스피어를 인도와도 바꾸지 않겠다"고 극찬한 것은 이 때문이다. 정녕 펜은 칼보다 위대하다.

112

남자보다는 여자, 어른보다는 아이

산업혁명

18~19세기

교과서 속 한 줄 역사 산업혁명이 일어나고 기계화와 산업화로 몰락한 수공업자와 농민들은 일자리를 찾아 도시의 노동자가 될 수밖에 없었다. 이들의 값싼 노동력으로 자본가들은 더욱 많은 부를 쌓았지만, 노동자들의 노동조건은 나아지지 않았다.

프랑스와 오스트리아가 루이 황태자와 마리 앙투아네트 공주의 혼담을 한창 진행하고 있을 무렵인 1769년, 영국에서는 인류의 역사를 바꿀 놀라운 기술이 출현했다. 제임스 와트가 증기기관 특허를 출원한 것이다.

사실 증기기관은 이미 17세기부터 계속 진화를 거듭하고 있었다. 그럼에도 제임스 와트의 증기기관이 특별히 중요한 이유는 증기기관을 산업과 연관시키는 기술, 즉 인력 중심의 생산을 모터 동력 중심으로 바꾸는 계기를 제공했기 때문이다. 와트의 증기기관이 바야흐로 모터 동력 시대를 연 것이다.

면직물과 실업자의 대량생산

와트의 증기기관은 개량을 거쳐 영국의 면직물 기계와 연결되었다. 영국은 오랜 면직물 산업 전통과 대량생산된 상품을 소화할 풍부한 시장, 곧 아메리카와 인도라는 거대한 시장을 갖고 있었다. 기계와 연결되지 않은 모터는 실험실의 장식품으로 남았을 것이며, 시장이 없는 대량생산은 과잉생산으로 이어졌을 것이다. 그런 의미에서 와트의 증기기관 발명과 이후의 발전은 행운이었다. 그 때문에 와트의 증기기관 발명이 과대평가되었다고 비판하는 이들도 있다.

아무튼 모터와 기계를 통해 생산이 이루어지면서 인간은 보조적 존재로 전락하였다. 과학기술 발달에 따른 놀라운 물질적 발전의 과실은 기계를 사고 운영할 자금을 소유한 자본가의 몫으로 돌아갔고, 노동자들은 기계에 밀려 빈곤과 실업의 나락으로 떨어졌다. 손으로 정교하게 작업하는 수공업은 기계공업에 자리를 내주고 쇠퇴의 길을 걸었다. 농업도 마찬가지였다. 영국의 모직물 공업이 발전하면서 원료인 양털의 수요가 높아지자, 지주들은 농사를 짓던 소작인들을 쫓아내고 대신 양을 키웠다.

대량생산 체제를 유지하기 위해 원료를 대량으로 수급하고 대량 생산된 물건을 시장으로 나르는 것도 큰일이었다. 이 문제는 기차의 발명으로 해결되었다. 몇 백 마리 말을 동원하여 마차로 실어 나르던 원료와 상품을, 한 대의 증기기관차가 훨씬 더 빠른 속도로 목적지까지 운반했다. 그동안 농지로 사용되던 땅 위에 철도 레일이 깔렸고 수많은 농민들이 토지를 잃고 도시로 쫓겨났다.

수학적 계산을 바탕으로 기계를 좀 더 효율적으로 활용할 수 있도록 집중 배치하면서 공장이 생겨났다. 수공업 시절 작은 동네에서 몇 십 혹은 몇 백 명이 모여 생산하던 것이, 이제는 운동장만 한 공간에 몇 천 명이 모여 생산하는 체제로 변화하였다. 또 산업 간 연계에 용이하도록 공장들이 밀집하면서 산업도시가 생겨났는데, 그 인구 규모가 상상을 초월했다. 50만 명을 채 넘지 못하던 유럽 도시들은 100만 200만 명이 넘는 메트로폴리스(거대 도시)로 발전했다.

어린이 노동자의 평균수명 16세

자본가는 엄청난 돈을 벌었다. 그리고 벌어들인 돈을 다시 기술 개발에 투자했다. 새로운 기술과 새로운 기계는 더 많은 돈을 벌게 해 주었다. 인류가 2천 년 이상 사용해 온 마차는 산업혁명 이후 불과 200년 만에 기차와 자동차에 자리를 내주었다. 3천 년 이상 사용한 봉수대는 100년 만에 우편과 전신과 전화로 바뀌었다. 역사상 유례를 찾아볼 수 없을 만큼 엄청나게 빠른 속도로 기술 개발이 진행되었다.

하지만 노동자는 소외되었다. 자본가가 번 돈은 노동자가 아니라 기술 개발에 투입되고, 새로운 기술이 계속 노동자의 자리를 대신하면서 사회 전반에 빈곤의 그림자가 깊이 드리워졌다. 기계가 힘든 일을 해 주면서 어떤 공장에서는 남자보다 여자나 아이를 더 필요로 했으며, 일부 자본가들은 여자와 아이의 인건비가 싸다는 점을 악용하였다.

19세기 영국 의회에서 열 살 즈음의 아이를 증인으로 불러 청문회를 열었다.

"무슨 일을 하는가?"

"탄광에서 석탄을 캡니다."

"하루에 몇 시간이나 일하는가?"

"12시간 이상 일합니다."

"매를 맞은 적이 있는가?"

"감독에게 채찍으로 맞았습니다."

어른이 들어가기 힘든 작은 갱도에 덩치가 작은 아이를 들여보내 중노동을 시키고, 남자 노동자 임금의 절반도 안 되는 임금만 지급한 것이다. 수많은 아이들이 영양실조와 과로 등으로 열다섯 살이 되기 전에 죽었다.(당시 영국 어린이 노동자의 평균수명은 16세에 불과했다.) 영국은 이 청문회를 계기로 아동노동을 제한(금지가 아닌)하

1910년 미국 오클라호마 주 베시 탄광에서 일하는 '아동노동자들'. 미국의 사회학자이자 사진작가인 루이스 하인이 미국 정부로부터 아동노동 현장 실태 조사를 의뢰받아 촬영한 사진 중 하나이다.

는 법률을 통과시켰지만, 불법적인 아동노동은 20세기까지 전 유럽에서 행해졌다.

산업혁명 이후 본격적으로 발전한 자본주의는 '투자-이익'의 자본 순환 속에 노동자가 소외되고, 이것이 부익부 빈익빈을 심화시킴으로써 '인간성'에 큰 회의를 불러일으켰다. 이는 시민혁명과 19세기 이후 유럽의 정신세계에 큰 과제로 남았으며, 유럽 근대 철학이 발전하는 계기가 되었다.

◈ **자본주의의 희망 담은 '스크루지 영감'**

19세기 영국을 대표하는 소설가 찰스 디킨스는 열두 살 때인 1824년 부친의 사업 실패로 구두약 공장에서 하루 10시간 이상 중노동에 시달렸다. 다행히 1년 만에 노동자 생활을 청산하고 중학교에 다니게 되었지만, 그때의 충격적인 경험은 그가 25세 때 세기의 명작 《올리버 트위스트》를 쓰는 밑거름이 되었다.

《크리스마스 캐럴》은 1843년 그가 31세에 쓴 소설이다. 디킨스가 크리스마스에 맞추어 발표한 연작 소설 '크리스마스 이야기'의 첫 번째 작품인데, 첫 작품이 워낙 유명하다 보니 다른 작품은 묻히고 말았다. 《크리스마스 캐럴》의 주인공인 '스크루지 영감'은 자본의 탐욕을 상징하는 캐릭터이다. 잘 알다시피 이 소설에서 스크루지 영감은 천사 덕에 개과천선하여 착한 자본가가 된다. 디킨스는 자본주의의 희망을 그린 것이다. 하지만 그가 이 작품을 발표하고 5년 후인 1848년 발표된 마르크스의 《공산당 선언》이 상징하듯, 디킨스가 꿈꾼 인간적 자본주의는 쉽게 이루어지지 못했다.

113

나폴레옹이 전쟁터에 침대를 가져간 이유

나폴레옹

1769 ~ 1821

교과서 속 한 줄 역사 온건 공화파를 중심으로 한 세력에 의해 로베스피에르가 제거된 '테르미도르의 반동'이 일어나고 5명의 총재가 국정을 주도하는 총재정부가 수립되었다. 그러나 총재정부가 무능을 드러내자, 대외 원정의 승리로 명성이 높았던 나폴레옹이 쿠데타를 일으켜 통령정부를 세우고 황제로 즉위하였다. 나폴레옹은 연이은 대외 전쟁으로 유럽을 정복하였다.

　유럽 군대의 장군은 귀족들로서 평민인 병사들을 하인처럼 부렸다. 그래서 군대가 출진할 때 병사들은 장군들의 짐을 지는 곤욕을 치러야 했다. 그깟 짐 좀 지는 것이 뭐 그리 큰일일까 생각하면 오산이다. 귀족이 야전침대에서 자고 깡통에 든 음식을 먹을 리가 없지 않은가. 당시 장군들의 짐은 거의 이삿짐 수준이었다. 침대와 가구·식기는 물론이고 요리사·이발사, 심지어 첩이나 아내까지 데려갔다.

　이런 관행의 문제점을 처음 지적한 군사령관이 나폴레옹이다. 나폴레옹은 프랑스 혁명을 통해 평등이 이루어졌고, 프랑스군은 혁명의 사도이므로 귀족 장군들이 부당하게 평민 병사를 부려서는 안 된다고 생각했다. 그리하여 장군들의 짐을 더 이상 병사들이 나르지 않게 되었고, 프랑스 병사들은 유럽 최고의 충성심을 보였다.

그런 나폴레옹이 유럽 원정에 나서면서 병사들에게 고급 침대를 지고 오라고 명령했다.

"평소 모든 짐을 직접 지고 솔선수범하시던 사령관께서 침대를 병사들에게 지라 명하시는 까닭이?…"

나폴레옹이 웃으며 대답했다.

"미인과 야전침대에서 잘 수는 없지 않은가."

황제의 파트너 조제핀

나폴레옹은 1769년 지중해의 코르시카 섬에서 태어났다. 코르시카 섬은 13세기부터 거의 500여 년간 제노바 공화국의 영토였기 때문에, 1768년 프랑스의 영토가 된 뒤에도 섬 주민들은 프랑스인으로서 소속감이 크지 않았다. 당연히 프랑스 정치에 반감이 컸고, 변방의 억압받는 주민으로서 프랑스 혁명에 호의적이었다. 나폴레옹도 마찬가지였다.

프랑스 육군사관학교를 졸업한 나폴레옹은 자코뱅에 호감을 갖고 있었으며, 장교로서 숱한 우여곡절을 겪으며 혁명 과정에서 일어난 내전에서 전공을 세웠다. '테르미도르의 반동' 이후에는 총재정부를 지휘하던 폴 바라스의 신임을 얻었고, 총재정부에 도전하는 반란군을 물리쳐 혁혁한 전과를 올렸다. 그는 이 와중에 바라스의 옛 애인이었던 조제핀과 결혼했다. 당시 나폴레옹은 27세, 조제핀은 33세로 둘 다 재혼이었다.

조제핀은 명문 귀족 집안의 딸이자 자작 부인으로서, 뛰어난 미모를 겸비한 프랑스 사교계의 꽃이었다. 그녀는 이혼한 뒤에도 바라스 총재 등 거물급 정치인의 연인으로 염문을 뿌리며 상당한 정치적 영향력을 행사했다. 식민지 출신의 촌뜨기 군인인 나폴레옹이 중앙 정계에서 두각을 나타내는 데 더할 나위 없이 좋은 파트너였다. 나폴레옹은 조제핀을 전쟁터에까지 데려갈 정도로 사랑했고(일설에는 의처증 때문이라고도 하지만), 훗날 그녀를 황후의 자리에 앉혔다.

조제핀의 도움으로 중앙 정치 무대에서 인맥을 다진 나폴레옹은 천부적인 군사적 역량을 발휘하여 위기에 빠진 프랑스를 구해 냈다. 그는 혁명 이후 최대 적수였던 오스트리아군을 격파하기 위해 알프스 산을 넘으며 "나에게 불가능은 없다!"고 외쳤고, 영국을 견제하고자 나선 이집트 원정길에서는 스핑크스의 코를 부수어 버렸다.

총재정부는 나폴레옹의 국민적 인기에 위기감을 느끼고 견제하려다가 오히려 화를 당했다. 나폴레옹은 쿠데타를 일으켜('브뤼메르

〈나폴레옹의 대관식〉. 1804년 12월, 인민 투표로 황제가 된 나폴레옹 1세는 대관식 때 자신이 직접 왕관을 쓰고 부인 조제핀에게 왕관을 씌워 주었다. 당시 마흔이 넘은 조제핀이 젊은 여성으로 그려졌다. 자크 루이 다비드 작(1807).

18일의 쿠데타') 제1통령에 오른 뒤 국민투표를 거쳐 마침내 황제의 자리에 올랐다. 그가 황제에 오를 때 반反프랑스 동맹은 이미 와해되어 모든 유럽 제국이 프랑스 발밑에서 벌벌 떨었다.

이혼, 유배, 쓸쓸한 종말

황제에 오른 뒤 나폴레옹은 프랑스 혁명 이념에 입각하여 여러 정책을 시행했다. 법전을 편찬하고 가톨릭을 부정하고 농민과 빈민들을 위한 정책을 펼쳤다. 개선문을 비롯하여 많은 건축물과 기념물을 조성하는 한편, 제방과 수리시설 등 사회 공공시설도 확충했다. 프랑스의 무서운 팽창은 영국과 유럽 제국들을 불안하게 만들었다.

또다시 전쟁이 일어났지만, 나폴레옹은 불패의 전략가였다. '트라팔가 해전'(1805)에서 기사회생한 영국을 제외하고 유럽 대부분의 나라가 프랑스에 정복당했다. 정복지는 나폴레옹의 형제들이 다스렸다. 이로써 유럽 전역에서 농노가 해방되는 등 혁명적 변화가 확산되었다.

하지만 영웅호색이랄까? 황제가 되고 화려한 생활이 이어지면서 나폴레옹 주변에는 유럽의 미녀들이 들끓었다. 반면, 황후 조제핀은 점점 늙어 갔다. 둘 사이에 자식도 없는 상태에서 둘은 점점 멀어졌고 다투는 일도 잦아졌다. 조제핀의 사치도 한몫했다. 마침내 1810년 47세의 조제핀은 나폴레옹과 이혼하고 이후 죽을 때까지 조그만 궁에서 칩거했다.

나폴레옹은 이혼하고 석 달 뒤 21세 연하의 오스트리아 공주 마리 루이즈와 결혼하여 이듬해 기다리던 장남을 얻었다. 하지만

1812년 러시아 원정에 실패하면서 나폴레옹의 시대는 종말을 맞이한다.

1814년 5월, 나폴레옹은 엘바 섬으로 유배당하고 한 달 뒤 조제핀의 사망 소식을 전해 들었다. 어찌나 충격이 컸는지 나폴레옹은 한동안 식음을 전폐했다고 한다. 전쟁터에 동행할 정도로 열렬히 사랑했던 여인, 시골 촌뜨기를 화려한 파리 사교계의 스타로 만들어 준 여인, 하지만 끝내 마지막을 함께하지 못한 여인. 나폴레옹의 가슴에 어찌 회한이 남지 않았겠는가! 영웅은 호색이라지만, 진실한 사랑을 위해 모든 걸 불태우는 것이야말로 진정한 영웅의 덕목이 아닐까?

◈ "키가 큰 게 아니라 긴 거야!"

나폴레옹은 키가 작은 것으로 유명하다. 155센티미터 정도였다고 알려졌는데, 최근에는 170센티미터 정도였다는 주장도 나온다. 155센티미터는 당시 도량형에 대한 오해에서 비롯된 것이며, 키가 190센티미터 이상인 근위대에 둘러싸여 있다 보니 더 작아 보였을 뿐이라는 주장이다.(이순신 장군은 키가 9척이었다고 하는데, 이를 오늘날 도량형으로 환산하면 2미터가 넘는다. 실제 이순신 장군의 키는 190센티미터 정도였던 것으로 추측된다.) 진실 여부는 알 수 없지만, 프랑스에는 이와 관련한 유명한 일화가 있다.

나폴레옹이 서가 높은 곳에 꽂힌 책을 꺼내려 애쓰자, 근위대 병사가 다가가 말했다.

"폐하, 제가 키가 좀 큽니다만…."

그러자 나폴레옹이 화를 벌컥 내며 말했다.

"키가 큰 게 아니라 긴걸세."

이후 궁정에서는 '키가 크다'라는 말을 쓰지 못하게 했다고 한다. 실제 키가 얼마였든, 나폴레옹이 키에 콤플렉스를 갖고 있었던 것은 사실인 모양이다.

역사를 무시한 대가

나폴레옹의 러시아 원정

1812

> **교과서 속 한 줄 역사** 러시아가 대륙봉쇄령을 어기고 영국과 교역을 재개하자, 이를 응징하려고 나선 러시아 원정에서 실패하며 나폴레옹은 큰 타격을 입었다. 결국 라이프치히 전투에서 패배하고 엘바 섬에 유배되었다. 극적으로 탈출하여 재기를 꾀하기도 했지만, 영국-프로이센 연합부대에 패배하고 세인트헬레나 섬에 유배되었다.

"러시아에 믿을 만한 장군이 둘 있다. 바로 1월 장군과 2월 장군이다."

‒ 니콜라이 1세(1824~1855)

15세기에 러시아가 탄생한 이래로 여러 나라가 러시아를 침공했지만 모두 실패했다. 전성기의 스웨덴도, 강력한 나폴레옹의 군대도, 프랑스를 불과 몇 달 만에 굴복시킨 나치 독일도. 그들을 무릎 꿇린 가장 강력한 러시아의 무기는 바로 추위였다.

60만 대군을 이끌고 러시아로

트라팔가 해전의 패배로 영국 점령에 실패한 나폴레옹은, 1806년과 1807년 연이어 대륙봉쇄령을 내려 영국을 고사시키려 했다. 영국으로 물자가 유입되는 것을 막는 경제봉쇄 작전이었다. 하지만 이로 인해 타격을 입은 것은 영국이 아니라 프랑스에 순종적이던 러시아였다. 영국 제품 수입이 경제에서 큰 비중을 차지했던 러시아는 대륙봉쇄령을 어기고 영국과 계속 무역을 했고, 이에 나폴레옹은 러시아 정벌에 나서기로 결심했다.

많은 이들이 나폴레옹의 러시아 원정에 반대했다. 반대론자들은 스웨덴과 러시아의 '북방전쟁'을 근거로 들었다. 1708년 카를 12세가 이끈 전성기의 스웨덴군이 러시아 원정에 나섰다가 겨울의 혹독한 추위 속에 러시아군의 기습에 말려 전멸하였다. 이후 카를 12세는 오스만 제국에 망명했다가 겨우 돌아와 재기하려고 몸부림쳤지만 결국 전사했고, 이로써 스웨덴의 전성기도 막을 내렸다.

나폴레옹은 카를 12세의 교훈에 코웃음을 쳤다. 러시아의 겨울이 그토록 무섭다면 여름에 쳐들어가 속전속결로 알렉산드르 1세의 항복을 받으면 된다는 식이었다. 결국 나폴레옹은 60만 대군을 이끌고 러시아로 밀고 들어갔다. 당시 러시아군의 규모는 프랑스군의 30~40퍼센트 정도로 추정된다.

초기 전황은 프랑스에 꽤 낙관적이었다. 러시아군은 핵심 지휘관인 바르클라이와 바그라티온의 불화로 분열되어 있었다. 이 때문에 스몰렌스크 전투에서 바르클라이의 군대만 프랑스군에 맞서 싸우고, 바그라티온의 군대는 소극적으로 방어만 하다가 후퇴해 버렸다. 러시아는 두 장군 대신 '애꾸눈' 쿠투조프 공을 새로운 총사령 관으로 임명했는데, 그는 프랑스군과 싸우려 하지 않았다. 그의 전술은 오직 '후퇴, 또 후퇴'였다.

텅 빈 모스크바

프랑스군의 앞길을 막은 뜻밖의 복병은 따로 있었다. 바로 무더위였다. 병사들은 40도까지 치솟는 폭염에 지쳐 갔고, 쏟아지는 장대비에 무릎까지 빠지는 진창이 되어 버린 길에서 허우적거렸다. 일사병에 쓰러지고 진창에 빠져 가며 보급품 수레도 포기한 채 모스크바까지 진군하는 데 무려 3개월이나 걸렸다. 모스크바에 도착했을 때는 이미 겨울이 다가오고 있었다.

나폴레옹은 이반 대제 때부터 우뚝 서 있었던 독특한 크렘린 궁의 횃불형 돔을 보며 안도했을 것이다. 알렉산드르 1세의 항복을 받아 내고 모스크바에서 잠시 쉰 뒤 봄이 되면 천천히 돌아갈 계획을 구상하지 않았을까? 하지만 그가 도착했을 때 모스크바는 텅 비어 있었다. 쿠투조프 공이 프랑스에 맞서 싸우자는 알렉산드르 1세를 질질 끌고 쌀 한 톨 남기지 않은 채 철수해 버린 것이다.

텅 빈 모스크바에서의 첫날 밤 나폴레옹이 고민을 거듭하다 막 잠이 들었을 때, 어둠을 밝히는 환한 불빛이 타올랐다. 모스크바에 남은 일부 러시아인들이 도시 전역에 불을 지른 것이다. 잠에서 깬 나폴레옹은 이렇게 외쳤다고 한다.

"자신들이 세운 도시를 불태우다니 얼마나 잔인한 결단인가! 놀라운 국민이야!"

눈보라 속 참혹한 패배

나폴레옹은 잔해만 남은 모스크바에서 추위와 배고픔에 시달리다가 결국 철수를 명령했다. 병사들은 전리품을 챙겨들고 고향으로 돌아갈 꿈에 기뻐 노래하며 철군에 나섰다. 하지만 진짜 전쟁은 그때부터였다. 영하 30~40도의 혹한이 프랑스군을 덮쳤다. 겨울 전쟁을 준비하지 않은 프랑스군은 눈보라 속에서 얼어 죽어 갔다. 전의를 상실한 채 약탈한 러시아 농민들의 옷가지를 뒤집어쓰고 행군하는 프랑스군을 러시아 기병대와 사나운 카자흐족 기병들이 습격했다. 병사들은 죽음의 공포 속에 점점 무질서해졌고, 그럴수록 더욱 손쉽게 러시아 병사들의 먹잇감이 되었다.

가장 참혹한 학살은 베레지나 강을 건널 때 일어났다. 좁은 부교가 폭설로 무너지면서 수천 명이 얼음물에 빠졌고, 초조하게 강을 건너기를 기다리던 병사들의 머리 위로 카자흐족 병사들의 총알이

〈베레지나 강을 건너는 나폴레옹군〉. 1812년 6월, 60만 대군을 이끌고 기세 좋게 러시아 원정에 나선 나폴레옹은 무더위에 이은 혹심한 추위를 견디지 못하고 베레지나 강 건너 후퇴했다. 폴란드 화가 야누아리 슈코돌스키 작(1866).

쏟아졌다. 이 날 하루에만 프랑스군 6천 명이 전사하고 1만5천 명이 포로로 잡혔다.

프랑스로 돌아온 군대는 3~4만 명에 지나지 않았다. 그로부터 2년 뒤인 1814년 3월 러시아의 알렉산드르 1세와 러시아 군대가 파리를 점령했고, 나폴레옹은 엘바 섬에 유배되었다. 나폴레옹은 1년 뒤 엘바 섬을 탈출하여 재기를 시도했지만 '워털루 전투'에서 패하고 대서양의 세인트헬레나 섬으로 유배당하여 그곳에서 외로이 생을 마감했다.

115

실패한 보수주의자

메테르니히

1773~1859

교과서 속 한 줄 역사 나폴레옹 몰락 이후 오스트리아 재상 메테르니히를 비롯한 유럽 각국의 대표들은 유럽의 질서를 프랑스 혁명 이전으로 되돌리려는 '빈 체제'를 성립시켰다.

여기, 시대의 파도에 맞서려는 자가 있다. 그의 이름은 클레멘스 벤젤 폰 메테르니히 공작. 오스트리아의 외교관이자 정치가인 그는 19세기 유럽을 18세기로 되돌리고자 했다. 역사는 그를 실패한 보수주의자로 평가한다.

혁명 이전으로 돌아가다, '빈 체제'

1814년 나폴레옹이 패배하고 파리가 함락된 뒤, 프랑스에 맞서 싸웠던 유럽 각국의 대표들이 전후戰後 처리를 위해 오스트리아의 수도 빈에 모였다.

당시 유럽은 대혼란에 빠져 있었다. 러시아는 나폴레옹 이후 유럽의 지도자가 되려 했고, 오스트리아는 이를 견제하려 했다. 프로이센과 스페인 등은 전쟁의 피해를 복구할 전리품을 원했으며, 심지어 프랑스의 해체를 원하는 세력도 존재했다. 하지만 더 큰 문제는 나폴레옹이 전 유럽에 퍼뜨린 자유주의와 민족주의의 물결이었다. 특히 중부 유럽이 심각했다.

나폴레옹이 농노를 해방시켜 봉건 신분제가 무너진 데다, 나폴레옹군에 맞서 싸우면서 작센의 철학자 피히테가 쓴 〈독일 국민에게 고함〉에서 드러났듯 강렬한 민족의식이 싹텄다. 게다가 신성로마제국이 해체되면서 작센, 포메른, 바이에른, 프로이센, 오스트리아 등의 제후국들 사이에서 새로운 통일 국가 건설의 분위기도 무르익었다.

이는 구세력에게는 심각한 재앙이었다. 이러한 위협에 맞서 귀족 세력의 특권을 유지하고자 노력한 대표적 인물이 오스트리아의 귀족이자 외무장관인 메테르니히이다. 그는 프랑스 혁명 때부터 혁명의 전파를 막기 위해 '대對프랑스 동맹'을 결성해야 한다고 주창하고, 나폴레옹에 맞서 싸울 동맹군을 모으느라 동분서주했다. 그래서 '빈 회의'가 열렸을 때 그가 전후 수습의 핵심 역할을 맡게 되었다.

메테르니히는 혁명을 저지하고 귀족의 특권을 유지하려면 25년 전인 1789년 프랑스 혁명 이전으로 돌아가야 하며, 그렇지 않으면 전리품 배분을 둘러싼 승전국의 갈등이 새로운 전쟁으로 비화되어 재정 악화와 민중의 불만으로 구체제가 무너질 거라고 보았다. 그의 주장대로 유럽의 모든 것을 되돌리고 오스트리아가 이를 관리하는 체제가 출범하게 되었으니, 이것이 바로 '빈 체제'이다.

유럽 대부분의 나라는 혁명 이전의 국경선으로 되돌아갔고, 귀족들은 농민과 노동자를 통제하고 억압하는 데 많은 시간을 쏟았다. 프로이센 · 러시아 · 영국 · 오스트리아로 구성된 4국 동맹은 국가 간 균형과 평화를 이루는 기본 틀을 유지하는 데 기여했다. 메테르니히는 유럽의 위대한 지도자로 칭송받았다.

식민지들의 독립과 프랑스 '7월 혁명'

하지만 메테르니히의 시도는 사실 시작부터 금이 가고 있었다. 스페인의 약화는 식민지 남미의 독립으로 이어졌다. 메테르니히는 1820년대에 도미노처럼 이어진 남미 독립에 부정적이었지만, 새로운 무역 시장을 원하는 영국은 남미 독립에 호의적이었고, 아메리카 대륙에서의 배타적 지배권을 노리는 미국은 유럽의 간섭을 원치 않았다. 이는 빈 체제가 각국의 이익을 조정하는 데 한계를 안고 있었음을 보여 주는 것이다.

1822년에는 오스만튀르크 영토에 속해 있던 그리스가 독립을 선언했다. 메테르니히는 그리스 독립으로 남부 유럽에서 오스만튀르크의 지배력이 약화되면 러시아가 남하할 가능성이 높아진다며 반대했다. 하지만 이슬람 지배에 반감을 갖고 있던 영국과 유럽 여러 나라의 이해관계가 얽혀, 1829년 그리스는 최종적으로 독립하게 되었다.

그리고 1830년 프랑스에서 '7월 혁명'이 터졌다. 빈 회의로 프랑스에서 왕정이 부활하면서 루이 16세의 동생이 즉위했고(루이 18세), 그가 죽은 뒤 즉위한 또 다른 이복동생 샤를 10세가 귀족의 특권을 부활하고 강화하는 등 과거 절대왕정 시대로 돌아가려 하자 분노한 시민계급이 봉기를 일으킨 것이다. 7월 혁명으로 샤를 10세는 퇴위하고, 왕족으로 프랑스 혁명에 동조한 루이 필리프가 즉위했다.

메테르니히 실패의 교훈

연이은 혁명과 정치적 사건은 메테르니히를 무력화시켰다. 동맹국인 영국과 러시아는 더 이상 그의 주장에 귀 기울이지 않았고, 심지어 오스트리아도 그에게 호의적이지 않았다. 그는 과거의 영화를 간직한 노련한 외교관일 뿐, 화려한 파티를 즐기고 자신을 과시하는 언행으로 자위하는 추한 노년의 정치인이 되어 갔다.

마침내 1848년 3월 13일, 빈 황궁으로 성난 오스트리아 민중이

◈ 민중의 미움을 받은 또 한 명의 강경 보수파

1810년 여름, 또 한 명의 유럽 강경 보수파가 민중들에게 죽임을 당했다. 55세의 악셀 드 페르센 백작. 마리 앙투아네트의 연인으로도 유명한 그는 스웨덴 백작으로서 유능한 군인이자 정치가였다. 그는 루이 16세의 친구로 프랑스와 스웨덴 관계에서 큰 역할을 했으며, 스웨덴 내부 정치에도 깊숙이 관여했다. 프랑스 왕실과의 의리로 프랑스 혁명 당시 왕에게 많은 도움을 주었고, 혁명의 전파를 막고자 강경 보수 정책을 주도했다.

그런데 프랑스 혁명 당시 스웨덴 왕실도 구스타프 3세가 암살당하는 등 혼란에 빠져 있었다. 이런 상황에서 민중의 미움을 받는 것은 위험한 일이었다. 결국 덴마크의 왕자 카를 아우구스트가 스웨덴의 황태자로 추대되기 직전 암살당하자, 페르젠은 살인범으로 몰려 성난 민중들에게 타살당하고 말았다.

1848년 3월 18일 베를린 시민봉기. 이 해 파리에서 시작된 프랑스 '2월 혁명' 이후 혁명의 불길이 유럽 전역으로 번져 나갔다. 그러나 민족과 민주화를 외친 이 반봉건 혁명은 1년여 만에 패배로 끝난다.

몰려들었다.('3월 혁명') 그들은 메테르니히의 사임과 자유주의 정부 수립을 요구했다. 메테르니히는 영국으로 망명했다가 3년 뒤 귀국했지만, 세상은 더 이상 그를 원하지 않았다. 그는 왕의 자문이나 하며 쓸쓸하게 지내다 1851년 세상을 떠났다.

메테르니히는 유럽 제국들이 각자의 영역에서 평화롭게 공존하는 세상을 꿈꾸었다. 하지만 그가 원한 공존은 농민 및 시민의 복종으로 귀족의 특권을 유지하는 세상이었다. 결국 그는 내부적으로 시민의 저항에 직면했고, 외부적으로 자국 시민의 이익에 충실한 국가 간 갈등에 직면했다.

메테르니히의 실패는, 현실적이고 미래 지향적인 정책 속에서만 평화 공존이 가능하다는 사실을 일깨워 준다.

116

민중의 노래가 들리는가

프랑스 2월 혁명

 1848

교과서 속 한 줄 역사 빈 체제에 저항하는 자유주의의 흐름이 프랑스를 중심으로 유럽 전역에서 격렬히 일어났다. 파리 시민은 '7월 혁명'을 일으켜 입헌군주정인 7월 왕정을 수립하였는데, 7월 왕정이 대다수 시민의 정치 참여 요구를 억압하자 '2월 혁명'이 일어났다.

누가 우리의 성전에 함께하겠는가? 누가 굳건히 우리 옆에 설 것인가?

바리케이드 너머 당신이 찾던 세상이 있지 않은가?

민중의 노래가 들리는가? 말하라, 저 멀리 북소리가 들리는가?

내일이 오면 새로운 삶이 시작되리라.

뮤지컬 〈레미제라블〉과 영화 〈레미제라블〉의 피날레 곡으로 수많은 민중들이 함께 불렀던 노래, 프랑스에 찾아온 혁명과 새로운 세계를 담은 노래이다. 〈레미제라블〉의 프랑스는 이 노래가 그린 새로운 혁명의 프랑스였다.

노동계급의 분노, 6월 봉기

1830년 '7월 혁명'으로 샤를 10세가 퇴위하고 즉위한 루이 필리프는 혁명에 가담했던 왕족 오를레앙 공의 아들로서 상층 부르주아의 지지를 받았다. 그는 아버지 오를레앙 공이 자코뱅에게 처형당한 뒤 오랫동안 망명 생활을 했지만, 자유주의 세력의 지지를 바탕으로 프랑스 내부에 정치적 기반을 유지하고 있었다.

루이 필리프가 즉위하면서 부르주아들은 안정을 찾았다. 산업혁명이 가속화되고 이윤이 늘어났으며 해외투자도 기하급수적으로 확대되었다. 그리고 이와 함께 노동자와 도시 빈민의 수도 늘어났다. 부익부 빈익빈으로 심화된 사회 양극화는 프랑스 혁명과 나폴레옹 시대 주인공이었던 노동계급을 분노케 했다. 마침내 그들이 들고 일어나기 시작했다.

7월 혁명이 일어나고 2년 후인 1832년 6월, 7월 혁명의 주력이었던 공화파는 루이 필리프의 왕정을 혁명을 기만한 사기극이라고 규정하고 새로운 무력 혁명을 모의했다. 그리하여 일어난 것이 바로 〈레미제라블〉의 무대인 1832년의 '6월 봉기'다.

소설과 영화에서 잘 나타나듯, 공화파들은 자유주의자 장 막시밀리안 라마르크의 장례식에 모인 민중들을 선동하여 무장봉기를 일으켰다. 하지만 공화파는 아직 세련되지 못했고 프랑스 국민의 신뢰도 얻지 못했다. 일부 도시 빈민과 노동자들이 동참했지만 이틀 만에 군대에 진압당하고 말았다.

44년 만에 다시 공화정으로

6월 봉기 이후에도 프랑스에서는 부르주아와 프롤레타리아의 크고 작은 갈등이 계속되었다. 독일의 비평가 루트비히 뵈르네는 〈파리 소식〉에서 당시 상황을 다음과 같이 서술했다.

"7월 정부는 달걀 껍데기를 깨고 나온 지 얼마 안 된 햇병아리에 지나지 않는데도 벌써 나이 든 수탉처럼 울고, 반대를 허락하지 않는 국왕처럼 오만하고 고집스럽습니다. 그들은 지주·은행가 그리고 스스로 실업가라고 부르는 소상인들로서, 벌써 자기들끼리 새 귀족 제도를 만들려고 합니다. 그러나 만약 특권이 소유권과 연결된다면 평등에 최고의 정열을 쏟아붓는 프랑스 국민은 새로운 귀족 제도의 기초, 즉 소유권을 뒤흔들어 버리려고 꾀할 것입니다. 그것에 비하면 이전의 혁명은 그야말로 농담이나 장난에 지나지 않을 것입니다."

〈1848년 노동자들의 해방 선언〉. 19세기 프랑스 화가 프랑수아 오귀스트 비아르 작.

뵈르네를 비롯한 수많은 지식인들의 경고에도 불구하고, 루이 필리프와 부르주아 정부는 노동자에 대한 억압을 멈추지 않았다. 노동자들은 민주적으로 사태를 해결하고자 선거권을 요구했으나 정부는 거부했다.

엎친 데 덮친 격으로 1846년부터 과잉투자와 과잉생산에 따른 경제공황이 닥쳤다. 공장이 도산하고 노동자들은 거리로 쫓겨났으며 취업 노동자의 처지도 열악해졌다. 마침내 1848년 2월 대규모

◈ 혁명의 생기 충만한 19세기 파리 미술

19세기 프랑스 파리는 화가들의 도시였다. 센 강변 노천 식당에서 크루아상을 씹고 와인을 마시며 철학과 정치와 예술을 논하고 낭만적인 사랑을 나누다 격정적인 열정에 사로잡혀 미친 듯 붓을 휘두르는 모습. 19세기 파리 화가의 대표적 이미지일 것이다.

이 시기 대표 작가를 꼽아 보면, 우선 낭만주의 화가 외젠 들라크루아가 있다. 1830년 7월 혁명을 그린 〈민중을 이끄는 자유의 여신〉에서 볼 수 있듯, 그는 앵그르의 기성 화단에 대항하는 신진 작가로서 새로움을 향한 도전과 전복의 열정을 갖고 있었다.

사실주의 화가 귀스타브 쿠르베도 있다. 쿠르베는 건강한 서민 여자들을 그림의 주인공으로 등장시켜(〈센 강변의 아가씨들〉 등) 사교계 귀족 여성을 그리던 기존 화단과 선을 그었다. 2월 혁명에 참가하여 파괴 행위로 처벌받은 뒤 스위스 등지에서 여생을 보내면서 그림도 차갑고 건조해졌다는 평을 받을 만큼, 쿠르베는 참여와 예술이 한데 어우러진 작가였다.

이후에도 자연주의의 밀레, 인상주의의 마네·모네·르누아르, 후기 인상파 세잔·고갱·로트렉, 야수파의 마티스, 그리고 조각가 로댕까지, 이름만 들어도 가슴 설레는 쟁쟁한 작가들이 20세기까지 파리에서 활약했다. 혁명의 생기와 광기, 민중의 생동감이 영감을 자극했기 때문일까? 음악의 도시 빈과 함께 파리의 명성은 19세기 혁명의 시대를 더욱 아름답게 빛냈다.

봉기가 일어났다. 군대가 시위대에 발포했지만 분노한 민중을 막기에는 역부족이었다. 루이 필리프도 시위대에 감금되었다가 퇴위를 약속하고 겨우 풀려났다.

이로써 프랑스에 다시 공화정이 수립되었다. 나폴레옹이 황제에 오르며 공화정을 포기한 지 44년 만이었다. 파리 시민들은 급진주의를 경계하면서도 정치 참여 확대와 언론의 자유 등을 공포하며 일보 전진했고, 나폴레옹의 조카인 루이 나폴레옹을 대통령으로 선출했다. 그렇게 프랑스 민중들은 한 걸음씩 앞으로 나아갔다.

117

오직 철과 피

비스마르크

1815~1898

교과서 속 한 줄 역사 독일 통일은 관세동맹으로 연방의 경제적 통합을 이룬 프로이센의 주도 아래 전개되었다. 프로이센의 재상 비스마르크는 의회의 반대를 무릅쓰고 '철혈정책'이라 불리는 군제 개혁을 단행하고, 오스트리아와 프랑스를 상대로 차례로 전쟁을 일으켜 승리를 거두었다. 이후 남부 독일의 여러 나라를 프로이센 중심의 북부 연방에 가입시켜 통일을 이루고 독일 제국을 수립했다.

"독일이 기대하는 것은 프로이센의 자유주의가 아니라 그 실력입니다. 프로이센은 지금까지 몇 번의 좋은 기회를 놓쳤습니다만, 이를 교훈 삼아 앞으로의 좋은 기회에 대비하여 힘을 집중해야만 합니다. 프로이센의 국경은 건전한 국가 생활을 누리기에 알맞지 못합니다. 지금 시급하고 큰 문제는 언론이나 다수결이 아닙니다. 오직 철과 피로만 문제가 해결될 것입니다."

1862년 9월, 프로이센의 재상으로 취임한 47세의 비스마르크가 연설을 마치자 의원들 사이에서 절망의 탄식이 터져 나왔다. 괴테와 헤겔, 마르크스로 대표되는 독일의 자유 지성에 조종弔鐘을 울리는 연설이었다. 흡사 프랑켄슈타인이 나타난 것 같았다.

'프랑크푸르트 의회'의 좌절

메테르니히가 주도한 빈 체제에 입각하여 34개의 군주국으로 갈라져 있던 독일은, 1848년 '3월 혁명'으로 메테르니히가 실각하자 통일을 염원하는 새로운 분위기에 휩싸였다. 베를린에서 대규모 혁명이 일어나자 프로이센의 프리드리히 빌헬름 4세는 통일을 논의할 의회 소집을 약속했고, 그리하여 마침내 '프랑크푸르트 의회'가 소집되었다.

자유주의자들이 주도한 프랑크푸르트 의회는, 봉건적 귀족 세력과 급진적 사회주의를 모두 배격했다. 이들은 자유주의적 국가 수립 방안으로 '소小독일주의'*를 채택하고 프리드리히 빌헬름 4세에게 통일 독일의 왕위를 제안했다. 하지만 프리드리히 빌헬름 4세는 이를 거절하고 의회를 해산한 뒤 왕권을 강화하는 내용의 헌법을 통과시켰다. 그는 자유주의적 통일 독일의 황제 자리를 "내 목에 단단히 동여맨 개 목걸이"라고 칭하며 강한 거부감을 보였다. 이후 독일은 급속히 보수화되었고, 오스트리아의 주도권도 회복되었다.

* 과거 신성로마제국은 독일뿐 아니라 오스트리아와 이탈리아 북부까지 포괄하는 제국이었다. 이 중 가장 강력한 나라는 오스트리아였고, 따라서 통일의 주도권도 오스트리아가 쥐고 있었다. 이를 '대大독일주의'라 한다. 하지만 오스트리아는 보수적이고 통일에 적극적이지 않았다. 그리하여 오스트리아를 배제한 프로이센 중심의 독일 통일 주장이 나왔다. 이를 '소독일주의'라 한다. 프랑크푸르트 의회는 오스트리아에 비非게르만인이 많다는 민족주의적 이유로 소독일주의를 채택했다.

〈1848년 5월 프랑크푸르트 국민의회〉. 19세기 독일 화가 루트비히 폰 엘리어트 작.

프랑크푸르트 의회의 시도가 좌절될 무렵, 비스마르크는 30대의 보수적인 융커(지방의 토지를 가진 귀족)였다. 의회의 통일 노력을 냉소적으로 바라보던 그는 자신의 보수적 견해가 독일 정치에 통할 거라 판단하고 1849년 정계에 진출했다. 비스마르크는 이후 외교관으로서 유럽 정치의 식견을 넓히면서 오스트리아가 프로이센과 절대 대등한 관계를 맺지 않을 것임을 깨달았다.

독일 제국의 기초를 닦다

1861년 빌헬름 1세가 61세의 나이에 새로운 프로이센의 왕으로 즉위했다. 빌헬름 1세는 즉위 직후부터 군사력 증강을 추진했으나 의회의 반발에 부딪히자 이 임무를 수행할 적임자로 평소 마땅치 않아 했던 비스마르크를 등용했다. 비스마르크는 "운명을 함께하겠다"며 빌헬름 1세를 설득하여 신임을 얻고, 이어 의회에서 철혈정책을 선포한 뒤 일방적으로 군비 증강을 추진했다. 이로써 의회는 무기력해졌고 프로이센은 강력한 군대를 얻게 되었다.

1866년 오스트리아가 소독일주의에 따른 독일 통일에 반대 입장을 분명히 하자, 프로이센은 오스트리아를 침공했다. 오스트리아는 이 전쟁에서 겨우 한 달 만에 무기력하게 패하고 독일 여러 지역에서 누리던 영향력을 상실했다. 프로이센은 독일의 지방 군주국들을 흡수하면서 서서히 독일 제국을 완성시켜 갔다.

그러자 이번에는 프랑스가 반발하고 나섰다. '2월 혁명'으로 프랑스의 대통령으로 선출된 뒤 황제 자리에 오른 나폴레옹 3세(루이 나폴레옹)가 유럽의 경찰을 자임하면서 독일 통일이 유럽에 부정적 영향을 끼칠 거라며 간섭하기 시작한 것이다. 비스마르크는 공작 정치를 통해 프랑스가 빌헬름 1세를 모욕했다며 독일 국민들을 선동했고, 모함에 분노한 프랑스가 침략함으로써 '프로이센 – 프랑스 전쟁'이 발발했다. 이 전쟁 역시 불과 4개월 만에 프로이센의 승리로 끝났다.

1871년 1월, 빌헬름 1세는 파리 서남쪽의 베르사유 궁전에서 독일 제국의 초대 황제로 즉위했다. 프랑스인들은 굴욕감에 치를 떨었다.(알퐁스 도데의 단편《마지막 수업》은 바로 이 상황을 배경으로 하고 있다.) 비스마르크는 프랑스의 부활을 철저히 견제하면서, 1890년까지 독일의 재상으로서 독일의 기초를 만들었다. 마르크화, 도량형 통일 같은 대내 정책과 식민지 건설 및 독일을 중심으로 한 유럽 질서 유지 등의 대외 정책이 모두 그의 주도로 이루어졌다.

1888년 비스마르크의 절대적 후원자인 빌헬름 1세가 죽고 손자 빌헬름 2세가 즉위했다. 29세의 야심만만한 젊은 황제는 노회한 비스마르크의 정책을 못마땅해 했고, 마침내 1890년 비스마르크를 해임했다. 이후 3B 정책* 등 무모한 팽창정책을 추진하던 황제는 제1차 세계대전에서 패전하면서 강제 퇴위당했다. 비스마르크는 빌헬름 2세의 몰락을 예견하며 1898년 83세를 일기로 평화로이 생을 마감했다.

자유로운 지방을 틀어쥘 강력한 중앙권력

독일은 영국과 달리 오랜 지방분권의 역사적 전통을 갖고 있었다. 영국의 지주나 영주들이 왕과 충돌하면서 의회를 발달시킨 것과 달리, 독일의 지주와 영주들은 의회를 구성할 만큼 심각하게 정부와 충돌할 필요가 없었다. 중앙권력으로부터 자유로운 분위기는 자유로운 학문과 예술이 싹트는 토양이 되었으나, 18세기 영국 · 프랑스 · 러시아 등 강력한 제국의 등장으로 형성된 중부 유럽의 위기감은 독일에도 다양한 부국강병책을 고민하는 계기를 제공했다. 이 모든 것이 19세기 위대한 독일철학 탄생의 밑거름이 되었다.

그러나 실제 독일 제국을 건설하려면 자유로운 지방들을 하나로 묶을 (영국이나 프랑스보다 더) 강력한 중앙권력이 필요했다. 독일에서 인종주의가 가미된 강력한 민족주의, 무력을 바탕으로 한 중앙권력, 대중을 움직이는 선전 선동이 발전한 이유다. 비스마르크가 그 토대를 마련했고, 이는 빌헬름 2세의 팽창정책과 히틀러 나치의

---

* 독일의 베를린, 이라크의 바그다드, 터키의 비잔티움을 연결하는 철도 부설과 그 주변 개발 이권을 목표로 한, 19세기 말에서 제1차 세계대전 때까지 유지된 독일의 제국주의 정책. 세 도시의 머리글자가 모두 B로 시작하여 '3B 정책'이라 불린다.

광기로 이어졌다. 이 또한 독일의 얼굴이다.

1, 2차 세계대전 이후 독일은 전쟁의 과오를 가장 모범적으로 반성하는 국가이자 내부적으로도 선진적인 민주주의 국가를 이루었다. 1989년 통일 이후 네오나치즘 등 극우 파시스트들의 난동으로 골머리를 앓고 있지만, 비스마르크에서 히틀러로 이어진 근대 독일 제국의 오류를 쉽사리 잊지 않는 한 독일은 선진 민주국가의 지위를 유지할 것이다.

사람으로 인정받기 위하여

선거권

19세기

> **교과서 속 한 줄 역사** 19세기 영국에서는 인구 이동이 활발해져 선거구를 재조정해야 한다는 목소리가 높아졌고 선거법 개정이 이루어졌다.(제1차 선거법 개정) 그러나 노동자들은 아무런 선거권도 받지 못하였다. 이에 노동자들은 보통선거와 비밀투표 등을 골자로 하는 〈인민헌장〉을 발표하고 추가 선거법 개정을 요구하는 '차티스트 운동'을 일으켰다.

잘 알다시피 선거를 바탕으로 한 민주주의 체제를 만든 최초의 문명은 아테네였다. 하지만 아테네에 사는 35만 명 모두 선거권을 가진 것은 아니었다. 이 중 4만 명의 시민, 그중에서도 남자만이 선거권을 가졌다. 그러니까 35만 명 중 약 2만여 명(전체 인구의 6퍼센트)만 선거권을 가진 것이다. 이를 민주주의라 할 수 있을까?

19세기 입헌군주제를 토대로 의회민주주의가 발전한 영국은 어땠을까? 당시 영국의 선거권자는 전체 인구의 4.5퍼센트였다. 인류가 아테네 수준의 민주주의를 회복하는 데 무려 2,300여 년의 시간이 걸린 것이다.

노동자계급의 성장

영국에서는 1689년 '명예혁명'으로 입헌군주제를 이룩하고 의회 중심 정치를 펼쳤지만 그것은 철저하게 귀족과 부르주아의 정치, 즉 부르주아 민주주의였다. 많은 소상인과 노동자·농민은 자신들의 입장을 정치에 반영할 방법이 거의 없었다. 산업혁명으로 노동자가 늘어나고 착취가 심해지자 노동자들의 저항은 격렬해지기 시작했다.

처음 노동자들의 분노는 산업혁명 그 자체를 향했다. 그리하여 '러다이트 운동', 곧 기계 파괴 운동이 일어났다. 1810년대 영국에서 일어난 이 운동은 그러나 정부의 무자비한 진압으로 실패로 돌아갔다. 사실 기계 자체는 인류의 진보이며, 당시 노동자는 기계 때문에 존재하는 계급이었으니 러다이트 운동은 논리적으로 자기부정인 셈이었다.

이후 노동자들은 자신들의 이익을 대변할 수 있는 온건하고 합리적인 조직, 곧 노동조합을 만들기 시작했다. 노동조합에 가입한 노동자들은 조직력과 대중적 지지를 바탕으로 자기 목소리를 냈고, 때로는 투쟁으로 때로는 협상으로 힘을 키워 갔다. 서서히 강해진 노동자들의 힘은 19세기 무정부주의, 공산주의, 인민주의 등 여러 좌익 사상의 원천이 되었다.

끝내 거부당한 차티스트 운동

영국의 산업혁명은 의회에도 영향을 끼쳤다. 산업도시의 성장으로 인구 이동이 활발해지면서 선거구별 인구 차이가 점차 커졌다.

심지어 유권자가 거의 없다시피 한 선거구도 생겨났는데, 이를 '부패 선거구'라 한다. 부패 선거구가 50개가 넘도록 기득권을 유지하려는 귀족 의원들 때문에 선거구 조정이 이루어지지 않았다. 하지만 프랑스 7월 혁명으로 저항의 분위기가 고조되고, 하원을 중심으로 개정 분위기가 무르익으면서 1832년 부패 선거구가 조정되었다.(제1차 선거법 개정) 이로써 귀족의 기득권은 후퇴하고 일부 자본가에게 혜택이 돌아갔지만, 대다수 소상인과 노동자들은 여전히 선거권이 없었다.

1837년 경제 불황을 계기로 1838년 노동자의 참정권을 주장하는 '차티스트 운동'이 일어났다. 100만 명 이상의 청원을 의회에 제출했지만 부르주아가 장악한 하원은 매번 단호하게 거절했다. 분노한 노동자들은 격렬한 무장투쟁을 벌였으나 군대와 경찰에게 가혹하게 진압당했다.

차티스트 운동이 막바지에 이른 1848년, 런던 근교 케닝턴 커먼에서 열린 차티스트 집회. 의회 개혁, 성인 남자의 보통선거권, 선거구 평등 등 6가지 요구 사항을 담은 〈인민 헌장People's Charter〉을 내걸었다 하여 '차티스트'라 불렸다.

노동자들은 이후 10년간 최고 500만 명 이상이 서명한 청원을 제출하며 때로는 평화적으로, 때로는 폭력적으로 참정권을 요구했지만 모두 실패로 돌아갔다. 당시 노동자들의 요구는 〈인민헌장〉에 잘 나와 있다. 〈인민헌장〉의 내용은 21세 이상 성인 남자들의 보통선거, 비밀투표, 하원의원 세비 지급, 적절한 인구수의 선거구 조정 등 오늘날 관점에서 보면 대단히 상식적인 주장을 담고 있었다. 하지만 영국 정부와 의회는 끝끝내 이를 거부했다. 왜? 노동자는 부르주아와 같은 인간이 아니었기 때문이다. 선거는 인간들만 하는 것이니까!

지난한 참정권 투쟁의 역사

노동자들의 간절한 참정권 요구는 1862년 제2차 선거법 개정부터 서서히 반영되었다. 1850~60년대 독일 통일 등 유럽의 정치적 변화, 보수·자유 양당 체제가 정립되던 영국 정치체제의 변화, 본격적인 제국주의 시대의 도래, 사회주의 확산과 노동자들의 불만 등 여러 요인이 겹친 결과였다.

1862년에는 산업 노동자들의 참정권이 허용되면서 유권자가 전체 인구의 9퍼센트로 늘어났고, 1884년 개정 때는 농업 노동자와 광산 노동자가 참정권을 얻어 19퍼센트로 증가했다. 그리고 1918년 마침내 〈인민헌장〉에서 요구한 성인 남자의 보통선거가 실현되어 유권자 비율이 46퍼센트로 늘어났고, 1928년 성인 여성의 보통선거가 이루어짐으로써 비로소 모든 성인의 참정권이 보장되었다. 지금으로부터 불과 80여 년 전의 일이다.

아테네에서 선거권은 오직 시민 남성에게만 주어졌다. 여성·노예·외국인은 제외였다. 19세기까지 영국에서도 여성·노동자·빈민에게는 선거권이 주어지지 않았다. 그들은 영국에서 태어나고 자랐지만 영국인이 아니었다. 사람 취급을 받지 못했던 것이다. 무려 100년에 걸친 지난한 참정권 투쟁, 즉 선거권 획득 투쟁은 사람으로 인정받기 위한, 혹은 국민으로 인정받기 위한 노력이었다.

유럽 민주주의는 유능한 정치인들에 의해 하루아침에 이루진 것이 아니다. 보통선거가 실현되는 데만 100년이 걸렸다. 유럽 민주주의의 역사 200년, 대한민국의 역사 70년, 아직 갈 길이 멀다.

◆ 언제나 문제는 '인간 지구인'

소련 출신의 저명한 SF 작가 아이작 아시모프의 《강철도시》(1953)라는 작품이 있다. 이 소설의 줄거리는 다음과 같다. 미래 지구에서 우주인이 만든 로봇이 인간의 일자리를 빼앗자 로봇 파괴 운동이 일어나고, 이 와중에 우주인 로봇 과학자가 살해당하는 사건이 발생한다. 로봇에 혐오감을 갖고 있는 지구인 형사 베일리는 로봇 파트너와 함께 사건을 맡아 수사하면서 우주인에 대한 오해를 풀고 로봇과 인간의 조화로운 미래 문명에 감화를 받게 된다. 그리고 마침내 위험천만한 음모를 밝혀내게 되는데….

1953년 10월 《강철도시》 초판본.

이 소설은 19세기 러다이트 운동을 연상시킨다. 하지만 소련 사회주의가 결국 기계가 아닌 계급을 모순의 근원으로 보았듯, 작가 역시 로봇이 아닌 보수적 지구인이 문제의 근원임을 지적한다. 러다이트 운동 등 초기 노동운동에 대한 사회주의의 입장을 엿볼 수 있는 작품이다.

119

정치적이면서, 정치에서 자유로운

낭만주의

19세기

교과서 속 한 줄 역사 19세기 문학과 예술에는 당시 유럽 사회의 상황이 반영되었다. 19세기 전반기 주요 흐름은 낭만주의였다. 낭만주의는 자연을 동경하고 개인의 생각과 감정을 강조하였다.

1849년 독일의 제후국인 작센의 왕 프리드리히 아우구스투스 2세가 의회를 해산하고 자유주의 운동을 탄압하자, 바쿠닌을 비롯한 좌익 세력이 작센의 수도 드레스덴에서 폭동을 일으켰다. 작센 왕립 악단 지휘자 리하르트 바그너도 이 폭동에 참여했다. 〈탄호이저〉, 〈트리스탄과 이졸데〉를 작곡한 가극의 왕 바그너? 그렇다. 바로 그 바그너이다. 19세기에는 예술가들의 정치 참여가 낯선 일이 아니었다.

혁명의 시대 19세기에는 수많은 예술가들이 이상사회를 논하고 그것을 실현하는 데 자신을 내던졌다. 그들은 예술을 통해, 혹은 실천을 통해 자신의 정치적 지향을 표현하는 데 거리낌이 없었다. 이 시대를 대표하는 두 예술가의 삶을 통해 당시 분위기를 살펴보자.

나폴레옹을 향한 숭배와 좌절, 베토벤

1770년 독일에서 태어난 루트비히 반 베토벤은 어릴 적 모차르트 때문에 상당한 스트레스를 받았다. 음악감독인 할아버지와 합창단원인 아버지가 그를 모차르트 같은 음악 신동으로 키우고 싶어 했기 때문이다. 베토벤보다 14세 연상인 모차르트는 음악 신동으로 이름을 날리고, 독일 뮌헨 등에서 주교와 제후들의 후원 속에 작곡가로 명성을 얻고 있었다. 하지만 베토벤은 아버지의 노력에도 불구하고 어릴 때에는 뛰어난 재능을 보이지 못했다. 다만, 17세 때 빈에서 모차르트에게 2개월간 음악을 배우면서 매우 높은 평가를 받았다는 이야기가 전한다. 그는 대기만성형이었다.

베토벤은 하이든을 만나 작곡을 배우면서 일취월장했다. 훌륭한 스승들의 가르침 속에 1790년대부터 유명세를 타기 시작했고(그의 스승 중에는 모차르트 독살설로 유명한 안토니오 살리에리도 있었다.), 1800년부터 〈비창〉 등 주옥같은 피아노 소나타와 교향곡을 작곡하기 시작했다. 베토벤의 교향곡 3번 〈영웅〉, 5번 〈운명〉, 6번 〈전원〉, 9번 〈합창〉은 오늘날까지 큰 사랑을 받고 있다.

그중 3번 〈영웅〉은 1804년경 작곡한 작품이다. 프랑스 혁명을 열렬히 찬양했던 베토벤은 혁명 정신 계승을 표방한 나폴레옹을 숭배하여 그에게 헌정할 교향곡을 작곡하면서 부제를 나폴레옹의 이름인 '보나파르트'라고 붙였다. 하지만 곧 나폴레옹이 황제에 즉위했다는 소식을 듣고 베토벤은 격분했다.

"이제 그도 인간의 모든 권리를 짓밟고 오직 자신의 야심만을 탐할 거야!"

베토벤은 악보 맨 앞 장을 찢어 바닥에 팽개쳤다. 교향곡 제목도 '영웅(에로이카)'으로 바뀌었다.

예술을 사랑하는 빈의 귀족들은 베토벤을 숭배했다. 그들은 이 위대한 작곡가를 후원하고 정성을 다해 음악회를 개최했지만, 종종 당황스러운 일을 겪곤 했다. 베토벤은 귀족들이 신분적 우위를 드러내면 불같이 화를 내고 예의를 전혀 지키지 않았으며, 약속도 구애받지 않고 옷도 귀족처럼 입으려 하지 않았다. 귀족들은 베토벤을 자극하지 않으려고 노력했다. 리히노프스키 공작은 하인에게 "나와 베토벤이 동시에 부르면 베토벤에게 먼저 가라."라고 말할 정도였다.

독일적 오페라를 고집한 리하르트 바그너

베토벤이 50대의 나이로 서서히 세상과 작별을 고할 즈음, 베토벤을 숭모하며 극작가의 꿈을 키우는 10대 소년이 있었다. 리하르트 바그너였다. 바그너의 청년 시절은 불우했다. 자유로운 생활 태도 때문에 음악학교에 적응하지 못했고, 졸업한 뒤 작곡한 오페라도 모두 실패했다. 빈털터리로 빚쟁이에게 쫓겨 다니는 신세에 기존 예술계의 벽도 넘지 못했다. 20대의 바그너는 전형적인 '루저'였다.

하지만 30대부터 그의 오페라가 두각을 나타냈다. 바그너는 민족주의와 자유주의 운동의 영향을 받아 독일 전설을 바탕으로 한 〈탄호이저〉와 〈로엔그린〉 등을 작곡했고, 이탈리아 전통 오페라를 지향하는 세력들의 비판 속에서도 안정적인 인기를 얻었다. 바그너의 〈탄호이저〉 줄거리는 다음과 같다.

비너스의 궁전에서 여신의 총애를 받으며 온갖 쾌락을 누리던 탄호이저는 쾌락에 실증을 느끼고 지상으로 내려온다. 지상의 왕이 그를 발견하고 노래를 시켰다가 그의 쾌락적 노래에 크게 노해 죽이려 했다. 왕의 조카인 엘리자베스의 탄원으로 겨우 목숨을 건진 탄호이저는 로마 순례길에 오른다. 로마에 도착한 탄호이저는 신성한 지팡이에서 잎이 나야만 속죄할 수 있다는 말을 들었으나 아무리 노력해도 잎이 나지 않자 크게 실망한다. 얼마 후 엘리자베스가 죽고 탄호이저도 슬픔 속에 죽은 뒤, 순례자들이 잎이 난 지팡이를 들고 나타난다.

1848년, 1849년 혁명에 참가한 바그너는 결국 스위스로 망명했다. 그는 망명 시절 〈니벨룽겐의 반지〉, 〈트리스탄과 이졸데〉 등 독일 전설을 줄거리로 한 오페라를 계속 작곡했다. 기존의 형식을 거부하고 독일적 오페라를 고집하여 큰 논란을 일으켰지만 열렬한 지지층을 확보했다. 1861년 특별사면을 받아 귀국했으나 파산으로 고통 받다가, 1864년 바이에른의 왕 루트비히 2세의 후원을 받으면서 안정적으로 작곡 생활을 할 수 있게 되었다. 그로부터 10년간 바그너는 최고의 오페라 작가로 활약하였으며, 정치적 충돌에도 불구하고 후원을 멈추지 않은 루트비히 2세 덕분에 행복한 말년을 보냈다.

19세기 '가장 독일적인' 음악을 추구한 빌헬름 리하르트 바그너. 흔히 '오페라'로 불리지만, 그는 가창 중심의 오페라와는 다른 '악극Musikdrama'을 창시했다.

자유와 민족과 혁명의 시기, 그 누구도 시대로부터 자유로울 수 없었다. 하지만 베토벤과 바그너는 정치적 입장과 상관없이 예술을 인정하고 후원을 아끼지 않은 귀족과 부르주아들 덕분에 명작을 남길 수 있었다. 가장 정치적이면서 정치로부터 자유롭게 예술에 몰두했던 시기, 이 시대에 '낭만'이라는 말이 가장 잘 어울리는 이유일 것이다.

◈ 또 한 명의 나폴레옹 숭배자, 괴테

베토벤만큼이나 열렬한 나폴레옹 숭배자였고 베토벤만큼이나 나폴레옹의 황제 등극에 분노했던 또 한 명의 독일 예술가, 독일의 대문호 괴테.《젊은 베르테르의 슬픔》,《파우스트》의 작가 괴테는 베토벤이 교향곡 〈영웅〉을 찢어 버리려 한 1804년 당시 55세였다. 그는 '시투름 운트 드랑Sturm und Drang 운동'('질풍노도'라는 의미이다. 18세기 말 독일에서 전개된 문학사조로 18~19세기 전 유럽을 휩쓴 낭만주의 운동의 도화선이 되었다.)에 참여했으며, 독일의 극작가이자 자유주의 운동가인 실러(베토벤 9번 교향곡 〈합창〉의 4악장 '환희의 송가'의 가사를 쓴 것으로도 유명하다.)와 우정을 나누며 독일 문학의 신기원을 열었다. 괴테는 무려 60여 년 동안 심혈을 기울인 역작《파우스트》를 세상에 내놓고 1832년 83세의 나이로 생을 마감했다.

120

자본주의를 가장 잘 이해한 사람

마르크스

1818~1883

교과서 속 한 줄 역사 산업혁명으로 자본주의 체제가 확립되면서 빈부 격차 심화, 열악한 노동환경 등 사회문제가 발생하자 이를 해결하려는 방안의 하나로 사회주의 사상이 대두하였다.

1980년대 우리 사회에서는 경찰의 검문검색이 일상이었고, 정부가 지정한 '불온서적' 압수도 다반사였다. E. H. 카의《역사란 무엇인가》가 금서였으니, 마르크스의《자본론》은 말할 것도 없이 금서 목록 맨 앞자리를 차지하고 있었다. 학생들은《자본론》을 읽으려고 별의별 방법을 다 썼다. 그중 하나가 앞표지에 원서 제목 'Das Kapital'을 붙이는 것이었다.《자본론》을 읽은 사람이 거의 없던 시절이었으니, 책의 원제를 아는 경찰이 있을 리 없었다.

그로부터 30년의 시간이 흐른 지금,《자본론》은 필독도서 목록에 오르고 고등학생 생활기록부 독서활동란에 버젓이 기록되는 책이 되었다. 도대체《자본론》이 어떤 책이기에?

유럽을 배회하는 '공산주의'라는 유령

1848년 2월, 독일의 경제학자이자 사상가인 카를 마르크스는 《공산당 선언》이라는 소책자를 발표했다. "하나의 유령이 유럽을 배회하고 있다. 공산주의라는 유령이. 교황과 차르, 메테르니히와 기조, 프랑스의 급진파와 독일의 첩보경찰 등 유럽의 모든 열강이 이 유령을 몰아내기 위해 신성동맹을 맺었다."라고 시작하는 이 책에서 마르크스는 자본주의의 역사를 정리한 뒤 자본주의의 멸망은 필연이며 노동계급의 사회주의가 승리할 거라고 주장했다. 《공산당 선언》은 다음과 같이 끝을 맺는다.

> "공산주의자는 자신의 견해와 목적을 감추는 것을 경멸한다. 공산주의자는 자신의 목적이 오직 기존의 모든 사회적 조건을 힘으로 타도함으로써만 달성될 수 있다는 것을 공공연히 선포한다. 모든 지배계급을 공산주의 혁명 앞에 떨게 하라. 프롤레타리아가 잃을 것은 쇠사슬뿐이며 얻을 것은 온 세상이다. 만국의 노동자여 단결하라!"

1848년 파리의 '2월 혁명', 오스트리아의 '3월 혁명' 격동기에 나온 이 선언은 그때까지 유럽에서 발생했던 혁명적 사건들의 전후 관계와 특성을 명백하게 밝히고, 19세기 유럽을 둘러싼 사회경제적 관계와 각 계급의 역할을 해설하면서 이를 토대로 새로운 사회가 탄생하는 것은 역사적 법칙이라고 선언하였다. 그의 선언은 '2월 혁명'에는 별 영향을 끼치지 못했지만, 이후 묵직한 보디 블로Body Blows처럼 서서히 유럽 혁명가들에게 영향을 미치기 시작했다.

'파리 코뮌'에서 영감을 얻다

1818년 독일 유대인 가정에서 태어난 마르크스는 자식이 돈이 되는 일을 하길 바라는 아버지 때문에 여러 대학을 전전하다가 헤겔 철학을 공부하면서 위대한 사상가로 성장해 갔다. 급진파에 대한 탄압이 심해지자 사상의 자유를 찾아 파리와 런던으로 가 도피 생활을 하며 여러 편의 글을 발표했고, 마침내 1848년《공산당 선언》을 발표했다. 이후《자본론》을 집필하는 한편 여러 활동가들과 교유하며 공산주의 실천에 적극 나섰다.(《자본론》은 1867년 제1권이 출간되었고, 마르크스가 죽은 뒤 프리드리히 엥겔스에 의해 1885년에 제2권, 1894년에 제3권이 출간되었다.) 1864년 국제 노동자 조직인 '제1차 인터내셔널'에 참가하여 강령과 규약을 만들고, 다양한 급진 세력과 토론하며 의견을 나누었다.

1871년 3월, 마르크스를 비롯한 공산주의자들에게 커다란 영감을 준 사건이 일어났다. 프랑스가 프로이센과의 전쟁에서 패배하여 파리에 프로이센군이 진주하자 파리를 지키던 국민군과 시민들이 맞서 싸웠고, 나폴레옹 3세를 폐위하고 수립된 프랑스 임시정부가 이들을 해산시키려 하자 봉기가 일어난 것이다. 인터내셔널 · 자코뱅 등의 급진파는 파리에서 70여 일간 코뮌(인민의회)을 수립하고 자치를 실험

1864년 영국 런던에서 창립된 최초의 국제 조직 '국제노동자협회International Working Men's Association'. 제1차 인터내셔널이다.

하였다. 이를 '파리 코뮌'이라 한다. 파리 코뮌은 최초의 공산주의 통치 경험으로서 이때 10시간 노동, 야근 폐지 등 노동자 권리를 보장하는 중요 정책을 실천하였다.

유럽 열강들은 코뮌 진압을 촉구하고 지지하였고, 결국 5월 프랑스군이 진압에 성공했다. 프랑스 정부는 이 과정에서 수만 명의 파리 시민들을 사살하고, 10만 명을 체포하고 3~4만 명을 기소할 정도로 강력하게 탄압했다. '파리 코뮌'을 "노동자의 최종적 정치 형태"라며 지지했던 마르크스의 실천도 점점 열기를 더해 갔다. 실천과 현실, 이론이 융합하면서 마르크스주의는 더욱 정교해졌고 한 세기를 풍미할 사상이 점차 완성되었다

자본주의 발전의 최대 공헌자

마르크스는 자본주의 체제에서 물질적 가치는 오직 노동자의 노동으로 생산됨에도 불구하고, 노동자의 잉여노동에서 창출된 이윤을 자본가가 독점한다고 보았다. 기계는 스스로 이윤을 창출할 수 없으므로 자본가는 이윤을 창출하고자 노동자를 더욱 착취하게 되고, 이로 인해 계급 갈등이 심화되며 화해는 불가능해진다. 자본의 이윤 창출에서 모든 모순이 비롯된다는 것이다. 자본가들은 이윤을 창출하고자 생산을 무한대로 늘리고, 과잉생산은 마침내 경제 파탄을 불러일으킨다. 이것이 공황이다. 마르크스는 자본주의가 공황으로 인해 필연적으로 멸망하게 된다고 보았다.(마르크스의 '공황론'은 수요와 공급의 법칙에 따라 시장가격이 형성되므로 생산이 적절히 통제될 것이라고 보았던 고전 경제학에 타격을 주었다. 이는 20세기 대공황 이후 수정

자본주의가 탄생하는 계기 중 하나가 된다.)

마르크스의 시대에는 금융업이 고도로 발전하지도 않았고, 선거에 의한 대의제 민주주의도 초보적 수준이었으며, 사회복지 제도는 거의 존재하지 않았다. 자본가의 이윤 창출을 통제할 만한 어떠한 제도와 장치도 존재하지 않았다. 경제 불황이 주기적으로 찾아오고 '2월 혁명', 파리 코뮌 같은 대규모 저항이 터져도 부르주아 정부는 속수무책이었다. 결국 세계는 20세기 러시아 혁명, 1929년 세계 경제 대공황의 소용돌이에 휩싸이게 된다.

2012년 영국 공영방송 BBC가 실시한, 지난 1천 년간 인류사에 가장 큰 영향을 끼친 철학자가 누구인지 묻는 설문 조사에서 마르크스는 당당히 1위를 차지했다. 비록 현실 사회주의는 실패했지만, 자본주의의 특징과 문제점을 가장 정확하게 지적했기 때문일 것이다. 물론 마르크스의 예상과 달리 자본주의는 자신의 문제점을 끊임없이 고쳐 가며 더욱 확장되었다. 그런 의미에서 보면, 마르크스는 누구보다 자본주의의 발전에 큰 공헌을 한 사람이 아닐까?

◈ 마르크스의 동지이자 후원자, 엥겔스

마르크스를 논할 때 빠지지 않고 거론되는 인물 프리드리히 엥겔스, 그는 독일의 철학자로서 마르크스보다 두 살 연하이며 마르크스처럼 헤겔 철학의 계승자였다. 독일군 포병으로 복무한 뒤 유물론에 입각한 혁명 이론을 연구한 엥겔스는, 1844년 파리에서 마르크스를 만나 평생 동지가 되었다. 그는 마르크스의 경제적 후원자였고, 마르크스가 사망한 뒤 그의 유고를 정리하여 《자본론》 2권과 3권을 출간했으며, 혁명의 동지로서 '제2차 인터내셔널'의 주요 지도자이기도 했다. 또한, 군복무 경험을 바탕으로 무장 봉기를 지휘하고 전쟁의 역사를 연구하기도 했다. 그의 역작 《가족, 사적 소유 및 국가의 기원》은 역사적 유물론의 바이블로 평가받는다.

121

아무도 만족시키지 못한 개혁

알렉산드르 2세

1818~1881

교과서 속 한 줄 역사 러시아는 여러 개혁에도 불구하고 농노제가 지속되었으며, 19세기에도 여전히 차르의 전제정치 아래에서 신음했다. 개혁의 필요성을 절감한 알렉산드르 2세는 농노해방령을 발표했지만 현실에서는 잘 지켜지지 않아 여전히 농노들은 가혹한 착취에 시달렸다. 알렉산드르 2세는 지방의회 설치, 군제 개혁 등도 단행했으나, 러시아 지식층은 이 정도 개혁에 만족하지 않고 사회주의국가 건설을 주장하며 차르를 살해하였다. 이에 대해 러시아 절대왕정은 전제정치를 강화하고 자유주의를 철저히 탄압했다.

러시아 농노들의 삶은 힘겨웠다. 러시아의 농노는 가사 농노와 농사 농노로 나뉘는데, 농사 농노는 온종일 들에서 농사를 짓고 영주에게 세금을 내거나 부역을 져야 했다. 가사 농노는 노예와 다름없었다. 그들은 종종 매매되었고 주인을 위해 모든 일을 해야 했다. 주인들은 모든 농노에게 골고루 일을 시키는 것을 명예로 여겨, 일이 없으면 일부러라도 만들어 냈다. 심지어 남자 주인의 담배에 불을 붙이는 하인도 있을 정도였다. 가사 농노들은 각종 예능인의 역할도 해야 했다. 그들은 주인을 위해 노래와 춤과 연기를 공연했다.

그중 볼켄슈타인 백작의 농노 미하일 시체프킨은 뛰어난 연기력을 인정받아 19세기 초 인기 배우가 되었고, 그 덕에 많은 돈을 벌어 돈을 주고 자유민의 신분을 사기도 했다.

19세기 러시아는 근대와 중세가 공존하는 혼돈의 사회였다. 표트르 대제와 예카테리나 여제의 개혁 정치로 세계 제1의 육군을 자랑하는 군사 강국이자, 시베리아의 무궁한 자원과 유럽 제1의 인구를 보유한 잠재적 산업대국으로 성장했다. 그럼에도 농노제를 토대로 한 봉건적 농촌 사회가 러시아의 대부분을 차지하고 있었다.

이 속에서 봉건적 억압에서 벗어나고자 투쟁하는 농민 및 지식인들과, 근대적 이윤과 봉건적 이익을 동시에 지키려는 모순된 지배층의 대립이 걷잡을 수 없이 커지면서 러시아는 거대한 갈등의 소용돌이에 빠진다. '데카브리스트의 난'(1825)이나 '브나로드 운동'(1870년대), 인민주의자들의 활동 등이 이어지고, 이는 19세기 후반부터 20세기 초까지 개혁과 혁명으로 연결된다.

보수 반동의 화신 니콜라이 1세

러시아의 알렉산드르 1세는 1812년 무모한 원정에 나선 나폴레옹에게 처절한 패배를 안기고, 2년 뒤인 1814년 군대를 이끌고 파리를 점령하여 나폴레옹을 엘바 섬으로 유배 보내면서 일약 유럽의 지도자로 떠올랐으나, 이후 빈 체제를 지탱하려 애쓰는 반동적 군주로 쓸쓸한 말년을 보냈다. 러시아인들은 차르(황제)*에게 실망했고, 개혁적인 새로운 차르를 기대했다.

1825년 알렉산드르 1세가 자식 없이 죽자 두 명의 남동생 콘스탄틴과 니콜라이 사이에서 분쟁이 일어났다. 형 콘스탄틴이 동생 니콜라이에게 차르 자리를 양보했지만 많은 이들이 콘스탄틴의 즉위를 원했기 때문이다.(이 과정에서 '데카브리스트 난'이 일어났다.)

어렵게 차르에 오른 니콜라이 1세(1825~1855 재위)는 전제정치를 펼치며 자유주의를 억압했다. 비밀경찰을 통한 감시와 잔인한 시베리아 유형은 이후 러시아 폭압정치의 대명사가 되었다. 대외적으로도 프랑스에서 일어난 '7월 혁명'의 영향으로 형 콘스탄틴이 지배하는 폴란드에서 자유주의 운동이 일어나자 군대를 보내 진압하고 합병했으며, '2월 혁명' 때는 프랑스 침공을 시도하고, 헝가리에서 자유주의 운동이 일어나자 오스트리아의 지원 요청을 받고 군대를 보내 진압했다.

유럽 보수반동 정치의 화신 니콜라이 1세의 기세는 1853년 발발한 크림 전쟁에서 패전함으로써 꺾였고, 2년 후 니콜라이 1세는 급성 폐렴으로 사망했다.

젊은 개혁 군주 알렉산드르 2세

1855년 37세의 나이에 새 차르로 즉위한 니콜라이의 장남 알렉산드르 2세는 러시아 개혁의 필요성을 절감했다. 러시아는 강한 군대와 풍부한 인구 및 자원을 보유하였으나 서유럽 제국들의 상대가 되지 못했다. 러시아에 필요한 것은 산업혁명과 새로운 정치제도였

• '차르tsar'는 '카이사르'라는 뜻으로 비잔티움(동로마) 황제의 러시아식 표현이다. 콘스탄티노플 함락으로 비잔티움 제국이 멸망하자 사위뻘인 이반 4세가 로마의 계승자를 자처하며 차르라 불렸고, 이후 계승되었다.

다. 알렉산드르 2세는 이를 실행할 개혁 군주가 되기로 결심했다.

그가 단행한 획기적인 정책은 1861년 농노 해방이었다. 전체 인구의 3분의 2에 해당하는 농노를 해방시킴으로써 농민들이 토지의 속박에서 벗어나 자유롭게 노동자가 될 수 있도록 했다. 이는 산업 자본 성장에 꼭 필요한 요소였다. 영지를 토대로 하는 기존 귀족들 및 지주들은 이로 인해 큰 타격을 입었고 생존을 위해 산업자본가로 변신해야만 했다.

농노 해방을 토대로 산업혁명의 바람이 러시아에 불어닥쳤다. 광활한 러시아 전역에 철도가 놓이면서(알렉산드르 2세가 즉위할 때 965킬로미터에 지나지 않던 전체 철도 길이가 그가 죽을 때는 무려 2만5천여 킬로미터로 늘어났다.) 고립된 지방 농촌이 도시와 연결되어 산업화의 세례를 받게 되었다. 도시에는 공장이 세워지고 은행이 건립되었으며, 기차로 곡물이 운송되어 식량 문제가 해결되면서 노동자

◈ **러시아 최초의 근대 자유주의 혁명**

나폴레옹과의 전쟁에서 승리한 러시아군은 한동안 파리에 주둔했는데, 이때 일부 청년 장교들이 자유주의의 세례를 받았다. 러시아로 돌아온 그들은 러시아의 현실을 개탄하며 혁명을 꿈꾸기 시작했다. 마침내 1825년 12월 14일 3천여 명의 병력을 동원하여 반란을 일으키니, 12월에 거사를 일으켰다 하여 '12월 당원'이란 뜻의 '데카브리스트의 난'이라 한다.

"농노제는 우리 민족의 치욕"이라고 외친 반란군은 오늘날 '데카브리스트의 광장'이라 불리는 곳에 모여 봉기했지만 곧 황실 근위대에 의해 잔인하게 진압당했다. 1천여 명이 죽거나 다쳤고 120여 명의 지도자가 체포되었다. 그중 5명은 처형되고 나머지는 시베리아에 유배되었다. 반란군 장교의 아내 11명도 남편을 따라 시베리아 유배길에 동행하였다. 이들을 '데카브리스트의 아내'라고 하는데, 이 중에 왕실의 마리야 폴콘스카야 왕녀는 훗날 문학작품의 소재가 되기도 했다.

유입도 원만해져 대규모 공장이 들어섰다. 500명 이상 고용하는 대기업 노동자의 비율이 프로이센의 3배에 이를 정도였다. 무역도 활발해졌다.

경제 변화는 정치·사회의 변화를 수반했다. 지방에는 자치의회인 '젬스트보'가 설치되었고, 도시에는 프랑스 사법제도를 본뜬 신식 법원이 설립되어 인권 향상을 위한 노력을 기울였다. '데카브리스트'에 대한 특별사면이 이루어지고 유대인 차별도 완화되었다. 국민 징병제가 실시되어 농민들에게만 부과되던 군역이 귀족에게까지 평등하게 부여되고, 가혹한 형벌과 언론에 대한 검열도 완화되었다. 이렇게 좋을 수가!

하지만 알렉산드르 2세가 개혁의 대가로 얻은 것은 약간의 인기와 암살 위협이었다. 그는 여러 차례 암살 위협에 시달렸고, 이 때문에 사람들은 그가 가는 곳에 접근하기를 꺼렸다. 그의 개혁은 아무도 만족시키지 못했다.

가장 큰 불만 세력은 귀족들이었다. 그러나 전제 왕정 체제인 러시아에서 귀족들이 저항할 여지는 없었다. 그저 알렉산드르 2세가 고립되었을 뿐. 차르의 고립은 그를 제거하고 공화 정부를 세우고 싶어 하는 급진주의자들에게 좋은 환경을 제공했다.

급진적 인민주의자 '나로드니키'

러시아에는 아직 차르를 지지할 온건 개혁파나 자유주의자가 충분하지 않았다. 해방된 농노들을 흡수할 일자리가 지극히 부족하여 그들 대부분은 여전히 지주에게 종속되어 있었으며, 노동자들은 혹독한 장시간 노동과 저임금으로 고통 받았다. 새로운 산업 부르주아들은 충분치 않았고, 그들 중 일부는 지주나 귀족에서 억지로 변화를 강요당한 사람들이었다.

1860년대부터 급진주의자인 '나로드니키'(인민주의자)들이 활약을 펼치기 시작했다. 이들은 미하일 바쿠닌 등의 영향을 받은 무정부주의 계열로서 농민 봉기를 통한 혁명정부 수립을 주장했다. 바쿠닌은 원래 마르크스와 인터내셔널에서 함께 활동했지만, 농민의 수가 압도적인 러시아 현실에는 마르크스의 이론이 적합하지 않다고 판단하여 농민 중심의 새로운 이론을 만들었다. 이들이 펼친 활동 중에 유명한 것이 '브나로드 운동'이다. 농촌으로 들어가 그들과 함께 혁명을 준비하자는 이 운동은 농촌계몽의 대명사로 불리기도 했다. 그러나 이들은 정작 농민의 지지를 받지 못하면서 점차 테러 활동을 강화해 갔다.

◈ 크림 전쟁이 배출한 세기의 스타는?

2014년 봄 우크라이나 공화국의 일부였던 크림 반도가 러시아에 귀속되어 '신냉전의 부활'을 염려할 만큼 큰 외교적 문제가 되었다. 크림 반도는 흑해 연안에 자리 잡은 한국의 4분의 1 정도 되는 크기의 반도(면적 2만5천 제곱킬로미터)이다. 예카테리나 여제 때 러시아령이 된 크림 반도는 러시아가 터키와 중동 지방으로 진출하는 발판이자 부동항이 자리한, 러시아에는 매우 중요한 전략적 요충지였다. 그러나 크림 전쟁(1853~1856)에서 패전하면서 이 지역에서 러시아의 활동이 심각하게 위축되었다. 크림 전쟁은 러시아와 오스만튀르크의 전쟁이었지만 러시아를 견제하기 위해 영국과 프랑스가 끼어들면서 국제 전쟁이 되었다. 그 덕에 세기의 스타가 탄생했으니 바로 영국군 간호사 나이팅게일이다. 나이팅게일은 남의 전쟁에 끼어든 영국군 간호사로서 중립적 입장에서 병사들을 간호하여 인도주의 정신의 상징이 되었다.

1881년 3월 알렉산드르 2세 암살. 1861년 농노를 해방시켜 '해방 황제'로 불린 차르의 26년 집권이 끝났다.

나로드니키 중 강경파가 '인민의 의지'라는 테러 조직을 건설했다. 이미 여섯 번이나 차르 암살을 기도했던 이들은 1881년 3월 13일 아침 일곱 번째 암살을 시도했다. 한 사람이 먼저 차르의 마차에 폭탄을 던졌다. 폭탄은 명중했지만 방탄 마차여서 안에 탄 차르는 무사했고 밖에 있던 경호원 몇 명이 부상을 입었다. 그런데 이때 차르가 치명적인 실수를 저질렀다. 차르가 부상자를 도우려고 마차에서 나왔을 때 또 다른 폭탄이 날아왔다. 차르는 치명상을 입고 쓰러졌다. 차르의 마지막 말은 "나를 궁전으로 데려가 죽게 하라."였다.

알렉산드르 2세가 죽자 그의 차남인 36세의 알렉산드르 3세가 즉위했다. 암살범은 "내일 모든 인민이 봉기할 것"이라고 외쳤지만, 3월 14일 아무도 일어나지 않았다. 새로 즉위한 알렉산드르 3세는 인민의 조직을 철저하게 박살내는 한편, 러시아의 자유주의 및 진보적 운동에 가혹한 철퇴를 휘둘렀다. 이제 러시아에서는 혁명만이 남았다.

122

가만히 있는데 왜 건드리나

아편전쟁

1840

교과서 속 한 줄 역사 청은 아편 밀무역 때문에 발생한 사회 혼란과 국가재정의 어려움을 극복하기 위해 임칙서林則徐를 파견하여 아편을 몰수하고 영국 상인의 무역을 금지하는 강경한 조치를 내렸다. 이를 구실 삼아 영국은 자유무역을 보장해 달라며 아편전쟁을 일으켰다.

"중국 영토에 거주하면서 중국 법을 지키기 않은 외국인에게 중국이 식량 공급을 거부한 것은 결코 중국의 죄가 될 수 없습니다. 이번 전쟁만큼 그 발발 원인이 불명예스러운 것을 본 적이 없습니다. 영국의 명예는 더럽혀졌습니다. 아무리 이익이 크다 해도 국왕과 대영제국이 입을 명예의 훼손과 비교할 수 없을 것입니다."

"만약 우리가 중국에게 존중받지 못한다면 인도에서도 결코 존중받을 수 없을 것이며, 이러한 분위기는 점차 전 세계로 확대될 것입니다. 현재 우리가 준비하려는 전쟁은 세계적인 전쟁입니다. 따라서 그 결과는 우리가 상상할 수 없는 영향을 미칠 것입니다. 만약 우리가 이 전쟁에서 진다면 우리는 더 이상 아무 권한도 가질 수 없을 것입니다. 우리는 이번 전쟁에서 반드시 이겨야만 합니다. 이번 전쟁은 정의로 우며 또한 반드시 필요한 것입니다."

아편전쟁 승인을 논하는 의회 연설에서 윌리엄 글래드스턴은 조국의 정의와 명예를 지켜야 한다며 전쟁에 반대한 반면, 조지 스턴톤 2세는 이 전쟁이야말로 가장 정의롭다며 열렬히 찬성했다. 결국 영국 의회는 전쟁을 결의했다. 그런데 영국의 침략이 임박했는데도 청나라의 대응은 미비했다. 청나라 정부의 생각은 간단했다. 영국이 가만히 있는 우리를 왜 건드리겠는가?

아시아 근대화를 둘러싼 논란

1840년 일어난 아편전쟁은 영국이 청나라를 공격하여 굴복시킴으로써, 중세 사회에 머물러 있던 중국과 아시아의 변화를 야기한 사건으로 알려져 있다. 하지만 오늘날 중국 등 아시아 역사학계에서는 이 사건을 그렇게 간단하게 바라보지 않는다.

과거에는 근대 유럽 사회는 진화되고 우월한 상태였고 아시아는 그보다 열등한 퇴화 상태였으므로 서양의 문물을 받아들여 문명개화를 이룩하는 것, 곧 '근대화'를 정의라고 생각했다. 일본의 '메이지 유신', 70년대 한국 박정희 대통령의 '10월 유신'도 모두 '조국근대화'를 내걸었고, 그 근저에는 우월한 서양화를 추구한다는 믿음이 깔려 있었다. 그 속에서 아편전쟁은 한일강제병합과 함께 근대화를 외면한 어리석음의 대표적인 사례로 언급되었다.

1840년 6월, 중국 광둥성 앞바다에서 영국군이 청에 선전포고를 하면서 벌어진 아편전쟁. 청나라의 구식 무기와 배는 영국군의 공격에 속수무책이었다. 영국 화가 에드워드 던컨(1843).

그런데 아편전쟁과 한국의 식민지화를 단지 서양식 근대화를 거부한 탓이라고 할 수 있을까? 그렇다면 일본과 태국이 열강의 식민지화를 피할 수 있었던 것은 서양식 근대화를 이루었기 때문일까? 이러한 의문에서 발전한 것이 '내재적 발전론'이다. 즉, 아편전쟁이나 한일강제병합은 근대화를 거부한 데에 따른 당연한 결과가 아니라 열강의 침략과 그에 대한 잘못된 대응의 결과이며, 제2차 세계대전 이후의 비약적 발전은 이전 시기부터 누적된 자본주의 맹아萌芽의 만개, 곧 내재적 발전의 결과라는 인식이다. 이로써 식민지 근대화론을 극복하려는 것이다.

그렇다면 청나라는 아편전쟁에서 왜 패배한 걸까? 즉, 자체적으로 자본주의가 성장하고 있던 청나라는 왜 그토록 무기력하게 영국에 패배했을까?

청나라 조정의 안이한 대응

먼저 내부 요인을 살펴보면, 18세기 후반부터 청의 통치체제가 무너지고 있었다. 집권층인 만주족이 한족에 기생하는 형국이 심화되면서 팔기제가 무너져 군사력이 약화되었고, 지배층의 기강이 해이해져 사회 변화에 대응하는 능력이 떨어졌다.

인구의 비약적 발전을 생산력이 따라가지 못해 광범위한 빈민층이 발생했지만, 정부의 부패와 지배계층인 신사紳士층의 착취가 더욱 심해져 '백련교도의 난'(1796~1804) 등 대규모 농민반란이 일어났다. 이러한 농민반란을 중앙정부가 아닌 신사층이 자체적으로 동원한 군대(향용)가 진압하는 등 청조의 무기력은 날이 갈수록 심해졌다.

대외적으로는 공행무역에 대한 유럽의 불만이 나날이 커지는데도 이에 대한 문제의식이 전혀 없었다. 청조는 여전히 대외무역을 조공의 한 형태이자 주변 오랑캐에게 베푸는 시혜라고 생각했다. 따라서 유럽이 불만을 가질수록 무역을 규제하고 공행을 단속할 뿐 이를 적극적으로 해결할 의지가 없었다.

유럽 세력과 유럽에 대해 잘 아는 지식인들이 여러 차례 경고했지만 아무도 귀 기울여 듣지 않았다. 서로 사이좋게 무역을 하고 지나친 상업으로 인해 세상이 퇴폐에 물들지 않도록 적절히 조절하

◈ 청 상류층 눈엔 조잡했던 '메이드 인 잉글랜드'

청나라는 외국과의 무역을 '공행公行'이라는 기구에 독점시켰는데, 공행을 통한 무역에는 여러 제약이 있었다. 무역항이 제한되어 있었으며, 외국 상인의 자유도 제한되었다. 게다가 공행 담당자들이 관료들의 부패 때문에 자의적으로 외국 상품에 이런저런 관세를 붙여 가격을 올렸다. 심한 경우 공식 관세의 2~3배나 되는 엉뚱한 세금이 붙기도 했다.

영국인들의 중국 차茶 선호는 나날이 폭등했다. 중국에서 생산한 차의 80퍼센트가 영국 등 유럽으로 수출되었다. 반면 중국인들의 영국 제품 수요는 미미했다. 공장에서 대량생산된 영국산 면제품은 중국 서민에게는 너무 비쌌고 상류층에게는 조잡했다. 결국 영국은 무역 적자를 막으려고 인도산 아편을 밀수출하기 시작했고, 아편이 관료와 군인들 사이에 널리 퍼지면서 청나라의 국가 기강이 흔들리게 되었다.

는데 무엇이 문제란 말인가? 아무 문제도 없는데 왜 그들이 우리를 공격한단 말인가? 이것이 청나라 정부의 생각이었다.

제국주의 시대의 정의正義

하지만 당시는 제국주의 시대였다. 자본주의의 과잉생산 문제를 해결해 줄 더 넓은 시장이 필요했고, 시장 확대를 위한 행동은 무엇이든 '정의'였다. 영국에게는 공행으로 대표되는 청나라의 무역 체제를 파괴하는 것이 정의였으며, 그것을 실현하는 행동이 곧 정의의 실천이었다. 단지, 영국 내 자본주의의 팽창을 반대하는 일부 사회주의자들만이 아편전쟁에 반대했을 뿐이다.

자신의 정의를 실현하고자 상대방의 정의를 깨는 것이 당연하다는 영국인들의 인식을 중국인들은 결코 이해할 수 없었다. 그것이 아편전쟁의 원인이었다. 즉, 중국의 실패는 서양이 우월해서가 아니라 자신과 다른 세상을 이해하지 못한 데서 비롯된 것이다.*

정의는 언제나 승리할까? 정의의 기준은 시대마다 달랐다. 그러므로 하나의 기준으로 전체 역사를 보면, 역사는 부정의의 승리로 가득하다. 그래서 역사를 공부하다 보면 냉소적이 되곤 한다. 과연 통시대적 정의란 무엇인가? 그런 정의가 존재하기는 할까? 역사학이 존재하는 이유 중 하나가 바로 이런 의문을 푸는 데 있을 것이다.

---

* 아편 단속에 나선 임칙서는 선교사들을 통해 국제법을 충분히 공부하였고, 국제법상 외국인은 그 나라의 법을 준수해야 한다는 것을 알고 있었다. 그래서 청의 법에 따른 아편 단속이 아무 문제가 없을 것이라고 믿었다. 하지만 국제법이 힘의 논리에 따라 얼마든지 뒤집힐 수 있다는 사실은 깨닫지 못했다.

123

대륙을 뒤흔든 민중의 저항

태평천국운동 · 의화단운동

 1851~1900

교과서 속 한 줄 역사 아편전쟁에서 패한 청조가 외국에 지급할 배상금을 강제로 징수하면서 농민의 생활은 더욱 어려워졌다. 이러한 상황에서 홍수전이 '상제회上 帝會'를 조직하고 농민들과 유민들을 규합하여 멸만흥한을 구호로 내세우고 태평 천국을 세웠다. 1860년 '베이징 조약' 이후 기독교가 확산되고 농민의 생활이 어려 워지자 의화단이 부청멸양을 내세우며 서양과 관련된 것들을 파괴하고 북경의 외 국 공사관을 공격했다.

중국 무협영화의 대표작 〈황비홍〉(서극 감독, 1991)은 19세기 후 반 서양 열강의 침략에 흔들리던 청나라 말기 사회를 배경으로 하 고 있다. 주인공인 무술 사범 황비홍은 밀려오는 서양 세력으로부 터 중국을 지키고자 무술로써 청년들을 단련시킨다. 황비홍은 미국 이민을 미끼로 중국 여자들을 납치하는 미국의 잭슨 일당을 응징 하려 하는데, 한편에서 칼과 창을 맨몸으로 견디는 전통 무술을 연 마하는 무술 사범이 그에게 도전한다. 황비홍과 격투를 벌이던 무 술 사범이 미국인들의 총에 온몸이 뚫려 쓰러지며 이렇게 말한다.

"아무리 무공이 강해도 총을 이길 수는 없소."

정세에 어두운 탓이든 서양에 뒤쳐진 전근대적 문명 탓이든 청나라는 아편전쟁에서 패했고, 그 결과 강제 개항하게 된 5개 항구를 통해 서구 열강의 침략이 본격화되었다. 청의 권위는 땅에 떨어졌고, 민중들은 패전에 따른 배상금 지불과 아편 및 외국 제품의 범람으로 큰 고통을 당했다. 이에 대한 불만이 대규모 민중 저항으로 폭발했다. '멸만흥한滅滿興漢'(만주족을 멸하고 한족이 흥한다)을 내건 '태평천국운동'(1850)과 '부청멸양扶淸滅洋'(청조를 도와 서양을 멸하자)을 주장한 '의화단운동'(1899)이 대표적이다.

기독교적 평등세상을 꿈꾸다, 태평천국운동

태평천국운동은 홍수전洪秀全이 만든 종교단체인 '배상제회拜上帝會'가 일으킨 운동이다. 홍수전은 북부 지방에서 남부 지방으로 이주하여 정착한 객가客家 출신으로, 과거에 뜻을 두었지만 실패를 거듭하다가 열병을 앓은 뒤 하나님의 계시를 받았다며 배상제회를 창시했다. 그는 자신이 예수의 동생이라며 기독교의 평등정신에 입각한 천국을 건설하겠다고 나서서 객가와 농민 등 불만 세력을 규합하여 태평천국운동을 일으켰다.

태평천국운동은 아편전쟁 이후의 사회 변화와 맞물리며 폭발적인 위력을 발휘했다. 1851년 광시廣西 지방에서 봉기한 태평천국군은 1852년 창사, 1853년 난징을 점령하면서 강남 지방 대부분을 장악했고, 군대의 수가 50만 명으로 늘어났다. 여세를 몰아 베이징을 향해 북벌군을 파견했으나 베이징 함락에 실패하면서 기세가 꺾였다. 이후 태평천국운동은 강남 지방을 중심으로 10여 년간 지속되면서 여러 개혁정치를 실험했다.

　태평천국은 난징을 수도(예루살렘)로 삼고 기독교의 평등주의에
입각한 개혁정치를 선포했다. 대표적 제도는 '천조전무天朝田畝제도'
로서, 토지의 균등 분배와 생산물 공동 소유 등 원시공산제적 내용
을 담고 있었다. 그 외에도 여성을 억압하는 전족 폐지, 남녀차별
폐지, 축첩 및 도박과 아편 금지 등 혁신적 내용을 담았다. 하지만
이러한 제도를 제대로 시행해 보기도 전에 지도층의 내부 분열로
흐지부지되고 말았다.

　시간이 흐를수록 상황은 태평천국에 불리하게 돌아갔다. 지주로
서의 기득권을 잃을까 두려워한 신사층이 의병을 일으켜 곳곳에서
태평천국군과 충돌했다. 특히 증국번曾國藩의 상군湘軍이 태평천국군
과 격렬하게 맞섰다. 서구 열강 세력도 태평천국의 새로운 적으로
등장했다. 처음에 영국 등은 태평천국이 기독교를 표방하였으므로
청을 굴복시키는 데 도움이 될 것이라 생각하고 관망했다.

　그러다 제2차 아편전쟁(1856 ~1858)으로 선교와 무역 등 원하는
것을 모두 얻게 되자 더 이
상 태평천국에 기댈 이유가
없어졌다. 서구 세력은 오히
려 조약이 제대로 시행되려
면 청나라 정부의 안정이 필
요하다고 판단하고 태평천
국 진압에 개입했다. 이때 만
들어진 서양 의용군이 '상승

'태평천국운동'의 결말. 대규모 농민 반란에 대한
청 조정의 처벌은 끔찍했다. 1851년부터 10년 넘게
대륙을 뒤흔든 혁명 운동은 끝났다.

군常勝軍'이다. 이름과 달리 고전하긴 했지만 상승군 역시 태평천국 멸망에 일조하였다. 1864년 홍수전이 자살함으로써 태평천국은 멸망하고 말았다.

서양을 몰아내라, 의화단운동

그로부터 35년 뒤인 1899년, 비슷해 보이지만 전혀 다른 성격의 민중 저항이 일어났다. 의화단운동은 청일전쟁(1894~1895) 패배로 열강의 침략이 강화되어 중국이 사실상 반半식민지 상태에 빠져들자, 나라를 지키기 위해 일어난 봉기다. 농촌 하층 민중의 향촌 자위 집단인 '권회拳會'에서 발전한 의화단은 기존의 반反기독 운동의 영향을 받아 교회 및 선교사를 습격하고 서양 시설 파괴 등을 전개하였다. 청 조정의 실권자인 서태후는 서양 세력을 견제할 목적으로 이를 방관하거나 심지어 부추겼다.

◈ "포교에 필요한 특권을 허하라"

1860년 이후 중국에서 기독교의 자유로운 포교와 부동산 거래가 허용되면서 서양 선교사들이 중국 내륙으로 들어와 포교 활동에 나섰다. 치외법권을 누리는 선교사들은 공격적 포교 활동으로 지역사회와 마찰을 빚었다. 선교사들은 기독교로 개종한 중국인들에게도 자신들이 누리는 치외법권을 확대해 달라고 요구하며 관과 부딪혔고, 포교에 필요하다며 여러 특권을 요구하여 지방 지배층인 신사를 위협했다. 교회를 등에 업은 중국인들의 횡포도 큰 문제였다. 결국 1870년대부터 선교사를 살해하고 교회를 방화하는 반기독 사건, 곧 '교안教案'이 일어났다. 청나라 정부는 교안을 처리할 때마다 서구 열강에 많은 이권을 넘겨주었고, 이 때문에 중국에서 반교회·반서양 의식이 높아졌다. 이러한 의식은 특히 서양 선교사들이 많이 진출해 있는 산둥 지역에서 높았고, 의화단도 이곳에서 일어났다.

서구 열강은 의화단운동이 그들의 이익에 심각한 위협이 된다고 판단하고 서태후를 압박하는 한편, 8개국(영국·러시아·프랑스·독일·일본·미국·오스트리아·이탈리아)이 연합군을 결성하여 진압에 나섰다. 최신 무기로

의화단운동을 가혹하게 진압한 이듬해인 1901년 자금성 앞에 주둔한 미국 부대.

무장한 서구 군대의 잔인한 진압과 청 조정의 배신으로 의화단은 좌절되었다.

서구 열강의 침략으로 가장 큰 피해를 입은 이들은 민중이었고, 그들이 열강의 침략에 적극적으로 저항한 것이 태평천국과 의화단이었다. 태평천국은 청나라를 부정하는 한족 민족주의와 서구 사상의 결합이었고, 의화단은 청 조정과 손을 잡은 철저한 반서양 운동이었다. 하지만 두 운동 모두 실패로 돌아갔다. 민중들의 즉자적인 투쟁만으로는 거대한 시대의 흐름에 적절히 대처할 수 없었던 것이다.

124

전근대적 발상으로 추진한 근대 개혁

양무운동

1861~1894

교과서 속 한 줄 역사 태평천국운동을 진압하는 데 공이 컸던 이홍장李鴻章을 비롯한 한족 관료들은 유럽 근대 문물을 도입하여 부국강병을 이루자는 양무운동을 추진하였다. 중체서용에 바탕을 둔 양무운동은 체계적이고 일관성 있게 추진되지 못했고, 청일전쟁의 패배로 결국 실패하였다.

개항 초기 중국은 군함 보유에 큰 관심을 보였다. 문제는 배를 운용할 인력인데, 중국은 이를 모두 해외에서 조달하려 했다. 그래서 영국의 오스본 제독이 지휘하는 함대를 구입하려 했지만 오스본이 중국 황제의 명령에 대한 거부권을 요구하는 바람에 계획이 무산되어 중국은 160만 냥만 날렸다. 국방을 돈으로 사겠다는 전근대적 발상은 19세기에는 어울리지 않는 것이었다.

이홍장, 유럽을 배우자

태평천국운동을 진압하기 위해 유럽은 상승군을 조직하고 프레더릭 워드와 찰스 고든 등에게 훈련 및 지휘를 맡겼다. 중국의 신사들도 증국번 등이 의용군을 만들어 참전하여 상승군과 연합작전을 펴며 유럽 무기와 군대 체제의 위력을 실감했다. 유럽 물질문명의 힘을 절감하면서 마침내 이를 수용하려는 운동이 시작되었다. 바로 '양무洋務운동'이다.

양무운동을 주도한 이는 태평천국을 진압한 정치가이자 학자 증국번의 제자인 이홍장이다. 안후이安徽 성의 신사층 출신인 이홍장은 1823년 과거에 급제한 뒤 증국번에게 인정을 받아 한림원 등에서 안정적으로 관료 생활을 하다, 1853년 30세의 나이로 조정의 명을 받아 '회군淮軍'을 조직하여 태평천국 군대와 싸웠고, 이후 양무운동을 주도하였다.

양무운동은 신사층이 정부에 서양 물자 도입의 필요성을 주청하고 승인받은 뒤 추진하는 방식으로 이루어졌다. 청나라 정부의 통제 속에 진행된 보수적 개혁이었기에 양무운동은 두 가지 문제점을 안고 있었다. 하나는 만주족 지배층의 끊임없는 견제를 받았다는 것이고, 다른 하나는 신사를 배경으로 지방 차원에서 추진되었다는 것이다. 체계적이고 전면적인 근대화 운동을 추진할 수 없는 한계가 있었던 것이다.

무기 제조로 시작된 산업화

청의 지배층인 만주족은 아편전쟁의 패배에 심각한 위기감을 느끼지 않았다. 조공국인 영국의 떼를 적당한 선에서 받아 주었다는 식의 중화의식이 여전히 남아 있었다. 사실 만주족은 아편전쟁이 아니라 태평천국운동 같은 내부 한족의 반발에 더 큰 위기의식을 느껐고, 그래서 서양 무기에 대한 관심도 내란 진압용 무기 도입 차원에서 이루어졌다.

이런 한계에도 불구하고 양무운동은 표면적으로는 상당한 성과를 거두었다. 양무운동은 처음에는 서양 무기를 도입하는 것으로 시작되었다. 서양 무기와 제조 공장이 도입되고, 특히 아편전쟁을 주도한 유럽 전함을 도입하는 데 심혈을 기울였다. 마침내 7천 톤급 전함 '정원定遠'과 '진원鎭遠'을 입수하였다. 두 배는 동아시아 최대 최강의 전함으로서, 일본이 정원의 위력에 질려 해외 진출을 꺼릴 정도였다. 실제로 이 무기들은 태평천국운동과 그 후 여러 지역에서 일어난 반란을 진압하는 데 큰 역할을 했다.

무기 제조공장을 가동하려면 이를 뒷받침할 제철·기계 등 다양한 중화학공업이 필요했고, 공장에서 생산한 물건을 운송하고 이용할 사회간접시설도 확충해야 했으므로 전신·도로·철도 등 토목공사가 진행되고 여러 사업이 발전했다. 동북 지방 지린(길림) 성의 군수공장, 상하이의 방적공장, 남부 지방 광저우의 기계공장까지 전국적으로 많은 공장이 세워지고 덩달아 공장노동자 수도 급증했다.

1861년 난징 공장에서 만들어진 대포. 태평천국운동을 잔인하게 진압한 이홍장은 서구 근대 문물을 받아들여 부국강병을 이루는 양무운동을 30여 년간 펼친다. 영어로는 'Self-Strengthening Movement'이다.

중국이라는 거대한 국가의 산업화는 무서운 위력을 보였다. 그 결과, 1880년대 중국인의 생활수준은 아편전쟁 이전 수준으로 회복되었고, 차와 비단의 수출은 여전히 유럽에 우위를 점했다. 비단의 원료인 중국산 생사生絲도 유럽 공장제 생사와의 경쟁에서 뒤지지 않아 20세기에도 중국은 생사를 별로 수입하지 않았다. 중국 생사의 위력이 꺾인 것은 레이온이 나온 뒤부터였다.

해체되는 중화 세계

하지만 산업이 발전해도 청나라의 국력은 좀처럼 회복될 기미가 보이지 않았다. 산업화를 이끌 효율적인 제도와 관료 시스템, 새로운 환경을 이끌어 갈 인재 양성이 이루어지지 않았으며, 기존의 조공 책봉 체제에 입각한 중화적 세계관도 달라지지 않았다. 이는 중국의 위축으로 이어졌다.

◈ 청이 '피서 산장'을 세워 준 이유

청은 티베트와 신장을 본토로 편입하는 한편 주변 국가들과 조공 체제를 맺었다. 하지만 거대한 다민족국가로서 청은 포용적인 민족 정책을 취했다. 티베트에 대해서는 티베트 불교의 보호자를 자처하며 열하의 피서 산장에 거대한 사원을 세워 주었다.

또한, 중국의 그늘로 들어가 보호 받고 경제적 이익을 취하기를 희망하는 조공국들을 적극적으로 받아들였다. 그런 의미에서 가장 적극적으로 조공을 한 조선은 오늘날로 치면 중국의 가장 중요한 맹방에 해당하는 지위를 누린 셈이다. 이런 식으로 중화 질서가 형성되었다. 하지만 아편전쟁 이후 청이 더 이상 조공국과 티베트 불교의 보호자가 되지 못하면서 중화 질서는 급속히 해체되었다. 이 과정에서 한족 민족주의가 중화 질서에 포함된 국가의 이탈을 심화시킨 것은 물론이다.

과거 청나라는 티베트와 신장, 중앙아시아 등지로 영토를 넓히고 네팔·버마·베트남·조선·오키나와 등과 조공 관계를 맺었는데, 영국이 네팔과 조약을 체결하기 위해 청에 복속 관계를 문의하자, 청은 5년에 한 번만 조공을 온다면 조약을 체결해도 괜찮다고 대답했다. 이에 영국은 네팔을 독립국으로 판단하고 복속시킨 후 청에 대한 조공을 끊어 버렸다. 버마·오키나와 등도 마찬가지로 청의 영향권에서 이탈했다.

주변 조공국이 이탈하자 위기감을 느낀 청은 비로소 조선과 베트남에 대한 간섭을 강화했다. 이는 곧 일본·프랑스와의 전쟁을 의미했다. 이 과정에서 양무운동 추진 세력 내부에 갈등이 생겼다. 이홍장은 아직 청은 갈 길이 멀기 때문에 섣불리 대외 전쟁을 해서는 안 된다는 입장이었던 반면, 또 다른 대신인 좌종당左宗棠 세력은 외세에 강력히 맞서야 한다고 주장했다.

하지만 1882년 청불전쟁에서 패하고 이어 1894년 청일전쟁에서도 패전하면서 그동안의 운동이 무의미했다는 평가와 함께 양무운동은 사형선고를 받았고, 이홍장 등 양무운동가들도 몰락했다. 이홍장은 외교사절로 미미한 역할을 하다가 1901년 사망했다.

양무운동 실패와 중국 조공 질서의 해체는 청나라 본토마저 갈가리 찢겨 분할 점령당할 거라는 위기의식을 낳았다. 청 조정 내부에서도 질적으로 다른 개혁 운동을 벌여야 한다는 목소리가 나왔고, 만주족에게서 나라를 찾아와야 한다는 한족 민족주의 의식이 일어났다. 하지만 한족 민족주의를 강화할수록 다민족국가인 중국의 해체가 가속화되는 딜레마를 겪으며 중국은 격동의 20세기로 빠져든다.

125

중국판 '갑신정변'

변법자강운동

1898

교과서 속 한 줄 역사 청일전쟁 패배는 중국 지식인들에게 큰 충격을 주었다. 이에 캉유웨이, 량치차오 등 젊은 지식인들은 메이지 유신을 본받아 중국의 전통과 제도를 개혁하여 부국강병을 이루려는 변법자강운동을 전개하였다. 그러나 개혁 주도 세력의 힘이 약한 데다 기득권을 잃을 것을 우려한 보수 세력들의 무술정변으로 100일 만에 실패로 끝났다.

1928년 비적 출신 쑨뎬잉孫殿英 장군이 이끄는 국민당군은 전쟁 비용 확보를 핑계로 서태후西太后의 능을 도굴했다. 관을 열었을 때 서태후는 아름다운 옷을 입은 생전 모습 그대로였고, 입에서 나오는 찬란한 빛이 묘실을 가득 채우고 있었다. 자세히 들여다보니 입에 야명주라는 귀한 구슬이 물려 있었다. 입에서 그 구슬을 꺼내자 갑자기 시신이 순식간에 부패해 뼈가 드러났다. 사람들은 신기해하며 야명주를 챙기고 이어 각종 부장품들을 훔쳤는데, 얼마나 많은 귀중품들이 있는지 그 수를 헤아릴 수 없었다.

서태후 무덤 도굴에 얽힌 전설이다. 청조 마지막 권력자는 죽은 지 불과 20년 만에 무덤이 파헤쳐지고 부장품을 도난당하고 시신이 훼손되는 오욕을 겪었다. 그러나 무엇보다 슬픈 것은 그녀에게 따라붙는 '중국 3대 악녀'라는 오명이 아닐까?

청조의 마지막 권력자 서태후

함풍제(1850~1861 재위)의 후궁으로 들어가 태자를 낳고 일약 황비가 된 서태후는 수려한 외모와 강한 야심의 소유자였다. 함풍제가 젊은 나이에 죽고 그녀의 아들이 일곱 살 어린 나이로 즉위하자(동치제, 1861~1875 재위) 섭정을 맡아 권력을 휘둘렀다.

서태후가 처음 섭정을 할 때는 반대파도 많았고, 함풍제의 황비인 동태후와 동생 공친왕 등 라이벌도 많았다. 그녀는 반대파를 숙청하고 라이벌 관계를 정치적으로 해결하며 권력을 강화하였다.

1873년 17세의 동치제가 친정을 시작했는데, 서태후가 권력을 내놓지 않아 모자 사이가 나빠졌다. 그런데 동치제가 친정을 한 지 2년 만에 천연두로 급사하면서 서태후가 다시 권력을 잡았다. 서태후는 네 살 난 조카를 새로운 황제에 앉혔다. 바로 광서제이다.

1860년대부터 1890년대까지 30여 년간 서태후는 섭정 혹은 황실 어른으로서 막강한 영향력을 행사하며 청나라를 통치했다. 이 시기를 대표하는

청나라 함풍제의 후궁으로 궁에 들어가 일약 황비가 된 서태후는, 일곱 살 짜리 아들과 네 살짜리 조카를 연이어 황제로 올리고 권력을 장악했다.

그녀의 업적이 바로 양무운동이다. 1870년대에는 서태후의 통치력에 대한 평가가 부정적이지만은 않았다. 서양의 공장과 무기 도입이 순조롭게 진행되었고 경제는 살아났으며 태평천국 같은 대규모 민중 저항도 일어나지 않았다. 청나라는 1840년대 이전으로 돌아간 듯 보였고, 따라서 정부와 권력의 문제는 은폐되었다.

캉유웨이가 올린 6차례의 상소

하지만 청일전쟁의 패배로 양무운동이 실패로 돌아가면서 안팎의 위기감이 고조되었다. 특히 한족들 사이에서 더 이상 만주족에게 나라를 맡겨서는 안 된다는 생각이 팽배했다. 이때 유명한 학자 캉유웨이康有爲의 상소가 광서제에게 큰 감명을 주었다. 광서제는 캉유웨이를 등용하여 일본의 메이지 유신을 모방한 전면적 개혁에 착수하기로 했다. 바로 변법자강운동이다.

캉유웨이는 광둥廣東 지역의 신사층 출신으로 1858년에 태어났다. 광둥 지역은 서양 문물이 가장 활발하게 들어오는 곳이었기에 캉유웨이는 어린 시절부터 서양 문물을 접할 수 있었고, 20대에 홍콩 여행을 하면서 혁신적 사상을 갖게 되었다. 20대 후반부터 여러 책을 저술했는데 사회진화론*을 수용하여 중국의 근대화를 주장했고, 유교 경전을 과감하게 해석하여 개혁 이데올로기로 삼았다. 그

---

* 인간 사회도 자연계처럼 적자생존과 우승열패에 따라 진화한다는 주장으로서, 서양을 문명화된 사회, 동양을 야만 사회로 규정했다. 19세기 후반부터 후쿠자와 유키치, 김옥균 등 아시아의 유명한 사상가들이 이 사상에 입각하여 서구적 근대화 운동을 추진하였다.

의 주장은 학자들 사이에서 격렬한 논쟁을 일으켰고, 그만큼 그의 이름이 널리 알려지면서 량치차오(양계초梁啓超)를 비롯하여 추종자도 생겨났다.

1895년 청일전쟁에서 패하고 '시모노세키 조약'을 체결할 당시, 캉유웨이는 과거를 보러 베이징에 올라와 있었다. 굴욕적인 조약 소식에 분노한 그는 시험을 보러 올라온 사람들을 선동하여 600여 명의 연명連名으로 조약 거부와 정치 개혁을 주장하는 상소를 올렸다. 과거 시험장에서 올렸다 하여 이를 '공거貢擧상소'라 한다. 이를 계기로 그의 이름이 천하에 널리 알려지고 정부 안에 지지 세력이 생겨났다. 캉유웨이는 이후 2년 간 광서제에게 총 6차에 걸쳐 상소를 올렸고, 이로써 광서제가 변법자강운동을 시작하게 된 것이다.

103일 만의 실패

광서제는 서태후의 허락을 받고 1898년 6월 11일 조서를 발표하여 메이지 유신을 모델로 한 과감한 개혁을 추진하였다. 과거제 폐지, 근대적 학제 도입, 의회 설치 등 강력하고 광범위한 내용을 담고 있었다. 캉유웨이 등 변법파가 여러 관직을 차지하면서 수구파는 밀려났다. 캉유웨이는 개혁파의 정권 장악을 위해 관료 기구 혁신과 친위군 창설도 추진했다.

하지만 서태후와 이홍장 등 보수파들이 급진적 개혁에 점차 위기감을 느끼면서 운동은 고비를 맞았다. 특히 서태후가 이 운동을 한족의 정권 탈취 운동으로 의심하면서 사태가 악화되었다. 캉유웨이 등 개혁파와 서태후 등의 보수파는 제각기 상대를 제거하려고 음모를 꾸몄는데, 서태후 측의 결단이 더 빨랐다.

9월 21일 보수파가 동원한 군대가 광서제를 유폐하고 변법파들을 체포하였다. 캉유웨이와 량치차오는 일본으로 도망쳤지만, 캉유웨이의 동생 등 6명의 개혁파 대신들은 처형당했다. 이로써 변법자강운동은 103일 만에 실패로 돌아갔다. 그래서 변법자강운동을 '100일 천하'라고도 한다.

"여인의 정치 관여를 금하라"

변법자강운동 실패 이후 권력은 완전히 서태후의 손아귀에 들어갔다. 서구 열강은 광서제를 지지하여 서태후와 대립했고, 서태후는 마침 '의화단의 난'이 일어나자 그들을 부추겨 서양과의 전쟁을 준비했다. 하지만 서양 8개국 연합군에 의해 의화단이 진압되고 군사적 압박을 받자, 서태후는 태도를 바꿔 소위 '신정新政'이라는 개혁 정치를 단행했으나 완전히 등을 돌린 한족 혁명가들을 붙잡을 수는 없었다. 쑨원孫文 등 쟁쟁한 한족 혁명가들은 서서히 새로운 중국 건설을 준비하기 시작했다.

1908년 11월, 73세의 서태후가 마지막 숨을 몰아쉬었다. 그 전날 광서제가 죽자 이제 겨우 세 살인 광서제의 이복동생의 아들 푸이溥儀를 새로운 황제로 즉위시킨 직후였다. 그녀는 여인의 정치 관여를 금하라는 유언을 남기고 파란만장한 삶을 마쳤다. 망국이 목전에 다가왔음에도 그녀의 장례식은 100만 냥이 넘는 돈을 쏟아부어 호화롭게 치러졌다. 하지만 그것이 결국 비극을 불러왔다. 돈이 궁한 혼란기에 무덤이 도굴당하는 빌미가 된 것이다.

126

천황의, 천황을 위한, 천황에 의한

메이지 유신

1868

교과서 속 한 줄 역사 메이지明治 정부는 메이지 유신을 통해 근대적 개혁을 추진하였다. 천황 중심의 중앙집권 체제를 수립하고 봉건제와 신분제를 폐지하는 등 급격한 개혁 정책을 추진하였다.

제1조 대일본제국은 만세일계萬世一系의 천황이 통치한다.

제4조 천황은 국가의 원수로서 통치권을 총람하고, 헌법의 조규에 의해 이를 행사한다.

제11조 천황은 육해공군을 통수한다.

제13조 천황은 전쟁을 선언하고, 강화하며 제반 조약을 체결한다.

1889년 2월 선포된 대일본제국 헌법은 천황의 권력을 확인하는 것으로 시작한다. 근대 일본 정치는 천황의, 천황을 위한, 천황에 의한 정치였다.

막부의 몰락과 왕정복고

18세기 이후 일본의 에도 막부 체제는 서서히 무너져 갔다. 주요 지배층인 무사들이 상공업 발달 등 사회 변화에 적응하지 못해 몰락하면서 사회 불안 세력이 되고, 이로 인한 통치체제의 혼란이 농민반란과 전염병과 태풍 등의 재해와 맞물리면서 사회 혼란으로 이어졌다.

막부는 '간세이寬政 개혁', '덴포天保 개혁' 등 몇 차례 개혁을 시도했지만 시대 흐름에 역행하여 모두 실패했고, 오히려 '웅번雄藩'이라는 지방 독자 세력들만 성장했다. 특히 서부 지방의 사쓰마 번, 조슈 번 등이 자체적으로 서양 무기 공장을 세우는 등 실력을 키워 갔다.

1853년 미국의 페리 제독이 이끄는 함대가 개항을 요구하자, 이미 청나라가 서양에 무기력하게 패한 사실(1840년 아편전쟁)을 알고 있던 막부는 마지못해 미국과 조약을 체결했다. 하지만 미국과 맺은 불평등조약으로 인한 국권 침해, 서양과의 무역으로 인한 경제적 혼란으로 막부에 대한 불만이 높아졌고, 이에 웅번 세력들이 '존왕양이尊王攘夷'(천황을 숭상하고 외부 오랑캐를 배척한다)를 앞세워 천황의 친정을 주장하며 막부에 도전했다. 결국 1868년 1월 사쓰마 번과 조슈 번의 군대가 쿠데타를 일으켜 막부를 무너뜨리고 '왕정복고의 대호령大號令'을 발표했다. 당시 열다섯 살이었던 메이지 천황의 시대가 열렸다.

개혁의 중심에 선 메이지 천황

신정부는 일본의 봉건 체제를 일소했다. 먼저 번의 영주들이 소유하고 있는 토지 지도와 호적대장을 천황에게 반환하는 '판적봉환版籍奉還'을 실시했다. 이는 곧 영주들의 자치권을 천황에게 반환하는 것이었다. 이어 '번'을 폐지하고 정부의 지배를 받는 '현'으로 전환하는 '폐번치현廃藩置県'이 이루어졌다. 이로써 에도 막부 시대의 막번 체제가 무너지고 다이묘大名와 사무라이, 즉 영주와 무사의 기본 지배 체제도 무너졌다.

일본은 천황 중심의 지배 체제를 확립한 뒤 문명개화를 단행했다. '이와쿠라岩倉 사절단'이 유럽을 시찰하고 돌아온 뒤 단발령, 양력 사용, 철도 및 전신 가설 등 각종 서구화 정책이 추진되었는데, 특히 두드러진 변화 중 하나가 소학교를 설치하고 진학을 의무화한 것이다. 이로써 1910년까지 일본 모든 남녀 아동의 100퍼센트 취학이 이루어졌다. 이것이 어느 정도 위력을 발휘했을지는 충분히 짐작할 수 있을 것이다.

이 모든 정책의 중심에 천황이 있었다. 급속한 서구화 추진으로 야기된 많은 불만들이 위대한 통치자 천황을 향한 기대와 희망으로 대체되었다. 정치적 불만 세력들은 정부를 공격하면서 '천황의 권력 강화'를 명분으로 내걸었다. 현 정부가 천황의 위력을 흐린다는 것을 반란의 명분으로 삼을 만큼, 모든 지배의 중심에 천황이 놓여 있었던 것이다.

메이지 천황은 이런 상황을 의도적으로 만들고 또한 적절히 활용했다. 1872년 단행한 전국 순행은 일본의 지배자가 쇼군이 아니

〈대원수폐하신교어발연도〉. 일본의 제122대 천황 메이지가 마차를 타고 도쿄 신바시를 지나가는 모습. 1894년 발간, 대영박물관 소장.

라 천황임을 국민들에게 알리는 일종의 이벤트였다. 예컨대, 일부러 번의 영주를 영지로 보내 천황을 맞이하도록 하고, 천황이 나타나면 영주가 땅에 엎드려 절을 했다. 백성들은 이 광경을 보고 깜짝 놀랐다. 이미 폐번치현이 되어 모든 토지가 천황의 지배 아래 놓이게 되었지만, 일반 백성들도 이를 실감할 수 있도록 한 것이다. 이 이벤트를 기획한 사람은 메이지 유신의 3걸 중 하나로 꼽히는 '오쿠보 도시미치大久保利通'였다.

천황을 숭배하는 '국가신도'의 탄생

천황 권력 극대화의 정점은 국가신도國家神道였다. '국가신도'란 아마테라스 오미가미의 자손인 진무천황이 일본을 건국한 이래로 122대에 이르도록 하나의 왕조가 일본을 다스렸다, 즉 일본은 태양신의 자손이 다스리는 '신국神國'이라는 사상이다. 천황은 신의 자손으로서 신령하고 전능한 존재이며, 천황의 권력이 강화될수록 일본은 무궁한 발전을 이룬다는 믿음이었다.

우리나라에서도 유명한 야스쿠니 신사가 국가신도의 총본산 역할을 하였으며, 이외에도 아마테라스 오미가미 천황과 관련된 신사들은 모두 국가신도의 성소로 중시되었다. 일본 정치인들의 야스쿠니 신사 참배가 국제 문제로 인식되는 것도 이러한 국가신도 사상 때문이다.

1868년 이후 1945년 패전할 때까지 모든 일본 국민은 헌법에 종교의 자유가 보장되어 있음에도 불구하고 국가신도 관련 신사 참배와 궁성요배(천황이 있는 도쿄의 궁성에 절을 하는 것)를 강요받았다. 또한 일본 학교의 도덕(수신修身) 교육과정은 국가신도의 수행 위주로 이루어졌다. 일본에서 '애국'은 나라 사랑이 아니라 천황 숭배였다. 이러한 천황 숭배를 통해 만들어진 근대 일본은, 70년 후 제2차 세계대전 패전이라는 끔찍한 길로 나아가게 된다.

◈ 공자와 맹자가 쳐들어온다면?

임진왜란 이후 일본에 전파된 주자학은 충忠의 이데올로기로 일본에서 유행했다. 막부에서는 다른 신앙이나 학문에 비해 유난히 주자학을 적극 장려했다. 이 과정에서 다양한 유학의 흐름이 탄생했는데, 대개 근대로 갈수록 천황 숭배나 국가신도의 초기적 형태를 띠게 된다. 이를 대표하는 유학자가 야마자키 안자이山崎闇斎다. 그와 관련된 유명한 일화가 전한다.

하루는 그가 제자들을 모아 놓고 물었다.

"만약 공자와 맹자가 군대를 이끌고 일본으로 쳐들어오면 어떻게 해야 하나?"

제자들이 답을 하지 못하자 그는 이렇게 대답했다.

"우리는 군대를 이끌고 나가 공자와 맹자의 군대를 물리치고 일본의 은혜를 갚아야 한다. 이것이 바로 공맹의 가르침이다."

127

일본 정당정치의 시작

자유민권운동

19세기

교과서 속 한 줄 역사 메이지 유신 이후 헌법 제정과 의회 개설을 요구하는 자유민권운동이 일어났다. 그러나 정부는 이를 탄압하면서 천황이 절대권을 가지는 헌법을 공포하였다.

"전쟁의 목적은 식민지와 신新시장 확장에 있고 … (전쟁은) 항상 정치가와 자본가를 위해 벌어지며, 영토와 시장은 항상 정치가 · 자본가를 위해 개척될 뿐이므로 다수의 국민, 다수의 노동자, 다수의 빈자貧者에게 도움이 되는 것은 없다. … 만약 전쟁의 비참, 어리석음, 손실을 직언하는 것을 두고 국적國賊(역적)이라 이름 짓는다면 우리는 기꺼이 국적이 되겠다."

일본의 좌익 정치가이자 사회당의 지도자인 고토쿠 슈스이幸德秋水가 러일전쟁에 반대하며 신문에 기고한 글의 일부이다. 1905년 당시 일본은 이미 입헌군주제 국가로서 정우회, 국민당, 사회당 등이 활약하며 정당정치를 꽃피우고 있었다.

일본 헌정 120년의 역사는 어떻게 시작되었을까?

정부가 추진한 위로부터의 개혁

1873년 일본 정부는 두 파로 갈려 격렬한 논쟁을 벌였다. 논쟁의 주제는 '정한론征韓論', 즉 조선 정벌이었다. 정한론을 주장한 이는 사이고 다카모리西鄕隆盛이고, 반대한 이는 오쿠보 도시미치였다. 일본 근대화의 방향과 속도를 둘러싼 정한론 논쟁은 천황이 오쿠보의 손을 들어주면서 일단락되었지만, 사이고 지지 세력이 줄줄이 정계에서 은퇴하면서 새로운 국면으로 접어들었다.

사이고 다카모리는 정계 은퇴 이후 몰락한 무사들을 이끌고 반란을 일으켰다('세이난西南 전쟁') 실패한 뒤 할복하였고, 이 사건 이후 무사들은 일본 역사에서 사라졌다. 그런데 정계에서 은퇴한 사람들 중 사이고와 정반대로 움직인 사람들도 있었다. 이들은 이타가키 다이스케板垣退助를 중심으로 국회 설립과 정당정치를 주장하는 자유민권운동을 일으켰다. 이타가키 다이스케는 정부 요인들과 마찬가지로 웅번 출신인데 왜 자유민권운동을 펼친 것일까?

그들은 정부 요직을 장악하고 있는 사쓰마 번·조슈 번 출신(번벌)들이 권력을 장악하고 천황의 총기를 흐리고 있으므로, 이를 견제할 장치로 국회를 설립해야 한다고 주장했다. 따라서 국회 설립 운동은 그 한계가 명확했다. 유럽처럼 다양한 정치 세력이 정당을 만들어 자신들의 이해와 요구를 대변하고 절충하는 의회 민주주의가 아니라, 천황을 정점으로 그 밑에 파벌들이 정당을 형성하고 권력투쟁을 벌이는 수준이었다. 따라서 자유민권운동은 천황과 정부의 결단에 의한 '위로부터의 개혁' 형식으로 진행되었다. 그 과정에서 정부 측 오쿠보 도시미치가 암살당하고 민권운동 가담자들이 탄압을 받는 등 복잡하고 격렬한 정치투쟁이 벌어지기도 했지만, 결국 오쿠보 도시미치의 후계자 이토 히로부미가 주도하는 온건한 형식의 헌법이 만들어졌다.

헌법은 천황의 권력을 성문화하는 수준이었고, 이어 치러진 총선과 그에 따라 구성된 의회도 정치 파벌 정도였다. 의회 선거에 참여할 수 있는 유권자는 국세를 15엔 이상 내는 25세 이상 성인 남자로 전 국민의 1.1퍼센트에 불과한 지주 등 상류층이어서 민의의 대변은 요원했다. 의회 제1당인 입헌민주당은 이토 히로부미 정부와 대립하면서도 천황을 위한 군함 건조에는 두말 않고 찬성할 정도로 천황 중심 체제에 순종적이었다. 하지만 시간이 흐르면서 점차 민의를 대변하는 세력과 정당이 출현했는데, 여기에는 산업혁명 진전에 따른 노동자계급의 성장이 큰 영향을 미쳤다.

노동자계급의 성장과 사회당 건설

1870년대부터 일본 정부는 식산흥업殖産興業 정책에 따라 공장 설립, 철도 부설 등에 집중 투자했다. 이를 토대로 1880년대부터 대규모 공장들이 설립되고, 미쓰비시와 미쓰이 등의 재벌이 성장하기 시작했다. 1895년 청일전쟁에서 승리하여 받은 배상금으로 건립한 야하타 제철소를 비롯하여 중화학공업이 발전하면서, 1900년대가 되면 일본의 산업은 여느 서구 열강과 비교해도 손색없을 수준으로 성장하게 된다.

그런데 산업이 발전하면서 당연히 노동자들이 급증했고, 이들이 열악한 노동환경과 저임금에 항의하며 생존권 투쟁을 벌이기 시작했다. 1886년 제사(실)공장의 여성 노동자들이 최초의 노동쟁의를 일으켰다. 초기 산업화의 주역은 면방직공장 등에서 일하는 여성 노동자들로서(탄광 노동자의 20퍼센트 이상이 여성 노동자였다.) 이들이 미약하나마 노동쟁의를 벌이기 시작했고, 청일전쟁 이후에는 중화학공업이 발전하면서 숙련직 남성 노동자들이 노조를 결성하여 노동쟁의를 벌였다.

일본은 마르크스의 나라인 독일과 교류가 빈번하여 사회주의 사상이 널리 유포되어 있었으며, 정부가 초반부터 악랄하게 노동운동을 탄압하여 서로 간의 갈등 수준이 매우 높았다. 이런 상황에서

◈ '야쿠자'의 전신은 천황 행동대

1868년 천황의 친정 선포에도 불구하고 막부는 신정부에 굴복하지 않고 반란을 일으켰다. 막부가 동원한 무사들은 신정부가 동원한 농민 출신 군대를 얕잡아 봤지만 서양식 무기로 무장한 군대를 당해 낼 수 없었다. '보신戊辰전쟁'이라 불린 이 전쟁을 마지막으로 무사 세력은 몰락하였다. 하지만 천황을 맹목적으로 숭배하는 일부 무사층이 살아남았고, 이들은 대륙 침략의 꿈을 키우며 천황이 할 수 없는 불법 활동(공작, 파괴, 첩보, 암살)을 맡아 하게 된다. 이들이 바로 광개토왕 비문을 위조하고 만주와 한반도에서 첩자 노릇을 한 대륙 낭인들이다.

몰락 무사 중 한 사람인 도야마 미쓰루는 자신과 같은 처지의 사람들을 모아 천황을 위한 행동대를 꾸렸다. 그는 김옥균을 후원하고 을미사변에도 간여하였으며, 상당한 돈과 조직을 만들어 어둠의 조직 총수가 되었다. 이 조직이 오늘날 일본 야쿠자의 효시다. 조선 야쿠자의 두목 하야시 등도 여기 가담한 인물이라고 한다.

1901년 사회민주당이 만들어졌다가 정부의 탄압으로 해산된 이후 1906년 고토쿠 슈스이를 중심으로 일본 사회당이 건설되었다.

1900년 이후 사회적 불만을 가진 국민들이 다양한 형태로 분노를 표출하고, 보통선거를 요구하는 등 참정권 운동이 활발해지면서 점차 일본의 정당들도 민의에 귀를 기울이지 않을 수 없게 되었다. 이는 1910년대 일본 민주주의의 발전, '다이쇼大正 데모크라시'를 맞이하여 일본 정당정치가 획기적으로 발전하는 계기가 되었다.

연방파냐, 공화파냐

미국 연방정부 수립

19세기

교과서 속 한 줄 역사 독립을 달성한 미국은 19세기 들어 공화정에 입각한 민주주의를 발전시키며 정치적 기반을 착실히 다져 나갔다.

"나는 이미 여러분에게 나라에서 일어나고 있는 당파의 위험을 … 당의 정신에 해로운 영향에 맞서 엄숙하게 경고하고자 합니다."

미국의 초대 대통령 조지 워싱턴(1789~1797 재임)은 세 번째 대통령 출마를 단호하게 거부하고 유명한 고별사를 남긴 채 정계에서 은퇴했다. 이로써 1차 연임에 만족하는 미국 대통령 임기의 전통이 만들어졌지만, 사실 워싱턴이 그런 전통을 만들려고 세 번째 출마를 거부한 것은 아니다. 그보다는 임기 내내 겪은 반대파의 무례함에 격노하여 더 이상의 대통령직을 거부하고 고별사에 당파투쟁의 위험을 엄중히 경고한 것이었다. 여기에는 배경이 있다.

연방정부 초석 마련한 조지 워싱턴

'미국'이라는 나라를 만든 선조들은 영국 정부의 압제를 피해서, 혹은 자유로운 상업 활동을 펼치고자 이주한 사람들이었다. 그들은 강한 자유주의의 기풍을 갖고 있었으며, 이를 지키려고 조국과 단절하고 독립을 감행했다. 그래서 처음 독립할 때도 13개 주의 자치를 기본으로 하고 중앙정부는 공화정부라는 원칙 외에 아무것도 합의하지 않았다.

현실적인 문제를 해결하고자 연방정부를 만들고 미국이라는 나라를 건설하기는 했지만, 초기 미국 정부는 빚더미에 앉아 있었고 각 주에 제대로 통치권을 행사하지 못했으며 세금 징수조차 변변히 못 하는 신세였다. 이 시절 상황을 보여 주는 것이 바로 대통령 관저 백악관의 유래이다.

1812년 '영미전쟁' 때 영국군이 대통령 관저에 불을 지르는 바람에 건물이 까맣게 그을렸는데, 굳이 새로 지을 필요가 없다며 하얗

1814년 8월 영미전쟁(the War of 1812)이 끝나 가던 무렵 영국군에 의해 불타는 〈대통령 집〉. 1814년경 조지 멍거 작.

게 칠하고 보수공사만 한 뒤 그대로 사용해서 '화이트 하우스White House', 즉 백악관이 되었다는 것이다. 백악관의 유래에 대해서는 다른 설도 있지만, 어쨌든 이 이야기에서 당시 연방정부에 대한 미국인들의 태도를 엿볼 수 있다.

이런 상황에서 처음 연방정부를 만들고 이끈 조지 워싱턴의 공은 대단했다. 그는 농장에서의 안락한 삶을 뒤로하고 대통령을 맡아 무려 8년 동안 전력을 다해 미국이라는 나라의 기초를 닦았다. 그는 만장일치로 당선되었고 재임 기간 동안 왕처럼 군림했다. 워싱턴만큼 대통령을 잘할 사람이 없었던 탓이었다. 연방 의원을 하다가 주 의원 자리가 나면 미련 없이 팽개치고 가던 시대였기 때문이다.

공화파의 격렬한 반발

워싱턴처럼 열심히 연방정부를 위해 노력한 사람들을 '연방파'라고 하며, 상대적으로 연방정부의 권력을 최소화하고 주정부 권력을 중심으로 개인의 자유를 최대한 추구한 사람들을 '공화파'라고 한다.

토머스 제퍼슨이 이끈 공화파는 한 마디로 자신들이 미국에 존재하는 이유를 지키기 위해 노력한 사람들이었다. 그들은 농본주의적이며 성실하고 착하고 경건한 사람들의 나라 미국을 만들고자 했다. 연방파가 세우려 했던 부유하고 독립적이며 제조업이 번창하는 나라와 대조적인, 처음 미국에 정착한 '필그림 파더스'가 꿈꾸었던 나라를 세우고자 했던 것이다.

초창기 미국 정부는 조지 워싱턴과 존 애덤스(1797~1801 재임)

두 연방파 대통령을 통해 어느 정도 틀을 갖추었다. 하지만 연방파가 정부의 힘을 강화하려 하자 공화파의 저항도 거세졌다. 위스키에 소비세를 매겨 징세하려다가 '위스키 반란 사건'(1794)이 일어났고, 미개척지를 개척하는 과정에서 인디언과의 관계 설정 방식을 두고도 논쟁이 붙었다. 주의 주민들과 충돌할 때마다 공화파가 연방파를 비판하자, 연방파는 '선동 방지법' 등으로 맞섰다. 심지어 의회에서 공화파 의원과 연방파 의원이 지팡이와 화로 집게로 난투극을 벌이기도 했다.

격렬한 대립 속에서 1800년 공화파 토머스 제퍼슨(1801~1809 재임)이 대통령에 당선되었고, 이후 계속 공화파가 집권하면서 연방파는 몰락하였다. 하지만 집권 이후 공화파는 주 정부의 자유를 위해 노력하면서도 한편으로 영토 개척 등 연방정부의 역할을 점점 강화할 수밖에 없었다. 산업혁명, 영토 확장, 그리고 전쟁 때문이었다.

'강한 미국'을 위하여

영국에서 시작된 산업혁명은 바다 건너 미국으로 넘어왔다. 섬유산업이 발전하고 유럽과의 무역이 활발해지면서 상품 운송을 위해 도로가 놓이고 개척된 수로를 통해 증기선이 운항했다. 유럽을 휩쓴 프랑스 혁명의 소용돌이도 미국에 영향을 끼쳤다. 특히 나폴레옹의 대륙봉쇄령은 미국의 유럽 무역에 타격을 입혔고, 프랑스령인 루이지애나의 미시시피 강을 오가던 증기선 운항도 영향을 받았다. 결국 미국은 프랑스로부터 루이지애나를 매입했고, 이로써 현재의 미국 중부까지 영토가 넓어지면서 국토 개척이 큰 과제로 떠올랐다. 나폴레옹이 몰락할 무렵인 1812년에는 캐나다를 둘러싼 영국과의 갈등이 결국 '영미전쟁'으로 비화되어 수도 워싱턴이 불타기도 했다.

미국에서 일어나는 수많은 일들이 모두 정부의 역할을 요구하고 있었다. 공화파 정부는 주의 주권과 자유를 옹호하면서도 정부를 강화시키지 않을 수 없었다. 그런 측면에서 본다면 연방파는 몰락했다기보다 군이 존재할 이유가 없어서 사라졌다고 볼 수도 있을 것이다. 국가주의가 대세가 되면서 국민들 역시 미국이란 나라에 대한 충성과 찬양에 점차 익숙해졌다.

공화파는 1830년대 들어 조금씩 분열되기 시작하여 마침내 좀 더 적극적인 정부의 역할을 강조하는 '휘그당'의 출현으로 이어졌다. 휘그당은 자본의 이해에 따라 정부의 적극적 역할을 강조했다. 이로써 휘그당과 공화파의 민주당 양당 체제가 성립되었으며, 이는 노예제도에 대한 입장 차이와 함께 새로운 정치 시대를 예고하였다.

생각보다 먼 남과 북

미국 노예제도

19세기

교과서 속 한 줄 역사 19세기 중엽 미국은 공업화가 진행된 북동부를 중심으로 자유노동을 토대로 한 공업화가 진행된 반면, 남부는 흑인 노예의 노동력을 이용한 대농장 경영이 경제의 중심을 이루었다.

"당신이 이 위대한 전쟁을 일으킨 숙녀 분이시군요."

링컨의 말에 황혼의 여인은 눈물을 떨구었다. 감격의 눈물이자 회한의 눈물이었다. 지난 10년간 미국 전체에서 극단적인 찬사와 비난을 한 몸에 받은 그 여인은, 미국의 대표적 여성해방 운동가이자 노예제 폐지 운동가인 해리엇 비처 스토였다. 동생 캐서린 스토와 함께 남녀평등을 외치고 인간의 보편적 존엄과 평등을 주장한 그녀는, 1852년 문제작《톰 아저씨의 오두막Uncle Tom's Cabin》을 발표하여 북부에서는 성녀, 남부에서는 마녀로 일컬어졌다.

그녀의 소설은 100만 명 이상의 사상자와 수많은 고아와 미망인을 낳은 전쟁의 한 원인이 되었다.

노예제를 둘러싼 갈등

미국 남부와 북부는 점차 다른 길을 걷기 시작했다. 상공업이 발전한 북부는 산업혁명을 이루고 근대국가로 나아갈 준비가 되어 있었다. 대륙횡단철도가 놓이고 인디언들은 강력한 연방 군대에 밀려 점점 서부로 쫓겨났다. 미국은 멕시코와의 전쟁을 통해 텍사스, 오리건, 캘리포니아 등 인도보다 크고 중국의 절반 정도 되는 땅을 새로 영토로 편입하였다. 산업혁명과 근대국가를 완성시킬 무궁한 원료와 시장을 획득한 것이다.

반면 남부는 엄격한 기독교적 농업사회였다. 그들은 새로운 농장을 만들 비옥한 토지를 찾아 텍사스와 서부로 뻗어 나갔지만, 산업사회를 향한 욕망보다는 전통적이고 안정적인 사회를 원했다. 남부 사람들은 농장을 운영하면서 안락한 자택에서 평화로운 가정을 꾸리기를 원했다.

팽창은 남부와 북부 공통의 욕망이었지만 그 결과는 정반대였다. 상공업은 노예제와 상극이었다. 자본주의 체제에서 가장 중요한 것은 노동의 유연성, 즉 자유로운 채용과 해고이다. 그때그때 필요한 노동력을 고용하거나 해고함으로써 시장 변화에 능동적으로 대처해야 하는데, 노예제도는 죽을 때까지 고용해야 하므로 그러한 유연성을 기대하기 어려웠다.

남부는 비옥한 토지를 얻어도 농사지을 노동력이 부족했고, 농장에서 죽을 때까지 함께할 노동자들이 필요했다. 한 마디로 흑인 노예가 절실했다. 남부 사람들은 텍사스나 서부로 진출할 때도 노예와 함께 이주했다. 남부인에게 노예는 생존의 조건이었다.

남북 갈등에 불 지른 '미주리 타협'

1801년 토머스 제퍼슨이 집권한 이후 1840년대까지 정권을 잡은 민주당은 주의 독립성을 최대한 보장했고, 그래서 남부와 북부는 각자 처지에 맞게 발전할 수 있었다. 독립 때부터 노예제를 비판하는 목소리가 나왔지만, 연방정부는 남부의 노예제를 보호하는 것이 정부의 횡포로부터 주와 개인의 자유를 보호하는 최선의 길이라고 여겼다. 하지만 시간이 흐르면서 이러한 원칙은 심각한 도전에 부딪힌다.

1821년 '미주리 타협'이 중요한 계기가 되었다. 그때까지 새로 미국의 영토가 된 곳은 주 의회를 수립한 뒤 연방정부에 가입을 신청하면 새로운 주로 받아들여졌는데, 그 과정에서 남부의 노예제 찬성 주와 북부의 노예제 반대 주가 짝을 이루며 균형을 맞춰 왔다. 1819년 당시 노예제 찬성 주와 반대 주는 각각 11개씩이었다. 그런데 새로 미주리 주(노예제 찬성)가 가입하면서 균형이 깨졌고, 이 기회에 우세를 점하려는 찬성파와 반대파가 격렬히 대립하여 결국 북위 36도 30분을 기준으로 북쪽의 신생 주는 노예제를 금지한다는 타협안이 만들어졌다. 하지만 '미주리 타협'은 새로운 주가 늘어날수록 갈등이 심화될 수밖에 없음을 예고하는 것이었다.

휘그당의 출현은 이런 상황에 기름을 끼얹었다. 북부의 부유한 상인과 제조업자, 서부의 신흥 상업 계층을 지지 기반으로 하는 휘그당은, 남부의 농장주들과 농업경제를 선호하는 서부인 및 북부의 가난한 노동자들을 지지 기반으로 하는 민주당과 대립된 입장이었다.(가난한 백인 노동자들은 흑인들이 자신의 일자리를 빼앗아 갈까 봐 노예제에 찬성했다.) 상이한 지지 기반을 가진 두 당이 대통령 선거에서 맞붙으면서 대규모 캠페인에 의존하는 대중선거가 등장했고, 마침내 1840년 서민 이미지로 포장하는 데 성공한 휘그당의 윌리엄 해리슨이 대통령에 당선되었다.

휘그당 해체와 공화당의 출현

그 즈음, 미국은 팽창 과정에서 심각한 문제에 봉착했다. 텍사스와 캘리포니아 등이 새로운 주로 가입할 때 노예제 찬성 주인지 반대 주인지를 놓고 갈등이 생긴 것이다. 휘그당은 노예제 반대 입장을 명확하게 하지 않으면 가입에 반대한다는 입장이었고, 민주당은 찬성이었다. 광활한 영토의 미국 편입이 계속 지연될 수밖에 없었다.

그 사이 1848년 캘리포니아에서 금광이 발견되어 '골드러시 gold rush'가 일어났고, 대통령은 1844년에는 민주당의 제임스 포크, 1848년에는 휘그당의 재커리 테일러가 당선되는 등 재선 대통령 없이 엎치락뒤치락하는 양상을 보였다. 여러 타협안이 나왔지만 노예제를 찬성하면 북부 의원들이, 반대하면 남부 의원들이 주 가입을 반대했다. 이러한 혼란은 1852년 노예제 반대를 주장하는 스토 부인의 소설《톰 아저씨의 오두막》이 10년 이상 베스트셀러가 되면서 더욱 불타올랐다.

결정적인 것은 1854년 '캔자스-네브래스카 법안'이었다. 미주리 타협을 폐기하고 만든 이 새로운 타협안은, 새 영토인 캔자스와 네브래스카가 연방에 가입할 때 노예제 인정 여부를 지역 주민들의 결정에 따르도록 한 것이다. 이에 충격 받은 휘그당원들이 탈당하여 다른 군소 정치 세력을 끌어들여 공화당을 창당하면서, 마침내 민주-공화 양당 체제가 만들어졌다. 공화당은 연방 체제 수호와 지속적인 성장을 위한 자유노동 제도를 지향했다. 캔자스 유혈 사태 등 노예제를 둘러싼 갈등이 무력충돌로 발전하고, 남부에서 공화당의 집권을 일종의 마지노선으로 생각하는 상황에서 1860년 대통령 선거가 치러졌다. 공화당 후보는 바로 에이브러햄 링컨이었다.

◈ 냇 터너가 백인을 습격한 이유

19세기 당시 미국에서 흑인의 삶은 노예와 자유민 중 어느 쪽이 더 낫다고 말하기 어려웠다. 노예지만 안정적인 직장(?)이 있는 남부 흑인이, 실업과 저임금에 고통 받는 북부 흑인보다 더 나은 삶을 영위하기도 했다. 사실 북부가 노예제 폐지를 주장한 것은 상공업 발전을 위해서이지 흑인을 위해서는 아니었다. 그렇다 해도 북부 흑인들은 자신들이 자유인임을 자랑스러워했다. 흑인 노예들은 백인들의 인종적 편견에 시달렸다. 백인들은 흑인이 열등하므로 보호받아야 한다는 논리로 노예제도를 정당화했다. 흑인들은 기독교로 강제 개종당했고 노예 숙소에서 생활하며 옥수수와 절인 돼지고기 등으로 끼니를 때우고 일요일에는 백인과 분리된 교회 구석 자리에서 예배를 보았다. 가족을 꾸리기도 힘들었다. 언제 아버지나 자식이 팔려갈지 모르니까. 의료와 위생의 혜택을 받지 못해 사망률이 높아 노예 인구는 자연 감소 상태였다. 많은 노예 여성들이 백인 남성의 성폭력으로 원치 않는 임신을 했으며, 태어난 혼혈 아이 역시 아버지와 연을 끊은 채 노예로 키워졌다.

어려운 상황 속에서도 노예들은 그들만의 생활을  꾸렸다. 밤에 몰래 교회에 가서 자기들만의 예배를 드리며 아프리카 전통신앙의 영향이 짙은 기도법과 찬송법을 개발했다. 열정적인 흑인 송가는 이렇게 탄생했다. 또한 많은 흑인들이 탈출을 감행했고, 성공한 자유 흑인들은 다른 노예들의 탈출을 헌신적으로 도왔다. 특히 1831년 냇 터너가 이끈 흑인 무장단의 백인 거주지 습격은 미국 사회에 큰 충격을 주었다.

'수정헌법 13조'의 의미

남북전쟁

1861~1865

교과서 속 한 줄 역사 노예제에 비판적 태도를 보인 링컨이 대통령에 당선되자 결국 남부 7개 주가 연방을 탈퇴하고, 북부군의 섬터 요새를 남부가 공격하면서 남북전쟁이 일어났다. 전쟁을 통하여 미국은 통합된 국민국가로 거듭나고, 산업국가로 발전해 갔다.

링컨이 국무장관과 함께 미주리 주에서 온 줄리 부부를 만나 서민의 애환을 들었다. 링컨이 '수정안 13조'를 지지하는 그들의 견해에 만족해하자, 국무장관이 문득 물었다.

"(만약 전쟁이 끝난다면) 수정안 13조를 찬성할까요?"

그러자 줄리 부인이 대답했다.

"아뇨. 제 남편은 반대할 겁니다."

"왜요?"

"검둥이들이 미주리로 몰려올 테니까요."

영화 〈링컨Lincoln〉(2012)의 한 장면이다. 링컨의 조금 다른 면모를 보여 주는 이 영화의 줄거리는 이렇다.

노예제 폐지를 담은 '수정헌법 13조'가 통과되려면 의회에서 3분의 2 이상의 찬성이 필요했는데 공화당은 의석의 56퍼센트를 차지하고 있어서 부족한 20표를 민주당에서 끌어들여야 했다. 남북전쟁의 전세는 이미 기울어져 남부가 항복할 일만 남은 상황에서, 링컨은 전쟁이 끝나기 전에 서둘러 '수정헌법 13'조를 통과시키려 했다.

왜냐하면 전쟁 전에는 13조가 전쟁의 이유이자 목적이었으므로 사람들이 13조 통과를 지지하겠지만, 전쟁이 끝나면 이해관계에 따라 북부 안에서도 찬성과 반대가 엇갈릴 것이기 때문이다. 20표를 민주당에서 끌어오려면 공화당이 민주당원들에게 많은 것을 양보해야 할 텐데, 공화당은 그것을 원치 않았다. 진퇴양난에 빠진 링컨은 어찌할 것인가? 영화에서 면담 장면 마지막에 국무장관이 링컨에게 이렇게 말한다.

"이제는 국민들도 왜 급하게 밀어붙이는지 슬슬 아네요."

링컨, 영웅인가 위선자인가

링컨은 상반된 두 가지 이미지를 갖고 있다. 하나는 노예를 해방시킨 영웅, 또 하나는 노예제를 찬성한 위선자이다. 어느 쪽이 진실일까? 사실 링컨 개인은 노예제 폐지론자였다. 그가 공화당원인 한 당연한 일이다. 하지만 그는 현실에서 노예제 폐지와 관련해서는 유연한 입장을 보였다. 즉, 개인의 이상과 현실 정치를 구분하였다. 그가 위대한 정치인인 것도 이 둘 사이에서 항상 고민했기 때문일 것이다.

링컨이 노예제 폐지를 두고 고민한 이유는 크게 두 가지였다. 하나는 노예제 폐지가 곧 남부의 분리 독립으로 이어질 텐데, 이는 공화당의 강령인 연방정부 강화와 위대한 미국 건설에 반하는 일이었기 때문이다. 또 하나는 노예제의 대안이 마땅치 않았기 때문이다. 노예제에 반대하는 북부조차 흑인과 평등하게 어울려 살 준비가 되어 있지 않았다. 노예제 폐지는 어디까지나 '백인의 미국'을 부강하게 만들기 위한 수단일 뿐이었다.

1860년 공화당 대통령 후보 선출 때부터 링컨은 노예제에 중도적 입장을 취했다. 2년 전 상원의원 선거에서 노예제 폐지를 역설하는 감동적인 연설을 할 때와는 사뭇 다른 모습이었다. 이후에도 링컨은 노예 해방과 관련하여 계속 신중한 태도를 취했다. 당연한 일이다. 어떤 대통령도 나라가 둘로 나뉘어 전면전을 벌이는 것을 원치 않을 테니 말이다.

1861년 3월 링컨의 대통령 취임식. "내 최고의 목적은 연방을 유지하여 이를 구제하는 것이지, 노예제도 문제는 아니다."

하지만 남부는 최초의 공화당 대통령 당선(공화당 창당 이후 첫 대통령 선거인 1856년 대선에서 찰스 프레몽이 나섰지만 민주당에 패배했다.)을 분리 독립의 신호로 받아들였다. 결국 링컨의 당선과 함께 남부 7개 주가 즉각 독립을 선언했다. 남부연합은 제퍼슨 데이비스를 임기 6년의 대통령으로 선출하고 버지니아 주의 리치먼드를 수도로 정한 뒤, 로버트 리 장군을 총사령관으로 임명하고 50만의 군대를 징병했다.

상황이 이렇게 돌아가자 남부에 있던 연방군 요새가 문제가 되었다. 실제로 사우스캐롤라이나의 섬터 요새가 고립되었다. 링컨은 전쟁을 피하고자 요새에 보급품만 보내고 병력은 추가하지 않겠다고 제안했지만, 남부는 이를 거절하고 1861년 4월 13일부터 이틀 동안 공격을 퍼부은 끝에 요새를 점령했다. 이로써 남북전쟁이 일어났다.

마침내 선포된 노예해방령

남부가 분리 독립했지만, 링컨은 이를 내전으로 규정하고 남부를 국가로 승인하지 않았다. 그래서 선전포고도 하지 않고 의회 동의 없이 정부 차원에서 전쟁에 대응했다. 의회도 민주당이 다수당인 채 그대로 존재했고, 이 때문에 링컨은 여러 차례 고비를 넘겨야 했다. 의회는 링컨에게 결코 우호적이지 않았다.

또한 상공업이 발달하여 물자와 자본이 풍부한 북부가 전쟁에서 우세할 것으로 보였지만, 남부는 홈그라운드의 이점을 안고 있었고 내부적으로 잘 단결되어 있었으며 영국과 프랑스의 우호적인 지원을 받을 것으로 예상되었다. 영국과 프랑스는 면직공업의 주요 원료 수입원인 남부와 경제적 파트너 관계를 맺고 있는 데다, 이 나라들에게는 미국 분리가 점차 강성해지는 미국을 견제할 좋은 기회였기 때문이다.

그에 비해 북부는 유능한 지휘관이 부족했고, 공화당과 민주당의 갈등, 노예제를 둘러싼 북부 백인들 사이의 입장 차이로 혼란스러웠다. 공식적으로 노예제 반대 입장을 견지한 영국과 남부를 분리시키려면, 미국 정부가 노예제에 명확한 입장을 밝혀야만 했다. 또, 북부 사람들에게도 전쟁의 이유와 원인을 명확하게 설명하고 납득시켜야만 분열을 멈출 수 있었다.

1863년 1월 1일, 마침내 '노예해방령'이 선포됨으로써 노예제 폐지가 공식화되었다. 미국 해군은 남부 항구를 봉쇄하여 영국으로의 면화 수출을 막았는데, 영국 면직업자들은 인도산 면화를 수입하거나 재고 물품을 활용할 뿐 이러한 조처에 저항하지 않았다. 또 대부분의 미국인들이 전쟁의 대의에 동의하였으며, 많은 흑인들이 전쟁에 참여했다.

"나에게 무릎 꿇지 마시오"

1864년 북군은 율리시스 그랜트 장군의 지휘 아래 북부의 풍부한 물자를 바탕으로 거친 공세를 퍼붓기 시작했다. 그때까지 남군은 서부전선에서만 밀렸을 뿐 동부전선에서는 대등한 상태였다. 하지만 1863년 게티즈버그 전투에서 패한 뒤 남부는 공세를 취하지 못하였고, 그랜트 장군이 나선 이후부터 점점 밀리기 시작했다.

남군은 그랜트의 군대에 몇 차례 승리를 거두었지만, 뚝심 있게 밀어붙이는 북군에 계속 밀려 1865년 4월 결국 수도 리치먼드를 함락당했다. 그리고 4월 9일 후퇴하던 리 장군의 남군 2만5천여 명이 버지니아 코트하우스에서 포위되어 항복하면서 사실상 전쟁은 끝이 났다.

남북전쟁의 전사자는 61만8천 명으로 제1차 세계대전 미군 전사자의 6배, 제2차 세계대전 전사자의 1.5배나 되었으며, 4년 동안 남부 전역이 파괴되고 수많은 고아와 미망인이 발생했다. 그러나 '노예해방령'에도 불구하고 아직 노예제를 고집하는 몇몇 주(남부연합에 가입하지 않은 테네시 주, 웨스트버지니아 주 등)가 남아 있었다.

링컨은 미국 내 모든 지역의 노예제를 폐지한다는 '수정헌법 13조'를 종전 전에 통과시키려 했고, 갖은 노력 끝에 종전 3개월 전인 1865년 1월 31일 하원에서 통과시켰다. 이로써 노예제도는 전쟁의 종결과 함께 사라지게 되었다.

1865년 4월 링컨이 남부연합의 수도 리치먼드에 나타나자, 많은 흑인들이 무릎을 꿇고 찬양했다. 링컨이 그들에게 말했다.

"나에게 무릎 꿇지 마시오. 당신은 신에게만 무릎 꿇어야 합니다. 그리고 당신이 이후 누릴 자유에 대하여 신에게 감사하십시오."

131

미국인들의 판타지

서부 개척

19세기

교과서 속 한 줄 역사 1840년대부터 미국은 서부 개척을 활발히 진행하여 미국의 영토를 크게 확장하였으며 경제성장도 이루어 갔다. 1869년 대륙횡단철도의 개통은 지역 간 통합과 산업화한 미국의 발전상을 상징적으로 보여 주는 사건이었다.

미국에서 가장 인기 있는 스포츠인 프로 미식축구 챔피언 결정전인 슈퍼볼에서 가장 많이 우승한 팀은 5회 우승한 샌프란시스코 포티나이너스('49ers)이다. 왜 이름이 포티나이너스일까? 포티나이너스는 1848년 캘리포니아에서 금광이 개발되자 일확천금을 노리고 1849년부터 몰려온 사람들을 부르는 말, 즉 '1849년에 온 사람들'이란 의미다. 미국 서부의 역사는 바로 이들 이주민의 역사이다. 이들을 '프런티어(개척자)'라고 한다.

멕시코 침공과 '골드러시'

19세기 전반기 미국은 서부로 팽창했다. 그런데 알다시피 서부는 빈 땅이 아니었다. 멕시코와 영국의 땅이었으므로 이들 두 나라와 국경 분쟁이 일어날 수밖에 없었다. 먼저 북서부의 오리건 주 지역에서는 서부 경계선 확정을 둘러싸고 영국령 캐나다와 갈등을 빚었다. 두 나라는 서로 전쟁을 공언하며 갈등을 빚다가 북위 49도선에서 타협했다.

이와 달리 멕시코 영토였던 남서부 지역의 분쟁은 전쟁으로 비화되었다. 멕시코는 1821년 스페인으로부터 독립하자마자 미국과 적극적인 교역에 나섰다. 국경 지대에서 활발한 무역이 이루어졌을 뿐만 아니라, 많은 미국인이 멕시코령 텍사스로 이주하기 시작했다. 한반도의 3.5배나 되는 넓은 땅이지만 멕시코 사람은 겨우 3~4천 명 정도만 살고 있는 인구 희소 지역이어서(물론 꽤 많은 원주민들이 살았지만) 미국인들에게는 기회의 땅이었다. 불과 몇 년 사이에 7천여 명이나 이주하자, 1830년 멕시코 정부가 미국인 이주를 금지시켰으나, 미국인들의 러시rush를 막을 수 없었다.

결국 미국이 멕시코를 침공하여 캘리포니아와 뉴멕시코를 점령하고 텍사스의 경계를 리오그란데 강으로 확정했다.(1848년 '과달루페-이달고 조약') 멕시코가 받은 것은 1,500만 달러의 배상금과 멕시코를 정복하지 않겠다는 약속뿐이었다. 그리고 마침 1848년 캘리포니아에서 금광이 발견되면서 1849년부터 이른바 '골드러시'가 일어났다. 이후 반세기 동안 서부는 동부 미국인들의 판타지가 실현되는 공간이었고, 그 판타지는 20세기에 서부극이라는 영화 장르로 재현되었다.

〈역마차〉와 〈셰인〉이 그린 서부

서부극 하면 가장 먼저 떠오르는 사람은 존 웨인이다. 강인한 서부 남성의 상징인 그의 대표작은 〈역마차Stagecoach〉(1939)이다. 범법자·매춘부·돌팔이 의사·도박꾼 등 다양한 인물들이 역마차를 타고 원주민 아파치족의 습격을 뚫고 목적지로 향하는 과정을 그린 이 영화는 서부 개척의 전형적인 패턴을 보여 준다.

일확천금을 노린 골드러시 바람을 타고 많은 남자들이 몰려들면서 서부에는 여성이 절대적으로 부족해졌다. 서부로 이주한 여성들은 대부분 기혼, 아니면 매춘부였다. 남편의 도덕적 타락을 경계하는 기혼 여성과 매춘부의 갈등은 당연한 일이었다. 또한 서부는 원래 원주민(인디언)과 멕시코인의 땅이었다. 1846~1848년 '멕시코 전쟁'에서 미국에 패한 뒤 멕시코 사람들은 몰락하거나 추방당했고 여관 등에서 일하는 하급 노동자로 전락했다.(오늘날처럼 불법 이주자들은 아니다.) 원주민들은 추방에 맞서 미국인들을 공격했지만, 원시적인 무장 수준과 분산된 부족 단위 공격으로는 미국의 조직적인 기병대와 현대적 무기를 당해 낼 수 없었다.

영화 〈셰인Shane〉(1953)은 서부의 또 다른 모습을 보여 준다. 서부에서 금을 캐지 않는 사람들은 소 떼를 방목하는 목축업에 종사했는데, 종종 동부 출신 농민들이 소유지 주위에 울타리를 세우고 농장을 건설하여 소 떼의 이동로를 차단하거나 방목지를 차단했다. 이를 '방목지 전쟁'이라 하는데, 이 과정에서 힘없는 목축업자들이 쫓겨나거나 농장을 빼앗기는 일이 벌어졌다. 주인공 셰인은 힘없는 사람들 편에 서서 농장주가 고용한 총잡이를 쓰러뜨리고 주민들을 보호한

다.(70년대 큰 인기를 끈 이탈리아 영화 〈내 이름은 튜니티Lo chiamavano Trinita〉
도 이와 비슷한 내용이다.) 이 과정에서 복수의 악순환이 일어나기도 했
는데, 〈오케이 목장의 결투Gunfight At The O.K. Corral〉(1957), 〈하이 눈High
Noon〉(1952) 같은 서부극이 이를 배경으로 하였다.

'프런티어'의 이면

서부 개척은 동부 사람들에게는 '프런티어 정신'으로 찬양을 받았
지만, 원래 서부의 주인이었던 원주민들에게는 '학살의 역사'였다.
많은 원주민이 백인들에게 자신의 거주지를 내주고 척박한 땅으로
강제 이주당했다. 미국 군대는 소위 '인디언 보호구역'으로 이들을
이주시키려고 노력했지만, 백인 정착민들 중 과격파는 원주민 자체
를 멸종시키려 했고 이 과정에서 무자비한 학살극이 일어났다.

1864년 미군의 치빙턴 대령은 우호적인 원주민들에게 라이언
요새 근처로 피신하라고 일렀다. 그리하여 블랙 케틀 추장이 이끄
는 '아라파호족' 수백 명이 요새 근처에 야영했는데, 그날 저녁 미
군이 그들을 공격해 133명(이 중 105명이 아이와 여자)을 학살하고,
달아난 추장 블랙 케틀도 4년간 추적하여 살해했다.

'네즈퍼스족'은 강제 이주당하던 중 일부 젊은이가 백인 4명을
살해하는 바람에 보복을 피해 2천 킬로미터를 도망치다 극소수만
남고 모두 학살당하거나 체포되었다. '수족'은 보호구역으로 들어
갔지만 그곳에도 백인이 정착하러 들어오자 구역 밖으로 밀려났다
가 구역 안으로 다시 몰아넣으려는 미군과 격렬한 전투를 치렀다.
이들은 1890년 '운디드니 학살'의 대상이 되었다. 이 시대를 백인

입장에서 가장 온건하게 그린 서부극이 바로 〈늑대와 춤을〉(1990)
이다.

가장 남부적인 고장 텍사스

멕시코령 텍사스 시절 흑인 노예를 이용해 면화 플랜테이션(값싼
노동력을 이용한 대규모 농업) 농장을 운영하던 미국인들은, 텍사스가
독립하여 미국령이 되자 대규모 목축업을 발전시켰다. 광활한 텍사
스의 대농장을 배경으로 20세기 전반기 역사의 전환점에 선 남부
인의 삶을 그린 대작 영화 〈자이언트Giant〉(1956)는 미국 남부가 어
떻게 새로운 세상으로 넘어갔는지를 잘 보여 준다. 당대 최고의 배
우 록 허드슨과 엘리자베스 테일러가 주연을 맡고, 제임스 딘의 유
작으로 화제가 되었던 이 영화의 줄거리는 다음과 같다.

　동부 출신의 아름답고 지적인 아가씨 레슬리(엘리자베스 테일러)
는 텍사스의 농장주 빅 베네딕트(록 허드슨)의 아내가 된다. 텍사스
의 이글거리는 기후와 베네딕트 가문의 가부장적인 대가족 문화에
점점 지쳐 가던 레슬리는, 자신에게 호감을 보이는 소몰이꾼 제트
(제임스 딘)에게 위로를 받는다. 한편 빅의 누이가 사고로 죽고 유산
으로 약간의 땅을 제트에게 물려주었는데, 공교롭게도 그 땅에서
유전이 개발되면서 제트는 억만장자가 된다. 반면 레슬리는 출산
과 육아, 빅의 권위적 태도 등으로 힘겨운 결혼 생활을 꾸려 나가면
서 남편을 이해하려고 노력하며 농장의 안방마님으로 자리를 잡는
데….

　텍사스는 남북전쟁 당시 분리 독립한 남부연합의 일원으로서 공

화당과 미국 정부에 강한 반감을 갖고 독립적이고 보수적인 문화를 형성하였다. 19세기 남부는 남북전쟁으로 노예제가 폐지되었음에도 백인 인종주의와 흑인 차별의식을 버리지 못했다. 흑인 노예들의 지위를 유지할 새로운 법안을 만들려고 노력하는가 하면, 흑인에 대한 테러를 자행하는 KKK단 같은 단체가 활개를 쳤다. 남부의 백인 상류층은 흑인들에게 일자리를 빼앗길 것을 염려하는 백인 중하류 사람들의 두려움을 이용하여 권력을 강화하고 공화당 정부의 영향력을 약화시키려 했다.

텍사스는 경제적으로 소를 방목하는 목축업이 발전한 곳이다. 처음에는 방목한 소를 철도역까지 끌고 가는 것이 문제였는데, 1866년 26만 마리의 소를 미주리의 우시장까지 몰고 가는 장거리 소몰이에 성공하면서 다양한 시장 개척이 가능해졌고, 어려운 소몰이 과정에서 여러 위험을 함께 극복하면서 *끈끈한* 연대의식이 생겨났다.

이런저런 이유로 미국 남부는 상당히 보수적인 문화를 형성하게 된다. 백인 남성들은 상당한 빈부격차에도 불구하고 환경적 요인과 흑인 차별의식을 바탕으로 강력하게 뭉쳤다. 가정적으로는 가부장적 문화가 강하여 여성 차별이 심했다. 여성은 남편의 장식품과 같은 존재로 살면서 남편의 불륜도 참아야 했고, 출산의 의무가 강조되어 북부보다 출생률이 20퍼센트나 높았다. 이러한 삶을 살았던 여성들을 '남부 숙녀'라고 했다.

하지만 19세기에서 20세기로 넘어가면서 텍사스 역시 변화를 피해 갈 수 없었다. 1880년대 이후 대규모 방목은 동부의 기업형 목축업에 자리를 넘겨주었다. 특히 1886년 전후의 기상이변으로 수십만 마리의 소떼가 폐사한 뒤 장거리 소몰이는 사라졌다. 목축업의 빈자리를 석유 등 신흥 상공업이 메웠다. KKK단의 활동은 연방정부에 의해 쇠퇴하고, 텍사스 독립 이후 몰락했던 멕시코계 텍사스인들도 점차 세를 회복하기 시작했다. 20세기 미국의 발전이 폐쇄적인 텍사스에도 새로운 변화의 분위기를 몰고 온 것이다.

영화 〈자이언트〉에서 빅의 바람과 달리 자식들은 모두 농장을 물려받기를 거부한다. 장남은 의사가 되고, 차남은 멕시코 여자와 결혼하여 혼혈 손자를 안겨 준다. 빅은 분노했지만 어쩔 수 없이 체념하고 현실을 받아들이는데, 영화 말미 식당에서 주인이 유색인종을 쫓아내자 빅이 격투를 벌이다 나가떨어진다. 레슬리는 실패한 인생이라며 좌절하는 빅을 위로하며 화해한다.

"지금까지 살아오는 동안 당신이 가장 멋있었을 때는 식당에서 뻗어 버렸을 때였어요. 당신은 제 영웅이 된 거예요."

◈ 버펄로 수는 다시 늘었지만…

인디언이라 불린 원주민들은 주로 아메리카 들소(버펄로)를 방목하며 살았는데, 19세기 미국인들이 대륙횡단철도와 동서 교역로를 방해한다는 이유로 버펄로를 학살했다. 물론 원주민들의 경제적 토대를 파괴하려는 의도도 있었다.

버펄로는 개체 수가 급격히 줄어 한때 멸종 위기까지 몰렸다. 다행히 많은 동물 보호자들이 나서서 오늘날 버펄로는 수만 마리로 불어났다. 하지만 사람들은 버펄로를 통해 인간의 자연 파괴는 반성하면서, 원주민에게 끼친 해악까지는 생각하지 않는 듯하다.

132

굿바이 무굴, 굿바이 동인도회사

세포이 항쟁

1857~1859

교과서 속 한 줄 역사 영국의 동인도회사가 인도의 지배권을 차지한 이래 동인도
회사의 수탈은 한층 더 심해졌다. 동인도회사의 용병이었던 세포이들은 영국인들의
횡포에 대한 불만과 종교적인 갈등으로 말미암아 항쟁을 일으켰다. 동인도회사를
통한 지배에 한계를 느낀 영국은 회사를 해산하고 무굴 제국 황제를 폐위하였다.
이어 영국 국왕이 인도 황제를 겸하는 인도 제국이 성립되었다.

델리에 주둔하고 있던 영국군 대위 로버트 타이틀러의 아내 해
리엇은 1857년 5월 임신 8개월로 넷째 아이를 출산할 예정이었다.
세포이 85명이 동물 기름을 칠한 탄약통 수령을 거부하여 10년형
을 언도받고 감옥에 끌려갈 거라는 소식을 들었을 때만 해도 부부
는 엄격한 군율 적용에 만족해했다. 하지만 다음 날 저녁 세포이가
반란을 일으키자, 부부는 황급히 델리를 탈출했다. 해리엇은 공포
에 떨면서도 당시 상황을 꼼꼼히 기록에 남겼다.

영국군 진지에서 아이를 출산한 해리엇은, 칸푸르에 있던 영국
군과 그 가족들이 학살당했다는 소식을 듣고 극약을 준비하기도
했다. 그리고 진지에서 영국군이 인도인 종군자들과 하인들을 화풀

이로 학살하는 모습과 델리에서 영국군이 세포이의 항쟁을 진압하고 탈환하는 모습을 기록했다. 그녀는 마지막에 델리를 다음과 같이 묘사했다.

"죽은 자들의 도시."

인도로 몰려든 유럽 해적

1615년 영국의 무굴 제국 황실 주재 대사 토머스 로가 '세계의 정복자' 자한기르 왕을 알현하여 무역 특허장을 얻으면서 영국의 인도 진출이 본격화되었다. 이 특허장은 단순한 외교 교섭이 아니라 4년 동안의 집요한 노력 끝에 얻은 결실이었다. 로는 신하들의 냉대와 황제의 무관심 속에서 수행원 7명을 이질로 한꺼번에 잃고 사자에게 애완견을 잃으면서도 인내하여 마침내 뜻을 이루었다.

당시 인도는 바스코 다 가마가 인도 항로를 발견한 이후 유럽 국가들의 치열한 각축장이 되었다. 이미 포르투갈이 항로와 몇몇 항구에서의 무역을 선점한 상태에서, 영국과 네덜란드 등이 바다에서 치열하게 경쟁했다. 그 경쟁에는 전함(적군 상선의 나포와 약탈을 허락받은 사략선) 사이의 전투와 해적 행위까지 포함되었다.

유럽의 쟁쟁한 해적들이 인도 근처 바다에 모두 몰려온 것 같았다. 그중에서 가장 악명 높은 해적은 영국 해적이었다. 네덜란드 해적이 인도 상선을 공격해도 무굴 제국에서는 영국 해적 짓이라고 생각할 정도였다. 이 때문에 영국의 동인도회사는 인도 상선을 보호하는 전함을 운영해야 했다.

영국에게 인도와의 무역은 처음에는 그리 성공적이지 않았다.

인도 제품은 영국인들에게 큰 인기였지만, 영국산 제품은 인도인들을 끌어당기지 못했다. 가령 인도산 커피의 경우, 1652년 런던에서 처음 커피숍이 문을 연 뒤 굉장한 인기를 끌어서 '그레이트 무굴' 등의 유명한 커피숍이 명소로 떠올랐다. 커피 때문에 매출이 하락한 맥주업계에서 커피를 '쓴맛에 악취 나는 진저리 나는 구정물'이라고 공격할 정도였다.

동인도회사에 무너진 무굴 제국

18세기 들어 동인도회사는 프랑스와 싸우는 와중에도 무굴 제국과 지역의 반+독립적 제후국들 간의 분쟁에 개입하며 세력을 넓혀 갔다. 그러자 이에 반발하는 인도 세력이 생겨났고, 무력 충돌이 늘어나자 회사는 자체 군대가 필요해졌다. 그래서 만들어진 용병 집단이 세포이였다. 세포이는 페르시아어 '시파히'(병사)에서 온 말로, 영국인이 인도인을 훈련시켜 만든 유럽식 군대였다. 세포이는 다양한 신앙과 인종이 모여 있어 부대별로 독립성이 강하면서도 군인으로서 강한 자부심과 충성심을 갖고 있었다.

이제 영국은 회사가 고용한 용병들을 앞세워 인도를 압박해 들어갔다. 그로 인해 일어난 대표적인 사건이 '플라시 전투'(1757)이다. 벵골 지방의 지배자인 시라지 웃다울라는 영국과 프랑스가 점차 위협이 된다고 여겨 철수할 것을 명했다. 영국이 불응하자 그의 군대가 콜카타를 점령하고 영국인들에게 보복을 가했다. 그러자 영국은 시라지의 자리를 탐내던 삼촌 자파르와 손잡고 시라지를 공격했다.

시라지는 5만의 군대를 이끌고 3천의 영국군과 맞섰다. 그러나 자파르의 배신으로 군대가 흩어지는 바람에 참패하고 자파르에게 목숨을 잃었다. 새로 벵골의 군주가 된 자파르는 영국의 꼭두각시가 되어 징세권을 넘겨주었다. 영국은 벵골에서 거둔 세금으로 영국 상품을 수입하는 식으로 이익을 내며 그동안 불리했던 무역을 역전시켰다.

자파르가 참지 못하고 동인도회사에 저항하자, 회사는 군대를 풀어 그의 사위 미르 카심을 새로 군주에 앉히고 얼마 후 미르 카심마저 쫓아냈으며, 이에 분노한 무굴 제국 황제 샤 알람 2세의 군대마저 격파하면서 무굴 제국 지배를 시도하기에 이르렀다.

영국의 인도 지배가 은총?

19세기 들어 인도에서 제국주의적 팽창은 더욱 심화되었다. 영국

◈ **'나바브'를 꿈꾼 동인도회사 직원들**

인도 무역은 영국의 동인도회사가 주도했다. 일확천금을 노리는 수많은 '별 볼 일 없는' 영국인들이 회사에 고용되어 "거지들이 먹는 것보다 못한 음식"을 먹고 불리한 노동조건에서 형편없는 저임금을 받으며 일했다. 하지만 그중에 대단한 성공을 거둔 이들도 있었다. 데이비드 클라이브는 어린 시절 동네 깡패로 지내다 19세에 동인도회사의 말단 직원으로 인도로 간 뒤 마드라스 전투와 플라시 전투에서 큰 공을 세우고 30대에 큰 부자가 되었다. 이처럼 인도에서 벼락부자가 된 뒤 본국으로 돌아와 행세하는 자들을 (인도의 제후를 가리키는 나와브에서 따와) '나바브'라고 했다. 인도에서의 성공과 화려한 인도 문물은 영국에 적잖이 영향을 미쳐 샌들, 파자마, 펀치(음료), 숄, 방갈로 같은 인도 말이 유행하였다. 하지만 나바브는 극소수였고, 인도 모험은 대개 비참하게 마감되곤 했다. 인도로 건너간 난봉꾼 남편을 찾으려고 남장한 채 해군에 입대하여 유명해진 한나 스넬은, 무려 5년간 여자임을 숨기고 복무하면서 퐁디셰리 전투에서 총에 맞기도 했지만 남편이 인도 어느 곳에서 비참하게 죽었다는 소식을 들었을 뿐이다.

은 남부 인도의 힌두 제국들 중 가장 강력하게 저항한 티푸 술탄의 마이소르 왕국을 네 차례나 공격했다. 마지막 4차 공격 때 티푸는 전사하고 마이소르와 인도 남부도 사실상 영국의 지배 아래 들어갔다. 이후 영국은 정치적 무능을 핑계 삼아 제후국(토후국)에 쳐들어가 점령하는 등 지배 영역을 넓혀 갔다. 물론 영국의 오랜 동지였던 제후들도 마찬가지 운명을 겪었다.

회사의 지배는 탐욕스럽고 비논리적이었다. 산업혁명 이후 기계로 생산된 제품들이 인도로 들어오면서 인도의 산업은 파괴되었다. 심지어 인도 면직물 산업을 파괴하려고 인도인 직공들의 엄지손가락을 잘라 버리기도 했다. 이렇게 무너진 산업에 종사하던 사람들은 실업자가 되어 빈곤에 시달리다 굶어 죽었다. 영국인들은 이를 인도인의 야만적 습관과 종교 탓으로 매도했다. 특히 과부를 남편의 장례식 때 산 채로 화장하는 '사티' 풍습을 부각시켰다. 영국인들은 19세기 내내 사티 폐지에 매달리면서 영국의 인도 지배가 '은총'임을 강조했다.

인도 제국의 여왕이 된 빅토리아 여왕

종교적인 문제는 인도인들뿐만 아니라 세포이들도 자극했다. 그들은 직업적 자부심과 영국의 억압적 태도 사이에서 갈등했다. 이미 1806년 인도 서남부 마드라스(지금의 첸나이) 식민 당국이 터번 착용을 금지하자 세포이들이 반란을 일으켜 수백 명의 사상자가 난 바 있다. 세포이들은 그 갈등을 좀 더 나은 대우로 만회하고자 했다. 그들에게는 아직 인도인이라는 의식이 없었기 때문이다. 하지만 회사는 오히려 인건비를 절감하려고 정리해고를 고려했다. 이로써 양측의 충돌은 불가피해 보였다.

그러던 중 새로 지급된 탄약통에 소와 돼지의 기름이 칠해져 있다는 이야기가 퍼졌다. 세포이들은 탄약통을 이빨로 뜯어서 썼기 때문에 입에 동물 기름을 묻힐 수밖에 없었는데, 소와 돼지는 힌두교도이거나 이슬람교도인 세포이들이 각각 금기시하는 동물이었다. 세포이들은 이를 영국인들의 강제 개종 음모로 보았지만, 영국인들은 그저 미신에 대해 단호히 대처해야 한다는 생각뿐이었다. 마침내 탄약통 수령을 거부하는 세포이를 엄벌에 처하겠다는 결정이 내려지면서 세포이 항쟁에 불이 붙었다.

무력의 상당 부분을 세포이에 의존하는 동인도회사가 항쟁을 진압하는 것은 불가능했다. 세포이는 델리를 점령하고, 무굴의 마지막 황제 바하두르 샤를 지도자로 세웠다. 영국은 정부 차원에서 군대를 보내 겨우 항쟁을 진압했지만, 인도 전역으로 번진 항쟁은 1년 이상 지속되었다. 인도 중부 잔시 왕국의 여왕 락슈미 바이도 항쟁에 나섰다. 남장을 하고 말에 올라 선두에서 전투를 진두지휘하다가 영국군의 총탄에 전사한 그녀는 인도 독립 투쟁의 상징적 존재가 되었다.

세포이 항쟁 이후 영국은 인도를 직접 지배하기로 결정했다. 1858년 동인도회사를 폐지하고 인도 제국을 선포한 뒤 영국 빅토리아 여왕이 인도 여왕의 자리에 오른 것이다. 이로써 인도는 영국의 한 부분이 되었다. 하지만 사람들은 곧 그것이 인도의 멸망이 아니라 새로운 인도를 향한 시작이라는 것을 알게 되었다.

133

회사, 영국을 사다

제국주의

19~20세기

교과서 속 한 줄 역사 유럽 선진 자본주의국가들은 값싼 원료를 공급받아 상품을 생산하고, 이 상품의 판매와 잉여자본 투자에 필요한 식민지를 차지하려고 아프리카와 아시아 일대에서 경쟁하였다 19세기 말에서 20세기 초까지 일어났던 서구 열강의 이러한 식민지 쟁탈전을 '제국주의'라고 한다.

1875년 가을, 영국 수상 밴저민 디즈레일리가 대재벌인 로스차일드의 집을 방문했다.

"이집트가 수에즈 운하의 주식을 판다는 이야기를 들었소? 그렇다면 400만 파운드만 빌려 주시오. 담보는 대영제국이오."

수에즈 운하를 확보하여 이집트 카이로Cairo, 인도 콜카타Calcutta(캘커타), 남아프리카 케이프타운Cape Town을 이으려는 영국 정부의 구상(3C 정책)은, 나라를 담보로 로스차일드 회사에서 돈을 빌림으로써 실현되었다. 이것이 바로 제국주의이다.

독점자본의 식민지 쟁탈전

'제국주의'란 독점자본이 잉여자본을 투자할 시장을 확보하기 위해 식민지 쟁탈전에 나서는 것을 말한다. 쉽게 말하면 자본, 곧 회사가 치열하게 경쟁하여 살아남은 하나가 모든 것을 독차지하는 것이 독점자본이고, 독점자본이 국내시장을 모두 장악하여 더 이상 확장할 수 없게 되자 외부로 눈을 돌려 식민지 확보에 뛰어든 것이다. 물건을 사고 팔 새로운 시장으로서 식민지가 필요했으므로, 산업의 발전 속도에 비례하여 식민지도 그만큼 더 많이 필요해졌다.

기계와 기술의 발달이 정점에 달한 19세기 후반이 되면 식민지 쟁탈전도 엄청난 속도와 힘으로 진행된다. 이 시대를 '제국의 시대'라 한다. 그 속도가 어느 정도인가 하면, 300만 제곱킬로미터의 인도를 식민화하는 데 17세기부터 200년이 걸렸지만, 19세기 말 3천만 제곱킬로미터의 아프리카를 식민화하는 데는 겨우 30년이 걸렸다.

자본이 식민지를 건설하는 과정은 영국의 인도 식민화 과정을 보면 잘 알 수 있다. 처음 인도에 들어간 것은 영국의 동인도회사였다. 이들은 인도의 지방 영주들에게 접근하여 영국산 제품을 팔고 인도산 제품을 영국에 팔아 이익을 남겼다. 동인도회사가 많은 이익을 남기면서 회사 주식이 높은 가격에 거래되었고, 투자자들은 회사가 더 많은 이윤을 내서 주가를 올려 주기를 바랐다.

회사가 국가를 부리는 '국가독점자본주의'

동인도회사는 인도의 더 많은 지역과 무역을 하려고 여러 영주들과 만났는데, 우호적인 영주보다는 비우호적인 영주들이 더 많았다. 회사는 현지 사정을 파악하려고 스파이를 보내 정찰을 하고 인도인을 고용하여 경호를 맡겼다. 바로 이들이 용병 부대 '세포이'다.

현지 사정을 파악한 회사는 영주를 매수하거나 내정에 간섭하면서 세력을 확장해 갔다. 왕이 무역을 거부해도 왕자가 우호적일 경우에는 왕자를 매수하여 그가 왕위에 오르도록 공작을 벌이는 식이었다. 무역 확대를 원하는 영주들과 연합하여 무역에 비우호적인 영주와 전쟁을 해서 복종시키기도 했으며, 인도 전역을 다스리는 무굴 제국의 대신들을 매수하여 지방 일에 중앙정부가 간섭하지 못하도록 만들기도 했다.

마침내 동인도회사는 인도의 주요 지역을 사실상 지배하게 되었고, 인도에서는 이를 우려하여 동인도회사를 몰아내려는 사람들이 늘어났다. 이 와중에 세포이가 반란을 일으켰고, 회사가 사태를 수습하기 어려워지자 영국 정부군이 출동하여 반란을 진압하고 인도를 병합해 버렸다. 이렇게 인도를 식민지로 만들었다.

제국주의 시대에는 이러한 과정이 단기간에 압축적으로 일어났다. 회사가 먼저 무역을 시도하고, 이를 거부하면 트집을 잡아 군대가 출동하여 정복한 뒤 시장을 개척하여 회사가 활동하도록 해 주는 것이다. 사실상 국가가 회사처럼 시장 창출에 앞장섰다. 이런 형태를 '국가독점'이라고 한다. 식민지 확보에는 많은 돈이 필요했으므로, 국가가 은행에 대출을 받기도 했다.

국가가 기업을 위해 일하고, 기업이 국가를 지배하는 총체적 자본의 시대, 그것이 바로 제국주의 시대이다.

우리도 얼른 개혁을 단행하여

탄지마트와 청년 튀르크당

 1839~1918

교과서 속 한 줄 역사 쇠퇴한 오스만 제국은 유럽의 제도를 도입해 국력의 약화를 만회하고자 '탄지마트'라 불리는 개혁을 추진하였다. 특히 미드하트 파샤는 술탄의 전제정치를 입헌정치로 바꾸었다. 그러나 러시아–튀르크 전쟁에서 패배하여 술탄의 전제정치가 부활하였고, 이에 청년 장교단과 지식인들이 청년 튀르크당을 조직하여 술탄을 몰아내고 입헌정치를 부활시켰다.

"아이쿠 이런, 우리도 얼른 개혁을 단행하여 개인주의 열풍을 일으키고, 오랜 시간 동안 이성이 신앙의 권위를 갉아먹도록 하고, 근대 과학의 발상이 일어날 수 있도록 자유로운 탐구를 장려하는 정치 기관을 발전시키고, 동시에 개인 사업자들끼리 경쟁하도록 경제체제를 진화시켜서… 우리 스스로 비슷한 상품을 만들어 내야겠다."라고 말하지 않았다는 뜻이다. 사람들은 그저 "좋은 물건이네, 어디서 살 수 있을까?"라고 말했을 뿐이다.

아프가니스탄계 미국 작가 타밈 안사리는 그의 책《이슬람의 눈으로 본 세계사》에서 서양 근대 문물을 접한 이슬람인들을 이렇게 묘사했다. 사람들이 유럽의 발전된 문물을 보며 그것을 도입할 생각은 하지만, 그것을 가능하게 한 정치·사회·경제체제까지는 고려하지 않으며 고려할 수도 없다는 의미다. 이는 근대화에 실패한 수많은 민족과 나라들의 처지를 설명한다.

오스만 제국을 약화시킨 '평화'

유럽에서는 1573년 '레판토 해전'으로 인해 오스만튀르크가 쇠퇴하기 시작했다고 본다. 실제로 그 이후 오스만튀르크가 활력을 잃은 것은 사실이지만, 레판토 해전이 오스만튀르크에 직접적인 타격을 준 것은 아니었다. '그때부터'라는 표현이 더 정확할 것이다.

오스만 제국의 쇠퇴 이유는 그동안 사회를 유지하는 데 중요한 역할을 했던 '예니체리'라는 정예군 집단과 티마르 제도의 변화에서 찾아볼 수 있다. 레판토 해전 이후 오스만튀르크는 점점 전쟁보다는 평화를 원하기 시작했다. 예니체리의 구성원은 대개 군인이었으므로 평화 시기에는 무료할 수밖에 없었다. 그들은 결혼을 하고 자식을 낳으며 자신들의 지위를 세습하기 시작했다. 특권 계층이 탄생한 것이다.

'티마르' 제도도 문제였다. 티마르는 거주민에게 세금을 거둘 수 있는 권리(고려시대 수조권과 같은 개념)로서, 전쟁에서 공을 세운 장수들에게 나누어 주었다. 전쟁 때마다 공을 세우는 장수가 다르므로, 전쟁 때 공을 세우지 못하면 티마르를 뺏기게 된다. 이는 오스만 사회를 건강하게 하고 술탄의 권력을 강화하는 제도였다. 하지만 전쟁이 사라지면서 티마르도 의미를 잃고 세습되고 부패하면서 왕권을 약화시켰다.

오스만 사회는 전체적으로 무기력해지고 안으로 곪아 들다가 19세기가 되면서 문제가 겉으로 불거지기 시작했다. 유럽 군대가 발칸 반도와 현재의 러시아 남부 지방을 빼앗으려고 남하할 때 오스만 군대는 무력하게 패했다. 그리스가 독립하여 떨어져 나갔으며 (1822), 크림 전쟁(1853~1856)의 패배로 크림 반도도 잃었다. 북아프리카에서의 종주권도 점점 약해졌다. 대위기가 닥친 것이다!

주변 이슬람국에 스며든 서구 열강

오스만이 구심력을 잃으면서 주변 이슬람 국가들이 서구 열강의 영향권에 흡수되기 시작했다. 현재 이란 지역의 사파비 왕조는 왕위 쟁탈전 과정에서 정치 세력들이 힘을 키우기 위해 유럽의 무기와 상품, 고문단을 수입하면서 정치와 경제 예속이 심화되어 영국과 러시아의 지배를 받게 되었고, 그러면서 아프가니스탄 등 수니파 우세 지역이 떨어져 나갔다.

이집트 역시 나폴레옹 원정 이후 술탄 무함마드 알리를 중심으로 서구적 개혁을 추진하며, 유럽 자문가를 초빙하고 유럽 은행에서 돈을 빌렸다가 파산하여 영국의 영향 아래 들어가 버렸다. 알리는 영국에게 철도 이권을 넘겨주고 프랑스에 수에즈 운하 건설 이익을 준 뒤 이를 토대로 상당한 도움을 얻었지만, 이는 알리의 이익일 뿐 이집트의 이익은 아니었다.

알제리도 프랑스의 침공을 받은 이후 프랑스인 거주지와 그들의 경제적 이권이 넓어졌는데 이에 별로 개의치 않았다. 그저 프랑스와 적극적으로 교역했을 뿐이다. 그로 인해 알제리 토지의 80퍼센트가 프랑스인 소유가 되었다.

'와하브 운동'과 '탄지마트' 개혁

이슬람 세계가 축소되면서 내부에서 개혁의 목소리가 높아졌다. 18세기에 이븐 압둘 와하브가 모든 우상숭배를 거부하고 이슬람의 통합을 주장하는 '와하브 운동'(코란과 수나(예언자의 범례)로 돌아가자는 복고주의)을 일으켰다. 그의 운동은 19세기 아라비아 지역의 이슬람 개혁운동으로 이어져 사우디아라비아 건국의 토대가 되었다.

19세기 인도에서는 사이드 아흐마드가 세속주의에 입각한 '알리가르 운동'을, 19세기 후반에는 전 이슬람 세계에서 자말루딘 아프간의 이슬람 개혁운동이 일어났다. 이 모든 운동은 19세기 유럽과 이슬람 모두의 주목을 받으면서 이슬람 국가들의 개혁을 촉진했다.

이런 상황에서 오스만튀르크도 근대적 개혁을 추진하였다. 1838년 오스만은 유럽 여러 나라들과 불평등조약인 '발타리만 조약'을 체결하였다. 이를 계기로 술탄은 유럽의 압력과 내부의 어려움을 해소하기 위해 위로부터의 개혁인 '탄지마트'(은혜개혁)를 단행한다. 1839년 '장미의 방' 칙령, 1856년 '황제의 칙령' 등으로 이어지는 일련의 개혁은 유럽인들의 권고(특히 영국 대사 스트라트포드 캐닝)를 받아들인 유럽식 개혁이었다. 그 주요 내용은 다음과 같다.

• 프랑스식 중앙정부 관료 체제

- 나폴레옹 법전을 모델로 한 재판 제도
- 프러시아 군대 체계를 모델로 한 징병 제도
- 영국 학교를 모델로 한 공립학교 설립
- 모든 오스만 국민의 인권 보호

이 개혁안은 전통적인 이슬람 공동체를 부정하는 것이었다. 개인보다 공동체를 강조하는 사회에서 유럽식 개인주의에 입각한 제도의 도입은 대혼란을 불러일으켰다. 또한 이 개혁은 그 이름에서 알 수 있듯 철저하게 술탄의 의지에 따른 것이어서, 술탄이 바뀌면 지속되기 어려웠다. 결국 1870년대 중반 개혁은 중단되었으며, 1877년 러시아-튀르크 전쟁의 패배를 계기로 술탄의 전제정치가 부활하였다.

이슬람에 반기 든 '청년 튀르크당'

오스만 제국의 미래는 암울해 보였다. 동유럽의 발칸 반도와 남러시아의 크림 반도 등 유럽 지역 영토들이 점차 떨어져 나갔고, 밀레트(비이슬람교도 종교자치체) 제도에 따라 공존하던 아르메니아 기독교인과 튀르크인 사이에서 분쟁이 일어나 수십만 명이 학살당했다.

그러자 정통 이슬람에 반기를 든 새로운 세력이 등장하였는데, 이들이 '청년 튀르크당'이다. 전통적으로 연장자를 우대하는 이슬람에 대한 반감이 드러나는 명칭에서도 알 수 있듯, 이들은 유럽 민족주의, 특히 독일 민족주의와 근대사상으로 무장한 혁명가들이었다.

청년 튀르크당은 1908년 위력으로 압둘 하미트 2세를 압박하여 은혜개혁으로 성립되었던 헌법을 부활시키고, 이듬해에는 메흐메트 5세를 추대한 뒤 입헌군주제 등 근대적 개혁을 추진했다. 하지만 이들의 정치는 독재정치였다. 민족을 위해 구성원들의 복종과 희생을 강요하고 다른 민족의 민족자결을 억압하였다.

1908년 헌법과 의회 선거권의 부활을 선언한 '알 허리야al-Hurriyah 혁명'(청년 튀르크당 혁명)을 기념하는 행진.

이로 인해 아랍 민족주의가 일어나 불가리아, 크레타, 보스니아, 아르메니아 등 많은 이민족이 분리해 나갔다. 발칸 전쟁(1912)으로 동유럽이 완전히 떨어져 나가고, 이어 제1차 세계대전에서 독일·오스트리아의 동맹국 편에 가담했다가 패전함으로써 청년 튀르크당도 오스만 제국과 함께 해체의 길을 걷게 된다.

◈ 이란의 석유가 영국에 넘어간 사연

이슬람 지역은 대부분 산유국으로서 오늘날 국제적으로 중요한 위상을 갖고 있다. 하지만 석유가 처음 발견된 곳은 19세기 미국 펜실베이니아였으며, 당시 석유는 램프를 밝히는 수많은 기름들 중 하나일 뿐이었다. 그래서 1901년 이란에서 석유가 발견되었을 때 카자르 왕조의 왕은 영국인 윌리엄 녹스 다시에게 독점권을 팔아넘기고, 그 대가로 상당한 정치자금을 제공받기로 했다. 그로부터 1,2년 뒤 석유를 연료로 하는 내연기관이 발전하기 시작했다. 내연기관은 자동차의 엔진이었다. 자동차의 시대가 열리면서 석유는 20세기 자본주의의 핵심 연료가 되었다. 유럽식 정치 개혁에 대한 열망으로 보수와 진보가 각기 한눈을 파는 사이 왕이 정치자금을 받고 나라의 이권을 팔아넘김으로써 석유 관련 이권이 미국과 유럽으로 넘어간 것이다.

135

제국주의 식민지 분할의 종착지

모로코 사건

1905~1911

교과서 속 한 줄 역사 유럽 각국은 앞 다투어 아프리카로 진출하였다. 이 과정에서 영국과 프랑스는 파쇼다에서 충돌하였고, 지중해 연안의 모로코를 둘러싸고 프랑스와 독일이 서로 대립하였다.

스파이들을 피해 어둠으로 숨어들 때

당신 눈 속에는 모로코의 달빛이

낡은 쉐보레에서 보는 영화는 마술 같았어요

오, 카사블랑카의 키스는 아직 생생하지만

당신 눈길이 없는 키스는 키스가 아니에요

카사블랑카로 돌아와 줘요. 시간이 흐르고 날이 갈수록 당신을 더욱

사랑합니다

영화 〈카사블랑카Casablanca〉(1942)의 애수를 담은 버티 히긴스의 노래 '카사블랑카'(1982) 가사의 일부다. 험프리 보가트, 잉그리드 버그만 주연의 영화 〈카사블랑카〉는 제2차 세계대전 당시 모로코

의 카사블랑카를 배경으로 연인들의 애틋한 사랑을 그린, 미국을 대표하는 명작 중 하나이다.

이 영화 때문인지 '카사블랑카'라는 단어에는 왠지 애잔하고 슬픈 느낌이 배어 있는 듯하다. 모로코의 대표 도시인 인구 300만의 카사블랑카, 그곳은 어떤 곳일까?

북아프리카의 요충지 모로코

19세기 후반 제국주의 시대, 세계는 불과 몇 십 년 만에 열강의 식민지로 분할되었다. 사상 유례없는 속도 경쟁 속에 무한할 것 같던 지구의 땅들이 야금야금 먹혀들더니 태평양의 손톱만 한 무인도들조차 끝내 그 주인이 가려졌다. 20세기가 되자 남은 땅이라고는 거의 찾아볼 수 없는 지경이 되었다.

세계 식민지 분할이 마무리될 무렵, 열강은 선발 국가와 후발 국가로 나뉘었다. 영국·프랑스로 대표되는 선발 국가들은 1천만 제곱킬로미터가 넘는 광대한 식민지의 자원과 인구를 확보하고 자본주의와 민주주의 발전에 박차를 가하고 있었다. 반면 독일로 대표되는 후발 국가들은 자국 영토보다 못한 식민지밖에 확보하지 못했다. 자유무역이 이루어지지 않던, 오직 식민지만이 시장이던 시절, 좁은 식민지는 곧 자본주의의 종말을 의미했다. 독일 등은 식민지를 조금이라도 더 확보하려고, 혹은 선발 국가들의 식민지를 빼앗으려고 혈안이 되었다.

북아프리카 서쪽 끝에 위치한 모로코는 유럽의 스페인과 겨우 13킬로미터 거리의 좁은 바다를 사이에 두고 떨어져 있는 지리적 요충지다. 그래서 19세기 프랑스, 스페인, 영국 등 많은 열강이 이곳에서 이해관계를 다투며 치열하게 대립했다. 20세기부터 프랑스의 영향력이 커졌는데, 독일이 모로코에 눈길을 돌리면서 분쟁이 시작되었다. 당시 '3B 정책'을 통해 중동과 아프리카에 식민지를 구축하고 있던 독일이 조금이라도 더 넓고 중요한 땅을 차지하려고 아직 독립국 지위를 유지하고 있던 모로코로 향한 것이다.

세계대전 씨앗 뿌린 프랑스와 독일의 충돌

1905년 이른바 '제1차 모로코 사건'이 터졌다. 프랑스가 모로코의 내정 개혁을 주장하며 영향력을 강화하려 하자, 독일이 이를 비판하며 견제한 것이다.('탕헤르 사건') 프랑스와 독일의 충돌로 위기가 고조되자 이를 해결하고자 알헤시라스 국제회의가 열렸고, 이 회의에서 같은 선발 국가인 영국이 프랑스의 손을 들어 줌으로써 독일은 모로코에서 후퇴하게 된다.

'제2차 모로코 사건'은 1911년에 일어났다. 모로코의 베르베르인이 반란을 일으키자 프랑스군이 진압에 나섰는데, 독일이 군함을 보내 이를 견제한 것이다. 이 사건 역시 영국이 프랑스를 지지하고 나서면서 독일의 패배로 끝났다.

하지만 1, 2차 모로코 사건을 통해 선발 국가와 후발 국가 사이의 갈등은 치유될 수 없을 정도임이 드러났고, 1912년 모로코가 프랑스의 식민지가 됨으로써 이 지역을 둘러싼 제국주의 열강들의 식민지 분할도 사실상 막을 내렸다. 이제 남은 것은 전쟁 개시 디데이D-day뿐이었다.

카사블랑카는 19세기까지는 평범한 무역항이었지만, 1907년 프랑스가 점령한 뒤 무역과 군사적 목적으로 개발하면서 북서아프리카 최대 항구로 성장했다. 다양한 인종의 사람들이 오가는 곳이었으며, 제2차 세계대전 당시에는 영국-미국 정상회담이 개최되는 등 외교적으로 중요한 역할을 했다.

'카사블랑카'라는 이름에는 왜 울림이 있을까? 역사에서 보았듯, 영화나 노래에서처럼 자본주의의 욕망에 충실한 사람들이 거쳐 간 곳이고, 그래서 탐욕을 넘어선 아름다운 사랑이 더 두드러지게 빛나는 곳이기 때문 아닐까?

◈ 〈절규〉, 폭주하는 인간 욕망에 대한 두려움

1893년 노르웨이의 화가 뭉크가 〈절규〉를 발표했다. 노을 지는 음산한 배경에 머리카락 하나 없는 여인이 얼굴을 손으로 감싸고(혹은 귀를 막고) 비명을 지르는 듯한 표현주의의 걸작이다. 뭉크는 "해질 무렵 핏빛 하늘에 걸친 불타는 듯한 구름과 … 자연을 관통하는 비명 소리를 들었다."라고 작품의 동기를 술회하였다. 뭉크는 〈사춘기〉를 비롯하여 인간 내면의 불안을 묘사한 작품들로 유명한데, 그중에서도 특히 〈절규〉는 세기말의 공포를 탁월하게 담아낸 명작으로 꼽힌다.

당시 유럽은 제국주의의 식민지 분할이 절정에 달하면서 종착점으로 돌진하는 폭주 기관차 같았다. 게다가 1천 년기가 끝나는 시점이라 유럽 사회 전체가 불안감에 휩싸였고 종말론이 횡행했다. 멈출 줄 모르는 인간의 욕망에 대한 최후의 심판이 있을 것이라는 두려움, 그것이 바로 〈절규〉였다.

20세기 최초의 혁명

멕시코 혁명

1910~1917

교과서 속 한 줄 역사 라틴아메리카 각국은 자본과 기술 부족 때문에 유럽과 미국에 크게 의존하였고, 이로서 경제적으로 예속되었다. 냉전 체제 이후 미국은 경제력을 바탕으로 정치에 적극 개입하였다.

19세기 아메리카 대륙은 모두 독립했지만, 중남미는 여전히 산적한 문제들을 안고 있었다. 지배층인 백인(크리오요)은 소수였고, 전염병과 학살로 인구수가 줄어든 원주민은 여전히 야만인 취급을 면치 못했으며, 인구의 절반을 차지하는 백인계 혼혈 '메스티소' 역시 차별받는 신세였다.

나라는 독립했지만 정체성의 혼란 속에서 백인 지배층은 여전히 과거 식민 지배 국가, 혹은 미국 자본과 결탁하여 부를 축적하고 독재정치를 펼쳤다. 결국 20세기 들어 억압받던 민중들이 일어서며 아메리카 대륙은 혁명의 시대를 맞이하게 된다.

'멕시코 혁명'은 20세기 최초의 혁명이었다. 멕시코는 1821년 독립 이후 1870년대까지 무려 50번 이상 권력이 교체되는 정치적 혼란을 겪었다. 그 사이 미국의 침략을 막지 못해 텍사스와 캘리포니아, 애리조나와 뉴멕시코 등 오늘날 미국 서부와 남부에 해당하는 광대한 영토를 잃었다.

혁명가 판초 비야와 에밀리아노 사파타

멕시코의 권력 교체를 주도한 세력은 무력 집단 '까우디요'('대장')로, 이들은 처음에는 자유 · 민주 · 반교회를 표방하다 권력을 잡은 뒤에는 독재 · 중앙집권 · 친교회 · 친외세 등의 노선을 추진하며 자파의 이익을 위한 정치를 했다.

멕시코를 안정시키겠다며 프랑스가 옹립한 황제 막시밀리언 1세를 타도하는 데 앞장섰던 포르피리오 디아스가 1876년 쿠데타로 권력을 잡았다. 그는 개혁을 다짐하며 '재선 금지'를 공약으로 내걸었지만, 실제로는 36년간 장기 독재하면서 멕시코를 수렁에 빠뜨렸다. 그는 야만적인 원주민들에게는 독재가 필요하고, 과학적 정치가 중요하다며 크리오요 출신 학자들로 내각을 구성한 뒤 미국 등 외국 자본을 중심으로 경제를 이끌었다.

이로써 외국 자본과 결탁한 지주들만 이익을 보았을 뿐, 원주민들은 오히려 많은 토지를 잃고 몰락했다. 그러자 1910년 반反디아스 연합의 대통령 후보로 선출된 프란시스코 마데로가 디아스에 대항하며 무력투쟁을 호소했고, 이에 호응하고 나선 이가 판초 비야와 에밀리아노 사파타였다.

에밀리아노 사파타는 남부의 메스티소 지주 출신이었지만, 어렸을 때 대지주들에게 폭력적으로 토지를 잃고 부모마저 돌아가시면

'산적'으로 불리는 멕시코 혁명가(중앙, 콧수염 난 인물). 판초 비야는 1910년 프란시스코 마데로를 만나 감화된 후 의용군을 이끌고 멕시코 무장혁명을 이끌었다.

서 복수를 다짐했다. 크로포트킨 등 러시아 무정부주의자들의 책을 탐독한 그는 혁명가가 되어 토지 개혁 등을 주장하였다.

반면 판초 비야는 북부 메스티소 노동자 출신이었다. 농장 노동자로 일하던 그는 16세 때 여동생을 겁탈하려던 지주의 아들을 죽이고 도망친 뒤 무법자가 되었다. 30대 때 마데로의 대변인이자 치와와 주 주지사인 곤잘레스의 영향을 받아 오로스코 장군이 지도하는 혁명군에 가담하였다. 그는 정부군 및 정부를 지지하는 미국 군대와 용맹하게 싸워 이름을 날렸는데, 그 덕에 미국에서는 지금도 산적 혹은 악당(심지어 강간 왕)으로 묘사되고 있다.

미국의 개입으로 막 내린 무장혁명

1911년 결국 디아스는 미국으로 망명하고 마데로가 새로운 대통령이 되었다. 하지만 마데로도 막상 권력을 잡자 토지 개혁 등에 미온적으로 대처했다. 분노한 사파타 등 혁명가들이 반反마데로 저항군을 조직했고, 이 과정에서 우에르타 장군이 쿠데타를 일으켜 마데로를 암살하고 대통령이 되었다.

하지만 우에르타가 반미적 성향을 보이자, 미국의 후원을 받은 카란스가 우에르타를 쫓아내고 새로운 대통령이 되었다. 카란스는 '1917년 헌법'을 제정하고 무상교육·파업권 인정 등 진보적 정책을 추진했지만, 토지 개혁과 미국 자본 문제에 대해서는 여전히 우유부단했다.

이에 판초 비야와 사파타가 연합하여 반군을 일으켜 한때 수도를 점령하기도 했다. 하지만 반군은 미국의 지원을 받는 정부군에 곧 밀리기 시작했다. 미군도 일부 참전하였으며 비행기까지 동원하였다.(참전한 미군 중에는 훗날 제2차 세계대전의 영웅이 되는 맥아더와 조지 패튼도 있었다.)

결국 혁명가들에게 최후의 순간이 다가왔다. 사파타는 그가 포섭한 정부군 포병대 대령의 배신으로 그의 총에 목숨을 잃었고, 판초 비야는 사파타가 죽은 뒤 정부와 타협하여 농장을 경영하며 조용히 살았으나 그를 믿지 못한 정부가 보낸 암살단에게 살해되었다. 이로써 멕시코 무장혁명의 시대는 끝이 났다.

남미에 대한 배타적 지배권을 천명한 '먼로주의'(1823, 외교상 불간섭주의)에 따라 중남미에 대한 미국의 간섭이 심해지면서 남미 정치는 점점 혼란스러워지고, 남미와 북미의 격차는 더 심각해졌다. 이는 냉전 시대 남미가 혁명의 고장이 되는 일차적 요인이 되었다. 이제 남미는 게바라와 아옌데의 시대로 옮아 간다.

137

검은 나폴레옹

샤카 줄루

1787?~1828

교과서 속 한 줄 역사 영국의 침략에 맞서 줄루족은 '이산들와나 전투'에서 승리를 거두기도 했지만 결국 영국의 식민지가 되었다.

부족들 간에 전쟁이 일어났다. 뭉툭한 창과 조그만 방패로 무장한 부족의 용사들은 소리를 지르고 위협적인 행동을 하며 상대를 겁주었다. 하지만 샤카는 몸짓으로 세를 과시하여 상대를 굴복시키기보다 직접 싸워 상대를 쓰러뜨리고 죽이고 싶었다. 참다못한 그는 분노를 폭발시켜 상대를 공격했다.

1990년 한국에서 방영된 10부작 미니 시리즈 〈샤카 줄루Shaka Zulu〉(1987)의 한 장면이다. 위대한 아프리카의 제왕 샤카가 세운 줄루 왕국은 유럽의 아프리카 정복을 가로막는 최대 장애물이었다.

줄루족은 1천만 명의 인구를 거느린 아프리카 남부의 최대 민족으로, 지금도 남아프리카공화국 인구의 15퍼센트(760만 명)를 차지하고 있다. 18세기부터 존재를 드러낸 이들은 19세기 샤카의 시대에 강력한 왕국으로 성장했다. 샤카는 190센티미터의 거구에 지혜로운 머리를 가진 현명한 지도자이자 많은 전설을 간직한 영웅으로 유럽인들에게 '검은 나폴레옹'이라 불렸다.

천하무적 줄루족 이끈 지혜로운 제왕

샤카의 어머니 난다는 인근 부족 젊은 추장과의 철없는 사랑으로 샤카를 임신했다. 미혼모의 아들로 태어난 샤카는 생부에게 버림받고 외가에서 소를 치는 목동으로 어린 시절을 보내며 갖은 천대를 받았다. 하지만 어머니 난다는 샤카에게 위대한 제왕이 될 거라며 용기를 북돋아 주었다.

청소년기에 샤카는 또래 소년들과의 싸움에서 항상 승리하여 우두머리가 되었다. 많은 시기와 견제를 받았지만 그는 굴하지 않았다. 전설에 의하면, 19세 때 곤봉으로 표범을 때려 죽였다고 한다.

샤카는 부족 간 전투에서 용맹을 떨쳐 줄루족의 지도자 딩기스와요의 눈에 들었다. 딩기스와요는 샤카의 힘보다 지혜에 감복하여 그를 지휘관으로 임명했다. 1816년 30세쯤 되었을 무렵, 샤카는 딩기스와요가 병으로 죽자 딩기스와요의 동생 시구자나를 암살하고 지도자가 되었다.

줄루족의 새로운 지도자 샤카는 장식성이 강한 기존 무기를 개량하여 '이크와'라는 짧지만 날이 긴 창을 만들었다. 이크와는 투창처럼 쓰거나 칼처럼 쓸 수도 있었다. 그리고 부족들을 통일하여 강력한 군대를 만든 뒤 인근 부족들을 공격했다. 부족 단위로 수백 명

정도가 맞붙는 전투가 고작이던 남아프리카에서 1만 명 가까운 규모로 결성된 샤카의 군대는 천하무적이었다. 그는 무자비한 전투로 영토를 확장하며 남부 아프리카의 최강자로 군림했다.

1824년 샤카는 유럽인들과 처음 조우했다. 유럽의 우수한 문물에 강한 매력을 느낀 샤카는 유럽인들이 줄루 왕국에 정착하는 것을 허락했다. 이때 체류한 사람들 중 줄루어에 능통했던 프랜시스 페어웰과 헨리 핀치, 너새니얼 아이삭스는 당대 역사의 중요한 기록자가 되었다.[*]

하지만 샤카의 위세는 너무나 어이없이 한순간에 꺾이고 말았다. 어머니 난다가 사망하여 정신적 지주가 사라지자, 샤카는 정신적으로 불안 증세를 보였다. 괴팍하고 잔인한 품성을 제어할 사람이 사라진 탓이었을까. 결국 그의 학정에 못 이긴 부하들에게 암살당함으로써 샤카의 시대는 막을 내렸다. 1828년, 대략 41세 전후였다.

영국군 전멸시킨 '이산들와나 전투'

샤카의 죽음 이후 왕국을 지배한 당간은, 남부 아프리카의 보어인 및 영국인들과 갈등을 빚기 시작했다. 보어인들은 당간의 동생 음판데와 손을 잡고 당간을 몰아냈다. 보어인 덕에 왕이 된 음판데는 그들의 간섭과 침략을 물리칠 힘이 없었다. 결국 많은 영토를 잃었

---

[*] 아이삭스와 헨리의 기록은 샤카 시대 가장 중요한 기록으로, 이를 통해 잔인하고 용맹한 샤카의 이미지가 만들어졌다. 하지만 1941년 발견된 아이삭스가 헨리에게 보낸 편지에는 일부러 샤카를 잔인하게 묘사해야 한다고 권하는 내용이 담겨 있었다. 샤카의 호의 아래 자신들이 행한 무분별한 행동을 영국 정부에 추궁당할까 봐 이를 은폐하려 한 것으로 보인다. 이로써 기록이 상당 부분 왜곡되었음이 밝혀졌다.

고, 1843년에는 수도에 해당하는 나탈마저 잃었다. 줄루 왕국은 허울뿐인 나라가 되었다.

음판데가 죽은 뒤 새로 줄루의 왕이 된 케츠와요는 샤카를 계승하여 6만에 달하는 대군을 조직하고 왕국의 위세를 되찾으려 했다. 그런데 마침 남아프리카에서 엄청난 다이아몬드 광산이 발견되었다. 영국은 남부 아프리카의 지배권을 강화하고자 줄루 왕국의 해체를 시도하며 군대 해산을 명했지만 케츠와요는 듣지 않았다. 마침내 1879년 줄루와 영국의 최후 전쟁, 줄루 전쟁이 일어났다.

전쟁 초기에는 줄루 군대의 용감함이 빛을 발했다. 비록 창과 방패로 무장했고 총을 가진 병사는 소수였어도 줄루 군대는 샤카 시절의 용맹함과 잔인함을 간직하고 있었다. 이때의 대표적 전투가 바로 '이산들와나 전투'이다. 줄루군을 얕보고 이산들와나에서 무방

◈ 에티오피아의 독립 지킨 '아도와 전투'

아프리카에서 이탈리아의 지배에 가장 치열하게 맞선 세력은 에티오피아 왕국이었다. 에티오피아는 구약성서에도 나오는 유서 깊은 나라이며(전설에 따르면, 솔로몬과 시바 여왕의 아들이 세운 나라라고 한다.), 아프리카에서 최초로 기독교가 전파된 곳이기도 하다. 이슬람 세력의 남하에 맞서 왕국의 틀을 지키면서 3천 년 이상의 역사를 이어 왔다. 19세기 말 열강의 아프리카 침략이 본격화되면서 이탈리아가 에티오피아를 침공했다.

에티오피아의 메넬리크 2세는 이탈리아 군대에 맞서 여러 차례 큰 승리를 거두었고, 마침내 1896년 '아도와 전투'에서 결정적 승리를 거둠으로써 에티오피아의 독립을 지켜 냈다. 유럽 무기로 무장하고 국력을 키우는 데 게을리 하지 않은 것이 승리의 결정적 요인이었다.

비 상태로 야영하던 영국군을 줄루군이 공격하여 1,200여 명의 영국군이 전멸했다. 아마도 창으로 무장한 아프리카 군대에게 총으로 무장한 유럽 군대가 가장 참혹하게 패배한 전투일 것이다.

그러나 줄루 전쟁은 시간이 흐르면서 총으로 무장한 영국군에게 점차 유리해졌다. 이산들와나 전투가 좋은 약이 된 셈이다. 영국군은 용감하게 맞서는 줄루 군대를 서서히 압박했고, 마침내 케츠와요가 항복하면서 줄루 왕국은 영국의 손에 넘어갔다.

19세기 많은 아프리카인들이 유럽의 지배에 저항했지만 줄루 왕국처럼 국가를 수립하여 독립을 지키면서 저항한 사례는 별로 없다. 줄루 왕국은 에티오피아 왕국의 저항과 함께 아프리카의 자구적 노력을 대표하는 사례로 기억되고 있다.

138

슬픈 '호텐토트의 비너스'

인종주의

19세기

교과서 속 한 줄 역사 영국 죄수들의 유배지였던 오스트레일리아에서 1851년 대규모 금광이 발견된 이후 많은 사람들이 금을 찾아 오스트레일리아로 이주하였다.

"100여 년 전 지구상에서 사라진 호주 원주민의 유골이 유럽과 미국을 도는 긴 여정을 거쳐 자신의 땅으로 돌아간다. 미국의 자연사박물관 '시카고 필드뮤지엄'은 호주 남부 태즈메이니아 섬의 멸종 원주민 두개골 3점을 혼혈로 남아 있는 후손들에게 반환한다고 밝혔다. … 필드뮤지엄의 유물 송환 담당자는 '당시 귀족들 사이에 벽난로 선반에 태즈메이니아인 두개골을 전시하는 것이 유행이었다.'며 '일부에서는 인체 뼈가 특이 수집물로 간주됐고 인간 두개골은 당시 화폐단위로 개당 50달러에 판매됐다.'고 설명했다. … 이들은 1803년 유럽인들이 태즈메이니아에 정착하면서 인구가 급격히 줄기 시작, 1880~1905년 사이 결국 멸종했다." – 2014년 6월 25일자 《연합뉴스》

인간에 대한 살인, 식인, 시신 모욕 및 훼손은 얼마나 야만적인 행위인가! 1719년 발표한 대니얼 디포의 소설 《로빈슨 크루소》에서 로빈슨은 식인종을 본 후 "인간을 먹어치우는 가증스럽고 비인간적인 관습에 대한 혐오감" 때문에 2년 동안이나 침울하게 지내며 "악마를 만나는 것만큼"이나 그들이 증오스럽다고 토로했다. 문명인을 자부한 유럽 사람들은 신대륙에서 행해지던 인신 공양 및 식인을 몹시 혐오했다.

그런데 그런 문명인들이 원주민을 말살한 뒤 그 시신을 훼손하고 두개골을 사고팔거나 전시하는 야만적 행위를 21세기인 지금까지도 계속하고 있다니. 문명인을 자처하는 이들이 어떻게 이런 행위를 할 수 있을까? 그 배경에 '인종주의'가 있다. 백인만이 인간이며 그 외 인종은 돌연변이, 혹은 유인원에 가까운 존재라고 생각하기에 백인이 아닌 인간의 표본을 이른바 '생물학적 연구 자료'로서 수집, 보존, 전시하는 것이다. 오늘날에도 여전히!

미국 자연사박물관에 전시된 '인간 표본'

"프랑스는 1810년 남아프리카공화국의 호텐토트족 흑인 여성 사키 바트만(일명 '호텐토트의 비너스', 당시 21세)을 데려가 짐승처럼 발가벗겨 구경거리로 이용하고, 5년 뒤 그녀가 숨지자 시신을 박제하여 무려 186년간 프랑스 인류학박물관에 전시하다가 남아공 정부의 10년에 걸친 송환 운동과 협상 끝에 1993년에야 반환했다." – 2010년 7월 21일자 《한국일보》

오늘날 남아프리카공화국 지역에 살던 코이코이 부족(호텐토트족)은 19세기부터 영국인들의 '인간 사냥' 대상이 되었다. 엉덩이와 가슴이 특히 크게 발달한 신체적 외형 때문에 구경거리이자 연구 대상이 된 것이다.

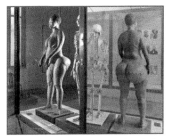

인류학 표본으로 박물관에 전시된 사키 바트만 박제. 사키의 성기와 두뇌는 1985년까지도 파리의 인류학박물관에 전시되었다.

코이코이족 여성 사키 바트만은 15세에 납치되어 인류학 연구의 표본으로서 박물관에 전시되었고, 죽어서도 안식을 얻지 못한 채 박제가 되어 전시되었다. 많은 이들이 인류의 존엄을 훼손한다며 항의했지만, 코이코이족이 거의 멸종되어 더 이상 표본을 구할 수 없다는 이유로, 또 인류학 발전을 위해 필요하다는 과학계의 주장 때문에 계속 박물관에 보존했던 것이다.

유럽의 '방문' 이후 사라진 종족들

19세기 인종주의의 오만 속에 각지의 원주민들이 인류학적 연구 대상으로 납치·실험·전시의 대상이 되었고, 셀 수 없이 많은 살인과 시신 훼손이 일어났다. 과거 우리 민족도 도쿄 박람회 인종 전시장에 전시되었고, 동학 농민군 등 일제에 저항한 많은 동포들이 학살당한 뒤 연구 표본으로 의과대학 연구실 등에 보존되었다. 지금도 일본 곳곳의 의대 박물관에 우리 동포들의 두개골이 수백 점 이상 보관되어 있다.

다행히 오늘날 많은 이들이 인류에 대한 이 참을 수 없는 모욕을 참회하면서 전시 혹은 보존되어 있던 시신과 유골에 안식을 찾아 주고 있다. 미국 시카고의 필드뮤지엄은 캐나다 원주민 이누이트족의 시신 22구를 반환하는 등 그동안 수집한 원주민 표본 처리에 적극 나서고 있으며, 프랑스 정부도 마오리족의 두개골 15개를 반환하였다.

유럽인들의 '방문' 이후 지난 500여 년 동안 아시아, 아메리카, 태평양 등에서 엄청나게 많은 사람이 목숨을 잃었다. 유럽인들이 퍼뜨린 천연두 때문에도 죽고, 무자비한 학살로도 죽고, 그렇게 수많은 종족이 멸종했다.

요즈음 멸종 동물에 대한 안타까움과 보존의 중요성을 강조하는 어린이 도서들을 보면, 인간에 의한 인간의 멸종을 이야기해 주는 책은 왜 없는지 안타깝다는 생각이 든다. 마찬가지로 문화재 반환도 중요하지만 일본에 보관되어 있는 조선인 유골부터 돌려받아야 하지 않을까?

139

검은 대륙의 눈물

아프리카 식민지화

1880~1960

교과서 속 한 줄 역사 1880년대에 아프리카의 식민지화가 본격적으로 전개되면서, 유럽 열강은 아프리카에서 식민지 쟁탈전을 벌였다. 영국은 아프리카 종단 계획을 세웠고, 프랑스는 아프리카 횡단 정책을 세웠다. 아프리카 서남해안 나미비아 지역은 독일이 차지하였는데, 헤레로족이 봉기하자 무참히 진압하여 전체 헤레로족의 80퍼센트가 살해되었다.

"저는 선교사 신분으로서 그리스도를 위해 아프리카의 일부분을 개척하는 사명을 이행했을 따름입니다. 저는 이제 막 방패를 들고 선한 싸움을 하러 나선 병사에 불과합니다. 아프리카인이 단 한 사람도 노예가 되지 않고, 기독교의 빛 가운데 공정한 무역이 이루어질 때 저는 결코 제가 한 일을 자랑하지 않을 것입니다."

'아프리카' 하면 많은 사람들이 위대한 탐험가 데이비드 리빙스턴과 헨리 모턴 스탠리, 성자 슈바이처를 떠올릴 것이다. 어릴 적 이들의 전기를 읽으며 미지의 세계 아프리카를 배경으로 모험에 대한 의지와 꿈을 키운 이들이 많다. 하지만 불행히도 이 세 사람은 3천

년 동안 외부의 침략을 허용하지 않고 경건하게 종교 생활을 해 온 아프리카인들(아프리카는 서유럽보다 500년이나 먼저 기독교를 받아들였다.)을 노예로 만드는 데 가장 큰 공을 세운 사람들이기도 하다.

자본의 투자처 개척한 탐험가들

1813년 스코틀랜드에서 태어난 리빙스턴은 선교사로서 아프리카에 복음을 전파하고 낙후된 의료 환경을 개선할 목적으로 모험을 시작했다. 당시 아프리카는 유럽인들의 내륙 침입을 허용하지 않았다. 말라리아 등 풍토병이 큰 장벽이었다.

유럽인들의 천연두가 아메리카의 저항을 무력화시킨 것과는 반대로, 아프리카의 말라리아가 유럽으로부터 아프리카를 지켜 준 것이다. 하지만 말라리아의 특효약 '키니네'가 나오면서 아프리카의 방어벽은 뚫렸다.(그런 면에서 유럽의 근대를 이끈 가장 큰 공헌자는 의학이었던 셈이다. 질병과의 전쟁에서 유럽이 거둔 승리는 그들이 주도한 대외 팽창의 결정적 조건이었다.)

리빙스턴은 1849년부터 아프리카 곳곳을 탐험하였다. 혼자 힘으로는 불가능한 일이었으므로 많은 조력자들과 함께했는데, 그러려면 돈이 필요했다. 리빙스턴의 후원자 중 가장 꾸준히 지원해 준 단체는 '영국 왕립지리학회'였다. 이 학회는 미지의 영역을 답사하고 그 실체를 파악하는 단체였다.

새롭게 밝혀진 미지의 영역은 유럽 자본의 투자처가 되었다. 자본은 다시 학회를 후원하고, 학회는 탐험가들을 후원했다. 조지 네어스의 북극 탐험, 로버트 팰컨 스콧의 남극 탐험, 에드먼드 힐러리

경의 에베레스트 탐험이 그렇게 이루어졌다.

리빙스턴은 영국의 전설이자 우상이 되었으나 1865년 행방불명되었다. 사람들은 그가 죽었다고 생각했지만, 언론은 영웅이 필요했다. 그때 언론인이자 탐험가인 헨리 모턴 스탠리가 나섰다. 1871년 스탠리는 마침내 이질에 걸려 신음하던 리빙스턴을 발견했고, 이 극적인 만남은 유럽 전체에 아프리카에 대한 열정을 불러일으켰다. 그리고 그것은 아프리카 분할 정복에 대한 열정으로 이어졌다.

아프리카 종단 정책과 횡단 정책

이미 19세기 초부터 남아프리카의 희망봉을 중심으로 북쪽으로 영향력을 확대해 가던 영국은 1845년에 줄루 왕국의 나탈을 정복하였다. 1870년대부터는 보어인(남아프리카에 정착한 네덜란드계 백인)과 충돌하다가 1899년 '보어 전쟁'을 통해 비로소 지배권을 확보했다. 동아프리카에서는 1869년 수에즈 운하 개통을 계기로 이집트, 수단, 우간다, 케냐 등으로 남하하였다. 이러한 영국의 식민지 확보 정책을 종단 정책이라 한다.

프랑스는 19세기 초부터 북아프리카의 알제리 지배를 확대해 갔다. 이슬람 제국의 일부로서 강성했던 알제리는 강력하게 저항했지만 결국 무너지고 말았다. 알제리를 장악한 프랑스는 사하라 사막을 넘어 아프리카 서부를 장악하는 한편 중앙아프리카를 통해 서부로 진출하려 했다. 이를 횡단 정책이라 하는데, 프랑스의 횡단 정책은 1898년 '파쇼다 사건'*으로 중단되었다.

1871년 독일 제국 수립 이후 아프리카는 독일이라는 또 하나의 침략자를 맞이하게 된다. 독일의 재상 비스마르크는 처음에는 아프리카 진출에 소극적이어서 아프리카를 둘러싼 열강들의 갈등을 중재하려 노력하기도 했다.(1884년 베를린 회의) 하지만 독일 자본의 요구에 따라 1880년대 중반부터는 아프리카 분할 점령에 뛰어들지 않을 수 없었다.

식민 지배에 눈감은 슈바이처

비스마르크는 중부 아프리카를 확보하여 영국의 진출을 저지하려 했다. 이후 비스마르크가 실각하고 공격적인 점령 정책에 나선 독일은 탄자니아 등 많은 식민지를 확보하는 데 성공했다.

이러한 독일의 공격적 점령 정책은 비극을 불러왔다. 서남아프리카의 헤레로족이 가혹한 지배에 저항하자, 독일군이 무차별 학살을 자행하여 전체 인구의 80퍼센트를 죽인 것이다.(1904) 독일군은 이후 헤레로족을 억압하는 한편 생체 실험 등의 만행을 저질렀다.

> "하마카리에서 멀지 않은 물웅덩이 근처 덤불숲에서 생후 9개월 정도 되는 사내아이를 발견했다. 독일 병사들은 원을 이루어 선 뒤 아이를 공놀이 하듯 던지고 받으며 깔깔대고 웃었다. 이윽고 지친 병사가 아이를 하늘 높이 던졌고 다른 병사가 총검으로 떨어지는 아이를 받았다. 아이는 몇 분 만에 죽었다." – 《처음 읽는 아프리카의 역사》**

* 아프리카 분할 점령을 놓고 1898년 영국(종단 정책)과 프랑스(횡단 정책)가 수단의 도시인 파쇼다에서 충돌한 사건. 이 사건은 프랑스의 양보로 해결되고, 양국은 독일의 진출에 대항하여 협력 관계를 맺었다.

이처럼 가혹한 독일의 식민 지배 정책에 대한 저항이 일어나던 시기인 1913년부터 아프리카로 건너가 선교와 의료 사업을 벌여 유명해진 독일계 프랑스인이 슈바이처 박사이다.

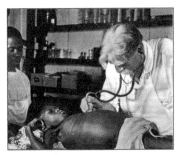

1927년경 가봉 랑바레네에 세운 병원에서 주민들을 진료하는 '검은 대륙의 성자' 슈바이처.

슈바이처는 '검은 대륙의 성자'라고 불리며 노벨 평화상을 받는 등 오늘날까지 존경을 받고 있지만, 그가 잔인한 식민 지배에 저항한 적은 거의 없었다. 그는 "흑인들은 나의 형제이다. 그러나 나는 너의 형이다."라고 말하며 우월의식을 분명히 드러냈다. 당시 유럽인들은 아프리카를 야만으로 규정하고 그들을 기독교로 개종시켜 서양식 문화에 동화시키는 것이 혜택을 베푸는 일이라고 여겼다. 그래서 스스로 식민 지배를 백인이 짊어져야 할 '짐'이라고까지 표현하였다.

아프리카는 1960년대 대부분의 식민지들이 독립할 때까지 약 한 세기 동안 유럽의 지배를 받았다. 평화롭게 살던 아프리카 대륙은 식민 지배의 편의에 따라 그어진 선이 국경선이 되고, 식민 지배를 위한 이이제이以夷制夷 정책에 따라 부추겨진 종족 간 갈등이 국

** 독일은 헤레로족 학살에 대해서는 반성과 보상을 거부하고 있다. 2004년 형식적 사과만 했을 뿐이다. 유대인 학살과 헤레로족 학살에 대한 독일의 태도 차이는, 식민 배상과 사과가 아직 풀지 못한 세계의 숙제임을 보여 주고 있다.

가 간 갈등이 되어 지금까지도 큰 고통을 받고 있다. 자본의 요구와 자기 문명에 대한 우월주의가 빚은 참극이다.

◈ 대서양을 건넌 "검둥이 1만 톤"

아프리카 노예무역의 역사는 고대 이집트 시절로 거슬러 올라간다. 중세에는 서아프리카에 유럽과 이슬람을 아우르는 노예시장이 발달해 있었다. 그러나 유럽이 아메리카 개발을 위한 노예를 필요로 하면서 노예무역은 과거와는 전혀 다른 양상으로 전개되었다. 단순히 몇 천 몇 만 명을 납치해서 유럽이나 이슬람의 상류층에게 파는 것이 아니라, 대규모 인구 이동에 필적하는 노예무역, 즉 '흑인 상품'의 이동이 이루어진 것이다. 당시 기록을 보면 '기니 회사에 검둥이 1만 톤'이라는 표현이 나온다. 마치 낡은 책들을 무게로 달아 고물상에 팔 듯 노예를 무게로 계산했던 것이다. 이 시기 세계 곳곳으로 거래된 노예의 수는 약 2천만~5천만 명으로 추산된다. 이 정도면 인구 대이동, 혹은 대학살이라는 표현이 적합할 듯하다. 아프리카에서 붙잡힌 흑인 노예들이 대서양을 건너는 동안 죽은 수가 나치가 학살한 유대인 수보다 많다는 주장도 있으니 말이다.

140

일본, 강대국의 반열에 오르다

러일전쟁

1904~1905

교과서 속 한 줄 역사 일본은 러일전쟁에서 승리하여 조선의 주권을 빼앗았다.

항구에는 수많은 사람들이 나와 있었다. 그들은 입항하는 군함을 기다리는 중이었다. 하지만 무사 귀환을 환영하는 것도, 승리를 축하하는 것도 아니었다. 그들은 뤼순에서 러시아와 전투를 벌이다 사망한 일본군 전사자의 유족들로, 엄청난 희생을 치른 '뤼순 전투'의 지휘관 노기 마레스케 장군을 기다리고 있었다.

이윽고 배가 도착하고 노기 장군이 내렸다. 하지만 그는 혼자가 아니었다. 뤼순 전투에서 전사한 아들 둘의 관과 함께였다. 고개를 들지 못하고 관을 따르는 노기 장군의 모습에 유족들은 통곡하고 말았다. 그로부터 7년 후 노기 장군은 뤼순 전투 전사자들에 대한 책임을 지고 할복자살하였다.

러시아군을 기겁하게 한 육탄 돌격 전술

청일전쟁(1894~1895)에서 승리한 일본은 랴오둥 반도와 타이완을 차지하는 등 막대한 이익을 얻었다. 하지만 만주 지방을 노리던 러시아가 일본을 견제하려고 랴오둥 반도를 반환하라고 압력을 가했고, 이를 계기로 두 나라는 한반도와 만주의 지배권을 두고 대립하였다.

러시아는 1898년 청나라로부터 랴오둥 반도의 뤼순과 다롄을 조차租借(일정 기간 동안 자국 영토처럼 빌려 쓰는 것)했고, 1900년 의화단의 난이 일어나자 군대를 출동시켜 만주에 주둔시켰다. 러시아가 만주 지배욕을 노골화하자, 러시아의 라이벌인 영국과 일본은 이를 견제하고자 '제1차 영일동맹'을 체결했다. 일본은 이를 토대로 러시아와 대결했으며, 마침내 1904년 전쟁에 돌입했다. 바로 러일전쟁이다.

세계 최강 육군을 자랑하는 러시아와 싸워 일본이 이길 가능성은 크지 않았다. 하지만 일본은 조선과 만주를 차지해야 한다는 절박감과 사무라이의 돌격 정신이 있었다. 1904년 2월 8일 뤼순 항에 정박해 있던 러시아 해군을 기습 공격하여 기선을 제압한 일본군은 현대전에서는 보기 드문 육탄 돌격 전술을 감행했다.

'돌격 전술'이란 착검한 총을 들고 낮게 포복하여 적진 앞까지 접근한 뒤 총검을 이용한 육박전으로 적군을 무찌르는 전술이다. 총과 대포가 본격적으로 사용되기 시작한 19세기 이후 유럽에서는 거의 볼 수 없었던 전근대적 전투 방법으로, 죽음을 무릅쓰는 용감함과 높은 사기가 요구되는 전술이다. 일본의 돌격 전술은 억지로 전쟁터에 끌려온 러시아 농민 출신 병사들의 기를 꺾기에 충분했다. 러시아 병사들은 총알과 포탄을 쏟아 붓다가 일본군이 코앞까

<압록강 둑에서 러시아 코사크 부대를 격퇴시키는 우리의 용감한 군대>. 압록강 전투는 러일전쟁의 첫 육상전이었다. 19~20세기 초 일본 메이지 시대 말기의 목판화 제작자 와타나베 노부카주 작(1904).

지 다가오면 총을 집어던지고 도망치기 바빴다. 뤼순 전투를 비롯하여 러일전쟁에서 중요한 육지 전투는 돌격 전술의 승리였다.

육지에서의 승리는 일본에게 큰 자신감을 안겨 주었다. 어쨌든 세계 최강 육군을 상대로 거둔 승리가 아닌가! 그렇다면 세계 2위 수준인 러시아 해군을 이기지 못할 것도 없다. 과연 도조 헤이하치로 제독이 이끄는 일본 연합함대는 이순신 장군의 학익진을 응용한 T자 진으로 러시아 발틱 함대를 격파했다. 이때 도조 제독의 전술은 '함대결전', 즉 전 해군 전력을 동원한 한 방 전투에서 승패를 가르는 전술이었다.

약이 되고 독이 된 승리

일본군은 마침내 러일전쟁에서 승리를 거두었다. 일본은 미국 및 영국과 '가쓰라-태프트 조약'과 '제2차 영일동맹' 조약을 체결하여 한반도 지배를 승인받고, 러시아와 '포츠머스 조약'(1905)을 체결함으로써 승리를 확정지었다. 이로써 일본은 조선 병합을 승인받고 사할린 섬 남부를 할양받았으며, 뤼순·다롄을 조차하고 연해주 일대의 어업권을 보장받았다. 배상금을 받지 못한 것은 아쉬웠지만 일본이 세계적 강대국의 반열에 오르는 결정적인 계기를 마련하였다.

이후 일본 군부는 돌격과 함대결전을 전가의 보도처럼 사용하고, 러일전쟁 당시의 지휘관과 장교들이 계속 일본군의 지휘부를 차지하였다. 이들은 1945년 제2차 세계대전 패전 때까지 정신 무장, 돌격 전술, 함대결전을 외쳤다. 이것은 결국 독이 되고 말았다. 러일전쟁의 승리에 도취하여 현대전에 필요한 전술 개발을 게을리 한 것이다.

제2차 세계대전 당시 이러한 한계를 가장 극적으로 보여 준 것이 '과달카날 전투'(1942)였다. 이 전투에서 일본군은 다수의 미군이 방어선을 친 과달카날 섬에 소수 병력을 무모하게 돌격시켜 패전했다. 당시 미군 장교는 "일본군은 총을 액세서리처럼 들고 다닐 뿐이다."라고 보고했다. 현지 일본군 지휘관도 전황이 불리하다고 보고했지만, 일본군 참모부는 현지 지휘관의 정신력에 문제가 있는 것 같다며 고개를 저었다고 한다.

러일전쟁은 일본을 강대국으로 만들어 주었지만, 승리가 가져온 도취감은 그들을 파멸로 몰아넣었다. 노기 장군의 책임지는 자세와 성공에 대한 도취, 이 역설적인 상황은 일본 역사에서 종종 나타나는 독특한 장면들이다.

황제를 없앤다는 것

신해혁명

 1911

교과서 속 한 줄 역사 쑨원은 일본 도쿄에서 이전의 혁명 단체들을 통합하여 중국 동맹회를 결성하고, 삼민주의를 내걸고 중국인들에게 무장봉기를 권유하였다. 이에 우창에서 신식 군대가 일으킨 반청 봉기가 순식간에 전국적으로 확산되어 성 대부분이 독립을 선언하였다. 난징에 중화민국이 세워지고, 위안스카이가 대총통이 되었다.

1879년 망망한 태평양을 건너는 영국 기선에 13세의 중국인 소년이 타고 있었다. 광둥에서 농민의 아들로 자란 쑨원이었다. 8년 전 먼저 하와이로 건너가 사탕수수 농장에서 노동자로 일하며 자수성가한 형 쑨메이를 돕기 위해 배를 탄 쑨원은, 하와이에서 학교에 들어가 영어를 배우며 형의 일을 돕는 '쿨리'(미국의 중국 이주 노동자)로 살아갈 예정이었다.

그로부터 33년 뒤 소년이 청나라를 타도하고 아시아 최초의 공화정을 세운 신해혁명辛亥革命(1911)의 지도자가 될 줄은, 지금 막 그 첫걸음을 내딛은 줄은 그때는 아무도 알지 못했다.

청이 세운 학교에서 청 타도 세력이 성장하다

1900년대 서태후의 개혁 정치, 곧 '신정新政'은 생각보다 강력했다. 이홍장 등 양무파가 다시 등용되었고, 과거제 폐지, 입헌정치 추진, 국회 건설 등 서구식 입헌군주제에 필적할 만한 개혁이 추진되었다. 하지만 서태후의 신정은 모순된 결과를 낳았다. 서구적 근대 개혁을 추진할수록 한족의 민족의식은 높아지고, 한족은 만주족 왕조를 타도하고 새로운 국가를 수립할 열망을 불태웠다.

신정 기간에 많은 학교가 설립되어 근대적 교육이 이루어졌는데, 과거제 폐지 이후 입신의 길이 막힌 지방 신사층 자제들이 교육의 세례를 받았다. 학생들은 사회진화론에 입각하여 중국의 멸망을 막으려면 구체제를 타도하고 새로운 체제를 수립해야 한다는 생각을 갖게 되었다. 청나라가 세운 학교에서 청나라를 타도할 인재들이 양성된 것이다.

신정에 따라 건설한 신식 군대 '신군新軍'도 마찬가지였다. 지방의 성 단위로 만들어진 신군은 서양의 최신 무기로 무장한 근대적 군대였다. 신군은 자격 제한이 엄격하여 교육 받은 신사층이 대거 참여했다. 청나라 정부는 신군이 정권의 보호막이 돼 주기를 기대했지만, 신군의 병사들은 혁명에 대한 강한 열망에 빠져 있었다.

제도 개혁도 비슷한 양상을 보였다. 지방 신사층은 자신들의 기득권을 보장할 제도적 장치, 곧 지방의회를 통한 지방자치를 원했다. 이는 강력한 중앙집권을 통한 개혁을 추진하던 청나라 정부의 의도와 정반대되는 것이었다. 정부가 일본의 메이지 유신을 모델로 한 입헌정치를 추진하며 헌법에 황제의 권력을 보장하는 내용을 담자, 한족 신사층들이 반발했다. 천황을 정점으로 하는 존왕파가 주도한 메이지 유신과, 다수의 한족이 소수 만주족에게 강한 반감을 갖고 있는 상태에서 만주족 황제를 중심으로 추진한 개혁은 다를 수밖에 없었다.

혁명의 중심에 선 쑨원

신정은 오히려 청의 멸망과 혁명의 열망을 부추겼다. 그 중심에 쑨원이 있었다. 쑨원은 미국에서 대학을 다니며 기독교로 개종했다가 형에게 쫓겨나 홍콩으로 갔고, 그곳에서 의대를 나와 마카오 등지에서 의사로 일했다. 그는 1895년 청이 청일전쟁에서 패하자 청조를 타도해야 한다는 생각으로 하와이로 건너가 '흥중회興中會'를 조직하고, "만주족을 몰아내 중화를 회복하고 합중국을 건설하자"고 주장했다.

이어 홍콩으로 돌아온 쑨원은 조직을 확장하고 1895년 광저우에서 봉기를 일으켰다. 광저우 봉기는 기존의 농민봉기와 달리 서구적 의식으로 무장한 지식인들이 일으킨 봉기라는 점에서 큰 충격을 주었고, 정부의 탄압 역시 강력했다. 쑨원은 이 일로 영국으로 망명했지만 유럽에서 큰 명성을 얻고 혁명의 지도자로 점차 자리를 잡았다.

1900년대 신정 기간 동안 중국 전역에서 여러 혁명 단체가 생겨났다. 쑨원은 도쿄에서 유학 온 수많은 혁명 지사들을 만나면서 혁명 단체를 통합한 단일한 전국 조직 결성의 필요성을 깨닫고 '중국동맹회'를 결성했다. 이로써 화교를 기반으로 외곽을 돌며 명성을 얻은 쑨원 같은 혁명가들과, 본토 곳곳에서 신사층을 중심으로 활약하던 혁명 단체가 하나가 되었다. 아울러 쑨원도 명성에 걸맞은 지도력을 얻었다. 하지만 몇 차례 봉기가 실패하면서 중국동맹회는 어려움에 빠졌고, 지역 혁명가들은 독자적인 행동을 강화하였다.

우창 봉기와 위안스카이의 공화정

1911년 청 정부는 철도를 국유화했다. 철도는 처음에 서양 자본으로 만들어진, 서양 침략의 상징적 존재였다. 그래서 한족 신사층이 회수 운동을 벌여 많은 철도를 되찾아 와 자체적으로 운영하면서 중국 철도의 상당 부분이 민영화되었는데, 이것을 정부가 국유화한 것이다. 신사층은 이를 정부가 철도를 다시 서양에게 팔아넘기려는 매국적 음모라고 여겼다. 결국 쓰촨 지방에서 반대운동이 일어났고, 청 정부가 각 지역의 신군을 쓰촨으로 보내 봉기를 진압하면서 지방의 정부 군사력이 약화되었다.

　1911년 10월 10일, 후베이 성 우창의 혁명파 신군이 정부 군사력의 공백을 틈타 무장봉기를 일으켰다. 이를 '우창 봉기'라 한다. 이 봉기로 후베이 성이 독립을 선포하고 자립하였으며, 이를 계기로 중국 전역에서 독립을 선포하면서 혁명이 일어났다. 이것이 바로 '신해혁명'이다.

　정부는 양무파이자 이홍장의 부하였던 위안스카이袁世凱를 불러들여 혁명을 진압하려 했고, 혁명군은 위안스카이와 타협하여 새로운 정부를 세울 구상을 했다. 위안스카이는 청 정부보다는 혁명군에 경도되는 모습을 보였다. 이때 쑨원이 귀국했다. 혁명군은 쑨원을

임시 대총통에 추대하고 중
화민국 수립을 선포하였다.

1911년 10월 11일, '우창 봉기'로 후베이 성에 수립
된 **중화민국 군정부**. 군정부의 수립은 신해혁명의
도화선이 되어, 이듬해 1월 1일 쑨원을 임시 대총
통으로 중화민국(난징 정부)이 수립되었다.

하지만 쑨원의 중화민국
은 위안스카이에 대적할 힘
이 없었다. 결국 위안스카이
가 대총통에 취임하고 청조
를 멸망시키면서 (혁명파가
권력을 잡지 못한) 불안정한 공화정의 시대가 시작되었다. 하지만 쑨
원이 중국동맹회를 국민당으로 개조하여 다시금 세력 확대를 모색
하면서 중국은 또 한 번 전환의 계기를 마련하게 된다.

이제 중국의 두 번째 혁명, 1928년 국민혁명으로 이어지는 여정
이 시작된 것이다.

◈ 위안스카이(원세개)의 야무진 꿈

1859년 허난 성 지주 집안에서 태어난 위안스카이는 이홍장의
군대에 들어가면서 두각을 나타냈다. 1882년 임오군란이 일어났
을 때 청군 파병 대장으로 조선에 들어와 용산에 주둔하면서 조
선과 청의 관계를 기존의 조공 관계에서 제국주의적 관계로 전환
시켜 반청 감정을 부추긴 인물이기도 하다. 그는 청일전쟁 이후
양무운동으로 성장한 북양군北洋軍을 인수하여 가장 강력한 군
사 세력으로 발돋움했다. 신해혁명 당시 청 조정은 위안스카이의
북양군으로 하여금 혁명을 진압하게 하려 했으나, 그는 오히려
배신하고 청조를 멸망시킨 뒤 중화민국 대총통에 취임하였다. 신
해혁명 이후 황제를 꿈꾸었지만 내외의 반발로 무산되자 곧 병으
로 죽고 말았다.

142

나를 딛고 일어서라

신문화운동

 1915~1919

교과서 속 한 줄 역사 위안스카이 사후 군벌이 난립하며 혼란에 빠졌다. 이에 천두슈, 후스 등이 전통문화를 비판하고 합리적이고 과학적인 서양 사상 수용을 주장하는 신문화운동을 일으켰다.

"모진(장팅첸) 형, 25일에 보내 주신 편지를 오늘 받았습니다. 나를 사다리라고 한 말은 지극히 지당합니다. 만일 젊은 후진들이 정말 사다리를 밟고 더 높이 오를 수만 있다면 우리들이야 밟힌들 무슨 원한이 있겠습니까? … 그리하여 소인은 젊은이들을 위해 사다리가 될 각오를 하였으나 그들이 사다리를 밟고 오를 것 같지 않습니다. 슬픈 일입니다!"

1930년 3월 27일 루쉰魯迅이 혁명 동지에게 보낸 이 편지는, 1910년대 신문화운동 이후 새로운 중국 건설에 헌신한 투사의 진보에 대한 갈망을 잘 보여 주고 있다.

무산된 황제의 꿈

위안스카이는 공화제를 수용하는 조건으로 혁명군에 의해 임시 대총통에 추대되었다. 하지만 대총통이 아니라 황제가 되려 했던 위안스카이는, 쑨원이 세운 국민당을 탄압하고 선거로 세운 국회를 무시하며 일방적 통치를 하였다.

위안스카이가 의회정치를 열렬히 주장한 쑹자오런을 암살하자, 쑨원은 황제가 되려는 야망이 노골화되었다고 여기고 위안스카이를 타도할 '제2혁명'을 일으켰다. 하지만 거사는 실패로 돌아갔고, 쑨원은 일본으로 망명했다.

쑨원을 제거한 위안스카이는 1913년 국민당과 국회를 해산하고 정식으로 대총통에 취임했다. 이어 제1차 세계대전이 발발하고, 1915년 일본이 21개 조를 내걸고 이를 받아들이면 위안스카이의 황제 등극을 후원하겠다고 했다. 그리하여 마침내 그해 12월 위안스카이는 황제의 자리에 올랐다. 하지만 벌써 이때부터 일본도 입장을 바꿔 위안스카이의 황제 취임에 반대했고(일본은 21개 조의 조건 때문에 위안스카이가 황제의 자리에 오르기를 바랐지만, 위안스카이의 태도를 보고 오히려 불리하다고 생각한 듯하다.), 다른 열강들도 같은 입장이었다.

외교적 지원이 없는 상태에서의 황제 취임은 기존 혁명 세력의 봉기를 불렀다. 위안스카이는 자신이 이끌던 북양군의 부하 장군들에게 의지했으나 이들마저 반발하자 결국 황제에서 대총통의 자리로 물러났다. 하지만 혁명군이 대총통마저 물러나라며 압박을 가하고 믿었던 부하들도 계속 배신하자, 충격을 받은 위안스카이는

1916년 6월 쓰러진 뒤 다시 일어나지 못했다.

강철방을 깨뜨린 '신청년'

위안스카이가 죽고 그의 부하들이 파벌(군벌)을 형성하여 중국 곳곳을 다스렸다. 직예 군벌의 펑위샹·우페이푸·쑨촨팡, 안휘 군벌의 돤치루이, 만주 군벌의 장쭤린, 산서 군벌의 옌시산, 광동 군벌의 진형명 등이 각기 지역을 다스렸다. 이로써 중화민국은 와해되고 대분열의 시대가 왔다.

이 군벌들은 안전을 보장받고 세력을 확대하기 위해 각기 외세를 끌어들였다. 가령 직예 군벌은 영국을, 안휘 군벌은 일본을 끌어들였다. 당시 중국의 상황은 루쉰이 "창문도 없고 절대 부술 수 없는 강철방에 많은 사람들이 잠들어 있다"고 할 정도로 암담하기 그지없었다.

◈ 《아큐정전》, 신문화운동의 정신

1881년 중국 저장 성 출신인 루쉰은 어린 시절 한학을 배웠고 이후 난징의 육군학교 부설 학당에 다니면서 서양 학문을 배웠다. 20대에는 대부분 도쿄에서 유학하며 의학과 독일문학 등 다양한 서양의 과학과 인문학을 접했다. 1910년대 신해혁명 이후 중국 정부의 교육부 관리로 일했지만 곧 실망하고 답답한 사회 현실을 《신청년》에 게재한 소설에 풀어냈다. 《광인일기狂人日記》와 《아큐정전阿Q正傳》은 신문화운동의 중요한 창작물이다. 이후 사회주의에 경도된 활동을 펼쳤고, 그의 많은 제자들이 중국 혁명에 몸 바쳤으며, 그도 국민당 정부의 탄압과 테러의 표적이 되어 도피 생활을 하다가 1936년 폐병으로 사망했다. 끊임없는 혁신을 추구했던 그는 사상과 관계없이 위대한 현대 문학가로 추앙받아 노벨상 후보 추천운동이 일어나기도 했다. 변화와 혁명에 대한 그의 애정은 대장정을 마친 중국 공산당에게 보낸 전보를 통해 잘 알 수 있다.
"당신들에게 중국과 인류의 미래가 달려 있습니다."

이 상황을 깨뜨리고 나온 것은 지식인과 청년들이었다. 1915년 천두슈陳獨秀 등이 《신청년》(당시는 《청년잡지》)을 발행하여 유교를 비판하면서 '신문화운동'을 일으켰다. 이 운동은 청년들을 과학, 민주주의, 혁명 숭배로 이끌었으며, 특히 베이징대학의 차이위안페이蔡元培 총장이 이 운동을 적극 받아들이면서 학생운동 탄생과 성장의 밑거름이 되었다. 이로써 대학을 중심으로 새로운 혁명 흐름이 배양되기 시작했다.

많은 학생들이 사회주의, 무정부주의, 자유주의 등 다양한 사상 조류를 받아들이면서 전혀 새로운 흐름이 발전했다. 마오쩌둥은 이 시기 창사의 사범학교에서 새로운 사상을 접했고, 취추바이 · 류사오치 등 훗날 주요 공산당 지도자들도 모두 이 시기 학생운동을 하며 사상을 키워 갔다. 학교는 거대한 중국 혁명의 요람이었다.

5 · 4 운동과 국민당 재창당

한편 군벌 난립의 혼란 속에 베이징에 자리 잡은 안휘 군벌의 돤치루이 정부가 제1차 세계대전이 끝난 뒤 일본과 21개 조 승인 문제를 논의하였고, 이 사실이 알려지면서 1919년 5월 4일 베이징대학생들이 대규모 시위에 나섰다. 5 · 4 운동이 시작된 것이다.

21개 조 반대 구호에서 시작된 5 · 4 운동은 반군벌 · 반외세로 발전했고, 시위도 베이징에서 전국 주요 도시로 확산되었다. 특히 상하이에서는 '삼파투쟁'(학생 · 상인 · 노동자 동시파업)이 일어나 노동자들의 진출이 두드러졌다. 5 · 4 운동으로 베이징 정부는 결국 21개 조를 거부하였다.

1919년 5월 7일, 베이징에서 체포된 고교생들이 석방 후 환호하는 모습. 학생들이 주도한 5 · 4운동은 항일 · 반제국 · 반봉건 혁명운동이었다.

하지만 5 · 4 운동은 이것으로 끝이 아니었다. 노동자들의 진출은 노동운동과 중국 공산당의 발전으로 이어졌다. 쑨원 역시 그동안 꾸준히 전개해 오던 군벌 정부 반대투쟁에 박차를 가할 힘을 얻고 1919년 다시 국민당을 만들었다. 새로운 국민당에는 그동안 성장한 사회주의자들이 대거 참여하여 대중적 힘을 보탰다. 마침내 중화민국의 완성으로 이어질 국민혁명이 시작되었다. 그리고 그 시작에는 "나를 딛고 일어서는" 끊임없는 부정과 혁신의 신문화 정신이 있었다.

세계전쟁 부른 황태자의 죽음

사라예보 사건

1914

교과서 속 한 줄 역사 비스마르크를 축출한 빌헬름 2세의 적극적인 해외 진출로 유럽은 독일이 주축이 된 '3국 동맹' 측과 이를 견제하는 '3국 협상' 측으로 나뉘어 서로 대립하기 시작했다. 두 세력의 본격적인 대립은 '유럽의 화약고' 발칸 반도에서 시작되었다. 민족 간 대립이 점차 고조되어 가던 1914년, 보스니아의 수도 사라예보를 방문한 오스트리아-헝가리 황태자 부부가 세르비아계 청년에게 암살당하는 사건이 발생했다.

1914년 6월 28일 오전 10시 30분, 오스트리아 – 헝가리 제국의 속국인 세르비아의 수도 사라예보에서 밀랴츠카 강 방파제를 따라 오스트리아의 페르디난트 황태자 부부를 태운 차량 행렬이 지나고 있을 때, 한 청년이 구경꾼들 사이에서 갑자기 달려 나오더니 황태자의 차를 향해 수류탄을 던졌다. 수류탄은 황태자가 탄 차의 덮개를 맞고 튀어나와 뒤따르던 차량 밑으로 들어가 폭발했다.

사고 수습 후 사라예보 시청에 도착하여 간단한 환영 행사를 가진 황태자는 신변의 위협 때문에 예정을 변경하여 부상당한 사람들이 후송된 병원으로 가기로 했다. 10시 45분 출발한 차량 행렬

1914년 6월 28일, 암살되기 직전 사라예보 시청을 떠나는 오스트리아의 페르디난트 황태자 부부.

은 그러나 병원 쪽으로 직진하지 않고 원래 예정한 경로대로 우회전했다. 황태자의 차에 탄 포티오레크 원수가 후진하여 병원 쪽으로 방향을 잡으라고 지시하자, 차는 잠시 멈춘 뒤 천천히 후진하기 시작했다. 차가 실러 가街 모퉁이에 도달한 순간, 그곳에 있던 암살범은 기회가 왔음을 알아차렸다. 그는 무방비 상태의 황태자 차에 다가가 정확하게 두 발을 쏘았다. 급소를 맞은 황태자 부부는 그 자리에서 즉사했다. 황태자가 마지막으로 남긴 말은 "조피, 내 사랑, 죽지 말아요."였다.

오스만튀르크의 땅이었던 발칸 반도

오늘날 유고, 루마니아, 불가리아 등이 자리 잡은 동남부 유럽의 발칸 반도는 원래 오스만튀르크의 땅이었다. 오스만이 쇠퇴하자 유럽의 손길이 미치면서 발칸 반도는 동진하는 게르만과 남하하는 슬라브가 충돌하는 갈등 지역이 되었다. 그리고 독일 통일로 중부 유럽에서 주도권을 잃은 오스트리아가 이 지역에서 적극적으로 영향력을 확대하면서 갈등은 더욱 격렬해졌다. 이로써 20세기 초 발칸 반도는 '유럽의 화약고'라는 별명을 얻을 정도로 심각한 상황에 직면했다.

　제국주의 시대가 막바지에 이르면서 제국들은 각자의 이해에 따라 동맹을 맺었다. 대표적인 동맹이 독일 · 이탈리아 · 오스트리아의 '3국 동맹', 영국 · 프랑스 · 러시아의 '3국 협상'이다. 특히 3국 동맹은 한 나라가 전쟁을 하게 되면 참전 등의 방법으로 적극 도와 주기로 하여, 전쟁이 일어나면 도미노처럼 줄줄이 참전하여 대전大戰으로 비화할 판이었다. 발칸 반도의 위기, 그리고 동맹 체제 구축으로 세계대전이라는 권총의 방아쇠와 총알이 준비된 셈이다.

이런 상황에서 1912년 발칸 전쟁이 터졌다. 4년 전 오스트리아가 발칸 반도에서의 영향력을 지키려고 보스니아를 강제로 합병하자, 세르비아의 슬라브 민족주의자들이 러시아의 지원을 약속받고 여러 발칸 국가들과 동맹을 맺어 오스트리아가 아닌 오스만을 상대로 전쟁을 일으킨 것이다. 이 전쟁으로 발칸 반도에서 오스만을 완전히 몰아냈지만, 이후 발칸 반도 내 오스만튀르크의 영토 분배를 둘러싸고 발칸 동맹국끼리 내전이 일어나 동맹국을 먼저 공격한(제2차 발칸 전쟁) 불가리아와 발칸 동맹이 적대 관계가 된다.

황태자가 사라예보를 방문한 이유

한편 세르비아는 전쟁의 여세를 몰아 영토를 확장하려 했지만 세르비아의 이탈을 우려한 오스트리아의 방해로 실패했고, 이 일로 세르비아 내 슬라브 민족주의자들이 오스트리아에 가슴 깊은 원한을 품게 되었다. 세르비아의 분위기가 얼마나 험악했는지 오스트리아의 유력 인사들이 모두 사라예보 방문을 꺼릴 정도였다. 하지만 누군가 사라예보에 가서 그곳이 오스트리아의 영향력이 미치는 땅임을 과시해야 했다. 그것은 황제의 후계자이자, 군사 문제와 발칸 문제에 관하여 야심찬 계획을 제시했던 황태자의 몫이었다. 그는 군사훈련 참관을 겸해 사라예보 방문을 결정했다.

황태자가 사라예보를 방문한 데에는 개인적인 목적도 있었다. 황태자비 조피는 시녀 출신으로 황실에서 심한 멸시를 받았다. 결혼은 했지만 그 자식들의 왕위 계승권 포기와 황태자비 호칭 및 예우 금지 등을 약속해야만 했다. 그래서 황태자비라 불리지도 못하고 공식 행사에도 참석하지 못했다. 황태자는 그녀를 대동하고 사라예보에 다녀와서 황태자비로서 당당하게 대접받게 해 주고 싶었다.

경찰의 만류에도 불구하고 강행한 방문은 결국 비극으로 끝나고 말았다. 황실의 지지를 받지 못했던 부부의 장례식은 조촐하게 치러졌으나, 두 사람의 죽음은 세계를 뒤흔든 엄청난 사건, 역사상 최

◈ 자본주의국가에서 사회주의 혁명이 일어난다?

국제 공산주의 조직인 '인터내셔널'은 자본가들의 이윤 추구로 인해 전쟁이 일어나므로 노동자들은 전쟁에 결사반대해야 한다고 주장했다. 제1차 세계대전이 일어나기 직전까지만 해도 유럽 각국의 사회주의자들은 전쟁이 일어나면 총파업 투쟁 등으로 막겠다고 공언했다.

사라예보 사건이 터졌을 때 독일 사회민주당은 "오스트리아 황태자 한 사람이 죽는 바람에 노동자 수천수만 명이 죽게 되었다."고 목소리를 높였다. 하지만 막상 전쟁이 터지자 사회주의자들은 입장을 바꾸어 참전하기 시작했다. 독일 사회민주당은 전쟁 지원에 찬성했고, 프랑스 사회당은 적국의 사회주의자와 연대할 수 없다고 했으며, 러시아 사회주의자는 민주주의를 위해 침략자와 싸우자고 했고, 영국 노동당 당원들의 참전 행렬도 끊이지 않았다. 제국주의 국가의 노동자들은 높은 임금을 위해 결국 국가를 위해 싸울 수밖에 없다는 주장이 현실로 나타났다. 이로써 자본주의가 고도로 발달한 국가에서 사회주의 혁명이 일어난다는 믿음은 결정적인 타격을 받았다.

악의 비극으로 꼽히는 제1차 세계대전으로 이어졌다.

대전으로 갈 수밖에 없는 국제 정세 속에서 황태자의 죽음만큼 좋은 핑계거리도 없었다. 이제 인류는 별 상관도 없는 한 암살 사건으로 인해 그때까지 한 번도 경험해 보지 못한 참혹한 전쟁의 소용돌이에 휘말리게 된다.

144

참호전, 총력전, 대학살

제1차 세계대전

1914~1918

> **교과서 속 한 줄 역사** 사라예보 사건을 계기로 제1차 세계대전이 시작되었다. 이 전쟁은 참전국 국민들의 일상생활에까지 영향을 미친 총력전의 양상을 띠었고, 기관총, 잠수함, 탱크 등 신무기가 사용되어 전쟁 피해는 더욱 커졌다.

제1차 세계대전은 총 4년 4개월 동안 군인 사상자 3천만 명, 전쟁 비용 약 1,850억 달러(당시 화폐가치), 격침된 선박 2,600척, 동원된 군인 수 6,500만 명이라는 전대미문의 기록을 남겼다. 아시아 역사상 최대 전투로 꼽히는 고구려－수나라 전쟁에 동원된 군인 140여만 명(수나라 110만, 고구려 30만)의 40배, 19세기 가장 격렬했던 전쟁인 미국 남북전쟁에 동원된 군인 300여만 명의 20배가 넘는 어마어마한 수의 군인이 이 전쟁에 동원되었다.

대량생산 시대의 전쟁이란

산업혁명 이후 자본주의 발전에 따른 신기술 개발과 대량생산 체제의 확립은 곧 신무기의 대량생산으로 이어졌다. 라이트 형제의 비행기는 전투기가 되었고, 기관차는 탱크가 되었고, 조선술의 발전은 대형 전함과 잠수함의 개발로 이어졌으며, 화학 기술은 독가스로 발전했다.

발달한 철도는 무한대의 병사를 전선으로 신속하게 운송했고, 자동차의 발달은 험한 오지에도 대량의 군수품 수송을 가능하게 했다. 섬유 제조 기계는 군복을, 기계 공장은 소총을, 금속 공장은 탄알을 대량생산했다. 과거 전쟁에서는 사람보다 무기가 귀했지만, 이제는 무기보다 사람이 귀했다.

또한 도시의 발달과 중앙집권적 국가 체제는 남자들의 군대 동원과 여성들의 군수공장 동원에 효율적이었다. 공장의 발달과 함께 형성된 인구 100만 이상의 메트로폴리스의 노동자 주거지역은 거대한 군인 배양지가 되었다. 영화 〈메트로폴리스Metropolis〉(1927)의 한 장면처럼, 도시의 수많은 노동자들은 자신들이 기계에 매달려 생산한 소총과 군복을 착용하고 기차에 실려 끊임없이 전선으로 향했다.

과거의 전쟁은 전선에 동원된 군인들끼리 싸워 어느 한쪽이 전멸하면 끝났지만(수나라 30만 별동대가 전멸하자 전쟁이 끝난 것처럼), 이제는 병사들이 죽고 또 죽어도 병력이 계속 충원되면서 전쟁이 끝나지 않았다. 병력과 물자를 소모하면서 대치 상태가 길어지자, 참호를 깊게 파고 진지를 구축하여 싸우는 참호전이 대세가 되었다. 독일 작가 레마르크의 소설 《서부전선 이상 없다》는 참호에서 병사들이 겪는 공포를 훌륭하게 묘사하고 있다.

5개월간 12킬로미터 전진, 솜 전투

제1차 세계대전의 이러한 특성을 가장 잘 보여 준 사례가 '솜 전투'
이다. 1916년 7월 1일 시작된 솜 전투에서는 대학살, 소모전, 참호
전, 신무기 등이 모두 선보였다. 이 전투는 프랑스 동북부 솜 강 유
역에 진지를 구축한 독일군을 영국·프랑스 연합군이 타격하면서
시작되었다.

영국군은 첫날 참호에 은신한 독일군을 향해 약 3천여 문의 야포
를 쏜 뒤 무모한 돌격을 감행하다 독일의 기관총 세례를 받아 무려
5만8천여 명의 사상자를 냈다. 하루 5만8천 명의 사상자는 지금도
유례를 찾기 어려운, 전투라기보다는 학살이라는 표현이 더 적절한
대참사이다.

총 24개 사단의 영·프 연합군과 10개 사단의 독일군은 이후 한
치의 양보도 없이 치열한 전투를 벌였다. 전선이 교착 상태에 빠지
자, 영국이 비장의 무기를 선보였다. 바로 탱크다.

1917년 캉브레 전투(프랑스 북부) 당시 영국군과 탱크.

당시 탱크는 트랙터 위에 75mm포를 장착한 형태였다. 점차 전차 자체가 보유한 기갑력이 강화됐지만, 무게 때문에 사람이 걷는 정도밖에 속도를 내지 못했다. 그래도 참호의 주요 방어물인 철조망을 뚫고 나가는 데 탱크만 한 것이 없었다. 초기 독일군은 탱크의 위력에 혼비백산하여 곳곳에서 패주했다.

솜 전투는 11월 16일 폭설로 중단되었다. 이 전쟁에서 연합군과 독일군은 100~120만 명의 사상자를 냈으며, 2천만 발 이상의 탄환을 소모했다. 이로 인해 얻은 것은 겨우 12킬로미터의 전진(서울 강북을 종단한 거리 정도)이었다.

31개 참전국, 31개의 욕망

제1차 세계대전은 제국주의 열강들의 욕망에서 비롯되었다. 전쟁은 오스트리아가 발칸 반도에서 범슬라브주의를 몰아내려고 황태자 암살 사건을 트집 잡아 세르비아에 선전포고하면서 시작되

◆ **영국이 남발한 '공수표', 밸푸어 선언**

전쟁이 장기화되면서 자국의 힘만으로는 전쟁이 불가능해지자 연합국은 더 많은 인력과 물자를 동원하고자 거짓 약속을 남발했다. 주로 영국이 그랬는데, 우선 오스만튀르크의 지배를 받던 중동 여러 지역에 해방을 약속하며 참전을 제안했다. 인도에게는 독립을 약속하며 전쟁 지원을 요구했고, 미국에서 참전 여론을 형성시키기 위해 유대인의 환심을 사려고 팔레스타인에 유대인 나라를 세우도록 해 주겠다는 '밸푸어 선언'을 했다. 물론 이 약속들은 지켜지지 않았다. 이에 분노한 인도인들이 간디를 중심으로 일으킨 독립운동이 비폭력 불복종 운동이며, 팔레스타인으로 가자고 외치는 유대인들의 시오니즘 운동도 격렬하게 일어났다. 이 모든 약속들은 제2차 세계대전 후 격렬한 저항과 또 한 번의 약속을 통해 비로소 실현된다.

었다. 독일 · 오스트리아 · 오스만 제국 등의 동맹국과 러시아 · 미국 · 영국 · 프랑스 등의 연합국이 맞서 싸운 이 전쟁에 31개국이 참전하였다.

영국과 프랑스의 식민지를 탐낸 후발 국가 독일이 전쟁을 주도하였고, 러시아는 국내의 정치적 불안을 외부로 돌리려고 참전했으며, 오스만튀르크는 잃어버린 영향력을 찾으려고, 불가리아는 발칸 전쟁에서 입은 손실과 원한을 만회하려고 전쟁에 뛰어들었다. 영국과 프랑스는 기득권을 지키려 했고, 일본은 영국으로부터 중국의 이권을 허락받으려 했으며, 미국은 대서양의 패권을 차지하려 했다.

그리고 전쟁의 참상은 모든 문명 세계에 커다란 충격을 안겨 주었다. 마침내 1917년 러시아 혁명과 1918년 독일 혁명으로 제1차 세계대전이 끝난 뒤, 열강은 영구적인 평화를 보장해야 한다며 목소리를 높였다. 그것은 19세기의 마무리이자 20세기의 시작을 알리는 신호였다.

좌절된 이상정치의 꿈

우드로 윌슨

1856~1924

교과서 속 한 줄 역사 제1차 세계대전이 끝난 뒤 전승국들은 파리에 모여 전후 처리 문제를 논의했다. 윌슨이 주창한 14개 조 평화안을 기본 원칙으로 하여 독일과 베르사유 조약을 체결하였다. 그러나 전승국들이 자국의 이익을 내세우면서 윌슨의 기본 원칙은 제대로 지켜지지 않았다.

"친애하는 국민 여러분, 오늘 아침 휴전조약이 조인되었습니다. 미국이 이루고자 한 바는 모두 달성되었습니다. 이제 우리에게 남겨진 행운의 임무는, 몸소 규범을 보이고 진지하고도 우정 어린 조언과 물질적 원조로 전 세계에 참된 민주주의가 수립되도록 하는 것입니다."

1918년 11월 11일, 마침내 제1차 세계대전이 연합국의 승리로 끝이 났다. 연합국의 중심에는 20세기의 새로운 지도국가 미국이 있었다. 4년의 전쟁으로 만신창이가 된 대서양 동부의 유럽은 이제 대서양 서부의 미국에게 주도권을 넘겨야만 했다. 미국의 우드로 윌슨 대통령(1913~1921년 재임)은 미국이 "전 세계에 참된 민주주의"를 전파하고 수호하는 역할을 맡아야 한다고 주장하며 12월 14일, 그 꿈을 이루고자 제1차 세계대전 처리를 논할 회담이 열리는 파리에 도착했다.

엄청난 전쟁의 참상 앞에서 세계의 지도자들은 항구적인 평화 대책으로서 군축과 국제기구 설립이 필요하다고 생각했다. 그러나 그들의 머릿속에는 또 하나의 생각이 존재했다. 바로 전쟁에 들어간 막대한 비용과 피해 수습 방안이었다.

천문학적 전후 처리 비용을 둘러싼 갈등

전쟁 물자는 모두 소모품이고 국민의 세금으로 만든 것이었다. 참 전국들은 엄청난 재정 적자에 시달렸다. 뿐만 아니라 전쟁으로 인한 파괴도 심각했고, 부상자의 병원비와 전사자의 위로금 그리고 유족들의 생활을 지원할 비용도 필요했다. 이 천문학적인 비용을 오직 국민들의 희생을 통해서만 마련해야 한다? 선거를 앞둔 정치인들에게는 말도 안 되는 소리였다. 선거에서 승리하려면 국민들이 그동안 전쟁을 치르며 짊어졌던 부담을 덜어 주고 적절히 보상해 주어야 했다.

'파리 강화회의' 기간 동안 이런 정치적 문제가 표면화되었다. 연합국 국민들 사이에서는 "카이저(독일 황제)를 죽여라."라는 구호가 공공연히 나돌았다. 전시경제 아래서 열악한 환경과 저임금에 시달렸던 노동자들은 임금 인상을 요구하며 파업에 나섰고, 자본가와 중산층들은 러시아 혁명이 유럽에 퍼질 거라며 반소 · 반공 투쟁을 선동하며 노동자들과 맞섰다.

이 모든 문제를 해결하려면 패전국에게 가혹한 배상금을 받아내는 수밖에 없었다. 하지만 이는 패전국 국민들의 분노를 사고, 패전국의 경제를 무너뜨려 그들의 저항을 불러일으킬 것이었다. 새로운 갈등은 새로운 전쟁으로 이어져 또다시 수천만 명을 죽음으로 몰아갈 수도 있었다.

모두에게 외면당한 '베르사유 조약'

윌슨은 파리에서 이 모든 위협을 제거하기 위해 '14개 조 평화원칙'을 제안했다. 윌슨의 제안에는 비밀외교 폐지, 자유로운 무역, 군축, 유럽 각국의 자주적 문제 해결, 민족자결주의 등의 내용이 담겨 있었고, 독일 등 패전국에 대한 보복은 없었다. 전후 처리를 최대한 평화적으로 진행하여 전쟁의 불씨를 막으려는 노력이었다.

하지만 그의 주장은 영국과 프랑스 등에게 외면당했고, 심지어 자신의 소속 정당인 미국 민주당에게조차 외면당했다. 마침내 1919년 6월 윌슨의 주장과는 거리가 먼 '베르사유 조약'이 체결되었다. '베르사유 조약'에는 독일 일부 영토 할양, 독일 식민지의 국제연맹 위임통치, 막대한 배상금 및 독일군 감축 등 패전국에 대한 가혹한 응징이 담겨 있었다. 독일 국민들은 조약이 일방적인 '명령'이라며 반발했고, 이는 훗날 히틀러에게 열광하는 원인이 되었다.

미국 상원은 '베르사유 조약' 비준에 동의하지 않았다. 가장 큰 쟁점은 국제연맹이었는데, 상원은 특별한 국익이 보장되지 않는 국제연맹에 미국이 가입하는 것을 원치 않았다. 국민들 역시 미국이 별 이익 없이 유럽의 일에 끼어드는 것을 탐탁지 않아 했다. 윌슨은 여론을 돌리려고 전국을 돌며 지지를 호소했지만 상황은 호전되지 않았다. 과로와 스트레스로 지친 윌슨은 1919년 9월 말 뇌졸중으로 쓰러지고 말았다.

윌슨이 쓰러져 누워 있는 동안 상원은 표결을 거쳐 조약 비준안을 폐기하고, 미국은 국제연맹에 참가하지 않았다. 윌슨은 마지막으로 1920년 대선에 희망을 걸었지만, 미국 국민들은 미국의 국익을 우선하는 서민 이미지의 워런 하딩 공화당 후보를 대통령으로 선택했다. 이로써 윌슨의 이상주의는 물거품이 되고 말았다.

승전국의 배신

윌슨의 실패는 역사적으로 어떤 의미가 있을까? 우리에게 윌슨의 실패는 3 · 1 운동에 대한 미국의 배신으로 기억된다. 승전국의 식민지에는 민족자결주의가 적용되지 않았기 때문이다. '배신', 그렇다. 당시 평화를 바라는 사람들은 윌슨의 14개 조 제안 이후 승전국이 보인 행태를 배신이라고 여겼고, 그 배신은 결국 파시즘과 제2차 세계대전의 비극으로 이어졌다.

하지만 그 배신은 윌슨 개인의 배신이 아니었다. 그것은 승전국 국민 전체의 배신이었고, 어찌 보면 전쟁의 속성이었다. 목숨을 건 전쟁에는 반드시 대가가 따라야 한다는 평범한 속성. 이는 평화를 지키려는 세력에게는 절대적인 교훈이 될 것이다. 어떠한 전쟁도 선善일 수 없다! 선한 전쟁은 없다!

146

나는 차르가 되기를 원치 않는다

니콜라이 2세

 1868~1918

교과서 속 한 줄 역사 1917년 3월 러시아 수도 상트페테르부르크에서 노동자들이 중심이 되어 전제정치 타도, 전쟁 중지, 식량 배급을 주장하며 대규모 폭동과 파업을 일으켰다. 노동자와 병사들은 '소비에트'를 결성하여 혁명을 추진하였다. 그 결과 니콜라이 2세가 퇴위하고 ,케렌스키를 수반으로 하는 임시정부가 수립되었다.

"어떻게 해야 한단 말인가? 나는 차르의 자리에 오를 준비가 되지 않았다. 차르가 되기를 원하지도 않았다. 나는 통치에 대해 아무것도 모른다. 심지어 각료들에게 어떻게 말해야 하는지도 모른다."

1894년 알렉산드르 3세가 죽고 새로 왕위에 오른 니콜라이 2세 (1894~1917년 재위)는 아이처럼 벌벌 떨며 이렇게 심경을 밝혔다. 26세의 청년 차르는 잘생긴 외모에 친절하고 숫기 없는 남자였다. 독일 귀족이자 영국 빅토리아 여왕의 손녀인 알렉산드라와 결혼하여 슬하에 1남 4녀(올가, 타티아나, 마리, 아나스타샤 공주 및 알렉세이 왕자)를 둔 니콜라이 2세는, 휴양지에서 식구들과 장난치며 노는 것을 좋아하는 가정적이고 자상한 남자였다.

정치에 무관심하고 우유부단하며 그저 착하기만 한 새로운 차르는 엄청난 현실의 파도를 헤쳐 나갈 능력이 전혀 없었다. 게다가 그의 눈앞에 닥친 현실은 바로 20세기 인류 최고의 사건인 러시아 사회주의 혁명이었다.

탄압으로 일관한 자상한 남자

알렉산드르 2세가 암살당한 이후 알렉산드르 3세는 러시아의 구체제를 향한 모든 저항을 잔인하게 탄압했다. 이로써 선왕 알렉산드르 2세가 일군 산업혁명으로 성장한 새로운 세력과 새로운 흐름의 물꼬가 막히고 말았다. 막힌 물줄기는 엄청난 힘으로 결국 둑을 터뜨리기 마련이다. 알렉산드르 3세의 13년 재위가 끝나고 니콜라이 2세가 즉위했을 때 새로운 흐름은 무서운 기세로 구체제의 벽을 두드렸다.

하지만 니콜라이 2세는 그저 아버지의 뜻에 따라 차르의 권위와 귀족 및 부르주아의 이익을 지켜야 한다는 생각뿐이었다. 그는 젬스트보(자치의회)의 대표들을 접견한 자리에서 "젬스트보 대표들의 국정 참여를 주장하는 몰상식한 자들이 있다. … 나의 위대한 부왕과 똑같이 확고하고 단호하게 전제정치의 원칙을 고수할 것이다."라고 소리쳤다. 깜짝 놀란 늙은 젬스트보 의원이 그만 행운의 상징인 황금 접시를 떨어뜨렸고, 사람들은 불길한 징조라고 수군거렸다.

민중의 목소리를 대변할 장치들은 점점 축소되고 민중들의 시위는 강경 진압의 대상이 되었으며, 민중을 대변할 자들의 입지는 축소되었다. 강경 진압은 테러리즘만 낳았다. 1901년 교육부 장관과 내무부 장관이 연이어 암살되고, 새로운 내무부 장관도 1904년 암살당했다. 극단과 극단이 충돌하는 상황에서 이성과 합리성이 존재할 여지는 없었다. 그리고 비극적인 사건이 터지고야 말았다.

피로 얼룩진 평화 행진

1904년 한반도와 만주의 지배권을 둘러싸고 '러일전쟁'이 발발했다. 러시아 전역이 애국주의 열풍에 휩싸인 가운데 민중들은 차르에 대한 불만을 접고 전선으로 향했으며, 귀족 부인들은 부상자들을 위한 붕대와 양말을 만들었다. 승리를 위해 귀족과 민중이 하나가 되는 러시아의 전통이 일련의 혼란을 흡수한 것처럼 보였다.

하지만 전쟁으로 인한 지출로 민중들의 삶은 더욱 고통스러워졌고, 노동자와 농민에 대한 억압도 더욱 심해졌다. 이런 상황에서 ('붉은 신부'라고도 하고 경찰의 스파이라고도 하는) 가퐁 신부라는 자가 나타나 굶주림에 지친 민중들에게 차르의 은총을 빌자고 제안했다. 그리하여 1905년 1월 22일 일요일 아침, 15만 명의 군중이 십자가와 차르의 초상화를 들고 평화적으로 행진을 벌였다.

하지만 그들에게 돌아온 것은 "일체의 소요는 진압되어야 한다."는 니콜라이 2세의 명령이었다. 차르 군대는 평화적으로 행진하는 무리를 향해 무차별 사격을 가했고, 하얀 눈 위에 떨어진 사상자의 붉은 피는 분노한 민중들의 시위를 불러일으켰다.('피의 일요일' 사건) 학생들의 시위와 노동자들의 연대 파업 및 농민들의 영주 습격이 반년 동안 지속되었다.

그러나 니콜라이 2세는 상황을 파악하지 못한 채 과격한 외국인 혁명가들의 선동에 어리석은 민중들이 넘어갔다고 생각했다. 그가 군사독재를 통해 상황을 진압하려 하자, 비로소 온건한 귀족들이 차르를 설득하기 시작했다. 1905년 10월 두마(의회) 설치를 골자로 하는 개혁안이 발표되고, 상황은 수습 국면으로 접어들었다. 그러나 니콜라이 2세가 변하지 않는 한 그것은 미봉책에 불과했다.

로마노프 왕조의 최후

1905년부터 1914년까지 민중과 차르의 충돌은 계속되었다. 첫 두마(의회)선거에서 진보적 의원들이 다수 당선되자, 차르는 곧 의회를 해산시켜 버렸다. 그는 일체의 개혁적이고 진보적인 의제를 억압하라고 지시한 뒤 집에서 가족들과 단란한 생활을 영위하는 데 몰두했다.

특히 빅토리아 여왕의 피를 이은 알렉산드라 황후가 영국 황실의 유전병인 혈우병을 유일한 아들 알렉세이에게 남긴 것을 알고, 아버지 니콜라이는 더욱 가정생활에 집중했다. 1905년 10월 개혁안 발표 직후 라스푸친이란 자가 기도로 혈우병을 치유할 수 있다며 황제 가족에게 접근했고, 그와 관련한 스캔들이 퍼지면서 민심은 더욱 악화되었다.

1914년 제1차 세계대전이 발발하자, 니콜라이 2세는 내외의 만류에도 불구하고 참전을 결정했다. 강대국 러시아의 위신이 더 중요했기 때문이다. 제1차 세계대전은 러일전쟁이 그랬듯 모든 갈등을 은폐했다. 하지만 전쟁이 장기화되고 동부전선에서 러시아가 연이어 패배하면서 러시아의 한계가 점차 드러났다. 차르는 자신이 직접 지휘하면 전세가 나아질 거라며 수도를 황후에게 맡기고 전선으로 떠났는데, 이것이 결정적으로 상황을 악화시켰다.

1917년 3월, 수도 페트로그라드(상트페테르부르크) 공장에서 전쟁에 나간 남자들 대신 기계를 돌리던 여성 노동자들이 마침내 폭발했다. 그녀들은 빵을 달라고 외치며 굶주린 자식들을 업고 시위에 나섰다. 그들 자신이 노동자와 농민의 자식인 병사들은 진압을 거부하고 상관에게 총부리를 돌려 혁명에 동참했다. 수도를 지키던 황후는 상황을 수습할 능력이 없었다.(그녀는 적국인 독일 귀족인 데다 라스푸친과의 스캔들 때문에 귀족들의 신임을 얻지 못했다. 결국 귀족들은 차르가 전선에 나가 있는 사이 라스푸친을 죽였다.)

전보를 받은 차르는 "모든 무질서를 내일까지 끝내라."고 명령했다. 하지만 황후는 상황이 절망적이라는 회신을 보냈다. 차르는 사태를 수습하러 돌아가려 했지만, 사태 수습을 맡은 정치인들은 그가 돌아오는 것을 원치 않았다. 그들은 혁명가들과 타협하려 했다. 결국 니콜라이 2세는 수도에서 240킬로미터 떨어진 프스코프에서 퇴위하였다. 니콜라이 2세는 동생 미하일 대공이 제위를 승계하기를 원했지만, 대공이 거절함으로써 로마노프 왕조는 300년 만에 종말을 고하였다.(3월 혁명)

러시아 노마노프 왕조 최후의 황제 니콜라이 2세의 가족. 1917년 3월 혁명으로 퇴위된 후 11월 혁명(볼셰비키 혁명) 뒤 온 가족이 총살되었다.

◈ 아나스타샤 공주가 살아남았다면?

1917년 11월 혁명으로 사회주의 정부가 수립되고 니콜라이 2세는 가족과 함께 유폐되었다. 그로부터 얼마 후 혁명을 저지하기 위해 미국 · 영국 · 프랑스 · 일본 등 열강이 일으킨 '간섭전쟁'이 일어나고 왕당파 귀족들이 차르를 복위시키려고 군대를 일으키자, 일단의 혁명군들이 니콜라이 2세의 가족들을 총살한 뒤 시신을 소각하고 폐광의 갱도에 버렸다. 당시 장녀 올가는 23세, 막내 알렉세이는 14세였다.

그로부터 몇 년 뒤, 몇몇 여성이 자신이 니콜라이 2세의 4녀인 아나스타샤 공주라고 주장하고 나섰다. 그중 가장 유명한 사람이 안나 앤더슨이다. 그녀는 공주의 신체적 특징과 황실 내부 사건 등을 증언하여 상당히 유력한 인물로 알려졌다. 살아남은 아나스타샤 공주 이야기는 많은 이들의 호기심을 자극했고, 이 이야기를 담은 잉그리드 버그만 주연의 〈아나스타샤Anastasia〉(1956), 디즈니 애니메이션 〈아나스타샤〉(1997) 등의 영화가 만들어지기도 했다. 하지만 최근 유기된 니콜라이 가족의 시신이 발굴되어 DNA가 추출되면서 아나스타샤 공주의 사망이 공식 확인되었고, 안나 앤더슨 등은 모두 진짜가 아님이 밝혀졌다.

147

모든 권력을 소비에트로

11월 혁명

1917

교과서 속 한 줄 역사 케렌스키 임시정부는 국내문제 개혁보다 전쟁의 지속을 우선시하였다. 이에 레닌이 트로츠키와 손잡고 볼셰비키를 중심으로 혁명을 일으켜 임시정부를 무너뜨리고 소비에트 정부를 수립하였다.

어머니는 머리, 배 가릴 것 없이 마구 두들겨 맞으며 정신이 혼미해졌다. … 그러나 두 눈만큼은 아직 꺼지지 않고 주위를 둘러싼 사람들의 눈동자를 바라보고 있었다. 사람들의 눈동자가 용감하고 날카롭게 불꽃을 일으키고 있었다. 그것은 바로 그녀가 가슴으로 느끼던 그런 불꽃이었다.

"피로 바다를 이루어도 진실은 죽지 않는다…."

헌병이 어머니의 목을 움켜쥐고 조였다. 어머니가 쉰 목소리로 중얼거렸다.

"어리석은 놈들, 가엾은 놈들…."

막심 고리키의 소설 《어머니》의 한 부분이다. 그렇다. 피가 강물처럼 흘러도 역사의 흐름을 멈출 수는 없다. 그 모든 시도는 어리석은 짓일 뿐이다.

레닌을 따르는 '볼셰비키'

20세기 들어 러시아는 혁명의 소용돌이에 휘말렸다. 농민봉기를 꿈꾼 나로드니키와 달리, 게오르기 플레하노프가 이끄는 러시아 공산주의자들은 노동자 중심의 혁명을 꿈꾸었다. 하지만 플레하노프는 러시아의 구체제에 위협이 되지 않았다. 산업혁명으로 많은 노동자가 생겨났다 해도 러시아에서는 여전히 농민이 절대다수여서 노동자의 힘만으로 세상을 바꾸는 것은 어림없는 일이었다. 공안 당국은 공산주의자들이 과격한 나로드니키를 비난하는 것을 오히려 다행으로 여겼고, 그 덕에 러시아에서 공산주의 사상이 급속도로 퍼졌다.

1898년 러시아 사회민주노동당이 처음 만들어졌다. 9명에서 출발한 이 소수 정당은 조금씩 성장하였고, 그들 중에 20대의 블라디미르 일리치 레닌도 있었다. 몽골계 할머니 탓에 이색적인 외모를 가진 레닌은 10여 년 전 형 알렉산드르가 차르 암살 음모에 휘말려 목숨을 잃은 뒤 혁명가의 길을 걷고 있었다.

1902년 레닌은 소책자 《무엇을 할 것인가?》에서 사회주의 혁명을 완수하려면 사상과 능력이 뛰어난 전위 투사들로 구성된 당이 필요하며, 당의 지도 하에 혁명을 이룰 수 있다고 주장했다. 레닌의 주장은 자본주의가 고도로 발달한 영국·독일 등 서유럽에서 먼저 사회주의 혁명이 일어날 것이며, 러시아에서는 당분간 혁명이 어려울 것이라는 상식을 뒤집는 것이었다.

1903년 당 대회에서 레닌을 지지하는 세력이 다수파(볼셰비키), 반대하는 세력이 소수파(멘셰비키)가 되었는데, 이후 다수파건 소수파건 레닌 세력은 '볼셰비키'라 불렀다.

1905년 '피의 일요일' 사건 이후 노동자와 농민들은 각지에서 소비에트 조직을 건설했다. 러시아어로 '평의회'를 뜻하는 '소비에트'는 자신들의 정치적 의사를 표현할 길이 막힌 민중들이 스스로 만든 정치조직으로서, 러시아 혁명기와 사회주의 건설 시기에 핵심이 된 기층 조직이다. 훗날 레닌은 "모든 권력을 소비에트로!"라고 외치며 소비에트를 사회주의 러시아 – 소련 민주주의의 핵심으로 삼으려 했다.

최초의 사회주의 정부 수립

1917년 3월 혁명으로 왕정이 폐지되고 케렌스키를 수반으로 하는 임시정부가 수립되었으며, 정치는 니콜라이 2세 때 설치된 두마(의회)를 중심으로 이루어졌다. 두마는 자유주의자인 입헌민주당, 나로드니키를 계승한 사회혁명당, 멘셰비키 등으로 구성되었고, 볼셰비키는 소수파였다. 당시 두마는 과격한 사회주의보다는 온건한 자유주의 개혁을 구상했고, 군부에서는 사회주의자들이 나서면 발포하겠다고 위협했다.

하지만 레닌은 '4월 테제'를 발표하면서 소비에트 공화국 건설을 주장했다. 그의 주장은 처음에는 외로웠지만 점차 지지를 얻었다. 3월 혁명 당시 민중들의 요구를 담은 것이 가장 큰 힘이 되었다. 민

"모든 권력을 소비에트로!" 1920년 5월 5일, 대중 연설을 하는 레닌. 1917년 3월 혁명 직후 스위스에서 귀국한 레닌은 11월 혁명(볼셰비키 혁명)을 주도, 프롤레타리아 독재를 내세운 혁명 정권을 수립하고 소비에트 사회주의 공화국 연방의 첫 국가원수가 된다.

중들은 전쟁 중단과 농지개혁 등을 주장했지만, 케렌스키의 임시정부는 전쟁 중지는 곧 굴욕적인 항복으로 역풍을 맞을 것이라고 여겼고, 농지 개혁에 대해서도 지주인 자유주의자들의 반대로 소극적이었다.

3월 혁명 이후 아무것도 변한 것이 없는 데 분노한 노동자와 농민, 그리고 일반 병사들은 새로운 소비에트를 중심으로 조직되었다. 여기에 6월 러시아군의 참패, 육군의 쿠데타 시도 등이 불만의 불길에 기름을 끼얹었다.

1917년 11월 7일, 볼셰비키를 지지하는 군대가 관공서 및 언론사 등을 점령했다. 임시정부는 '겨울궁전'에 고립되었으며, 그날 저녁 순양함 오로라 호가 발포하자 모두 항복해 버렸다. 케렌스키는 도망쳐 훗날 미국으로 망명하였다. 이것이 11월 혁명이다.

처음 11월 혁명이 일어났을 때 다른 사회주의자들은 무모한 무장봉기에 반발했다. 사회혁명당과 멘셰비키는 참가를 거부했으며, 입헌민주당은 훗날 반혁명 전쟁에 뛰어들었다. 하지만 볼셰비키는 소비에트를 중심으로 순조롭게 권력을 장악하고 그들만의 권력을 일구는 데 성공했다. 역사상 최초의 사회주의 정부가 수립되었다.

◈ **스탈린이 아니라 트로츠키였다면?**

레닌보다 아홉 살 연하인 트로츠키는 레닌과 함께 《이스크라》(불꽃)라는 유명한 신문을 발행하며 인연을 맺었다. 하지만 그는 멘셰비키를 지지하여 종종 레닌의 반대 위치에 섰다. 그러나 1905년 혁명적 상황에서 뛰어난 연설과 선동으로 큰 역할을 했고, 1917년 혁명 때는 레닌을 지지하며 그의 오른팔이 되었다. 이후 당의 이론가로 활약하며 레닌의 충성스러운 부하 스탈린과 대립했다.

레닌이 죽고 스탈린과의 권력투쟁에서 패배한 뒤 망명하여 반소 국제 사회주의 혁명 운동을 시도했지만 스탈린의 자객에게 암살당했다. 1990년대 초반 소련 붕괴 이후 사회주의 실패의 원인을 놓고 논쟁이 일어나면서 트로츠키에 대한 재평가가 시도되었다. 특히 스탈린 독재에 따른 사회주의 변질을 주된 원인으로 보는 이들은, 스탈린에 반대한 트로츠키를 매우 높이 평가하여 그를 러시아 혁명의 주역으로 평가하기도 했다. 하지만 레닌이 유언장에서 언급했듯, 트로츠키는 자기주장이 너무 강하고 독선적이어서 그가 당시 사회주의의 한계와 모순을 적절히 극복했으리라 보기는 어려울 것 같다. 오늘날 사회주의 이론의 근본적 문제(시장경제 부정)를 지적하는 입장에서는 트로츠키 재조명이 역편향으로 보일 수도 있다.

1920년대 미국의 풍경

소비시대의 개막

1920년대

교과서 속 한 줄 역사 제1차 세계대전 이후 세계경제는 과잉생산에 빠져들었다.

"면 스타킹을 신고 고등학교에 가는 여자애는 아무도 없다. 심지어 겨울에도 우리 아이들은 레이스 속옷 위에 실크 스타킹을 신고 간다."

21세기 우리 아이들 이야기가 아니다. 1920년대 미국의 풍경이다. 19세기만 해도 미국과 유럽의 일반 여성들은 발목까지 덮는 치렁치렁한 드레스를 차려입고 양산으로 햇빛을 가리고 조신하게 거리를 걸었다. 그런 여성들이 어느 날 갑자기 무릎까지 오는 짧은 스커트를 입고 종아리를 스타킹으로 감싼 채 당당하게 도시의 거리를 활보하기 시작했다. 언제? 바로 1920년대에.

전쟁이 선사한 유례없는 경제 호황

제1차 세계대전이 끝난 뒤 미국은 엄청난 변화를 겪었다. 그 변화의 중심에 유례없는 전후 경제 호황이 있었다. 유럽 경제 재건으로 인한 수요의 증대, 전쟁을 치르며 축적된 기술력의 진보, 그리고 대량생산 체제가 결합하면서 신상품이 끊임없이 쏟아져 나왔다.

소비자들은 고도로 발전하는 광고와 대중매체, 그리고 세일즈맨의 헌신으로 소비 능력 이상을 소비했다. 경제는 그들의 소비 욕구를 충족시켜 줄 새로운 부의 창출 방법, 곧 재테크 수단을 발명하여 소비자들을 더더욱 소비로 내몰았다. 그 극한의 순환이 1920년대 미국을 강타했다.

미국 경제 호황을 주도한 신상품 중 하나는 자동차였다. 포드 사의 대량생산 시스템에 따라 끊임없이 생산된 자동차는 이전 자동차보다 조작이 간단하고 고장도 잘 안 났으며 가격도 적당해서 자유로운 이동을 꿈꾸는 젊은이들을 자극했다.

자동차가 공급되면서 전국을 연결하는 도로망도 신속하게 발전했고, 주유소 등 부대시설도 늘어났다. 자동차 생산과 연관된 산업이 발전하면서 고용이 늘어나고, 취업하여 돈을 번 젊은 노동자들이 차를 사고, 차와 관련된 산업이 발전하고, 또 고용이 창출되는 순환 구조가 전 미국을 휩쓸었다.

담배를 문 단발머리 여성들

세계대전으로 젊은 남자들이 군대에 간 사이 공장은 여자들의 몫이 되었다. 후방에서 생산을 책임졌던 여성들은 전쟁이 끝난 뒤에도 사회생활을 이어 갔고, 여성들의 자기표현 욕구는 생활 방식과 패션의 변화를 이끌었다. 거추장스럽기만 한 치렁치렁한 드레스는

내과 의사들이 덜 해롭다고 인정한?! **1930년 미국 럭키 스트라이크 사 광고.** 1920년대 말부터 미국 담배사들은 잠재적 여성 흡연자들을 겨냥한 광고를 쏟아 냈다.

걷기 편한 무릎길이의 스커트로 바뀌었고, 길고 간수하기 어려운 머리는 산뜻한 단발머리로 바뀌었다. 여성들이 자신을 드러내면서 화장품 판매가 촉진되고, 남자들과 술을 마시거나 담배를 피우는 것도 어색하지 않게 되었다.

"이제 여성도 남편이나 형제들과 맞담배를 즐길 수 있다."

여성 흡연 인구가 늘어나면서 담배 회사는 여성을 대상으로 하는 광고 문구를 쏟아 냈고, 담배 광고 모델로 남자보다 여자를 더 선호했다.

보수적인 남자들 사이에서는 손가락 사이에 담배를 끼고 다리를 건들거리며 취한 눈으로 두리번거리는 여자들의 행태를 개탄하는 목소리가 높아졌다. 소비를 지양하고 조신한 과거로 돌아가자는 교회의 목소리가 높아져, 학교에서 진화론을 가르치지 못하게 하는 법이 통과되는가 하면, KKK단 같은 극단적인 백인우월주의자들이 유색인종과 여성들을 공격하기도 했다.

라디오와 영화의 전성시대

그러나 누구도 소비사회로의 진전을 막을 수 없었다. 정부는 오히려 이를 부추겼다. 1920년대 미국 대통령 워런 하딩과 캘빈 쿨리지는 모두 공화당 소속으로서, 작은 정부를 지향하며 기업의 절대적 자유를 옹호하는 정강에 충실했다. 하딩은 "나는 내가 대통령이라는 걸 제대로 인식하지 못하는 것 같아."라고 털어놓을 정도였다. 그들이 한 일은 노동자의 권익을 주장하는 노조를 파괴하는 것이었다.

소비는 문화산업도 발전시켰다. 특히 라디오의 역할이 절대적이었다. 1920년 11월 2일 첫 라디오방송 때만 해도 사람들은 이 복잡한 기계를 누가 살 것인지 의심스러워했다. 하지만 그 뒤 5년 사이에 미국 전역에 무려 200만 대의 라디오가 보급되었으며, 1922년 6천만 달러에 불과했던 라디오 판매액은 1929년 8억4천만 달러로 증가했다. 미국인들은 집에서 대통령 선거 개표 방송과 야구 중계, 창조론과 진화론 토론 대결을 들을 수 있게 되었다.

영화의 발전도 고무적이었다. 찰리 채플린으로 대표되는 미국 영화의 관객 총수는 1922년 4천만 명에서 1930년 1억 명을 넘어섰다. 전국적 판매망을 갖춘 신문이 나왔고, '옐로 저널리즘'을 표방한 잡지들이 집계 불능일 정도로 팔려 나갔으며, 잡지와 신문의 십자퍼즐 풀이가 큰 오락거리로 등장했다.

1920년대는 우리가 알고 있는 현대문화, 즉 소비문화가 시작된 시대였다. 거리의 풍경은 이때를 기점으로 옛날과 오늘로 나뉘었다. 그러나 고삐 풀린 망아지처럼 치닫던 소비문화는 곧 엄청난 재앙을 맞는다. 바로 대공황이다. 그리고 인류는 다시 한 번 재도약의 기회를 얻게 된다.

149

미국을 사라!

부동산 열풍

 **1920년대**

교과서 속 한 줄 역사 미국에서 시작된 대공황으로 미국 경제에 의존하던 유럽과 아시아 여러 국가의 기업들은 큰 타격을 입었다. 특히 국제적 금융 위기가 닥쳐왔다.

"콜럼버스, 워싱턴, 프랭클린, 에디슨도 모두 투기꾼이었다."

"미국을 사라."

"한두 해 후에는 지금의 주가가 우스꽝스럽게 낮은 가격으로 보일 겁니다."

신자유주의 열풍 속에 부동산 및 주식 투자가 극에 달했던 21세기 클린턴 시대의 이야기가 아니다. 1920년대 대공황 직전 미국의 광고 문구들이다. 인류 역사상 최악의 대공황은 이 엄청난 투기 열풍 속에 밀어닥쳤다.

불안한 호황

1918년 제1차 세계대전이 끝난 뒤 미국의 자본주의는 최대 호황을 맞이했지만, 당시의 경기 호황은 몇 가지 불안 요소를 안고 있었다. 먼저 자동차 등 특정 업종이 호황을 주도할 뿐 전반적인 호황은 아니었다. 또, 호황의 혜택이 상류층에게만 돌아가고 국민 전체에 돌아가지 못했다. 금주령으로 인한 지하경제 성장도 경제에 매우 부정적인 영향을 끼쳤다. 게다가 유럽이 미국 은행에 엄청난 부채를 지고 있어서 유럽 경제 불황이 미국 은행의 부실로 이어질 가능성이 높았다.

몇 가지 해결책은 있었다. 유럽이 미국 은행에 지고 있는 부채는 제1차 세계대전의 전쟁 비용과 전후 복구를 위한 것이므로, 전후 처리 차원에서 미국이 부채를 탕감해 주면 유럽 경기가 살아날 수 있었다. 또한 부의 분배 문제나 특정 업종의 호황은 정부가 나서서 구조조정을 추진하여 해결하고, 금주령은 폐지 여론이 높았으므로 민주적으로 해결할 수 있었다.

하지만 미국은 유럽을 위해 희생을 치를 생각이 없었다. 또 1920년대를 지배한 공화당 정부는 경제에 정부가 간섭하는 것을 원하지 않았고, '금주'라는 도덕적 가치에 대한 사회적 집착을 거스를 용기도 없었다.

경기가 호황이면 시장은 수요를 따라 공급을 늘리게 된다. 수요가 정점을 친 뒤 하락하면 늘어난 공급 시설은 애물단지가 된다. 새로운 수요를 창출해야 하는데, 부의 양극화로 소비 계층도 줄고 특정 산업 편중으로 새로운 산업의 성장도 막혀 버린 상태라면? 결국 기업은 금융 투자로 눈을 돌리게 된다. 주식 투자와 부동산 투자의 바람이 부는 것이다.

비정상적인 투기 열풍

"맨해튼 주택지는 급성장 중인 도시 네티에서 1.2킬로미터밖에 떨어져 있지 않습니다. 당장 투자하세요."

1920년대 미국 부동산 투기의 중심지는 플로리다였다. 아름다운 풍광과 기후로 상류층의 별장 지대로 각광받던 이 지역에 부동산 개발 붐이 일었다. 구매력을 가진 상류층이 좋은 별장을 구입하면서 집값이 뛰자, 집을 사들였다가 값이 오르면 팔아 차익을 올리려는 투기꾼들이 모여들었다. 소비의 시대에 소외되어 있던 중산층들이 일확천금을 꿈꾸며 부동산 중개인의 광고에 홀려 너도나도 플로리다 부동산에 투자하기 시작했다.

그중 하나가 플로리다의 맨해튼 주택지구였다. 성장하는 신도시 주변의 전원주택지, 지금으로 치면 성장 가능성이 높은 뉴타운 주택지였으니 당연히 엄청난 사람들이 몰려들었다. 하지만 이 주택지는 곧 엄청난 파장을 불러일으킨다. 네티라는 도시도, 맨해튼 주택지도 모두 '계획'이었을 뿐, 실제 맨해튼 지역은 악어가 나오는 늪지대였다. 존재하지 않는 주택지를 존재할 거라는 (희망 사항에 가까운) 가정 하에 투자

1920년대 플로리다 부동산 광고. 포트 로더데일은 플로리다 주 동남부의 휴양지다.

를 유치하면서 문제가 생긴 것이다. 1920년대 미국은 뉴욕 등 대도시부터 플로리다 같은 지방 휴양지에 이르기까지 '계획'을 앞세운 부동산 투기 열풍에 휩쓸렸다. 이것이 총체적 부실로 이어졌다.

1928년 대통령 선거는 지난 8년간의 하딩과 쿨리지의 공화당 대통령 시대를 평가하는 성격도 있었다. 공화당에서는 "4년 더"를 외친 허버트 후버가 출마했고, 민주당에서는 가톨릭교도인 알 스미스가 출마했다. 지식인들이 《위대한 개츠비》 같은 소설을 통해 소비사회의 위험성을 비판했지만, 소비의 달콤함은 사람들의 이성을 마비시켰다. 공화당의 허버트 후버는 득표율 58.2퍼센트, 선거인단 득표율 83.6퍼센트의 압도적 승리를 거두었다. 그리고 1년 후 미국은 미증유의 '대공황' 사태를 맞이한다.

◈ 금주령이 만든 20년대의 '괴물'

미국에서는 제1차 세계대전의 전시경제 체제 속에서 술의 생산 및 판매를 금하는 금주령이 추진되었다. 전쟁이 끝난 뒤에도 윌슨의 이상주의적 정치관과 국민들의 전시 윤리관이 결합하여 금주령은 그대로 통과되었다. 대공황 이후 루스벨트 대통령에 의해 철폐될 때까지 금주령은 1920년대 미국을 관통하는 대표 아이콘이 되었다.

술은 인간의 오랜 주식 문화이자 서민의 기본 문화였다. 서민의 경제 여건이 나아지지 않는 가운데 그들의 문화를 금지하는 것은 많은 문제를 불러일으켰다. 곧 대규모 밀주 제조 및 판매가 이루어졌는데, 당시 시카고 갱 조직은 젊은 중간 보스 알 카포네에게 이 일을 맡겼다. 알 카포네는 밀주 사업을 통해 시카고 지하경제를 장악하고, 경찰 및 정치인을 매수하여 공권력에도 영향을 미치기 시작했다. 그는 선배 보스들을 차례로 제거하여 마침내 시카고 갱의 우두머리가 되었고, '밤의 대통령' '미국 제1의 억만장자' '미국 젊은이들의 우상' 등으로 일컬어지며 1920년대 미국을 대표하는 화제의 인물이 되었다. 알 카포네는 탈세 혐의로 8년형을 받은 뒤 은퇴하여 은둔하다 1947년에 죽었지만, 알 카포네로 대변되는 금주령 시대는 미국 사회에 사회문화적으로 큰 영향을 미쳤다.

150

검은화요일

대공황

1929

교과서 속 한 줄 역사 1929년 10월 24일, 뉴욕증권거래소의 주가가 대폭락하면서 대공황이 시작되었다.

1928년 6월과 12월, 1929년 3월과 5월, 미국 월 스트리트의 주식시장이 폭락했다. 하지만 그 직후 주가는 더 올랐고, 사람들은 주가 폭락을 오히려 매수의 적기라고 판단했다. 그래서 1929년 10월 나타난 여러 불길한 조짐들을 대수롭지 않게 여겼다. 그리고 10월 24일 아침 해가 떠올랐다.

통제 불능의 월 스트리트

그날 구리회사 케니코트에 이어서 제너럴모터스의 주식이 매도되기 시작했다. 당시 주식 거래는 주식표시기라는 기계에서 테이프에 찍혀 나오는 식으로 이루어졌는데, 거래량이 폭주하면서 표시기 테이프가 거래량을 따라잡지 못하기 시작했다. 개장 후 1시간 만에 주식시장은 공포와 혼란에 빠져들었다. 지난 석 달 동안의 주가 상승분을 까먹는 데 겨우 2시간이 걸렸다. 주식 투자자들이 믿었던 모든 경제이론과 정책들이 작동을 멈추었다. 오후 1시에는 이미 주식표시기에 찍힌 주가와 실제 주가가 1시간 반이나 차이가 났다.

통제 불능 상황이 벌어진 가운데 월 스트리트의 주요 은행가들이 긴급 회합을 갖고 시장에 돈을 풀었다. 철강주의 반등을 기점으로 시장이 안정되기 시작했다. 몇몇 우량주들은 약간 주가가 오른 상태에서 장을 마감했다. 그날 총 주식 거래량은 1,289만 주였다. 거래량이 500만 주를 넘긴 지 얼마 안 된 시절이었다.

금요일 주식시장은 안정을 찾은 듯 보였다. 후버 대통령은 "미국 경제의 근본적인 사업, 즉 상품의 생산과 분배는 탄탄하고 풍요로운 기반 위에 있다."는 성명을 발표했다. 일부 거액 투자자들이 하락장이 투자의 적기라는 판단 하에 시장에서 매수를 시작한 것도 좋은 조짐으로 받아들여졌다. 하지만 토요일과 월요일, 주가는 다시 곤두박질쳤다. 금융권이 주식시장을 지탱하려고 목요일에 풀었던 자금을 회수하기 시작했음을 보여 주는 지표들이 나타났다. 그리고 마침내 운명의 화요일, 1929년 10월 29일이 찾아왔다.

대공황, 흔들리는 세계

주가는 개장부터 폭락했다. 개장 30분 만에 300만 주가 거래되고 그날 하루 동안 1,600만 주가 거래되었다. 주식시장을 구할 큰손들조차 파산을 면치 못했다. 주가 폭락 소문을 듣고 수많은 직장인 소액 투자자들이 점심시간에 월 스트리트로 몰려들어 대혼잡을 빚었

1929년 10월 주가 폭락 직후 뉴욕증권거래소 밖에 모여든 군중. 미국의회도서관.

다. 그들은 떨어지는 주가에 머리를 감싸 쥐고 비명을 질렀다. 월 스트리트 주력 주식들의 가격이 모두 40달러 이상 떨어졌다. 하루만에 천문학적 액수의 돈이 날아가 버렸다. 미국 경제는 엄청난 타격을 입었다.

미국 국민총생산은 1929년 1,040억 달러에서 1932년 764억 달러로 감소했고, 전체 노동자의 30퍼센트 이상이 불완전고용 혹은 실업 상태에 빠져 총 실업자 수가 1,600만 명에 달했다. 9천여 개의 은행이 파산 혹은 폐업했고, 총 통화량은 3분의 1로 줄어들었다. 도산한 기업의 수는 셀 수조차 없었다.

미국 대공황의 여파는 곧 전 세계로 퍼졌다. 미국 은행들이 대출 자금 회수에 나서면서 오스트리아·독일 등 전후 복구 자금을 대출받았던 유럽 국가들의 금융 시스템이 통째로 흔들렸다.

미국에 상품을 수출해서 경기를 유지하던 나라들도 무너졌다. 특히 수출형 경제였던 일본, 가혹한 전쟁 배상금을 미국 은행에서 대출 받아 해결했던 독일은 파멸적 타격을 입었다. 제1차 세계대전 이후 미국을 중심으로 돌아가던 세계경제는 '검은 화요일' 이후 동반 몰락했다. 유일하게 타격을 덜 받은 나라는 자본주의에서 소외된 소련뿐이었다.

후버 경제정책의 실패

대공황의 시련에 맞서 후버 대통령은 낙관주의 운동을 일으켰다. 그는 건강한 마음가짐으로 희망을 갖고 긍정적 관점에서 사태를 풀어 나가자고 호소했다. 기업에게는 해고를 지양할 것, 노동자들에게는 임금 인상 및 노동시간 단축 등의 경제적 요구를 포기할 것을 설득했다. 하지만 기업은 그의 호소에 귀 기울이지 않았다. 후버 임기 내내 1천만 명 이상이 정리해고를 당하고, 비슷한 수의 노동자들이 임금을 삭감당했다.

대공황에서 탈출하려면 정부에서 강력한 공공사업 지출을 단행해야 한다는 요구가 높았지만, 이는 공화당의 경제정책에 위배되는 것이었다. 후버는 소극적 대응으로 일관했고, 기업에 부담이 가는 정책 시행을 거부했다. 오히려 정부에 항의하는 저항 세력을 군대를 동원하여 가혹하게 진압함으로써 민심을 완전히 잃고 말았다.(당시 진압군 사령관 맥아더는 후버의 지시에 한 술 더 떠 탱크 여섯 대까지 동원한 과잉 진압을 하여 후버 낙선에 큰 공을 세웠다.)

1932년 대통령 선거에서 후버는 4년 전과 완전히 반대되는 기록적 패배를 당했다. 새로운 민주당 대통령 프랭클린 루스벨트는 득표율 57.4퍼센트, 선거인단 득표율 88.9퍼센트의 압도적 차이로 정권을 잡았다. 후버는 루스벨트에게 정통주의 경제정책을 유지하라고 압력을 가했지만, 루스벨트는 거절했다. 후버는 퇴임식 며칠 전까지도 루스벨트에게 정부의 경제 간섭이나 재정지출을 만류했다. 그러나 루스벨트에게는 새로운 계획이 있었다.

151

'뉴딜'로 미국을 구하다

루스벨트

1882~1945

교과서 속 한 줄 역사 미국의 루스벨트 대통령은 대공황을 벗어나려고 뉴딜 정책을 추진하였다. 대규모 공공사업을 통해 실업자들을 고용하여 대중의 구매력을 높이고, 금융과 산업에 대한 강력한 통제 정책을 실시하며, 최저임금제와 사회보장제 등 사회복지정책을 추진하였다.

"우리가 두려워할 것은 두려움 그 자체다."

1933년 3월 4일 대통령 취임 연설에서 루스벨트는 후세에 길이 남을 명언을 남겼다. 그의 말대로 시련을 이겨 내는 데 필요한 것은 시련에 대한 두려움을 떨쳐 내는 것이었다.

고용 창출로 위기를 돌파하다

대공황은 1929년 '검은 화요일'에서 비롯되었지만, 그것은 공황의 시작일 뿐 원인은 아니었다. 원인을 모르니 대책이 나올 리 없었다. 1932년까지 미국과 세계경제는 지속적으로 악화되었다. 몇 차례 반전의 흐름이 있었지만, 그것은 추락 직전의 숨고르기 같은 것이었다. 무엇을 해도 상황이 나빠질 뿐이니 모두 자신감을 잃고 무료 배식구 앞에 길게 줄을 설 뿐이었다.

　기업의 입장을 대변하는 언론, 특히 신문은 루스벨트에게 적대적이었다. 냉소적인 분위기에서 루스벨트의 기업 규제 정책은 지지를 받기 어려웠다. 루스벨트는 라디오를 이용했다. 그가 행한 정기적 라디오 연설 '노변담화fireside chat'(공식적이고 딱딱한 정치 연설이 아니라 난롯가에서 정담을 나누

는 것 같은 친밀한 형식의 연설이라는 뜻)는 많은 서민들의 지지를 받았다. 그 지지를 바탕으로 루스벨트는 과감한 공황 극복 정책, 이른바 '뉴딜New Deal' 정책을 밀어붙였다.

노변담화. 루스벨트 대통령은 정기적인 라디오 연설을 통해 국민들에게 자신의 정책을 직접 설명했다.

　루스벨트는 금융 및 기업에 대한 국가의 통제를 엄격히 하였다. 은행을 재무부의 감시 하에 묶는 '긴급 은행법', 증권을 발행하는 기업이 투명하게 정보를 제공하도록 강제하는 '증권 진실법'을 만들고 연방 예금보험공사를 통해 은행이 파산해도 소액 예금자들의 돈은 인출할 수 있도록 보호했으며, 기업들의 상호 협조를 규제하던 법을 손질하고 노동자들의 교섭권과 임금 안정성을 보장했다.

　무엇보다 중요한 것은 고용 창출을 위한 대규모 공공사업 시행이었다. 테네시 계곡 개발 공사로 대표되는 거대한 공공사업은 일

자리를 만들어 내 인위적 수요를 창출한 대표적 사례로 꼽는다. 일부 공사는 경제적 가치는 별로 없는 오직 고용을 위한 사업이었지만, 노동자들이 월급을 받아 돈을 써야 경기가 돌아간다는 믿음 하에 추진되었고, 이는 일정 부분 성공적이었다.

미국 유일의 4선 대통령

물론 뉴딜은 상당한 비판을 받았고, 비판에는 좌우가 따로 없었다. 일부 진보주의자들은 노동자들의 삶의 질을 향상시킬 좀 더 확고한 정책이 필요하다며, 이대로 가면 1936년 대선에서 공화당에 패배할 것이라고 우려했다. 보수파들은 뉴딜이 미국의 헌법적 가치를 훼손한다고 비판했다. 대표적인 것이 대법원의 '산업부흥법' 기각 판결이다. 기업에게 자유를 주는 대신 노동자들을 위한 사회적 역할을 강제한 이 법이 기각되면서, 대기업의 임금 삭감이나 해고로 인한 수요 하락을 해결하기가 매우 어려워졌다.

1935년 이후 루스벨트는 좀 더 공격적으로 뉴딜 정책을 추진했다. '노사관계법'으로 고용과 임금을 안정시키고 각종 사회보장제도를 도입했다. 1936년 대통령 선거는 소비가 살아나면서 점차 경기가 회복되는 과정에서 치러졌고, 루스벨트는 역대 미국 대선 사상 최고의 표차로 승리했다. 60퍼센트의 득표율과 48개 주에서의 승리라는 유례없는 기록을 남겼다.

1936년 재선 이후 뉴딜 정책은 유럽의 위기 대응 속에 소강 상태에 빠졌다. 1937년의 경기후퇴 역시 뉴딜에 대한 회의에 일조했다. 하지만 이어서 터진 제2차 세계대전과 전시 호황으로 대공황이 한순간에 해결됨으로써 뉴딜을 둘러싼 논쟁은 더 이상 무의미해졌다. 오늘날까지도 뉴딜은 미국을 구원한 경제정책으로 평가받으며, 루스벨트는 미국 역사상 유일하게 4선에 성공한(1933~1945 재임) 최고의 대통령으로 손꼽힌다.

공항이 불러온 또 다른 전쟁 위기

1930년대 미국과 영국 등 선발 자본주의국가들은 비교적 원만하게 대공황을 극복했다. 또, 소련은 대공황의 영향을 덜 받았고 그만큼 극복도 쉽게 한 편이다. 이 나라들은 풍부한 자원과 인구를 기반으로 강력한 통제 정책을 시행하여 인위적으로 수요와 공급을 맞추었기에 그나마 수월하게 대공황을 극복할 수 있었다는 평가를

◈ 경제학의 '뉴딜', 케인스주의

대공황의 원인이 무엇이든, 그 해결책이 뉴딜이든 제2차 세계대전이든 간에, 세계는 (국가(정부)의 시장 개입이 시장의 가격 결정 기능을 왜곡시켜 효율적인 자원 분배를 저해한다고 보는) 고전파 경제학 이론에 심각한 회의를 갖고 국가의 적극적인 시장 개입을 선호하게 된다. 이때 나온 것이 존 메이너드 케인스의 《고용·이자 및 화폐에 관한 일반이론》(1936)이다.

수정자본주의의 대명사가 된 케인스주의는 대공황 극복 과정에서 세계적으로 큰 영향을 미쳤다. 케인스주의를 간단히 정리하는 것은 불가능하겠지만, 공황을 생산 감소가 아닌 수요 부족으로 정의하고, 그 극복 방안으로 정부의 적극적인 자본 투자 및 수요 창출 정책을 주장한 것으로 요약할 수 있다. 이후 (신)고전파 경제학과 케인스 경제학은 자본주의 경제학의 양대 이론으로서, 자본주의가 위기에 봉착할 때마다 논의의 중심에 서게 된다.

받는다.

가령 영국은 '파운드 블록'이라는 본국과 식민지를 하나로 묶는 폐쇄적 경제 영역을 만들어 수요와 공급을 맞추었고, 소련 역시 엄격한 사회주의 통제 정책으로 광대한 국토의 생산과 분배를 효율적으로 통제함으로써 경제적 어려움을 극복했다.

하지만 일본·독일·이탈리아 등 후발 자본주의국가에게는 그럴 만한 충분한 식민지와 영토가 없었다. 오히려 미국과 영국의 강력한 보호무역 정책으로 무역 시장이 축소되는 바람에 더 큰 타격을 입었다.

후발 국가들은 인위적으로 시장을 확보하기 위해 침략 정책을 추진했고, 그런 가운데 독일의 재무장, 스페인·이탈리아의 파시스트 정권 수립이 이어지면서 유럽은 세계대전 발발의 위기감에 휩싸였다. 이제 세계는 다가올 비극을 대비하느라 더욱 분주해진다.

152

이슬람 제국의 해체

터키 공화국 수립

1923

교과서 속 한 줄 역사 제1차 세계대전에 패한 오스만 제국은 식민지 대부분을 잃고, 여기에 열강의 내정간섭까지 심화되자 이에 반발하여 무스타파 케말을 중심으로 터키 공화국이 수립되었다. 터키는 서양 문화를 적극적으로 받아들여 근대화를 달성하려고 노력하였다.

1923년 10월, 터키의 소도시 앙카라에서 성대한 행사가 열렸다. 터키 공화국이라는 새로운 국가의 탄생을 선포하는 행사였다. 동유럽과 북아프리카·서아시아 세 대륙을 호령했던 오스만튀르크가 인구 수백만의 이스탄불을 버리고 왜 조그만 소도시로 수도를 옮겨 새로운 나라를 선포한 것일까?

민족 갈등에 조각난 오스만튀르크

1913년 오스만튀르크와 청년 튀르크당 정권의 혼란은 강력한 권력 집단 출현에 대한 요구로 이어졌고, 결국 청년 튀르크당의 한 분파였던 연합진보위원회가 쿠데타를 일으켜 권력을 장악하고 일당

독재 체제를 구축하게 된다. 이 체제의 지도자가 이른바 '세 명의 파샤'('파샤'는 오스만튀르크어로 '장군', '가장 존경받는 자'라는 뜻)인 탈라트, 엔베르, 제말이다.

그러나 이들은 제1차 세계대전에서 독일 측에 참전하는 돌이킬 수 없는 실수를 저질렀고, 1915년에는 적국 러시아에 협조했다는 이유로 아르메니아 기독교도 100여 만 명을 학살하는 '인종청소'를 단행했다. 이러한 극단적 민족주의는 제1차 세계대전 과정에서 오스만튀르크가 산산이 쪼개지는 결과를 가져왔다. 연합군은 오스만튀르크 영토 내 여러 민족들의 반란을 부추겼다.

전쟁이 예상 외로 장기화되고 소모전으로 흘러가면서 오스만의 힘이 약화된 틈을 타 수많은 민족들이 분리 운동을 펼쳤다. '와하브 운동'이 활발했던 아라비아 반도에서는 이븐 알리와 무하마드 이븐 사우드 등이 새로운 나라 건설을 꿈꾸고 있었는데, 영국이 정보 장교 토마스 로렌스 대령(일명 '아라비아의 로렌스')을 파견하여 이 운동에 개입했다.

영국의 공작으로 이븐 알리 세력과 이븐 사우드 세력이 갈등을 빚으면서 엉망진창이 된 사이, 영국은 바그다드까지 진출할 수 있는 통로를 개척하여 이스탄불의 오스만을 압박했다. 이어 영국은 이븐 사우드 세력에게서 벗어나기를 원하는 민족들을 부추겨 시리아와 팔레스타인으로 분리되게 만들고, 유럽의 유대인들에게는 팔레스타인이 '약속의 땅'이 될 거라고 약속했다. 이로써 아라비아 지방은 사우디, 시리아, 요르단, 미래의 이스라엘 등 여러 나라로 분리 독립하게 되었다.

그리스군을 물리친 튀르크의 영웅, 무스타파 케말

1918년 독일이 항복한 뒤 이스탄불로 연합군이 진주하자, 연합진보위원회는 깨지고 말았다. 세 명의 파샤는 각기 망명했지만 탈라트는 베를린에서, 제말은 그루지야에서 아르메니아인에게 암살당했으며, 엔베르는 중앙아시아로 가 반소·반공 운동을 전개하다가 공산군에게 총살당했다. 텅 빈 오스만튀르크의 이스탄불로 외국 군대들, 특히 대★그리스를 꿈꾸는 그리스 군대가 밀려들어 왔다.

이때 무스타파 케말 장군이 군대를 이끌고 나가 그리스 군대를 격파했다.(사카르야 전투) 일약 튀르크인의 영웅으로 떠오른 무스타파 케말이 1923년 오스만튀르크를 멸망시키고 새로운 튀르크 공화국, 터키를 건설하였다.

터키 공화국은 오스만튀르크와의 단절을 선언했다. 이는 기존 이슬람 제국의 영토에 대한 포기도 의미했다. 터키는 과거 전성기 때 거의 1천만 제곱킬로키터의 영토를 다스리던 오스만 제국에서 이제 아나톨리아 지역 78만 제곱킬로미터를 다스리는 공화국으로 축소되었다. 또한, 정경분리를 단행하여 철저한 세속주의를 표방했다. 서구식 민주공화국 원칙에 따라 나라를 운영하고, 이슬람이 정치에 개입하는 것을 엄격히 금지했다. 남녀평등을 도입하고 터번 대신 양복과 중절모를 입도록 했으며, 터키어를

1923년 1월, '무스타파 케말 아타튀르크'. '아타튀르크'는 1934년 터키 국회가 수여한 칭호로, '터키의 아버지'라는 뜻이다.

표준어*로 하고 알파벳으로 표기하도록 했다. 이로써 이슬람 제국은 칼리프와 술탄으로 대표되는 정치체제를 완전히 잃었다.

이슬람 세계의 분열과 영국의 역할

사파비 왕조를 계승한 카자르 왕조의 페르시아 지방도 변화를 겪는다. 페르시아 지방은 19세기부터 러시아의 남하를 막는 영국의 전략적 요충지였고, 제1차 세계대전 이후에는 소련 공산주의를 막는 서방의 요충지였다. 이 지역에서 영국은 레자 팔레비 대령과 손을 잡고 쿠데타를 일으켜 카자르 왕조를 무너뜨리고 이란 왕국(팔레비 왕조)을 세웠다. 팔레비 왕조 역시 터키처럼 세속주의에 따라 서구적 개혁을 추진했다. 하지만 팔레비 왕조는 민주주의를 도입하지 않고 영국·미국과 연합하여 석유 수출의 이익을 왕과 유럽이 나눠 먹는 쪽을 택했고, 결국 1979년 '회교(이슬람)혁명'이 일어나 팔레비 왕조는 무너지고 이란은 이슬람 공화국이 되었다.

한편 이집트에서는 영국의 지배를 거부하는 저항운동이 일어났다. 그러자 영국은 왕정 유지, 영국군 기지 및 군대 주둔, 수에즈 운하의 영국 관리 보장, 이집트 의회의 영국 통제 등을 조건으로 독립을 허용했다.

이제 이슬람 제국은 완전히 분할되었다. 전체적인 판도를 보면,

---

* 터키 공화국은 청년 튀르크당의 튀르크 민족주의를 계승했기 때문에 이민족에 대해 포용적이지 않았다. 이 때문에 터키 동부의 쿠르드족 문제가 비화되었다. 쿠르드족은 제1차 세계대전 때 독립을 약속받았지만 전후 이 약속이 폐기되는 바람에 터키, 이란, 이라크 세 나라의 국경 지역에 분리된 상태로 남았다. 1980년대 터키가 쿠르드족을 대상으로 동화정책을 시행하자 이에 저항하면서 '쿠르드 사태'는 중동의 또 하나의 분쟁이 되었다.

서아시아는 동쪽으로부터 파키스탄·아프가니스탄·이란·이라크·사우디·시리아·요르단·팔레스타인 등이 독립하였다. 북아프리카에서는 이집트가 독립하고, 리비아·알제리·모로코 등은 1947년까지 유럽의 식민지로 남았다. 그리고 아나톨리아 지역은 터키가 되었다.

완전히 해체된 이슬람 지역의 운명은 이후 어떻게 되었을까? 불행히도 평화와 안정을 얻지 못하고 현대사회를 뒤흔드는 엄청난 사건, 바로 이스라엘과 벌인 중동전쟁으로 세계의 주목을 받게 된다.

◈ '아라비아의 로렌스'의 진짜 정체

영국이 자랑하는 배우 피터 오툴 주연의 영화 〈아라비아의 로렌스〉(1962)는 거장 데이비드 린 감독의 작품으로, 제1차 세계대전의 '영웅' 로렌스 대령의 활약을 담고 있다. 이 영화에서 로렌스는 오스만튀르크의 압제로부터 아랍 부족들을 해방시키기 위해 아랍의 지도자와 족장들을 이끌고 투쟁에 나선다. 성공적으로 투쟁을 이끈 그는 마치 예언자처럼 행세하지만, 아랍 부족들이 이해관계를 절충하지 못하고 분열한 데다 영국도 국익에 매달리면서 결국 로렌스는 뜻을 이루지 못하고 아라비아를 떠난다.

실제 '아라비아의 로렌스' 토머스 로렌스 대령.

이 영화는 70mm 필름 영화(일반 영화보다 화면이 훨씬 커서 엄청난 스펙터클을 자랑함)의 전성기를 상징하는 대작으로서 아카데미 작품상과 감독상을 수상하고 흥행에도 크게 성공하지만, 유럽의 시각에서 아랍인을 무능하고 이기적이며 근시안적인 존재로 그리고, 또 아랍의 통일이 실패한 데 대한 당시 열강의 책임을 은폐하여 많은 비판을 받았다. 1990년 개봉된 〈아라비아의 로렌스 2〉는 이런 부분을 보완하려 노력했다.

153

불법투쟁 선동한 성자

간디

1869~1948

교과서 속 한 줄 역사 인도 민족운동은 근대화 운동으로 나타났는데, 브라흐마 사마지 운동이 대표적이다. 영국은 인도 지식인들을 회유하기 위하여 뭄바이에서 인도국민회의를 만들었다. 인도국민회의는 영국의 벵골 분할령 발표를 계기로 반영 反英 운동의 중심에 서서 틸라크를 중심으로 스와데시, 스와라지 등 4대 강령을 채택하였다. 간디와 그의 제자들은 소금 제조 금지법에 반대하여 벌인 소금 행진을 계기로 불복종운동을 확산시켰다. 1935년 영국은 인도 자치를 허용하였고, 1949년 마침내 인도는 영국 식민지에서 독립하였다.

무저항주의 : 정치적 · 사회적 압박이나 권력에 폭력으로 저항하지 않고 적을 인도적으로 감화시켜 자기의 주장을 이루려는 사상.

인도 독립운동을 이끈 간디의 투쟁 방식은 흔히 '비폭력 무저항주의'로 일컬어진다. 지금도 많은 이들이 간디를 성자로 추앙하며 그의 투쟁 방식을 따라야 한다고 주장한다. 그런데 또 한편에서는 간디의 무저항은 결국 투쟁을 포기한 것이며 간디가 영국과 타협했을 거라는 둥, 실제 독립운동은 좌파인 네루가 주도했다고 이야기하는 사람들도 있다. 그렇다면 당대 영국인들은 간디를 어떻게 평가했을까?

"우리에게는 간디가 이상주의자이고 광신자이고 혁명주의자로 보이는데, 소작인들은 그를 특별한 힘을 간직한 자신들의 해방자로 생각한다."

간디의 투쟁을 '무저항주의'라고 하는 것은 사실 잘못된 말이다. 간디의 노선은 불복종운동이었고, 그가 가장 즐겨 사용한 투쟁 방식은 파업과 불법 행동이었다.

영국식 교육을 받은 인도 지식인

간디는 인도 서부 구자라트 지방의 바이샤(브라만-크샤트리아에 이은 제3 평민 계급) 출신으로 태어났다. 그의 아버지가 카스트에 불만을 품고 친영파에 가담하여 지역의 수석 장관으로 활약했기 때문에, 간디도 어릴 때부터 영국식 교육을 받고 영국으로 유학을 가 변호사로 활동했다. 이러한 간디의 초기 생애는 당시 인도에서는 흔한 일이었다.

19세기 영국의 제국주의 침략을 선도한 인물은 리처드 웰즐리 총독이다. 그는 인도 남부 마이소르 정복과 중부 마라타 동맹 정복을 추진했는데, 이는 전쟁 비용 지출을 우려하는 동인도회사의 결정을 위반한 독단적 행동이었다. 결국 그는 총독을 사임하고 징계위원회에 회부되었는데, 사실 이러한 웰즐리의 행보는 인도 경영이 회사의 이윤 논리에서 국가의 식민 지배 논리로 옮아 가고 있음을 보여 주는 것이었으며, 여기에는 대학교 설립 등 인도 지배에 필요한 인재 양성도 포함되었다.

1800년 웰즐리 총독이 콜카타에 포트윌리엄대학을 세웠으며, 그
외 콜카타를 비롯하여 인도 곳곳에 여러 대학이 설립되어 많은 인도
인들이 이곳에서 배우고 가르치며 인도의 앞날을 고민하고 연구했
다. 가령 브라만 출신인 람 모한 로이는 콜카타의 대학 설립에 관여
하며 영국과 인도의 관계에 큰 영향을 끼쳤다.[*] 인도에서도 간디처
럼 대학을 나와 영어와 근대 사상을 습득한 이들이 많이 나타났다.

'벵골 분리안'으로 폭발한 저항

영국의 식민 통치로 많은 인도인이 희생당했으며, 여기에는 부자와
빈자의 차이가 없었다. 예컨대 영국은 인도 전역에 철도를 건설하
면서 필요한 석탄과 철강을 본국에서 수입했다. 따라서 몇몇 철강
회사를 제외하고 대부분의 인도 기업은 산업 발전에서 소외되었다.
철도는 영국 상품 수송에는 기여했지만, 기근 지역의 굶주리는 인
도인들을 위한 식량 수송에는 덜 적극적이었다. 이로 인해 1870년
대 대규모 봉기가 일어나자 위기의식을 느낀 영국과 영국식 교육을
받은 중간층 인도인들이 대안으로 제시한 것이 '국민회의'였다.

1885년 첫 회합을 가진 국민회의의 산파 역할을 한 사람은 영국

---

[*] 그는 '브라흐마 사마지' 운동을 주도한 힌두교 개혁운동의 대표자이다. 그는 힌두교가
시간의 흐름에 따라 점차 변질되었다며 사티(아내 순장) 등 악습을 타파하고 새롭게 거
듭나야 한다고 주장했다. 영국인들이 그를 오해하고 기독교로 개종시키려 했지만, 람 모
한 로이는 이를 단호히 거부했고 영국의 인도 지배 정책에도 반대했다. 그는 인도 전통
을 무시하는 영국에 여러 차례 경고했으나, 결국 세포이의 항쟁으로 갈등이 폭발하고 말
았다.

인 흄이었다. 곧 국민회의는 일제 시대 이완용이 주도한 중추원 같은 어용 조직이었고, 그들이 비판한 대상도 영국이 아닌 인도의 식민지 관료들이었다. 이렇게 국민회의가 최소한의 요구조차 만족시키지 못하자, 반反영 투쟁을 주장하는 과격파들이 등장했다. 국민회의의 성격이 점차 변화하는 가운데 창립 20주년 되어 갈 무렵, 결정적인 사건이 터졌다. 1903년부터 추진된 '벵골 분리안'이 문제였다.

벵골은 하나의 행정구역으로는 너무 컸고, 이슬람과 힌두가 공존하여 종종 충돌을 일으키곤 했다. 그래서 영국은 통치하기 쉽도록 힌두가 많은 서벵골과 이슬람이 많은 동벵골로 분리하려 했는데, 이것이 인도인들에게 분할 통치로 받아들여져 격렬한 저항이 일어났다.

국민회의는 이 저항을 주도하면서 반영 단체로 변신했다. 이때 스와데시(토산품 사용 및 외국 제품 배격)가 일어나 점차 스와라지(자치) 운동으로 발전했다. 결국 영국은 '벵골 분리안'을 포기했다.

사티아그라하, 확산되는 불복종운동

1907년 반영 운동을 주도한 과격파가 축출되고, 1914년 제1차 세계대전이 일어나자 국민회의는 영국을 위해 적극적으로 참전했다. 간디도 오랜 외국 생활을 정리하고 이때부터 국민회의에서 활동하기 시작했다. 인도인들은 제1차 세계대전에서 10만 명 이상의 사상자를 냈다. 물론 이는 인도의 자치 혹은 독립을 위한 것이었다. 그러나 영국은 약속을 지키지 않고 '참사회'나 '책임정부' 등 인도인들이 식민정책에 의견을 표시할 공간만 점진적으로 열어 주었다.

1917년 자치의 성격을 놓고 온건파와 과격파의 대립 끝에 온건파가 축출되고 과격파가 국민회의를 장악했다. 이때 과격파의 지도자 티일락과 간디의 만남은 국민회의의 활동을 새로운 방향으로 이끌었다. 간디가 일으킨 '사티아그라하 운동'은, 도시의 중간 계급을 기반으로 하던 기존의 반식민운동이 전 국민 운동으로 확산됨을 의미했다. 간디는 1920년 자신의 불복종운동에 대해 다음과 같이 말했다.

> "우리는 정부에 대한 모든 지원을 철회해야 한다. … 법정과 교육을 배척하고 인도인은 관직에서 물러나야 하며 새로운 입법의회에 참여하는 것도 거부해야 한다."

이에 따라 학생들은 학교에 가지 않고 거리를 배회하고, 영국 상품은 불태워졌으며, 물레를 이용한 토산품 생산이 이루어지고, 100만 명 이상의 노동자가 파업에 참가하여 식민 통치 기관이 마비되었다. 영국은 닥치는 대로 수만 명을 체포했고, 힌두교도 축제에 발포하여 1,600여 명의 사상자를 냈다. 그러나 인도 사람들은 비폭력 원칙에 따라 무력 투쟁을 지양했다.

인도 독립이라는 단 하나의 목표

간디의 불복종운동은 납세 거부 운동과 불법 선동으로 발전했다. 대표적인 것이 '염세'(소금에 매기는 세금) 거부 운동이다. 염세는 인도인들의 생활 물가에 큰 영향을 미쳤는데, 국가가 생산과 판매를 독점하는 전매제도로서 민간이 소금을 생산하는 것은 불법이었다. 이에 간디는 400킬로미터에 이르는 길을 행진하여 바다로 가 소금을 직접 만드는 불법을 행했다. 이 소금 행진('단디 행진')은 훗날 모세의 출애굽기에 비견될 만큼 상징적 투쟁이 되었다. 영국은 간디를 체포하고, 항의하는 인도인들에게 발포하여 100여 명을 죽이고 6만여 명을 투옥했다.

이후 제2차 세계대전이 일어났을 때 인도 독립운동 세력은 반영운동과 대對 파시즘 투쟁 사이에서 딜레마에 빠졌다. 많은 인도인들은 영국이 인도에 연합전선을 제안해 주기를 바랐지만 영국은 제1차 세계대전 때처럼 독립을 대가로 내걸어야 하는 상황에 부담을 느꼈다.* 결국 영국은 일방적으로 인도를 전쟁에 끌어들였고, 이에 분노한 간디가 영국을 상대로 투쟁을 벌였다.(인도 철퇴Quit India 투쟁) 그러나 네루를 비롯한 많은 이들은 간디의 투쟁이 결국은 파시즘

1931년 '단디 행진'. 이때 61세의 간디와 인도인들은 단디 해안까지 400킬로미터를 걸어가 바닷물로 소금을 직접 만들었다. 이 상징적 비폭력 조세 저항운동은 이후 인도 독립운동의 도화선이 되었다.

을 이롭게 할 것이라며 회의적인 입장을 보였다. 간디는 이 투쟁 때문에 곤경에 빠졌다. 하지만 그는 단호했다. 그에게는 인도 독립이라는 단 하나의 목표가 있을 뿐이었고, 제2차 세계대전은 그 목표를 이룰 절호의 기회였다.

'파키스탄 운동'과 힌두 성자의 죽음

마침내 제2차 세계대전이 끝났을 때 영국은 더 이상 인도를 지배할 힘이 없었다. 하지만 인도 독립에는 여러 난관이 존재했다. 가장 큰 난관은 '인도'의 정체성이었다.

간디나 국민회의 모두 힌두 중심의 인도를 구상하고 있었다. 그래서 이슬람, 기독교, 힌두의 최하층인 불가촉천민 등 힌두로부터 소외된 존재들은 분리 독립을 원했다.

간디가 몇 차례 타협안을 제시했지만, 국민회의 등 근대적 국가관을 갖고 있는 사람들은 종교나 민족을 이유로 나라가 분리되는 것을 이해하지 못했다. 결국 네루와 국민회의를 중심으로 인도 건설이 추진되자, 이슬람 세력들도 분리 독립운동을 추진하기 시작했다. 이것이 파키스탄 운동이다.('파키스탄'이란 이슬람이 많이 거주하는 펀자브(P), 아프간(A), 카슈미르(K), 신드(I), 발루치스탄(STAN)의 글자를 따서 조합한 명칭이다.)

간디는 분리 독립을 막으려고 80을 바라보는 고령에도 단식투

---

* 영국 수상 처칠은 인종주의자로서 인도의 독립이나 인도인과의 타협에 혐오감을 느꼈다. 그는 인도와의 연합을 제안하는 목소리에 대해 "간디는 아직도 죽지 않았나?"라고 대답했을 뿐이었다.

쟁을 벌였다. 하지만 이는 도리어 인도 독립을 지연시키고, 과격 힌두교도들을 자극했다. 결국 그토록 바라던 독립을 이룬 이듬해인 1948년, 힌두교의 위대한 성인 마하트마 간디는 힌두교 과격파의 손에 암살당하고 말았다. 이로써 힌두와 이슬람이 하나 되는, 완전한 인도 건설이라는 간디의 꿈도 물거품이 되었다.

154

다이쇼 데모크라시

다이쇼 시대

1912~1926

교과서 속 한 줄 역사 1920년대부터 일본에서는 재벌과 군부 및 보수 세력이 대두하였다.

1912년 7월 30일 아침, 일본 국민들은 메이지 천황의 사망 소식을 접했다. 1867년부터 45년 동안 일본의 절대적 지배자로 군림하던 '살아 있는 신生神'의 죽음은 일본 국민들에게 큰 충격이었다. 그날 아침, 33세의 다이쇼大正 천황이 즉위하였다. 이때부터 그가 지배했던 1926년까지가 '다이쇼 시대'이다.

다이쇼 천황은 어릴 때부터 병약했고 기억력 등 지적 능력에 문제가 있었다고 한다. 그래서 정식으로 학교를 다니지 못했고 정무도 제대로 볼 수 없었다. 절대 권력자인 천황의 부재로 인해 일본에서 정당정치가 발전하게 되었으니, 이를 '다이쇼 데모크라시'라고 한다.

비약적인 경제성장, 높아진 시민의식

한일합병(1910)과 제1차 세계대전
참전으로 1910년대 일본은 엄청난
경제 호황을 맞이했다. 특히 제1차
세계대전으로 유럽이 전쟁에 휩싸
이면서 아시아 시장을 독점하게 된
일본은 엄청난 물질적 풍요를 누렸
다. 100퍼센트에 가까운 소학교 취
학률을 달성하면서 모든 국민이 글
을 깨우치고 의식 수준이 높아져 부

일본의 123대 다이쇼 천황. 1912~1926
년까지 14년간 재위했는데, 1921년 장남
히로히토에게 섭정을 맡겼다.

의 분배와 자유 · 권리 등에 대한 요구도 높아졌다.

　이런 상황에서 다이쇼 천황 즉위 전후에 번벌(메이지 시대 권력을
장악했던 조슈 번 · 사쓰마 번 등 웅번 출신 세력) 타도를 주장하는 정치
세력들이 민중의 지지를 받아 세를 키워 가고 있었는데, 1912년 번
벌 세력인 가쓰라 다로 수상을 중심으로 소위 '가쓰라 내각'이 수립
되면서 갈등이 폭발했다. 1913년 초 수만 명의 시위대가 국회를 포
위하고 가쓰라 내각 퇴진을 주장했다.('다이쇼 정변') 이 사건으로 가
쓰라 내각이 퇴진하고, 야당인 정우회와 국민당이 야마모토 곤베에
를 수상으로 하는 '야마모토 내각'을 수립하며 정권을 잡는 데 성공
했다. 이후 일본에서는 여야가 번갈아 정권을 잡으며 정당정치가
발전한다.

　제1차 세계대전이 끝나 갈 무렵, 일본은 비약적인 경제성장으로
도시인구가 급증하면서 농촌이 피폐화되고 식량 생산이 줄어들었

다. 곡식 가격이 올라가자 생활이 어려워진 도시 빈민들이 폭동을 일으켰다.('쌀 소동') 그 사이 잠깐 권력을 잡았던 번벌이 이 사건으로 다시 사퇴하고 하라 내각이 수립되었다. 하라 내각은 장관 대부분을 정당인으로 선출하였고, 이로써 일본에서 정당책임정치가 본격화되었다.

보통선거권 획득과 공산당 건설

정당정치의 발전은 민중의 정치 참여 열망을 불러일으켰다. 노동자 중심의 민중들은 1900년부터 모든 국민의 선거권을 인정하는 보통선거를 요구하기 시작했다.

1910년대까지는 미미하던 보통선거 요구가 1920년 이후부터 강력하게 분출하여, 1920년에는 7만여 명이 모이는 대규모 집회가 열리기도 했다. 마침내 1925년 25세 이상 모든 남자에게 보통선거가 허용되었다. 재산에 따른 선거권 차등이 없어지면서 유권자 수가 4배나 늘어난 것은 획기적인 일이었다.(여성 선거권은 제2차 세계대전 종전 이후에 주어진다.)

민중의 정치 진출은 사회주의 정당의 성장으로 이어졌다. 1910년대까지 일본 노동자들은 '노자勞資 협조주의'에 입각하여 회사에 순종했지만, 1921년부터 노동조합이 계급투쟁을 주장하면서 노동운동이 활발해졌다.

일본 사회주의 운동은 1910년에 일어난 반역 사건('대역 사건大逆事件'. 일본 천황을 암살하려 했다는 죄목으로 고토쿠 슈스이 등 26명의 사회주의자들이 사형당하거나 감옥에 갇힌 사건)으로 지도부가 처형당한 뒤 한동안 침체에 빠졌다가, 1920년 일본 사회주의동맹을 건설하고 노동 · 농민운동을 지도하면서 세력을 키워 나가 마침내 1922년 일본 공산당을 건설하기에 이르렀다.

불황으로 빼앗긴 자유와 민주

민중의 정치적 진출과 공산당 건설에 위기감을 느낀 정부와 경제계, 우익은 '치안유지법'을 만들어 민중운동과 공산당을 탄압하기 시작했다. 의회 선거에서 당선자를 배출할 정도로 세력을 형성했던 공산당은 자유주의 논객조차 '일본 정치의 암흑'이라 평할 정도의 가혹한 탄압에 큰 타격을 받고 힘을 잃어 갔다.

한편 이 시기 일본은 '협조외교'라는 명목 하에 미국이 주도하는 국제 평화 유지 노력에 최대한 협조하였다. 군축회의를 통해 전함 등 핵심 전력을 동결하거나 감축하고, 시베리아와 중국 산둥 반도 등 평소 욕심내던 지역에서 철수하였으며, 한국에서도 문화통치를 시행하여 부분적 자유를 허용하였다.

하지만 1920년대 시작된 경제 불황이 점차 자유와 민주의 토대를 앗아 가기 시작했다. 재벌과 군부는 중국에서 새로운 기회를 찾아야 한다고 주장했고, 그것은 곧 민주주의와 협조외교 포기, 즉 군사독재와 대외 팽창을 의미하였다. 이런 움직임은 1926년 젊고 건강한 새로운 천황 쇼와昭和(히로히토)가 25세의 나이로 즉위하면서 현실로 나타나기 시작했다. 극단적으로 명암이 엇갈리는 '쇼와 시대'가 열린 것이다.

155

군국의 길

만주사변

1931

교과서 속 한 줄 역사 제1차 세계대전 이후 불어닥친 경제 불황 탓에 경제가 어려움에 부닥치자, 일본 군부는 대륙 침략을 통해 이를 극복하려 했다. 국제연맹이 만주사변 등 침략 행위를 비판하자, 1933년 일본은 국제연맹에서 탈퇴하였다.

1936년 2월 26일 새벽, 일본 육군 1사단 소속 병사들이 사이토 마코토의 집을 습격했다. 병사들은 경호원을 처치한 뒤 사이토를 무참하게 살해했다. 사이토 마코토는 해군 대장을 지낸 대표적 군인이자, 1920년대 조선 총독으로서 문화통치를 시행하고 1932년 수상을 역임한 고위 정치인이었다.

같은 시각, 대장대신(경제장관)과 육군대신의 관저도 습격당하여 대장대신 다카하시 고레키요가 죽고 육군대신은 중상을 입었다. 또 경시청, 참모본부 등 공권력의 주요 본부들도 점령당했다. 소위 황도파皇道派 장교들이 일으킨 '2 · 26 사건'이다. 일본은 이 사건을 계기로 돌이킬 수 없는 군국의 길로 나간다.

공황 탈출이라는 절박한 사정

제1차 세계대전으로 엄청난 호황을 누린 일본 경제는 종전과 함께 만성 불황의 늪에 빠졌다. 전쟁 특수로 인한 과잉생산이 수출 감소와 함께 경제에 부담이 되었고, 유럽 경제가 재건되면서 경쟁력이 뒤처지는 일본 제품의 판매가 부진하면서 무역 적자가 심화되었다. 게다가 중국과는 위안스카이의 황제 등극 당시 후원의 대가로 내걸었던 21개 조 요구로 인해 관계가 악화되어 수출이 감소하면서 아시아 시장에서의 후퇴도 두드러졌다. 1923년 관동 대지진과 1927년 일본 금융공황, 1929년 세계경제 대공황 등 대형 악재가 연달아 터지면서 일본 경제는 빈사 상태에 빠졌다.

1926년 쇼와 천황이 즉위한 이후 재벌과 군부는 공황에서 탈출하기 위해 중국 진출을 도모하기 시작했다. 이들이 중국 진출을 시도한 이유는 중국의 일본 제품 불매운동과 중국의 정치 불안(북벌과 국공 내전) 때문이었다. 중국 정부가 불안정한 가운데 반일 선동이 위력을 발휘하는 동안은 중국에서 이익을 얻을 수 없었기 때문에 직접 진출하기로 한 것이다.

일본 국민들은 대외 진출을 지지했다. 1920년대 경제적 쇠퇴에도 불구하고 일본 사회는 제1차 세계대전 호황의 영향으로 상당한 수준의 소비문화를 이루었다. 잡지 《킹》이 150만 부의 판매 부수를 기록할 만큼 대중 출판문화가 확대되고, 집집마다 라디오가 놓였으며, 도쿄에서만 한 해 3천만 명 이상이 영화를 관람하고, 서구식 단층 가옥(문화저택)이 보급되고, 돈까스·카레 등 서구화된 음식이 인기를 끌었다. 반면 빈부격차로 인해 '수평사水平社'(백정 차별에 반대한 운동. 일본의 가장 대표적인 평등운동으로, 한국 형평사 운동의 전거가 되었다.)와 일본 노동총동맹, 일본 공산당으로 대표되는 민중운동과 사회주의의 확산이 중산층들에게 위기감을 불러일으켰다. 이러한 일련의 상황이 경제와 정치를 안정시킬 강력한 권력의 출현과 안정적인 해외시장 확보 정책을 지지하게끔 만들었다.

일개 군사령관의 단독 거사

1931년 9월, 마침내 만주사변이 일어났다. 만주사변은 만주에 주둔하던 일본 관동군이 만주 군벌 장쉐량 군대의 도발을 핑계로 일으킨 전쟁으로, 조선 주둔군의 지원을 받아 이루어졌다. 하지만 미국 등 서구 열강은 중국의 영토와 주권을 보존하는 것이 세계 평화의 중요한 원칙이라고 생각했다. 미국은 이미 1920년대부터 중국의 주권을 위협하는 일본을 견제하고자 일본의 군축을 강력히 요구해 왔다. 일본은 '협조외교'라는 이름으로 미국의 요구를 최대한 수용하였는데, 이에 대해 군부 강경파들이 반발했고 이것이 결국 만주사변으로 터진 것이다.

일본의 만주 점령은 순식간에 이루어졌지만 그 과정은 엉망이었다. 일본 정부는 관동군의 만주 공격을 승인하지 않았고, 조선 주둔군의 지원도 불허했다. 하지만 조선 주둔군이 멋대로 월경했고, 정부는 군부의 압력으로 이틀 만에 결정을 번복하고 공격을 승인했다. 전쟁이라는 국가 최고의 중대사가 일개 군사령관에 의해 일방적으로 추진된 것이다.

일본인들은 만주사변에 열광하며 미국 등 열강의 반대에 불만을 품었다. 이러한 분위기에 고무된 군부는 더욱 강경한 자세를 취했다. 이 과정에서 일부 청년 장교들이 결성한 '황도파'라는 세력이 등장했다. 이들은 주권이 국민이 아닌 천황에게 있다는 천황 주권설을 내세우며 기존 정치 세력을 배격하고 강력한 천황 중심 군사 독재 정치를 꾀하였다. 이들이 이누카이 쓰요시 수상 암살, 미쓰이 재벌 단 다쿠이 암살 등의 정치 테러를 일으켰고, 마침내 2·26 사건까지 주도한 것이다.

군국주의자들이 써 내려간 '막장 드라마'

군부는 오직 자신들만이 과격분자들을 통제할 수 있다고 주장하며 황도파의 난동을 자신들의 권력 장악에 이용하였다. 도조 히데키로 대표되는 소위 '통제파' 군인들은 이처럼 황도파의 테러를 이용하여 온건파 정치인들을 몰아내고 권력 장악에 성공했다. 그래서 혹

◈ 2·26과 5·16

박정희가 육군 장군으로서 군사 쿠데타를 꿈꾸던 시절, 종종 노나카 시로 대위 등 2·26 사건을 주도한 청년 장교들을 언급하며 그들처럼 대의를 위해 목숨을 걸고 거사를 일으켜 보고 싶다고 말했다는 이야기가 전해진다.

실제 2·26 사건이 5·16 쿠데타의 중요한 참고 사례였다는 것은 거의 정설로 받아들여진다. 물론 이를 부정하는 사람들도 있지만, 1942년 일본의 침략이 가장 기승을 부릴 때 만주국 사관학교와 일본 육사를 거치면서 일본 군국주의 엘리트 코스를 거친 사람이 군국주의의 상징적 사건에 영향을 받지 않을 수는 없었을 것이다.

자는 황도파는 처음부터 존재하지 않은 그저 군부 내 일부 불만 세력이며, 노회한 군부 강경파가 그들을 이용했을 뿐이라고 이야기하기도 한다.

진실이 어느 쪽이든, 이제 권력은 군부를 중심으로 한 군국주의 세력, 즉 천황과 군부 중심의 팽창주의적 독재 세력에게 넘어갔다. 이들은 일본의 경제 불황을 극복하고 아시아의 지배자가 되겠다며 1937년 중일전쟁을 일으켜 대륙 침략을 단행하고, 이를 저지하는 미국에 맞서 태평양전쟁까지 일으킨다. 만주사변이 발발한 1931년 이래 15년 동안 이어진 기나긴 전쟁의 터널을 지나 패전의 파멸로 끝나는 막장 드라마는 그렇게 시작되었다.

156

일본의 꼭두각시가 된 황제

푸이

1906~1967

교과서 속 한 줄 역사 대공황 이후 일본 군부는 군국주의를 표방하며 만주사변을 일으켜 만주에 허수아비 정권을 세우고 일본 본국의 실권을 잡았다.

자전거를 탄 황제가 갑자기 자금성 문을 향해 돌진한다. 문을 지키던 병사들이 놀라 급히 문을 닫는다. 황제가 외친다.

"문을 열어라."

하지만 병사들은 미동도 하지 않고, 화가 난 황제는 다시 외친다.

"황제의 명이다. 문을 열어라."

그러나 굳게 닫힌 문은 열리지 않고, 분노한 황제는 돌아선다.

청의 마지막 황제인 선통제宣統帝 푸이溥儀의 일생을 그린 〈마지막 황제〉(1987) 중 가장 상징적인 장면인, 푸이가 자신이 황제가 아님을 깨닫는 순간이다.

자금성에 유폐된 청의 마지막 황제

청나라 마지막 황제 푸이에 대한 기록은 소략하다. 망국의 황제이 자 일제 침략에 협조한 전범이기 때문이다. 영화 〈마지막 황제〉는 푸이의 가정교사였던 영국인 존스턴의 회고록 《자금성의 황혼》을 토대로 만들어졌다.

이 책은 푸이를 세 살이라는 어린 나이에 즉위하여 정치에 휩쓸 려 희생당하는 불쌍한 인물로 그렸지만, 기록만 놓고 보면 푸이는 결코 희생자가 아니다.

1911년 신해혁명 당시 위안스카이는 황실의 처우에 대해 다음 과 같이 결정했다.

1. 황제의 존호를 폐지하지 않는다.

2. 400만 원을 지급하며 자금성에서 거주한다.

3. 황실 재산은 중화민국이 보호한다.

이로써 사실상 자금성에 유폐된 채 어린 시절을 보낸 푸이는, 1924년 군벌들의 다툼으로 베이징에서 정변이 일어나면서 그 여 파로 자금성에서 쫓겨나게 되었다.

자의 반 타의 반 자금성을 나왔을 때 그의 나이는 겨우 18세였 다. 갈 곳이 없었던 그는 국제사회에 보호를 요청했고, 일본이 톈진 조계(중국 내 외국인 거주지)에 그를 모셨다. 그렇게 해서 푸이는 일본 의 손아귀에 들어갔다.

전범인가 희생자인가

잃어버린 황제의 지위를 되찾고 싶어 했던 그는 '복벽'(황제 복위)을 주장하며 일본 관동군에게 자신의 의사를 여러 차례 밝힌다. 그리고 1932년 마침내 일본의 괴뢰국인 만주국의

1934년 3월 1일, 신해혁명으로 퇴위했던 청나라의 '선통제' 푸이가 다시 만주국의 황제가 되었다.

집정으로 취임한 뒤, 1934년 공식적으로 만주국 황제에 즉위한다.

영화에서 그려진 것처럼, 푸이는 청나라의 영광을 되살릴 꿈에 부풀었다. 하지만 만주국의 실권은 일본 관동군이 장악했으며, 심지어 황위 계승자도 일본 천황의 허락을 얻어야 임명할 수 있었다.

푸이는 일본 만주 지배의 꼭두각시에 지나지 않았다. 그는 11년 동안 황제의 자리를 지키며 일본을 방문해 천황을 배알하는 등 적극적으로 협력했다. 그는 훗날 전범 재판에서 관동군의 정치 공작으로 어쩔 수 없었다고 주장했지만, 일부는 사실이 아닌 것으로 판명났다.

푸이는 일본이 태평양전쟁에서 패전하면서 소련군에 체포되어 1959년까지 중국 전범 수용소에 수감되었고, 특사로 풀려난 뒤에는 베이징 식물원 정원사로 일하며 한족 – 만주족 공존의 상징으로 활동했다.

그는 전범 재판에서 희생자로 인정받으려고 노력했지만, 가장 유력한 변호자였던 존스턴의 죽음으로 뜻을 이루지 못했다. 그러나

황제로 복위하려 한 적극적인 노력, 오랜 친일 경력은 그가 단순한 희생자만은 아님을 보여 준다.

◈ 또 하나의 괴뢰국 '난징 정부'의 왕징웨이

태평양전쟁(1941~1945) 당시 중국에는 일본이 세운 두 개의 괴뢰국이 있었다. 하나는 푸이의 만주국이고, 또 하나는 왕징웨이(왕정위)의 난징 괴뢰정부이다. 왕징웨이는 쑨원과 동맹회 시절부터 동지였으며, 신해혁명 이후 국민당의 주요 지도자로서 쑨원과 함께 일한 대표적 혁명가이자 정치인이었다.

하지만 쑨원이 죽고 정치적 라이벌인 장제스에게 밀려나면서 공산당도 아니고 국민당도 아닌 애매한 처지가 되었다.

일시적으로 장제스와 화해하여 1932년 국민당 주석이 되었지만, 권력은 장제스와 그의 부하들이 장악했고 왕징웨이는 허수아비에 지나지 않았다. 1937년 중일전쟁이 일어나 장제스가 지도하는 중국은 멸망할 수밖에 없다는 위기감이 높아지자, 왕징웨이는 일본과 타협하여 중국을 구해야 한다는 망상에 사로잡혔다. 1938년 그는 베트남으로 도망쳐 일본과 손을 잡아야 한다고 주장하고, 1940년 일본이 세운 괴뢰국 난징 정부의 주석에 취임하였다. 그는 난징 정부를 통해 중국을 지키려 했지만 아무런 실권도 없었고, 그나마 암에 걸려 일본에서 병을 치료하다 숨을 거두었다. 극우적 정치 성향의 그는 '반공'이라는 점에서 장제스와 노선이 일치했으나, 권력투쟁에서 밀려나면서 독일·일본 등 다른 극우 정부에 기대는 신세가 되었다. 그 역시 푸이와 마찬가지로 잘못된 정치 노선에 따라 일본과 밀접한 관계를 맺고, 끝내 일본 때문에 정치적 오욕을 안게 되었다.

중국의 운명을 바꾸다

시안 사건

1936

교과서 속 한 줄 역사 쑨원은 1919년 5·4 운동 와중에 국민당을 창당하고 광둥에서 새로운 정부 수립을 선언하였다. 쑨원은 1차 국공합작을 통하여 군벌 세력을 소탕하고 서구 열강의 중국 침략을 막으려는 북벌을 계획하였다. 쑨원 사후 그를 계승한 장제스는 북벌에 나섰다. 그는 내부의 정치적 안정을 이룩한 뒤 외부의 침략 세력을 물리친다는 생각에 공산주의 세력에 대한 대대적인 토벌에 나섰다. 그러나 장제스는 시안 사건을 계기로 공산당과 손을 잡고(2차 국공합작) 통일전선을 형성한 후 항일 투쟁에 나섰다.

1936년 12월 12일 아침, 중국 총통 장제스는 당나라의 수도였던 유서 깊은 도시 시안西安에 있었다. 같은 산시 성 북쪽 옌안에 틀어박혀 저항하는 공산당에 최후의 일격을 가하기 위해 이곳에 온 그는, 일상적인 아침 운동을 하며 그날 있을 중대한 회의와 결정을 생각하고 있었다. 그때 갑자기 총소리가 나더니 경호병들이 쓰러졌다. 쉰 살이 넘은 장제스는 3미터 높이의 담을 뛰어넘어 산속으로 도주한 뒤 가까스로 동굴 속으로 피신했다. 하지만 은신처는 곧 발각되었고, 얇은 잠옷 바람으로 한겨울 산속의 추위를 견뎌 낼 수도 없었다. 그는 체포되어 만주 군벌 장쉐량의 본부로 끌려갔다. 장쉐량은 윽박질렀다.

"모두 손을 잡고 일본군과 싸울 것인가, 아니면 여기서 죽을 것인가?"

장제스가 고개를 끄덕이는 순간, 중국의 운명이 바뀌었다. 이를 '시안 사건'이라 한다.

쑨원을 숭배한 청년 혁명가 장제스

1887년 저장 성의 유복한 집안에서 태어난 장제스는 군인을 희망하여 중국 군관학교에 입학했고, 이어 일본에서 유학한 뒤 일본 군대에서 복무했다. 당시 많은 중국 청년과 지식인들이 메이지 유신을 모델로 한 개혁을 추진했으므로 자의 반 타의 반으로 일본에 많이 가 있었다.

쑨원, 량치차오 등 주요 지도자들도 일본에서 일본 정치인들과 교류하며 혁명의 꿈을 불태웠고, 일본 역시 영향력 확대를 꿈꾸며 이들에게 많은 지원을 했다. 가령 쑨원은 1913년 위안스카이를 타도하기 위해 일으킨 '제2혁명'이 실패로 돌아가자, 훗날 일본 수상의 자리에 오르는 이누카이 쓰요시의 도움을 받아 일본으로 망명한 뒤 재기를 꾀했고, 도쿄에서 쑹칭링宋慶齡과 결혼도 했다. 당시만 해도 혁명가의 친일은 어색하지 않았다.

일본에서 돌아온 장제스는 쑨원을 숭배하며 반反위안스카이 투쟁에 참가했다. 이 시절 장제스는 유명한 폭력 조직 '청방'과 연관되었다는 의혹을 받았는데, 훗날 그를 위해 수많은 백색테러를 저지른 국민당 산하 비밀 조직 '남의사藍衣社'에 얽힌 의혹, 그리고 총통 시절의 폭력과 부패의 원인을 여기에서 찾는 이들도 있다.

공산당에게 총부리를 돌리다

1921년 쑨원은 군벌을 타도하고 외세를 몰아낸 뒤 해방된 중국을 건설하기 위해 다시 국민당을 세웠다. 당시 쑨원이 가장 뼈저리게 느낀 한계는 국제적 지원이었다. 그래서 '연소용공聯蘇容共', 즉 소련의 지원을 받으면서 국내 공산당도 포용하는 정책을 취했고, 이로써 '1차 국공합작國共合作'이 이루어졌다.

많은 공산당원들이 개인 자격으로 국민당에 입당하여 주요 직책을 맡았다. 또한 쑨원은 황포군관학교를 세워 좌우를 막론하고 유능한 군 장교들을 키워 냈는데, 이 학교 교장으로 장제스가 임명되었다. 여기서 성장한 장교들이 군벌 타도 이후 중국 군사력의 핵심이 된다.

그런데 군벌 타도의 기운이 무르익을 무렵인 1925년, 쑨원이 갑자기 타개하면서 군사력을 장악한 장제스가 권력을 계승하였다. 장제스는 1926년 '북벌北伐'을 선언하고 군벌 타도를 위한 무력 행동에 나섰다. 공산당 주도 하에 일어난 수많은 노동자들의 파업과 농민봉기가 북벌을 도왔다.

하지만 분출하는 노동자·농민의 투쟁 열기는 열강과 국민당 우파를 긴장시켰다. 장제스는 마침내 일부 군벌과 손잡고 공산당을 축출하기로 결심하고, 1927년 4월 12일 총구를 돌려 공산당원들을 체포·사살했다. 상하이에서만 수천 명이 사살당한 이 사건(4·12

쿠데타)으로 국공합작은 깨지고 만다.

공산당 토벌을 중단시킨 사건

장제스는 펑위샹(직예 군벌), 옌시산(산서 군벌) 등과 손을 잡고 우페이푸·쑨촨팡(직예 군벌) 등을 제거한 뒤 1928년 북벌을 완수하고 난징에 새로운 국민정부를 세웠다. 하지만 장제스 정부는 군벌과 손잡고 세운 정부였으므로 한계가 많았다.

정당정치를 부정한 일당독재 체제였음에도 불구하고, 군벌들이 파벌 대립에 참여하여 통일된 정치가 어려웠다. 공산당과 민중의 저항으로 내전은 끝나지 않았고, 군벌과 청방 등 장제스 휘하 무력 집단의 부패와 횡포도 극심했다.

장제스는 1930년 쑨원의 딸 쑹메이링과 결혼했다. 그녀는 탁월한 외교관으로서 미국의 장제스 지지를 이끌어 냈다. 미국 공화당 대통령 선거 후원자 중 한 명이 "쑹메이링의 제안은 터무니없었지만 그녀에게 매혹되어 저녁 내내 아무것도 거부할 수 없었다"고 술회할 정도였다. 쑹메이링은 공산당을 '악마의 가시'라고 일컬으며 무엇보다 공산당 타도를 우선하는 장제스의 정책을 지지해 달라고 미국에 호소했다.

국민당 북동군 총사령관 장쉐량에게 체포되는 '시안 사건' 1년 전 (1935), 장제스·쑹메이링 부부.

국공합작 결렬 이후 국민당은 공산당 토벌에 총력을 기울였다. 1931년 일본이 만주를 점령하고 1932년 상하이를 침략했음에도 토벌은 계속되었다. 장제스는 '안내양외安內攘外'(안을 먼저 안정시킨 뒤 외부를 물리친다)를 주장하며 일본과 타협으로 일관하였다. 이러한 반공 친일적 태도는, 일본의 침략에 분노한 민중들이 장제스 정부에 등을 돌리는 결정적인 계기가 되었다.

만주 군벌 장쭤린을 폭살한 일본군이 뒤이어 만주를 침략하자, 장쭤린의 후계자인 아들 장쉐량이 만주의 동북군東北軍을 이끌고 본토로 들어왔다. 그는 장제스와 손을 잡고 일본과 싸워 만주를 되찾기를 원했지만, 장제스는 동북군을 공산당 토벌전에 투입했다. 동북군 장교들 사이에 불만이 고조되는 가운데 공산당이 장쉐량에게 항일전쟁을 위한 통일전선을 제안했다.

운명의 1936년 12월, 항일전쟁을 요구하는 시위대 진압 명령을 받은 동북군 장교들이 마침내 폭발했고, 장쉐량도 결단을 내리지

◈ **시안 사건만 없었다면?**

중국 공산화 이후 그 모든 책임이 장쉐량에게 있다는 비판이 쏟아졌다. 시안 사건만 아니었다면 공산당은 멸망했을 것이고, 그러면 중국 공산화도 이루어지지 않았을 것이라는 주장이다. 하지만 시안 사건은 장쉐량이 우발적으로 벌인 사건이 아니었다. 일본은 1931년 만주사변 이후 1933년까지 계속 중국을 침략했다. 특히 화북 5성(현재 내몽골 자치구 및 황허 이북 지방)을 독립시킨 뒤 괴뢰국으로 만들려 했고, 이로써 장제스 정부의 지배력은 황허 이남으로 축소되었다. 이에 베이징 등 화북 지방에서 분리 독립에 반대하는 투쟁이 일어났고, 이는 곧 전국적 운동으로 퍼져 나갔다. 하지만 장제스는 항일구국투쟁을 주장하는 지식인을 탄압하는 등(항일 칠군자 사건) 국민적 운동을 철저히 억압했다. 시안 사건은 그런 상황에서 일어난 필연적 사건이었다.

않을 수 없었다. 결국 '시안 사건'으로 2차 국공합작이 이루어져 중국이 단일한 대오로 항일전쟁에 나서자, 일본은 1937년 전면적인 중국 침략을 단행했다.(중일전쟁)

타이완에서 맞이한 최후

1937년부터 1945년까지 8년간의 지루한 항일전쟁 과정에서 중국 공산당 군대의 역할에 대해서는 평가가 엇갈린다. 국민당 군대만 싸웠다고도 하고, 공산당 군대의 역할도 매우 컸다고도 하고, 양측 모두 소극적으로 자기 세력 확대만 꾀했다는 견해도 있다. 그렇더라도 중국이 일치단결했기에 일본을 이길 수 있었다는 사실에는 모두 동의한다.

이처럼 하나로 뭉쳐 일본에 맞섰던 국민당과 공산당 군대는 1945년 일본의 항복으로 태평양전쟁이 끝나자 다시 충돌했다. 국민당 군대는 초반에 압도적으로 우세했지만, 동북 지방과 농촌에서 점차 밀리기 시작해 끝내는 패배하고 만다. 장제스는 타이완으로 쫓겨나고, 중국은 1949년 공산화된다.

장제스의 패배 원인으로 몇 가지 실책을 지적하는데, 전체적으로 독재와 부패로 인해 국민의 지지를 잃은 것, 즉 장제스의 통치 방식이 전통적인 중국의 황제 지배 형식을 벗어나지 못한 데 있다고 볼 수 있다.

1975년 장제스는 오랜 장기 독재를 마치고 타이완의 총통으로 죽음을 맞이하면서 자기 아들에게 총통 자리를 물려주었다. 또 다른, 중국 '마지막 황제'의 죽음이었다.

158

중국의 붉은 별

마오쩌둥

 1893~1976

교과서 속 한 줄 역사 장제스의 토벌에 밀린 공산당은 본래 근거지였던 장시 성 루이진을 떠나 산시 성 옌안에 이르는 대장정에 나섰다. 이 과정에서 공산당은 내전 중지와 항일통일전선 구축을 중국 인민들에게 호소하였다.

"농민들은 어디서나 자발적으로 혁명을 도왔습니다. 홍군紅軍(중국 공산군)은 징강산 시절부터 세 가지 간단한 규율을 전사들에게 부과했어요. 명령에 즉각 복종하고, 농민들로부터 어떠한 것도 몰수하지 않으며, 지주들에게 몰수한 재산은 소비에트 정부에 전달해서 처분토록 한다는 것입니다."

"홍군의 가장 중요한 한 가지 전술은, 과거나 현재나 공격 시에는 주력을 집중시키고 공격이 끝나면 병력을 신속하게 분산하는 능력에 있습니다."

"중국 공산당은 마르크스 – 레닌주의에 충실할 것이며 모든 기회주의적 경향에 계속 투쟁해 나갈 것입니다. 누구도 중국 공산당을 꺾을 수 없으며 반드시 최후의 승리를 차지하리라는 점은 바로 이러한 결의 속에 그 근거가 있습니다."

1937년 미국인 에드거 스노가 쓴 《중국의 붉은 별》이 출판되었다. 이 책은 스노의 표현에 따르면 "새로운 정보"였고, "서구 열강이 (일본이 중국에서 패퇴하는) 기적이 일어나기를 바라고 있던 때와 시기적으로 맞아떨어져 공감 어린 주목을 받았다."

이 책은 대장정과 마오쩌둥毛澤東(이하 마오)에 관한 가장 생생한 최초의 미국 측 기록이었다.

"혁명의 중심은 노동자가 아니라 농민"

1차 국공합작이 깨지고 공산당에게 탄압이 가해지자 공산당은 곳곳에서 저항했다. 1927년 난창에서 봉기(중국 공산당이 국민당과 벌인 최초의 전투)를 일으킨 이후 '광저우 코뮌'(중국 공산당이 광저우 시에 수립한 인민정권), '해륙풍 소비에트'(중국 공산혁명 최초의 농민 소비에트) 등 곳곳에서 무장봉기를 일으켰지만 모두 실패로 돌아갔다. 중국 국민당 군대는 사회주의에 반대하는 일본과 열강의 지원을 받아 압도적으로 공산당 군대를 격파했다.

당시 중국 공산당의 지도부는 소련 주도 하의 국제 공산당 코민테른이 파견한 독일인 고문 오토 브라운과 리리싼(이립삼李立三) 등 마르크스주의의 가르침에 충실한 자들이었다. 이들은 노동자를 중심으로 도시에서 강력한 투쟁을 벌여 국민당의 공세를 분쇄해야 한다고 주장했다. 당시 중국은 상하이 등 대도시를 중심으로 산업 단지가 조성되어 노동자들이 성장하고 있었고, 실제로 이들은 북벌 때 큰 역할을 했다.

◈ 마오쩌둥의 혁명 '동지'들

천두슈

천두슈는 신문화운동을 일으키고 5 · 4 운동을 주도한 혐의로 투옥되었다. 감옥에서 풀려난 뒤 상하이로 가서 리다자오와 함께 사회주의 운동의 지도자가 되었다. 1921년부터 6년간 공산당 총서기(당수)로 활약했으나, 1차 국공합작 결렬 이후 그 책임을 지고 물러났고 이후 트로츠키주의에 경도되어 반反스탈린적 사회주의 운동을 하기도 했다. 1932년 체포되어 6년간 옥살이를 한 뒤 은신 생활을 하다 죽었다. 마오는 그를 지식인의 한계를 극복하지 못하고 기회주의적이고 나약한 모습을 보인 실패한 공산주의자라고 비판하였다.

리다자오

리다자오는 일본 와세다대학에서 마르크스주의를 공부한 중국의 대표적 이론가로서 마오에게 큰 영향을 준 인물이다. 마오를 공산당으로 이끈 사람 중 하나이며, 《신청년》에 마르크스주의에 대한 글을 기고하여 신문화운동을 사상운동으로 이끌었다. 1927년 장제스의 4 · 12 쿠데타 때 처형당했다.

리리싼

리리싼은 프랑스에서 사회주의를 배우고 귀국하여 노동운동을 지도하며 성장했다. 국공합작 시기 대규모 노동운동을 조직하였으며, 모스크바를 다녀온 뒤에는 코민테른 노선에 충실했다. 그는 노동계급의 도시 봉기를 주장하며 소비에트를 늘려 나가는 마오의 방식을 비판하였다. 마오는 "리리싼은 견고하게 다지기보다 공격을, 배후를 굳게 하기보다 전진을 원하며, 떠들썩한 대도시 공격을 추구했다."라고 말했다.

리리싼은 홍군을 총동원하여 후난 성의 성도인 창사 공격을 주도했지만 실패하고, 이 과정에서 수많은 홍군이 희생당하면서 모스크바로 소환되었다. 중국 공산화 이후 마오의 '포용력'을 보여 주는 사례로 당 요직에 자주 등용되었으며, 문화대혁명 등 위험한 고비도 무난히 넘겼다. 1967년 전후에 사망한 것으로 알려졌다.

하지만 마오는 노동자 중심 투쟁 노선을 비판하고, 중국 인구의 대부분을 차지하는 농민과 농촌의 혁명만이 승리의 길이라고 주장했다. 농민을 소부르주아로 규정한 마르크스주의를 수정한 것이다. 마오는 도시가 아닌 농촌과 산에 근거지를 만들고 유격 전술을 토대로 국민당군과 싸워야 한다고 주장했고, 이러한 마오의 노선에 따라 중국 사회주의와 홍군紅軍이 탄생하게 된다.

토벌을 피해 징강산으로

중국 공산당은 1921년 신문화운동의 주역 천두슈와 코민테른이 파견한 보이틴스키 등에 의해 상하이에서 창립되었다. 창당대회에 참가한 공산당원은 12명에 불과했으나, 이후 각 지역 지부와 해외 유학생 지부를 설치하면서 점차 세력을 확대해 나갔다.

마오는 창당 때부터 공산당에서 일했고 1차 국공합작 때는 후난 성의 국민당과 공산당을 연결하며 농민 관련 일을 주로 맡았다. 하지만 4·12 쿠데타 당시 국민당에 반격을 가해야 한다고 주장했다가 천두슈가 반대하는 바람에 도망치는 신세가 되었다.(이후 천두슈는 공산당에서 밀려난다.)

마오는 장시 성의 징강산井岡山에 은신하면서 홍군 제1사단을 조직하고 농민 병사 소비에트(평의회)를 만드는 데 전력을 다했다. 그는 차근차근 세력을 확대하여 루이진(瑞金서금)을 비롯한 장시 성 일대에서 넓은 영역을 확보하였다. 이후 공산당 세력이 집결하면서 이 지역은 중국 공산당의 근거지가 된다.

4·12 쿠데타로 국공합작이 깨지면서 천두슈가 축출당하고, 리

다자오 등 주요 지휘자가 처형당하면서 리리싼이 새로 당권을 장악하였다. 리리싼은 도시 노동자 중심의 강력한 투쟁을 주장하여 마오와 대립했는데, 리리싼 노선에 따른 군사 활동이 모두 실패로 돌아가면서 마오의 지위가 점차 높아졌다. 특히 리리싼이 홍군 전력을 모두 모아 창사 봉기를 주도하여 수많은 홍군을 희생시킨 뒤 주도권은 마오에게 넘어갔다.

1930년 창사 봉기 이후 장제스 정부는 대규모 공산당 토벌군을 일으켰다. 처음 10만 명이 동원된 토벌전은 1933년에 90만 명이 동원된 대규모 전쟁으로 확대되었다. 독일 나치에서 파견한 군사 고문단의 조언을 받는 장제스 군대에 저항하는 것은 무모해 보였다. 결국 공산당은 서북 지방으로 후퇴하기로 결정했다. 이로써 2만5천 리의 대장정이 시작되었다.

대장정의 상징 '다두허 전투'

대장정은 홍군의 실수와 장제스 군대의 강력한 공격, 특히 공중 폭격으로 엄청난 희생 속에 이루어졌다. 미리 퇴각로를 예측하고 길목에서 공격하는 장제스 군대에 막대한 피해를 입은 홍군은, 진격로를 여러 부대로 나누거나 우회 혹은 역진逆進 하는 등의 기만 전술을 썼다. 그러자 장제스 군대는 양쯔 강을 건너지 못하도록 강 주변의 배와 포구를 봉쇄하고 집결한 홍군을 포위 공격할 전략을 세웠다.

도하 작전의 하이라이트는 전설적인 '다두허大渡河 전투'였다. 양쯔 강의 지류인 다두허는 태평천국 군대 10만 명이 중국변의 군대에게 포위 섬멸당한 곳이었다. 강 주변이 협곡 지대여서 일단 갇히면 빠져나오지 못하고 고스란히 전멸될 수밖에 없는 지형이었다. 그러나 홍군에게는 선택의 여지가 없었다. 이곳만이 유일하게 강을 건널 수 있는 곳이었다. 장제스는 이곳에 홍군을 몰아넣고 섬멸할 생각이었다.

이곳을 무사히 통과하려면 일단 한족을 증오하는 토착민 로로족 지역을 지나야 했다. 홍군은 군벌과 장제스에게 고통 받는 로로족을 구출하며 전진했고, 그 덕에 로로족의 도움을 받아 훨씬 빨리 이 지역을 통과할 수 있었다.

갑작스런 홍군의 출현으로 미처 대비 태세를 갖추지 못한 강 북안의 경비대가 패주하는 바람에, 1만여 명의 홍군이 나룻배 3척으로 먼저 도하할 수 있었다. 하지만 나머지 홍군이 강을 건너려면 다리가 필요했다. 다리는 도하 지점에서 150킬로미터 정도 떨어진 곳에 위치한 노정교라는 쇠사슬 다리뿐이었다.

홍군은 노정교를 점령하기 위해 강 북안과 남안에서 동시에 출발했다. 강 북안의 홍군이 저지당하는 바람에 남안의 홍군이 먼저 도착했으나 다리는 반쯤 파괴되어 있었고, 북안에는 장제스 군대가 기다리고 있었으며 남쪽에서는 대규모 토벌군이 오고 있었다. 홍군 결사대 30여 명이 다리의 쇠사슬을 붙잡고 강을 건너기 시작했다. 북안의

1934년 10월부터 370여 일 동안 국민당군의 추격을 피해 9,600킬로미터를 가로질러 탈출한 '홍군 대장정'을 상징하는 '다두허'의 루딩교瀘定橋.

장제스 군대가 기관총 세례를 퍼부어 결사대를 쓰러뜨렸지만, 일부가 살아남아 강을 건너 적 진지를 공격했다. 마침 북안의 홍군이 도착해 다리를 점령하고 재건하는 데 성공했다. 수십 미터 높이의 낭떠러지 사이를 쇠사슬에 매달려 기관총 세례를 뚫고 전진하는 홍군의 모습은 이후 대장정과 공산당의 상징이 되었다.

루이진에서 우치까지, 2만5천 리를 횡단하다

홍군은 이후에도 만년설로 뒤덮인 산맥 5개를 넘으며 험난한 티베트 고원을 가로질렀다. 풍토병으로 수많은 병사가 죽고, 한족을 증오하는 티베트인의 공격을 받아 또한 많은 병사가 죽어 갔다. 신장 지역에서는 이슬람 기병대에게 매서운 공격을 당하기도 했다. 하지만 홍군은 가는 곳마다 지주의 재산을 '징발'하여 가난한 농민들에게 나누어 주었다. 그것은 "자기편도 많이 얻었지만 증오심에 불타는 적도 많이 만든" 행동이었다.

1935년 10월 20일, 마침내 선봉대가 목적지에 도착하면서 대장정은 막을 내렸다. 생존자는 출발할 때의 10퍼센트 정도였다. 1년의 대장정 동안 18개의 산맥과 24개의 강을 넘고 10여 개의 포위망을 뚫었다. 유례없는 집단적 대이동은 중국 역사의 중대한 기로가 되었다. 14년 뒤 이로부터 새로운 중국이 탄생하기 때문이다.

159

이탈리아, 파시즘의 탄생

가리발디 · 무솔리니

1807~1945

교과서 속 한 줄 역사 분열된 이탈리아에서, 프랑스 2월 혁명의 영향을 받아 마치니가 통일운동을 일으켰다. 사르데냐 왕국의 재상 카보우르와 남부 이탈리아에서 의용군을 이끈 가리발디에 의해 이탈리아 통일왕국이 탄생하였다. 1922년 로마 진군으로 권력을 잡은 무솔리니는 파시스트 일당독재를 구축하고 에티오피아를 침공하였으며 국제연맹을 탈퇴하였다.

"저는 지금 의회 앞에서 그리고 모든 이탈리아 국민 앞에서 선언컨대 지금까지 일어난 모든 정치적 · 도덕적 · 역사적 책임을 홀로 떠안으려 합니다. 파시즘이 범죄 집단이라면 제가 바로 이 범죄 집단의 수괴입니다. … 평화와 평온, 산업 평화를 원하십니까? 우리는 힘껏 이런 평온과 산업 평화를 드리고자 합니다."

1925년 베니토 무솔리니는 하원에서 이 담화를 발표하고 본격적인 독재정치를 시작했다. 어쩌면 그것은 마키아벨리가 꿈꾼 이탈리아 독재자의 탄생이었을지도 모른다.

이탈리아 통일의 영웅, 가리발디

19세기 유럽을 휩쓴 자유주의와 민족주의의 바람은 이탈리아도 예외가 아니었다. 화려했던 르네상스 이후 이탈리아는 수많은 도시국가와 소국으로 분열된 채 스페인과 신성로마제국, 나폴레옹과 오스트리아의 공격을 받고 그들의 간접 지배와 내정간섭에 시달렸다. 이를 극복하기 위한 위대한 이탈리아 통일운동이 시작된 것이다.

본격적인 통일운동은 1830년대 주세페 마치니가 이끄는 청년이탈리아당에서 시작했다. 민중의 지지를 받는 통일 공화국을 건설하려 했던 마치니는, 열강의 간섭을 물리치기 위해 유격전을 시도했다. 한때 당원이 6만여 명에 이를 정도로 성공을 거두었지만, 결국 실패하여 마치니는 프랑스로 망명했다. 당시 이탈리아 통일의 가장 큰 걸림돌은 이탈리아 북부에 큰 영향력을 행사하는 오스트리아였다.

1850년대에는 사르데냐 왕국의 재상으로서 '이탈리아의 비스마르크'라 불린 카보우르가 사르데냐 중심의 통일운동을 전개하면서 프랑스와 연합하여 오스트리아를 몰아내고 이탈리아 북부와 중부를 장악했다. 한편 이탈리아 남부에서는 가리발디가 '붉은 셔츠대'라는 의용대를 조직하여 시칠리아와 남부 지방을 장악했다. 가리발디가 이탈리아의 통일을 위해 자신의 점령지를 사르데냐 왕국에 바쳤고, 이로써 1861년 마침내 이탈리아 왕국이 수립되었다.

이탈리아 왕국은 프로이센 – 오스

트리아 전쟁을 틈타 오스트리아 군대를 완전히 축출하고, 프로이센 - 프랑스 전쟁을 틈타 이탈리아에 간섭하려는 프랑스를 몰아내고 프랑스의 비호 아래 있던 교황령을 통합하는 데 성공함으로써 이탈리아 통일을 완수하였다.

열혈 사회주의자, 청년 무솔리니

통일 이후 이탈리아는 제국주의 국가로 발전하지만, 리비아와 소말리아 등 아프리카에 적은 식민지를 확보하는 데 그쳤다. 제1차 세계대전이 터졌을 때 이탈리아는 중립을 지키다가 영토를 확장하려면 참전해야 한다는 주장이 우세해져 1915년 뒤늦게 참전하였다.

하지만 유럽에서 이탈리아군은 별다른 전과를 올리지 못했으며, 1918년 종전했을 때 그들이 원하는 결과를 얻지 못했다. 참전론자들과 일부 군인 등이 이러한 이탈리아의 현실에 큰 불만을 품게 되었고, 이들이 결국 파시스트가 되었다. 그 지도자가 바로 무솔리니다.

무솔리니는 1883년 평범한 가정에서 태어났다. 총명한 그는 우

수한 성적으로 학교를 마치고 교사가 되었지만 적성에 맞지 않아 그만두었다. 칸트와 마르크스 등 독일철학에 심취했던 무솔리니는, 20대 시절 열렬한 사회주의자로서 《계급투쟁》지를 창간하고 이탈리아 사회당 기관지 《전진》의 편집장을 맡는 등 활발한 활동을 펼친 촉망받는 청년 좌파의 지도자였다.

하지만 제1차 세계대전은 무솔리니를 비롯하여 수많은 사회주의자들의 운명을 바꾸어 놓았다. 무솔리니 역시 열렬한 참전론자로 돌아서서 사회당에서 제명당한 뒤 입대하여 부상병으로 돌아왔다. 그를 비롯한 많은 참전론자들은 종전 이후 베르사유 조약 체결 소식을 듣고 분노했다. 이탈리아가 요구한 영토는 민족자결주의에 입각하여 거부당했지만, 이탈리아 영토 일부는 민족자결주의에 입각하여 신생 유고로 편입되었기 때문이다.

미국 등 열강을 향한 분노는 무능한 자유주의 정부에게 날아갔다.

최초의 파시스트 국가

1919~1920년 식량 폭동, 파업, 토지 점거, 시위, 군대의 항명, 파시스트 테러 등이 이탈리아 전역을 휩쓴 이른바 '붉은 2년Biennio Rosso' 이후 무솔리니를 비롯하여 '전투 파쇼'라고 불린 세력이 점차 세력을 확대했다. 그들은 검은 셔츠를 입고 군대식 조직 체계 안에서 행동했다.

경찰과 자본의 비호를 받으며 노조와 좌파 언론사 등을 습격하는 징벌 원정을 다녔고, 그 과정에서 원정 지역들이 점차 파시스트의 영향력 아래 들어갔다. 통일국가 경험이 적은 이탈리아의 지방들은 파쇼의 지배에 들어가면 더 이상 중앙정부의 통제를 받지 않았다.

마침내 1922년 무솔리니가 로마로 진군을 선언하자, 수많은 파시스트들이 로마를 향해 네 방향에서 행군했다. 이탈리아군은 경무장한 그들을 충분히 진압할 수 있었지만, 왕과 보수파 정치인들은 공화파와 좌익을 징벌해 온 파시스트를 보호하려 했다. 결국 로마에 입성한 무솔리니는 이탈리아 왕국의 국왕인 비토리오 에마누엘

1922년 무솔리니가 이탈리아 루카에서 소수의 추종자들을 모아 구성한 '행동대 Squadra d'azione'.

레 3세로부터 내각을 책임지라는 명령을 받고 권력을 장악했다.

무솔리니는 내각을 파시스트로 채우고, 선거법을 개정하여 비례 투표에서 제1당이 의회의 3분의 2 의석을 차지하도록 하여 의회를 장악했다. 학교 제도를 개정하여 기존 교육을 부정하고 파시스트를 양성토록 했으며, 경제적으로는 임금 인상을 억제하고 기업 규제를 풀었으며 노조 지도부를 파시스트들이 장악하도록 했다. 그리하여 1925년이 되면 무솔리니와 파시스트들이 완전히 권력을 장악하기에 이른다.

이탈리아는 제1차 세계대전 이후 최초의 파시스트 집권 국가로서 대공황 이전에 이미 전체주의로 체제를 전환했다. 그런 점에서 이탈리아 파시스트가 다가올 전체주의의 막을 올렸다고 평가할 수 있다. 대공황 이후 히틀러의 나치가 이 시대 전체주의를 대표하지만, 이탈리아 파시스트는 전체주의가 왜 발생하고 어떻게 성장하는 지를 보여 주었다는 점에서 역사적으로 시사하는 바가 크다.

160

누구를 위하여 종은 울리나

스페인 내전

1936~1939

교과서 속 한 줄 역사 1936년 스페인에서 공화파와 쿠데타를 일으킨 프랑코 군부 세력 사이에 내전이 일어났다. 이탈리아와 독일이 프랑코 세력을 지원하였다.

《누구를 위하여 종은 울리나》라는 소설을 떠올리면 생각나는 이름이 둘 있다. 하나는 작가 헤밍웨이, 또 하나는 여배우 잉그리드 버그만이다. 헤밍웨이의 소설을 원작으로 한 동명의 영화에서 잉그리드 버그만은 파시스트에게 머리를 깎인 짧은 더벅머리임에도 불구하고 영롱한 에메랄드색 눈빛으로 관객들의 탄성을 불러일으켰다.

미국 최고의 작가로 일컬어지는 헤밍웨이는 여러 걸작들을 남겼지만 그중에서도 《누구를 위하여 종은 울리나》는 특별하다. 진보적 참여문학가인 그가 온몸으로 느낀 것을 바탕으로 쓴 작품이기 때문이다. 헤밍웨이가 이 작품에 담은 것은 바로 스페인 내전과 국제여단 경험이었다.

파시스트 vs 인민전선

1923년 입헌군주제의 스페인에서 쿠데타가 발생했다. 그 장본인은 스페인 최초의 파시스트 프리모 데 리베라 장군이다. 하지만 그는 스페인을 통제하는 데 실패했고, 대공황으로 경제마저 무너지자 실각하였다. 1931년 스페인은 리베라 집단을 몰아낸 뒤 알폰소 13세마저 퇴위시키고 공화국을 선포했으며, 이어 1936년 좌파 연합인 인민전선이 선거에서 승리하여 집권했다.

좌파의 정권 장악에 군부는 강하게 반발했다. 그 중심에 프랑코 장군이 있었다. 그는 알폰소 12세 시절 확보한 아프리카 식민지에 주둔하던 군대를 불러들여 인민전선 정부에 반기를 들었다. 이 반란은 무려 3년 동안 지속되었다. 이를 '스페인 내전'이라 한다.

스페인 내전은 좌우의 대결이기도 했지만, 민주적 선거로 적법하게 선출된 정부를 군대가 무력으로 전복하려 한 독재와 민주의 싸움이기도 했다. 이 때문에 민주와 자유를 지지하는 수많은 국제적 양심 세력들이 인민전선을 후원했고, 독재를 지향하는 파시스트 세력들은 프랑코를 지지했다. 여기에 좌익을 지지하는 소련과 우익을 지지하는 영국이 끼어들면서 내전은 복잡한 국제전의 양상을 띠었다.

전쟁은 히틀러의 나치와 무솔리니의 파시스트의 지지를 받는 프랑코에게 유리하게 전개되었다. 인민전선은 본토의 정규군으로 반란을 진압하려 했지만, 식민지 독립운동을 진압한 경험이 풍부하고 군수 물자도 충분했던 반란군에 여러모로 열세였다. 또, 소련의 영향력 증대를 우려한 영국이 소련을 견제하면서 인민전선에 대한 국제적 지원이 미약했던 데 반해, 프랑코는 히틀러의 전폭적인 지원을 받았다. 특히 독일 공군의 공중 지원이 전세에 큰 영향을 미쳤다.

국제여단의 활약과 좌절

인민전선 지지를 촉구하며 자유와 민주를 지키고자 했던 지식인, 예술가들은 참지 못하고 직접 총을 들고 전쟁에 참전했다. 이들을 '국제여단'이라 한다. 헤밍웨이, 앙드레 말로, 베르톨트 브레히트, 파블로 네루다, 조지 오웰 등이 참전했으며, 종군 사진작가의 전설 로버트 카파도 활약했다. '국제여단'을 구성한 이들은 대부분 노동 자였지만, 지식인과 예술인의 참전과 전사는 큰 반향을 일으켰다.

이들의 활약과 고민과 열정은 여러 영화(〈랜드 앤 프리덤Land and Freedom〉(1995), 〈헤밍웨이와 겔혼Hemingway & Gellhorn〉 등)에 담겼는데, 가장 대표적인 작품으로 〈누구를 위하여 좋은 울리나〉(1943)를 꼽을 수 있다. 이 영화의 줄거리는 이렇다.

국제여단 소속 로버트 조던(게리 쿠퍼)은 교량 폭파 임무를 수행하기 위해 현지 게릴라 부대 지휘자 파블로를 만나 도움을 요청하게 된다. 조던은 그곳에서 파시스트에게 부모를 잃은 마리아(잉그리드 버그만)를 만나 사랑에 빠진다. 파블로는 가망 없는 내전에 회의를 느끼고 이에 파블로의 아내이자 부지휘관인 필라가 반발하면서 부대원들 사이에 갈등이 깊어지는 가운데 교량 폭파가 잘못된 정보에 따른 작전임이 밝혀진다. 조던은 작전을 바로잡으려고 노력하지만 지휘부와 연락이 닿지 않고, 결국 예정대로 교량을 폭파하지만 그 과정에서 총을 맞고 쓰러진다.

조던과 마리아의 사랑 이야기를 주축으로 하는 이 작품은 스페인 내전 참전자가 겪은 실상을 잘 그려 냈다. 인민전선의 군사적 무능과 부족한 물자, 패색이 짙어지면서 식어 가는 열정, 그럼에도 꺾이지 않았던 의지 등이 다양한 인물과 사건을 통해 드러난다.

결국 스페인 내전은 프랑코의 승리로 끝났고, 이후 1975년 그가 죽을 때까지 스페인은 독재정치 아래 놓인다. 프랑코는 나치의 도움으로 권력을 잡았지만 제2차 세계대전 참전을 거부함으로써 대전 이후 유일하게 살아남은 파시스트가 되었다. 1975년 스페인은 카를로스 1세가 즉위하면서 다시 입헌군주제 국가가 되었고, 유럽에서 가장 늦게 보통선거를 치르면서 의회를 구성했다. 하지만 경제 수준에 비해 낮은 정치 수준으로 오늘날까지 여러 불안 요인을 안고 있다.

◈ 피카소가 그린 '신천 학살 사건'

스페인 출신 화가 피카소는 20대에 파리로 이주한 이래로 거의 스페인에 간 적이 없지만 조국에 대한 애정은 여전했다. 그는 스페인 내전 당시 인민전선 정부를 응원했고, 그래서 나치 공군이 게르니카 마을을 폭격하여 인구의 30퍼센트에 달하는 1,654명의 사망자가 발생한 '게르니카 사건'에 큰 충격을 받았다.

분노한 피카소는 이 사건을 그림으로 그려 큰 반향을 일으켰다. 피카소는 1930년대부터 전쟁의 참화와 정의에 깊은 관심을 가졌고 공산당에도 가입했다. 그는 한국전쟁 때 벌어진 '신천 학살 사건'을 소재로 〈한국에서의 학살〉이란 그림을 그렸다. 그러나 이 작품은 한국 정부가 신천 학살을 부정하고 있기 때문에 우리에게는 잘 알려져 있지 않다. 일부 보수 진영에서는 공산주의자 피카소가 일방적으로 북한의 주장만 듣고 그린 그림이라고 비판하고 있다. 하지만 학살에 대한 고발에 앞장선 피카소의 예술 세계까지 부정할 수는 없을 것이다.

161

'나치'라는 괴물

히틀러

1889~1945

교과서 속 한 줄 역사 제1차 세계대전이 끝나고 독일에 수립된 바이마르 공화국(독일 공화국)은 대공황으로 큰 타격을 입었다. 이 과정에서 히틀러의 나치당이 세력을 확대하였다. 베르사유 조약 파기와 독일 민족의 우수성을 강조하면서 중산층과 청년층의 지지를 받아 선거에서 제1당이 된 후 공포정치를 통해 전체주의 체제를 구축하였다.

영화는 공중에서 하강하는 비행기의 시선으로 시작한다. 비행기가 내려앉은 도시는 뉘른베르크. 나치 전당대회로 온통 축제 분위기에 휩싸인 도시는 위대한 지도자를 맞이하느라 분주해 보인다. 마침내 카메라의 시선이 땅으로 내려오면, 비행기에서 히틀러가 내리고 화려한 전당대회가 시작된다.

독일의 천재적인 여성 다큐멘터리 감독 레니 리펜슈탈이 연출한 〈의지의 승리Triumph Des Willens〉(1934)는, 1936년 베를린 올림픽을 기록한 〈올림피아Olympia〉와 함께 걸작 중의 걸작으로 평가받는다. 이 훌륭한 예술 작품 덕분에 리펜슈탈 감독은 전범 재판에 회부되고도 순수한 예술적 열정이란 변호가 받아들여져 무죄 석방되었다.

영화 〈의지의 승리〉 속 나치 전당대회(왼쪽)와 감독 레니 리펜슈탈.

그러나 이 다큐는 분명 '하늘에서 내려오는' 히틀러를 위한 것이었다.

나치 돌격대에서 총통까지

1889년 오스트리아에서 평범한 세관 공무원의 아들로 태어난 아돌프 히틀러는 아버지와 어머니의 죽음과 학교 적응 실패로 어려운 시절을 보냈다. 그는 엽서 그림 그리는 일과 페인트칠로 생계를 꾸리다가 독일로 이주하여, 제1차 세계대전이 발발하자 자원병으로 입대했다. 패전 이후 뮌헨으로 돌아온 그는 국가사회주의당(독일노동자당의 후신) 나치에 가입하여 선동 일꾼으로 주목 받았다.

나치가 바이에른 지방의 군부와 부르주아의 후원을 받으며 세를 확장하는 과정에서 히틀러는 조직가이자 선동가로 출세 가도를 달렸으며, 반대파의 야유를 진압하려고 만든 '돌격대'를 이끌면서 나치의 중요한 지휘자가 되었다.

히틀러가 출세하는 데에는 독일의 혼란이 큰 역할을 했다. 독일에게 가혹한 전쟁 책임을 물은 '베르사유 조약'에 독일인들은 크나큰 굴욕감을 느끼며 조약 문서에 서명한 정부, 속칭 바이마르 공화국에 반감을 가졌다.

패전 이후 사회민주당(사민당)을 주축으로 구성된 바이마르 공화국은 좌파 내 급진파와 온건파의 대립, 사민당의 우유부단한 정책, 자본가와 기존 권력층의 여전한 횡포 등으로 점차 민중의 지지를 잃어 갔다. 무능하고 지지도 받지 못하는 정권 아래 혼란이 지속되고, 독일 공산당이 러시아 혁명의 영향을 받아 사회주의 혁명을 주장하자, 부르주아와 중산층은 강력한 독재 권력의 출현을 갈망하기에 이르렀다.

결정적 계기는 대공황이었다. 이미 배상금 지불과 영토 상실로 경기 침체와 인플레이션에 시달리던 독일 경제는 대공황으로 완전히 파탄나고 말았다. 공산주의 혁명의 위기감이 고조되는 가운데, 1923년 미수에 그친 쿠데타(뮌헨 폭동, 일명 '비어 홀 폭동')로 투옥되어 옥중에서 쓴 《나의 투쟁》으로 나치의 지도자가 된 히틀러가 새로운 대안으로 떠올랐다.

히틀러는 돌격대와 친위대 등 강력한 조직을 바탕으로 좌익 세력에게 강력한 테러를 자행하면서도 합법적 정권 장악을 주장하여 보수파들을 안심시켰다. 그가 이끄는 국가사회주의당은 1930년 대공황 이후 총선에서 600만 표를 득표하며 2당으로 급부상했고, 이후 3년간 총선에서 30퍼센트 이상 득표하며 집권에 한층 더 다가섰다. 1933년 마침내 히틀러는 총리에 임명된 뒤 반대파를 제거하고 1934년 총통에 취임함으로써 독일의 절대적 지배자가 되었다.

인종주의와 탁월한 선전선동

권력을 장악한 히틀러는 사회 전체를 일사불란한 조직으로 재편하였다. 노동자는 노조, 여성들은 여성연맹, 아이들은 소년단 식으로 모든 독일인이 조직 생활을 해야만 했다. 징병제가 부활하여 남자들은 의무적으로 군대에 가야 했고, 나치의 행동조직인 수백만의 돌격대와 친위대가 거리에서 행진했다.

이러한 조직은 독일 경제 재건 과정에서 큰 위력을 발휘했다. 독일은 국제연맹을 탈퇴하고 재무장함으로써 연합국 세력의 간섭에

◈ **파시즘과 가톨릭의 잘못된 만남**

유럽 전체주의 성립과 확산에 중요한 역할을 한 세력 중 하나가 가톨릭이다. 반유대주의와 반공주의의 가톨릭은 나치와 파시스트의 인종주의와 손잡기 좋은 형편이었다.

이때 교황은 비오 11세(재위 1922~1939)였으며, 1930년대 교황청 국무성 장관 에우제니오 파첼리(훗날 교황 비오 12세)는 오스트리아의 돌푸스, 독일의 히틀러, 포르투갈의 살라자르 등 파시스트 지도자들을 순방하기도 했다.

파시스트 지도자들 역시 가톨릭의 지지를 받기 위해 학교교육에서 가톨릭 관련 교육을 실시하고 교황령을 일부 복원하였으며, 하원에서 가톨릭 의원의 비율을 높이는 등 우호적인 정책을 펼쳤다.

교황 비오 11세와 12세는 종종 나치와 반유대주의를 비판했으며, 히틀러가 가톨릭 반대 정책을 폈을 때는 관계가 냉랭해지기도 했다. 하지만 제2차 세계대전 이후 특히 유대인 학살을 방조했다는 혐의를 벗지 못했고, 이후 교황청을 중심으로 여러 반성과 개혁 조처를 시행하였으나 아직도 낙태 금지 등 여러 분야에서 가장 보수적인 종교로 평가 받는다. 교황 요한 바오로 2세의 동유럽 민주화 지지를 비롯하여 엘살바도르의 로메로 주교, 한국 김수환 추기경, 남아프리카 투투 주교 등 많은 사제들의 민주화 공헌 활동은 이러한 반성에서 비롯된 것이라는 평가가 많다.

서 벗어나 효율적으로 경제를 운영할 수 있게 되었다. 독일 경제는 일시적으로 대공황의 충격에서 벗어나는 것처럼 보였다.

이 모든 것이 인종주의를 통해 합리화되었다. 히틀러는 가장 우월한 게르만족이 세상을 구원해야 하고 열등 인종들을 '정화'해야 한다고 주장했다. 열등 인종에는 슬라브인, 황인 및 흑인이 포함되며 그중에서도 가장 열등한 존재는 유대인과 집시였다.

유대인의 국제적 음모와 탐욕 때문에 공황과 전쟁이 일어난다는 히틀러의 주장은, 독일인들에게 불만을 쏟아 부을 배출구를 열어 주었고 전체주의의 억압을 잊게 만들었다. 물론 히틀러와 나치는 자신들의 주장이 단순히 선동을 위한 거짓이 아니라 실제라고 믿었지만.

나치의 2인자 괴벨스 박사는 탁월한 선전선동술로 히틀러 우상화에 큰 공을 세웠다. 선전선동의 교범으로 일컬어지는 괴벨스의 선전술은 그를 2인자 자리에 올려놓을 만큼 중요한 역할을 했다. 나치의 활동에서 선전상(장관)의 역할이 그만큼 중요했던 것이다. 히틀러는 신이 되었고, 그의 생각과 판단은 절대적인 것이 되었다. 이는 훗날 히틀러가 모순된 결정(일본과의 연합, 소련과의 조약 체결 등)을 내리는데도 불구하고 독일인들로 하여금 여전히 그를 믿고 따르도록 만들었다.

이제 나치라는 괴물은 모든 성장을 마치고 마지막 과정, 바로 자본주의의 본능이라고 할 팽창으로 나아간다.

162

인류 최대의 전쟁

제2차 세계대전

1939~1945

교과서 속 한 줄 역사 제2차 세계대전은 인류 역사상 최대의 전쟁이었다. 비행기와 통신기술, 원자폭탄 같은 신무기 때문에 총력전의 양상을 띠었고, 대량 폭격과 인종 말살 작전으로 무고한 민간인 수백만 명이 희생되었다.

영국 사람들이 가장 좋아하는 드라마 〈닥터 후Doctor Who〉는 타임로 드라는 외계 종족 닥터 후가 지구인 '컴패니언'(동반자)과 함께 타임머 신 '타디스'를 타고 시공간을 여행하며 겪는 모험을 그리고 있다.

1963년 처음 방송된 이래로 51년째 이어 오고 있는 이 드라마 시리즈에서 가장 자주 다뤄지는 시대는 제2차 세계대전 런던 대공 습 당시다. 그만큼 런던 대공습은 영국인들의 가슴에 깊이 뿌리박 힌 트라우마이다.

수도로 곧장 향한 전투기

1939년 나치의 폴란드 침공으로 제2차 세계대전이 시작되었다. 폴 란드를 점령한 뒤 잠시 주춤하던 나치의 군대는, 1940년 여름 프랑스를 침공하면서 본격적인 유럽 침공을 단행했다. 이로부터 5년간 유럽은 역사상 최악의 전쟁을 겪게 된다.

제1차 세계대전만큼이나 제2차 세계대전 때도 당시의 최신 기술과 산업으로 개발한 신무기가 경쟁적으로 쏟아졌고, 이로 인해 전쟁의 양상도 바뀌었다. 그중 가장 주목할 것이 도시 폭격이다. 제1차 세계대전 초기에 정찰용으로 시작된 비행기의 전쟁 무기화는 적진에 폭탄을 투하하는 전폭기로 발전했다. 이후 고성능 엔진이 개발되고 폭탄 적재 능력이 향상되면서 유례없는 대량살상이 가능해졌다.

폭격기는 특히 적국 후방의 공업도시와 수도를 목표로 했다. 총력전은 후방에서 끊임없이 생산되는 전쟁 물자를 바탕으로 한 소모전이므로, 후방의 공업지대를 파괴하여 생산을 중단시키는 것이 전쟁을 승리로 이끄는 지름길이었다. 또한 수도 폭격은 심리적으로 상대에게 큰 충격을 주는 효과도 있었다. 제1차 세계대전 때까지도 수도는 항상 가장 마지막에 공격받는 곳이었고, 수도를 폭격당하면 국민들의 저항 의지도 무너지기 때문이다.

이러한 전술을 제일 먼저 활용한 나라가 독일이다. 독일군은 파리를 점령한 뒤 영국을 굴복시키고자 런던 대공습을 감행했다. 수도를 파괴함으로써 영국의 전쟁 의지를 꺾고 종전 협상을 유리하게 끌고 갈 계획이었다. 1940년 9월, 독일 공군사령관 괴링이 지휘하는 대규모 공습 편대가 새카맣게 런던 하늘을 덮으며 폭격이 시작되었다.

2개월간 이어진 폭격으로 런던은 처참하게 파괴되었다. 독일의 공습으로 4만 명 이상이 사망했고, 런던의 주요 건물도 모두 파괴되었다. 하지만 런던 대공습은 민간인을 폭격함으로써 영국인들의 복수심을 자극하고 독일 공군의 결함만 노출시키고 말았다. 독일 폭격기가 너무 느려서 영국 전투기의 공격을 받기 쉬웠으며, 호위하는 독일 전투기까지 덩달아 재물이 된 것이다. 결국 런던 대공습은 영국 공격 실패의 원인이 되고 말았다.

드레스덴과 도쿄를 초토화시킨 미국의 '융단폭격'

1945년 2월 13일, 연합군이 독일의 공업도시 드레스덴을 폭격했다. 독일의 경제를 마비시키고 독일인의 전쟁 의지를 꺾기 위한 작전으로, 특히 미 공군은 대낮에 폭격을 감행함으로써 미군의 압도적 우위를 독일 국민들에게 보여 주려 했다.

전쟁이 진행되면서 폭격기도 매우 빠른 속도로 진보했다. 1942년 미군이 개발한 B-17 폭격기는 6천 파운드의 폭탄을 싣고 1,300마일(런던에서 출발하여 유럽 전체를 폭격할 수 있는 거리)을 비행할 수 있었으며, 지상 1만1,500미터 상공까지 올라가 대공포화를 피할 수 있었다. 이후 B-29까지 개발되었는데, 이런 폭격기 여러 대가 나란히 날며 지상에 빈틈없이 폭탄을 쏟아붓는 이른바 '융단폭격'을 하면 아무도 살아남을 수 없었다. 미국의 융단폭격은 제2차 세계대전부터 한국전쟁 때까지 악명을 떨쳤다.

2월 13일 하루 종일 14시간 동안 진행된 폭격으로 드레스덴은 말 그대로 초토화되었다. 인구 65만 명 중 13만5천여 명이 희생당했다. 드레스덴 공습은 특히, 유서 깊은 도시는 문화재 보호 차원에

1945년 2월 13일, 단 하루 동안의 폭격으로 드레스덴 사람 13만여 명이 희생됐다.

서 공습하지 않는다는 불문율을 깬 것이어서 더욱 큰 충격을 주었다. 이로써 800년의 역사를 자랑하는 중부 유럽의 예술의 도시 드레스덴은 돌이킬 수 없는 큰 타격을 입었다.

연합군은 한 달 뒤인 3월 10일, 이번에는 도쿄를 공습했다. 도쿄 공습에는 소이탄(사람이나 시가지·밀림·군사시설 등을 불태우기 위한 탄환류)이 투하되었다. 일본의 민간 가옥들이 목재였기 때문이다. 이날 공습으로 도쿄는 불바다가 되었고 15만 명이 희생당했다.

이제 전쟁은 군인들의 희생뿐만 아니라 민간인 대량학살을 수반하였다. 전쟁터에서 멀리 떨어진 후방도 결코 안전하지 않았다. 전쟁에 반대하고 참여하지 않은 사람도 전쟁의 위험에 노출되는 처지가 되었다. 이제 전쟁은 그 자체가 학살이며 죄악이 되었다. 그리고 아이러니하게도 그것은 기술 개발의 결과였다.

163

승패를 가른 '스타크래프트 원리'

독일 전차부대

1939~1945

교과서 속 한 줄 역사 독일은 유럽 침공에 이어 북아프리카 등에서 영국군과 대결하였다.

한때 전 세계 청소년들을 열광시킨 인터넷 게임 스타크래프트에는 절대적인 원칙이 있었다. '질보다 양!' 스타크래프트 게임에는 종족별로 히드라·마린·질럿 등의 기본 유닛과 배틀 크루저·가디언·캐리어 등의 고급 유닛이 있는데, 실제 게임에서는 공격력이 강하고 비용이 많이 드는 고급 유닛보다는 조금 약하더라도 비용이 적게 드는 기본 유닛을 많이 빠르게 생산하는 쪽이 승산이 높다.

이와 같은 '질보다 양'의 원칙은 제2차 세계대전의 중요한 기본 전략이기도 했다.

무적의 '타이거', 롬멜 기갑사단

자원이 부족하지만 기술력이 좋은 독일·일본 등은 1930년대부터 첨단 무기 개발에 주력했다. 이때 나온 대표적인 무기가 독일 탱크 '타이거'와 일본의 함상 전투기 '제로센'이다. 타이거와 제로센은 무기라기보다 예술에 가깝다는 찬사를 받을 정도로 디자인, 성능, 화력 모두 발군이었다. 제2차 세계대전 초기 독일과 일본이 우세하게 전쟁을 이끌어 갈 수 있었던 동력이 여기 있었다.

가장 대표적인 예가 북아프리카 전선을 휩쓴 롬멜의 기갑사단이다. 기갑사단의 주축을 이룬 전차 '판저'와 '타이거'는 뛰어난 디자인과 성능을 뽐냈다. 롬멜이 기갑사단을 이끌고 북아프리카 전선에 투입된 것은 이탈리아군이 영국군에게 참패했기 때문인데, 그토록 강력했던 영국 전차부대도 롬멜의 전차부대 앞에서는 종이호랑이에 불과했다.

독일 전차부대는 제2차 세계대전 내내 위용을 떨쳤다. 소련 침공 때 광활한 러시아 평원을 가로지르는 독일 전차부대를 아무도 막아서지 못했다.

독일 전차부대가 적 방어선을 돌파하고 적의 진지를 두 토막 내 분산시킨 뒤 각각 포위하여 섬멸하는 작전은 실패한 적이 없었다. 방어선의 대명사인 프랑스의 (육군장관 마지노가 건의한) 마지노선 Maginot線도 독일 전차부대 앞에서 불과 한 달 만에 뚫리고 말았다.

독일 전차부대의 위용은 전쟁 말기까지도 흐트러지지 않았다. 전쟁 막판 독일 본토까지 밀리는 상황에서 감행된 마지막 반격 작전 '벌지 전투'가 대표적이다. 이때 맹활약을 펼친 중형 전차 '킹 타이거'는 당시 세계 어느 전차보다 성능이 뛰어났고, 지금까지도 역사상 가장 훌륭한 전차 중 하나로 꼽힌다.

'킹 타이거'를 살펴보는 롬멜. 독일어로 '쾨니히스 티거'라 불린 이 강력한 중전차는 그러나 생산 대 수가 너무 적었다.

이 전투에서 연합군은 한때 포위당해 전멸할 뻔했으나, 미 101 공수사단의 영웅적 항전으로 가까스로 전선을 유지하는 데 성공했다. 이토록 강력한 기갑부대를 보유한 독일은 왜 제2차 세계대전에서 패했을까? 바로 '질보다 양' 때문이었다.

압도적 물량의 승리

미국과 영국은 풍부한 자원과 대량생산 시스템을 바탕으로 압도적 물량을 유지했다. 롬멜의 북아프리카 기갑사단도 영국 몽고메리 장군과 미국 패튼 장군이 이끄는 연합군 전차부대의 물량에 서서히 밀리기 시작했다. 전쟁 초기 영국이나 미국의 전차부대는 여러모로 독일에 뒤처질 수밖에 없었다. 지휘부가 기갑부대에 관심이 없었기 때문이다. 미국과 영국이 전차부대를 양성한 것은 프랑스에서 독일 전차부대의 위력을 목격한 뒤였다. 그리하여 평소 전차부대 양성을 주장했던 보병여단장 출신인 몽고메리 장군과 참모부 장교 출신인 패튼을 중용하게 되었다.

천하의 롬멜도 끊임없이 보충되는 연합군의 전차 물량을 당해 낼 수 없었다. 롬멜은 부족한 전차와 연료를 걱정하며 전략을 짜야 했고, 몽고메리는 그 약점을 간파하여 롬멜의 작전을 예상할 수 있었다. 마침내 롬멜은 결정적 패배를 당하고 말았다.

제2차 세계대전 당시 소련의 주력 전차 T-34.

소련과 맞붙은 동부전선에서도 마찬가지였다. 소련의 주력 전차인 T-34는 다른 나라 전차에 비해 매우 간단한 생산구조를 갖고 있었다. 성능은 단순해도 방어력이 좋고 대량생산이 용이하여 제2차 세계대전 동안 무려 3만 5천여 대가 생산되었다. 반면 독일의 중전차 '킹 타이거'는 겨우 485대 생산되는 데 그쳤다. 킹 타이거 한 대당 T-34 스무 대를 붙인다는 말이 허언이 아니었다.

벌지 전투에서도 마찬가지였다. 킹 타이거 한 대당 미군 셔먼 탱크 4~5대가 달라붙을 정도였다. 수만 대(5만 대라고도 한다)나 생산된 셔먼의 물량을 당해 낼 수 없었다. 결국 벌지 전투에서도 마지막에는 셔먼 탱크 군단에 독일군이 항복하고 말았다.

스타크래프트 게임이 그토록 큰 인기를 끈 이유 중 하나는, 실제 전투 전략과 매우 흡사하게 게임이 이루어지기 때문이다. 생산력, 물량, 식민지 등이 승패를 결정적으로 좌우한다. 하지만 여기에는 또 하나 무시 못 할 진리가 존재한다. 현대전이야말로 자본의 생산력이 그대로 투영된 전쟁이라는 점이다. 그런 측면에서 본다면 스타크래프트야말로 가장 자본주의적 게임이라고 할 수 있지 않을까?

164

도라 도라 도라

진주만 공습

1941

교과서 속 한 줄 역사 일본은 군부의 팽창주의 정책 속에서 1937년 본격적으로 중국을 침략하였다.(중일전쟁) 전쟁이 장기화되자 대동아공영권을 내세워 동남아시아와 인도 방면으로 진출하려 했고, 마침내 1941년 12월 하와이 진주만을 기습 공격하여 태평양전쟁을 일으켰다.

1941년 12월 8일 새벽 3시. 야마모토 이소로쿠 제독은 아직 달이 지지 않은 캄캄한 도쿄의 새벽을 맞이하고 있었다. 그의 머릿속에는 지난 1년간의 일이 주마등처럼 스쳐 지나갔다.

"결과를 생각하지 않고 반드시 하라고 한다면 처음 반년이나 1년 동안은 꽤 설칠 수 있겠지만 2년, 3년째에는 어떤 확신도 드릴 수가 없습니다. 부탁합니다. 미국과의 전쟁은 피해 주십시오."

1년 전 미국과의 전쟁에 대해 묻는 수상의 질문에 제독은 이렇게 대답했다.

6,500킬로미터를 들키지 않고 선제공격하라

러일전쟁 당시 해군 소위로 참전한 이래로 37년 동안 바다에서 잔뼈가 굵은 야마모토 제독은 누구보다 미군의 위력을 잘 알고 있었다. 하지만 상황은 그가 원치 않는 방향으로 전개되었고, 미국과의 결전은 숙명처럼 다가왔다. 전쟁 명령을 받은 뒤 해군 제독들과의 회의에서 야마모토 제독은 단호하게 말했다.

"방법은 오직 하나. 진주만을 공격해 미 항모 전력을 분쇄하는 길뿐이다."

6,500킬로미터를 들키지 않고 항해하여 태평양 함대의 본부를 선제공격한다고? 대부분의 제독들이 반대하자, 그는 자신의 직위를 걸겠다고 나섰다. 선후배 관계가 엄격한 일본 해군에서 야마모토가 이렇게 나오면 아무도 반대할 수 없었다.

보름 전인 11월 26일, 나구모 주이치 제독이 이끄는 해군 기동부대가 출격할 때, 야마모토는 그에게 간곡히 당부했다.

"항공모함을 단 하나도 잃어서는 안 돼. 그럼 지는 거야."

진주만 공격에 반대해 온 나구모 제독은 더욱 긴장한 표정으로 선배의 간곡한 당부를 들었다. 그는 야마모토에게 보고했다.

"만약 우리의 기습을 미군이 알아채지 못하면 계획대로 공격합니다. 공격 암호는 '도라 도라 도라'입니다."

그렇게 나구모와 기동부대(항공모함 6척과 호위함, 비행기 350여 대)가 진주만 공격에 나섰다. 예정대로라면 공격편대가 여명을 뚫고 진주만으로 돌진할 시각, 야마모토는 시계를 보았다. 오전 3시가 넘어가고 있었다. 하와이 시각으로 12월 7일 오전 8시경, 평화로운 일요일 아침을 맞이하고 있을 그때, 문이 열리고 참모가 가쁜 숨을 몰아쉬며 그를 바라봤다.

"각하, 도라 도라 도라입니다!"

광기로 이어진 절반의 성공

1941년 12월 7일 하와이 시각 오전 7시 52분, 일본 항공모함 아카기 등에서 출격한 제1차 공격편대 편대장 후지타는 진주만 상공에 미 공군의 움직임이 보이지 않자 '도라 도라 도라'를 타전했다. 무전을 받은 나구모 제독은 즉각 도쿄에 이 사실을 알렸고, 7시 55분 후지타 편대가 미 공군 비행장에 폭탄을 투하했다. 진주만 공격이 시작되었다.

7시 57분 뇌격기(어뢰로 함선을 공격하는 해군 공격기)에서 어뢰가 발사되었다. 8시 국기 게양식을 하기 위해 함상에 도열한 미 해군 장병들이 거대한 폭음과 함께 산화했다. 미군 전함 오클라호마, 웨스트버지니아, 캘리포니아가 파괴되었다. 8시 5분, 전함 메릴랜드, 테네시, 애리조나가 전함용 철갑폭탄 세례를 받고 불길에 휩싸였다.

9시, 시마사키 소좌가 지휘하는 2차 공격편대의 공습이 시작되었다. 전함 펜실베이니아, 네바다 등이 불길에 휩싸였고 구축함 등 수많은 보조함들도 폭격을 받았다. 미군이 반격을 가해 일본 전투기 일부를 격추시켰지만, 1차 공격을 피한 함정들 대부분이 이때 큰 타격을 입었다.

11시경, 공격을 마치고 전투기들이 돌아오자 나구모 제독은 항공모함에 즉각 귀환할 것을 명했다. 항공 참모 겐다 중좌가 계획된

1941년 12월 7일, 일본 폭격기의 공습으로 불타는 미군 전투함.

3차 공격을 예정대로 실시하자고 주장했지만, 나구모 제독은 고개를 저었다. 미 항공모함이 돌아와 반격을 가해 항공모함을 잃으면 공격이 의미가 없다는 이유였다.

그랬다. 애초 목표였던 미 태평양함대의 항공모함이 진주만에 없었다. 이는 진주만 공격이 절반의 성공이었음을 의미하는 것이었다. 야마모토 제독은 기동부대의 무사 귀환을 환영하면서도 항공모함 전력 제거에 실패한 것을 애석해했다. 그는 혼자 중얼거렸다.

"잠자는 사자를 깨웠으니 우리는 그 대가를 치를 수밖에 없을 것이다."

그는 초기 효과적인 작전을 수행함으로써 일본 정부가 최대한 유리한 조건에서 미국과 휴전협정을 체결하고 전쟁을 끝내 주기를 바랐다. 하지만 정치인들은 승전보에 미쳐 가고 있었다. 야마모토 역시 그 광기에 휩쓸리지 않을 수 없었다.

165

독일을 쓰러뜨린 저격병

스탈린그라드 전투

1942~1943

교과서 속 한 줄 역사 독일은 독소불가침조약을 파기하고 소련 영토로 진격하였다. 소련은 스탈린그라드 전투에서 독일군을 격파하고 동부전선에서 승리를 거두었다.

장 자크 아노 감독의 영화 〈에너미 엣 더 게이트Enemy At The Gates〉(2001)는 제2차 세계대전 당시 스탈린그라드 전투를 다룬 대작이다. 〈장미의 이름〉(1986), 〈불을 찾아서〉(1981) 등 역사적 사건들을 주로 다뤄 왔던 감독의 작품답게, 이 영화는 러시아 저격수인 실존 인물 바실리 자이체프를 주인공으로 하여 스탈린그라드 전투의 참상과 특성을 스펙터클한 화면으로 적나라하게 재현하였다.

2년 만에 깨진 독소불가침조약

유럽에서 전쟁을 치를 때 독일의 가장 큰 고민은 동쪽과 서쪽에서 동시에 싸워야 한다는 것이었다. 제1차 세계대전 때 독일은 먼저 프랑스를 점령하고 뒤에 러시아를 공격하는 단기 전략을 썼지만 장기전에 휘말리면서 실패했다. 히틀러는 소련과 불가침조약을 체결하여 동쪽을 확실히 해결한 다음, 마음 편하게 프랑스와 전쟁하는 방법을 썼다. 이 방법은 대성공이었다.

하지만 히틀러와 소련의 스탈린 모두 불가침조약을 진짜 신뢰하지는 않았다. 슬라브족을 유대인 다음의 멸절 대상으로 지목한 공산주의 혐오자 히틀러가 소련과의 약속을 지킬 리 없었다. 마침내 1941년 6월 22일, 153개 사단으로 구성된 대규모 군대가 소련을 침공했다. 히틀러를 자극하지 않으려고 일부러 전쟁 준비를 소홀히 했던 스탈린의 소련군은 초반에 궤멸적 타격을 입고 순식간에 모스크바까지 밀렸다.

슬라브족과 공산당원들을 멸종시키라는 히틀러의 명령에 따라 잔인한 학살극이 벌어졌다. 나치의 군대는 점령지를 뒤져 공산당원과 그 협력자들을 즉결 처형했다. 희생자가 400여 만 명에 달했으니, 유대인 학살 600만 명에 필적하는 홀로코스트였다. 여성 공산당원들을 마구 난도질하여 죽일 만큼 나치의 학살극은 광적이었다.

스탈린은 잔인하게 학살당한 슬라브인의 사진을 유포하며 전의를 부추겼다. 모든 인민이 총궐기하여 조국 방위전쟁에 나서라고 명령했다. 러시아인들은 스탈린의 촉구가 아니더라도 살기 위해 싸움에 나섰다. 마침 혹독한 겨울이 찾아왔다. 독일이 자랑하는 전차와 첨단 장비들이 얼어붙어 제 기능을 하지 못할 때 러시아인들은 구형 소총을 들고 눈보라를 뚫고 달려들었다.

폭격으로 무너진 건물에 발이 묶일 줄…

혹독한 겨울을 넘긴 독일군은 부족한 연료를 확보하기 위해 남쪽으로 시선을 돌렸다. 스탈린그라드(현 볼고그라드)를 지나 바쿠 유전지대를 장악할 계획이었다. 1942년 여름, 약 50여 만 명의 대병력이 스탈린그라드로 몰려들었다. 처음에는 스탈린그라드를 장악하는 것이 별로 어려워 보이지 않았다. 독일 공군의 폭격으로 도시의 방어선은 대부분 무너졌고, 독일군은 순조롭게 주요 지역을 점령했다. 하지만 이것이 수렁이 되었다.

폭격으로 파괴된 수 미터 높이의 건물 잔해가 도시의 주요 도로를 덮어 버려 독일이 자랑하는 탱크와 장갑차가 전진할 길이 막혔다. 또한, 파괴되어 뼈대만 남은 건물 콘크리트 더미는 소련 병사들의 좋은 은신처가 되었다.

소련군 사령관 추이코프는 독일군의 포격으로부터 병사들을 보호하기 위해 가능한 한 독일군 진지 가까운 곳에 병력을 은신시켰다. 건물 잔해 사이에 숨은 소련 저격병들은 도보로 전진하는 독일군 장교들을 노렸다. 개방된 몇몇 도로에서 대규모 병력이 소모전을 벌이는 사이, 잔해 더미에서 저격병들의 지루한 암살이 이어졌다. 이런 전쟁이 무려 반년 동안 계속되었다.

이때 소련에서 가장 빛나는 무공을 올린 저격병이 이반 시도렌코와 바실리 자이체프다. 이반 시도렌코는 500여 명의 독일군을, 바실리 자이체프는 242명의 독일 장교와 사병을 사살했다고 한다. 특히 바실리는 독일의 최고 저격수 하인츠 토르팔트를 사살하여 국민적 영웅으로 추앙받았다.

1943년 2월 2일, 독일군 9만 여 명은 결국 소련에 항복했다. 스탈린그라드에서 발이 묶여 고전하다가 반격을 당해 오히려 포위당한 상태였다. 이 전투에서 독일군 20만 명이 전사했다. 소련군의 사상자도 엄청났지만, 중요한 것은 독일의 전력이 돌이킬 수 없는 타격을 입었다는 것이다.

1943년 스탈린그라드 전투의 소련군 저격병들.

스탈린그라드 전투는 독일 패전의 상징이 되었고, 결국 동부전선에서의 후퇴로 이어졌다. 이어 독일은 서부전선에서도 노르망디 상륙작전으로 결정적 타격을 입으면서 패전의 길에 접어든다.

◆ '스탈린'그라드에 목숨 건 이유

제2차 세계대전은 지도자의 의지에 전적으로 의존하는 전쟁이었다. 그래서 히틀러나 스탈린 등 독재자들의 심리가 전쟁의 향방을 좌우하는 데 큰 영향을 미쳤다는 주장이 제기되는데, 스탈린그라드 전투 역시 이런 의혹을 받았다. 굳이 스탈린그라드를 공격할 이유가 없었는데 스탈린의 이름이 붙은 도시의 상징성 때문에 히틀러가 공격을 감행했으며, 소련의 스탈린도 마찬가지로 그 상징성 때문에 전투에서 반드시 승리하고자 했다는 것이다. 스탈린그라드 전투에서 총 200만 명 정도의 사상자가 발생했는데, 그 정도의 전략적 가치가 있는 도시는 아니었다는 평가다. 전투 막바지에 독일군 현지 사령관 파울루스가 후퇴 명령을 내려 달라고 히틀러에게 청원했을 때, 히틀러는 차라리 파울루스가 최후까지 싸우다 자살하기를 바랐고, 파울루스는 "그 보헤미안 놈(히틀러)을 위해 죽을 생각은 추호도 없다."며 항복해 버렸다고 한다.

166

엉망진창 상륙작전

노르망디 전투

1944

교과서 속 한 줄 역사 연합군은 노르망디 상륙작전으로 파리를 해방시키고 독일로 진격했다.

세계 최고의 흥행 감독으로 명성이 자자했던 스티븐 스필버그는 유난히 상복이 없었고, 특히 아카데미상과는 인연이 없었다. 그런 그에게 데뷔 20여 년 만에 아카데미 감독상을 안겨 준 작품은 공교롭게도 모두 제2차 세계대전을 배경으로 한 것이었다. 홀로코스트를 다룬 〈쉰들러 리스트〉(1993), 노르망디 상륙작전을 다룬 〈라이언 일병 구하기〉(1998)가 그것이다.

그중 〈라이언 일병 구하기〉는 실제 노르망디 상륙작전에 참전한 군인들의 증언을 토대로 사실적 재현에 주력하여 큰 반향을 일으켰다. 특히 처음 20여 분간의 상륙작전 장면은 지금까지 이 전투를 다룬 영화 및 드라마 중 가장 역사적 고증을 잘했다는 평가를 받았다. 그러다 보니 뜻하지 않은 부작용도 생겼다. 이 영화를 본 미국 젊은이들이 군 입대를 꺼린 것이다.

이제 남은 것은 프랑스의 서부전선뿐

스탈린그라드 전투 이후 소련은 동부전선에서 반격을 개시하여 1944년 1월 소련 국경 너머 폴란드로 독일군을 밀어붙였다. 남부에서는 1943년 9월 무솔리니가 실각하고 새로 들어선 이탈리아 정부가 연합군에 항복했다. 독일이 급히 이탈리아를 점령했지만 연합군의 공격에 계속 밀리고 있었다. 이제 연합군으로서는 프랑스 서부전선만 남았다.

연합군이 서부전선에서 독일을 밀어붙일 가장 유력한 방법은 프랑스 서부 해안에 상륙하여 파리로 진격하는 것이었고, 가장 적합한 상륙 지점은 영국에서 가장 짧은 거리에 위치한 칼레 주변이었다. 하지만 그곳은 독일군이 충분히 대비했을 것으로 보고 연합군은 그 남쪽 노르망디 반도 일대를 상륙 지점으로 잡았다. 연합군은 300만 명에 달하는 유례없는 대병력을 동원했다.

연합군의 상륙을 예상한 독일군은 여러모로 준비했지만 상륙 지점을 놓고 의견이 갈리면서 대비가 분산되고 지연되었다. 상륙 부대가 교두보를 확보하기 전에 독일이 자랑하는 기갑부대가 바다로 몰아내면 그만이지만, 그래서 북아프리카 전선의 영웅 롬멜까지 와 있었지만, 히틀러가 상륙 지점을 오판하여 병력을 잘못 배치하는 바람에 연합군 상륙 당일까지 노르망디 일대 방어 시설은 '공사 중' 이었다.

썰물에, 탱크는 가라앉고, 앞에선 기관총이…

1944년 6월 6일 새벽, 연합군의 작전이 개시되었다. 작전은 엉망이었다. 밀물이 아닌 썰물 때 상륙하는 바람에 병사들은 완전히 노출된 상태에서 수백 미터를 달려야 했다. 이들은 벙커 속에 대기하고 있던 독일 기관총의 재물이 되었다. 어떤 지점에서는 겨우 네 정의 독일 기관총에 3천여 명의 병력이 희생당했다.

보병을 엄호할 탱크는 수륙양용으로 설계됐음에도 실제로는 거친 파도에 휩쓸려 가라앉고 말았다. 가장 희생이 컸던 곳은 '오마하 해변'이라는 작전명으로 불린 곳이다. 바로 이곳에서 벌어진 전투가 영화 〈라이언 일병 구하기〉의 배경이다.

무모한 작전이었지만 독일 기갑부대의 반격이 지연되면서 연합군은 교두보를 확보하는 데 성공했고, 곧 엄청난 규모의 연합군 병력이 프랑스로 쏟아져 들어왔다. 불과 2~3개월 만에 파리가 해방되고 임시정부가 수립되어 드골이 수반으로 취임했으며, 네덜란

1944년 6월 6일 새벽에 펼쳐진 **노르망디 상륙작전.**

드·벨기에 등도 해방되었다. 때마침 연합군은 로마까지 점령했고, 동유럽을 장악했으며, 태평양 전선에서는 필리핀을 탈환했다.

그해 겨울, 독일은 서부전선에서 마지막 반격 작전인 '벌지 전투'를 시도했으나 실패했고, 런던에 최초의 미사일 무기 V-1 로켓을 쏘았으나 이것을 끝으로 사실상 전세를 만회할 가능성은 사라졌다. 남은 것은 '어떻게 패배할 것인가'뿐이었다.

서부에서는 미군이, 동부에서는 소련군이 밀고 들어왔고, 두 나라는 누가 베를린을 점령할 것인지를 놓고 흥정을 했다. 소련 영토에서 독일군이 벌인 만행을 복수하겠다는 스탈린의 고집 때문에 결국 베를린 점령은 소련의 차지가 되었다. 히틀러는 이제 절망의 날만을 남겨 두었다.

◈ '숟가락만 얹으려던' 무솔리니의 몰락

제2차 세계대전이 처음 일어났을 때 이탈리아는 참전을 꺼렸다. 전쟁 준비가 되어 있지 않았기 때문이다. 하지만 독일이 프랑스에서 결정적 승리를 거두자, 무솔리니는 차려진 밥상에 숟가락을 얹기로 했다. 뒤늦게 참전한 이탈리아는 북아프리카와 발칸 반도로 진출했다. 하지만 예상대로 이탈리아군은 맥을 못 추었으며, 독일군의 보조 역할조차 해내지 못했다.

마침내 연합군이 이탈리아 남부 시칠리아 섬에 상륙하자, 무솔리니에게 정권을 넘겨주었던 이탈리아 국왕 에마누엘레 3세는 무솔리니를 실각시키고 군 총사령관 바돌리오에게 정부를 넘겼다. 하지만 독일군이 이탈리아 북부를 점령한 뒤 무솔리니를 수반으로 하는 속칭 '살로 공화국'이 수립됐다. 이로써 이탈리아는 독일군 정복 지역과 연합군 점령 지역, 왕국과 공화국이 복잡하게 얽혀 옛 분열 시대로 돌아간 듯 보였다. 그러나 연합군이 이탈리아를 해방시키면서 살로 공화국은 무너졌고, 무솔리니는 스위스로 도망치다가 반파시스트 레지스탕스에게 체포되어 처형당한 뒤 애인 클라레타 페타치와 함께 광장에 거꾸로 매달렸다.

167

히틀러의 마지막 일주일

독일 패망

1945

1945년 4월 30일 히틀러의 자살과 함께 독일은 패망하였다.

1945년 4월, 소련군의 베를린 대공세가 막바지에 다다랐다. 히틀러와 독일인들은 베를린 점령만은 미국이 해 주기를 바랐지만, 미국과 소련의 합의로 베를린 점령은 소련의 몫이 되었다. 마지막 희망이 사라지면서 독일인들은 집단 학살에 대한 공포로 전전긍긍했다.

히틀러와 독일 각료 및 군 지휘관들은, 베를린 모처의 지하 벙커에서 시시각각 조여 오는 소련군의 포위망 속에 깡통에 갇힌 쥐처럼 몰락을 기다리고 있었다.

그들의 마지막 순간을 다룬 작품이 여럿 있는데, 그중 독일 영화 〈다운폴〉(2004)과 그 원작인 요하임 페스트의 《히틀러 최후의 14일》을 토대로 히틀러의 최후를 살펴보자.

베를린을 구할 전술은 넘쳐났으나…

히틀러는 패망이 다가오면서 점차 신경질적으로 변해 갔다. 그는 정치적으로는 유대인 혐오주의자이자 극심한 인종차별주의자였지만, 개인적으로는 채식주의자이며 동물 애호가였고 아이들과 유쾌하게 놀아 주는 다정다감한 성격의 사람이었다. 그러나 멸망의 초조함은 그를 초라하고 예민하게 만들었다. 그는 습관적으로 오른손을 떨며 휘하 장군들에게 고함을 치거나 측근들에게 욕설을 퍼부었다.

히틀러는 전격전의 대가로서 전략 전술의 천재였다. 소련군에 포위당한 베를린을 구출할 아이디어도 풍부했다. 하지만 그 아이디어를 뒷받침할 군대가 없었다. 그는 9군이 소련군의 배후를 공격해 주기를 바랐지만 9군은 이미 전멸 상태였고, 적의 보급을 끊어 줄 전폭기를 원했지만 공군도 전멸 상태였다.

그가 전술을 설명할 때마다 지휘관들은 병력이 없다고 대답했고, 그때마다 히틀러는 거짓말을 한다며 소리를 질렀다. 지휘관들은 히틀러가 이미 현실 인식 능력을 잃었다고 판단하고 대책을 논의했으나, 모든 권력이 히틀러에게 있는 한 그것 역시 탁상공론에 불과했다.

수많은 독일 나치당원들이 의용군으로 나서 소련군에 맞서 싸웠다. 소련군의 진격을 저지한 것은 그중에서도 미성년인 '히틀러 유겐트'(소년단과 소녀단)들이었다. 이들의 헛된 저항 속에 수많은 소년과 노인들이 죽어 갔다. 군 지휘관들은 히틀러에게 무모한 저항을 중지하고 베를린 탈출과 항복협상을 권했다. 하지만 히틀러는 냉정하게 대답하곤 했다.

"나는 그들을 동정하지 않아. 그들은 해야 할 일을 하는 것뿐이고, 치러야 할 대가를 치르는 것뿐이야."

히틀러는 야만적인 적의 군대에 패배하는 독일 국민의 열등함을 냉정하게 비난하면서, 진화론에 입각하여 약한 민족의 멸종은 당연하며 그것을 막으려 해서는 안 된다고 주장했다.

지하 벙커에 모인 사람들

최후의 그날이 다가오자, 2인자인 괴벨스의 가족이 벙커로 들어왔다. 괴벨스의 아내 마그다는 원래 히틀러의 애인이었다는 설이 있다. 그녀는 원래 히틀러를 사랑하고 숭배했는데, 히틀러가 괴벨스와 결혼하여 독일 어머니의 전형이 되기를 바란다고 하여 괴벨스의 아내가 되었다는 것이다.

진실 여부는 알 수 없지만, 마그다가 죽을 때까지 히틀러와 국가사회주의를 신봉한 것은 사실이다. 영화에서 마그다가 괴벨스의 손을 뿌리치는 장면이 나오는데, 해석의 여지를 남기는 장면이다.

어쨌든 괴벨스와 마그다 부부처럼 히틀러와 함께 최후를 맞이하려고 벙커로 들어오는 사람이 있는가 하면, 벙커에서 나가려고 노력하는 이들도 있었다. 나치의 친위대장으로서 홀로코스트의 주 설계자 중 한 명인 하인리히 힘러는, 항복협상을 시도하다 발각되어 히틀러의 체포 명령이 내려지자 벙커를 나왔지만, 연합군에 체포되어 자살하였고 그의 측근들도 반역죄로 총살당했다. 영화에서는 의사가 히틀러에게 탈출을 간청하다 거절당하자 가족과 함께 자폭하는 장면도 나온다.

　벙커 주변까지 소련군의 포탄이 날아왔다. 히틀러는 완전히 벙커 안에 갇혀 버렸다. 절망에 빠진 사람들은 위로 삼아 술을 마시기 시작했고, 마침내 총통 집무실 주변은 취한 장교와 여성 비서들의 농담과 웃음으로 시끌벅적해진다. 그 속에서 오른손을 떨며 구부정한 자세로 돌아다니는 히틀러의 모습은 괴기스럽기까지 하다.

히틀러와 괴벨스의 최후

마침내 최후의 날이 다가오자, 히틀러는 애인 에바 브라운과 결혼식을 올렸다. 죽음을 결심한 히틀러는 군의관을 불러 자살 방법을 물어보고, 먼저 기르던 개를 청산가리를 먹여 죽였다. 그리고 비서에게 자신이 죽으면 화장해서 시신이 소련군에게 넘어가지 않도록 해 달라고 부탁한 뒤, 집무실에서 에바 브라운과 함께 권총으로 자살했다.

　비서는 히틀러의 죽음을 확인한 후, 벙커 밖 웅덩이로 둘의 시신을 옮기고 주차한 차에서 빼낸 가솔린 200리터를 부은 뒤 불에 태웠다. 간간이 포탄이 떨어지는 바람에 괴벨스를 비롯한 부하들은 화장 장면도 제대로 지키지 못하고 곧 벙커 안으로 도망쳤다.

　히틀러가 죽자 괴벨스가 총통이 되었다. 그리고 장군들은 항복하자는 무리와 반대하는 무리로 나뉘었다. 항복하자는 무리가 벙커를 떠나고, 항복을 거부한 장군들은 머리에 권총을 쏘아 자살했다.

　괴벨스는 일가족 모두 자살하기로 마음먹고 벙커에 남았다. 마그다는 먼저 의사에게 수면제와 청산가리 캡슐을 얻은 뒤, 아이들

1945년 4월 28일, 벙커 밖으로 나온 히틀러. 생전 마지막 사진.

에게 폐렴 예방약이라고 속이고 수면제를 먹였다. 장녀 엘가를 빼고 아이들 모두 순순히 약을 받아먹었다. 성숙한 엘가는 저항했지만, 결국 억지로 입이 벌려진 채 수면제를 삼키고 만다. 몇 시간 뒤 아이들이 모두 수면제에 취해 잠이 들자, 마그다는 청산가리 캡슐을 아이들 입에 넣어 여섯 아이를 모두 죽였다. 마그다가 아이들을 죽이는 동안, 괴벨스는 아이들 방 밖에서 서성이며 괴로워했다.

일을 마치고 방에서 나온 마그다가 주저앉자 괴벨스가 그녀의 손을 잡았지만, 마그다는 괴벨스의 손을 뿌리친다. 얼마 후, 둘은 벙커 밖으로 나가 청산가리와 총으로 자살했다. 부하들이 두 사람의 시신에 가솔린을 끼얹고 화장했으나, 시신 일부가 남아 소련군에 넘겨졌다. 이렇게 독일 제국의 마지막 총통마저 죽고 말았다.

히틀러와 괴벨스의 죽음 직후, 남은 장군들은 소련군에 무조건 항복하고 저항하던 병사들에게 무장해제를 명령했다. 이로써 독일은 패망하고 제2차 세계대전의 유럽 전선은 막을 내렸다. 1945년 5월 2일, 히틀러가 죽고 이틀 후였다. 공식 항복문서 조인은 5월 4일에 이루어졌다.

168

아이들의 전쟁

히틀러 유겐트

1933~1945

교과서 속 한 줄 역사 나치는 중산층과 청년층의 지지를 받았으며, 친위대, 게슈타포 등을 통해 공포정치를 자행하였다.

그들이 "깃발을 위해서라면 죽을 준비가 되어 있다."는 노래를 부르자 멜리타는 솟구치는 애국심을 느끼며 이 젊은이들의 대열에 합류해야 겠다는 열망에 불타올랐다.

"스스로를 이 흐름에 던지고 싶었다. 이 젊은이들에 속하고 싶었다. 이 것은 생사의 문제였다." - 수전 캠벨 바톨레티, 《히틀러의 아이들》

아이들을 매혹시킨 복종과 의무

히틀러는 이렇게 말했다.

"나는 청소년들에게서 시작하겠다. 우리 나이 든 이들은 기력이 소진 했다. 하지만 저 훌륭한 청소년들! 세상에 저보다 멋진 이들이 어디

있으랴. ··· 이들과 함께라면 나는 새 세상을 만들 수 있다."

히틀러는 위대한 게르만의 미래는 철저한 유소년 교육에 달려
있다고 보고, 아이들을 모두 '유겐트'(소년단과 소녀단)에 가입시켰
다. 800만의 소년이 조직에 가입하여 엄격한 군대식 조직 하에 교
육, 의식, 행진, 체험 등 다양한 프로그램에 참여했다. 소녀단은 비
록 그 수는 적었지만(나치는 남성 중심주의였다) 장차 여성 사회의 엘
리트로서 훈련받았다.

유겐트는 강제적이지 않았다. 인용문에 나오는 멜리타처럼 자발
적으로 참여하는 아이들이 많았다. "히틀러의 연설을 들었을 때 ···
마침내 우리를 이 난장판에서 꺼내 줄 사람이 나타났다고 생각했
다."고 고백한 아이도 있다. 아이들은 나치의 화려한 선동에 어른들
보다 쉽게 넘어갔다. 유겐트의 활동도 매력적이었다. "밤을 새는 캠
핑, 캠프파이어, 행진에 대한 이야기들이 너무 흥미로워" 부모의 반
대에도 불구하고 유겐트에 가입하기도 했다.

유겐트의 덕목은 복종, 동료애, 의무감이었다. 그들은 어린 시절
부터 철저히 전체주의 사회에 길들여졌고, 그것을 이상하게 생각하
지 않았다. 그것이야말로 혼란을 잠재우고 희망찬 미래를 건설할
가장 좋은 방법이라고 믿었다. 아이들은 지루한 부모의 훈계보다는
또래와 어울리며 운동경기를 하고 군사훈련을 하는 것을 즐겼다.
활동적인 아이들일수록 더했다. "아버지가 왜 (유겐트에) 동의해 주
지 않는지, 좋아하고 자랑스러워하지 않는지 이해할 수 없었다."

광기가 남긴 상처, 세대 간의 '전선'

하지만 시간이 흐르면서 조금씩 지치는 아이들이 나타났다. 명령에 불복종하여 유겐트에서 쫓겨나기도 했고, 유겐트 모임에 다녀온 것 때문에 야단맞았다고 일러바쳤다가 부모가 체포당하는 모습을 보고 큰 충격을 받은 아이도 있었다.

뮌헨대학 학생이었던 잉게 숄과 그 동생 한스와 조피는 유겐트의 획일성에 회의를 품고 저항하기로 결심했다. 이들은 '백장미의 전단지'를 만들어 몰래 유포시켜 나치 불복종운동을 선동했다. '백장미단'이라 불린 이 뮌헨대학 저항 단체는, 2년여 동안 활동하다 1943년 교내 유인물 배포 혐의로 체포되어 참수형을 당했다.

조피 숄은 사형선고를 받고 "우리의 행동으로 숱한 사람들이 깨어나 행동하게 된다면 내 죽음쯤은 아무것도 아니다."라고 말했다. 교도소장은 그녀의 처형 장면을 이렇게 기억했다. "그녀의 차례는 처음이었다. 그녀는 속눈썹 한 번 깜빡이지 않았다. 사형집행인은 그 소녀처럼 죽음을 맞이하는 이를 한 번도 본 적이 없다고 말했다."

그런가 하면 여전히 열렬한 히틀러의 찬양자들도 있었다. 히틀러를 욕한 아버지를 고발하여 아버지는 강제수용소로 끌려가고 아들은 승진한 경우도 있다. 1945

1945년 3월 20일, '폴크스슈트름'(국민돌격대) 소속 히틀러 유겐트 청소년들에게 메달을 수여하는 히틀러. 히틀러의 마지막 공식 외출로 추정되는데, 자살 한 달여 전까지도 히틀러는 아이들을 독려했다.

년 히틀러가 마지막으로 베를린을 사수하려고 몸부림칠 때 많은 유겐트 단원들이 대전차포인 판저를 들고 소련 탱크에 맞서 싸우다 죽었다. 소련 탱크 3대를 파괴한 유겐트 단원도 있었다. 이들은 전쟁이 끝난 뒤 정신적 충격을 치유하는 데 오랜 시간을 보내야 했다.

광기 어린 체제는 아직 순진한 아이들을 선택하여 도구로 삼았고, 이는 큰 상처를 남겼다. 독일은 이 상처를 치유하는 데 오랜 시간이 걸렸고 몇 차례 사회적 진통을 겪어야 했다. 독일 사회가 기성 세대에 대한 가장 격렬한 저항을 겪은 것은 이 때문이 아닌가 싶다. 그런 의미에서 제2차 세계대전은 어른만의 전쟁이 아니었다. 아이들 사이에도 또 하나의 전선이 형성되었던 것이다.

◈ '숄츠 클링크'로 대표되는 히틀러 시대 여성

나치에게 여성은 어머니로서만 가치가 있었다. 히틀러는 "전쟁이 났을 때 여성이 전장에 나가야 한다면 나는 독일 남자라는 사실이 부끄러울 것이다."라며 여성에게 가정에서의 역할만을 강요했다. 그래서 많은 직장 여성들이 해고당했고 투표권까지 박탈당했다. 대신 다산 여성들에게는 공로십자훈장이 수여되었다. 여성들은 독일 여성연맹으로 조직되어 '독일적인' 여성상을 강요받았다. 화장이나 과감한 옷은 유대인의 세계주의 사례라며 엄격히 금지당했고, 중성적 옷을 입고 체육을 통해 건강한 신체를 만드는 데 충실해야 했다. 이 시대를 대표하는 여성이 여성연맹 총재인 게르트루트 숄츠 클링크이다. 그녀는 나치의 남성 지도자들에게 복종하면서 여성은 남성의 하위 존재라고 역설했다. 특히 그녀는 나치 몰락 이후 징역 18개월을 선고받고도 1980년대까지 충실한 나치의 지지자로 살았다.

169

천황께서 전쟁을 종료시키시다

일본 항복

1945

교과서 속 한 줄 역사 1945년 9월 2일, 일본이 항복문서에 조인하면서 미국은 실질적으로 일본 점령의 주도권을 행사하였다.

"짐은 세계의 대세와 제국의 현 상황을 고려하여 비상조치를 취함으로써 시국을 수습하고자 한다. 충량한 신민에게 고하니, 짐은 제국 정부가 연합국의 공동선언을 수락할 것을 통고하도록 했다. (중략) 적은 새롭게 잔악한 폭탄을 사용하여 무고한 인민을 살상하였다. 그 피해는 이루 말할 수 없으며, 전쟁이 계속되는 한 우리 민족의 멸망을 초래할 뿐만 아니라 인류의 문명까지도 파괴할 것이다. 이에 짐은 억조 창생을 보호하고 신령께 속죄하는 마음으로 제국 정부에게 선언을 수락하게 한 것이다. 생각건대, 앞으로 제국이 받을 곤란은 이루 말할 수 없을 것이며, 신민의 고난 역시 짐은 잘 알고 있다. (중략) 견디기 힘든 고난을 이겨 내어 만세를 위한 태평을 이어 가길 바란다."

1945년 8월 15일 정오. 히로히토 천황의 항복 방송에 도쿄 황궁 앞에서 무릎을 꿇는 일본인들.

1945년 8월 15일 정오. 천황의 특별방송이 제국의 영토 내에 울려 퍼졌다. 그러나 또박또박 읽어 나가는 그 목소리에 담긴 의미를 이해하는 사람들은 그리 많지 않았다.

초반 승전에 도취된 일본

진주만 공격으로 시작된 태평양전쟁에서 일본은 야마모토 제독의 생각처럼 처음 반년간은 "꽤 설쳐 댈 수" 있었다. 필리핀과 서태평양의 미군들은 물론이고 동아시아의 영국과 프랑스군도 맥없이 쫓겨났다. 그 기세가 얼마나 대단했는지 미군들 사이에 일본군은 총알을 맞아도 죽지 않는다는 소문이 퍼지는가 하면, 영국은 싱가포르에서 굴욕의 항복을 당하기도 했다.*

야마모토 제독 등 군 지휘관들은 이 기세를 이용하여, 유럽 전선에서 미국이 독일에게 어려움을 겪고 있는 사이에 적당한 조건으로 조약을 체결하고 전쟁을 끝내기를 원했다. 하지만 수상 및 정부 각료와 군 참모부 등 실전을 잘 모르는 고위층은 승전에 도취하여 더욱 점령지를 넓혀 가기를 원했다. 마침내 1942년 여름을 기해 일본 정부는 점령지를 태평양 중부와 호주 등지로 넓혀 나갈 것을 결정했다. 이것이 패전의 수렁으로 일본을 몰아넣었다.

미군을 비롯한 연합군은 욱일승천하는 기세의 일본군을 저지할 중요한 전투를 조직해야 했다. 그리하여 결정적인 두 전투, 1942년 6월의 '미드웨이 해전'과 8월의 '과달카날 전투'가 벌어졌다. 미드웨이 해전에서 일본은 공격의 핵심 전력인 항공모함 4척을 잃었다. 또한 8월에 시작하여 1년 이상 계속된 과달카날 전투에서 패배하여 남태평양으로의 진출도 막혔다. 두 전투에서 패배하면서 일본은 공격 수단을 모두 잃고 수세에 몰렸으며, 미군은 일본을 상대로 자신감을 얻었다. 과달카날 전투 직후 미군들 사이에서 "일본군도 사람이다"라는 말이 떠돌았다고 한다.

'1억 옥쇄' 멈춘 천황의 '희생'

1943년 유럽 전선에서도 독일이 밀리면서 일본은 점점 어려운 상황에 처하게 되었다. 하지만 일본 정치 지도부는 망상을 버리지 못했다. 연합군이 물질은 우월해도 일본군이 정신력에서 우월하므로

---

* 싱가포르 영국 사령관은 싱가포르 주재 영국인들의 안전을 위한 몇 가지 제안을 했지만 일본군 지휘관은 "무조건 항복인가 아닌가, 그것만 대답하라!"고 윽박질렀다. 결국 그는 아무 조건 없이 무조건 항복하고 말았다. 이는 일본 언론에 의해 널리 퍼져 일본인들의 사기 진작에 큰 역할을 했다.

돌격 정신으로 난관을 극복할 수 있다고 믿었다. 이 때문에 무모한 소모전이 되풀이되면서 전황은 더욱 악화되었다. 현장의 후퇴 건의는 모두 묵살되고, 병사들을 쇠사슬로 묶어 후퇴하지 못하게 하는 '옥쇄'만 되풀이되었다. 이 과정에서 수많은 일본인과 징용된 식민지 백성들이 목숨을 잃었다.

1944년 마침내 패색이 짙어지자, 일본은 비로소 연합국과의 회담에 나섰다. 하지만 이 역시 비현실적이었다. 수상과 내각은 소련을 이용하여 유리한 조건에서 연합국과 협정을 체결하라고 외무성에 지시했다. 사회주의와 자본주의가 적대적이라는 막연한 추측에서 비롯된 착각이었다. 미국과 소련이 유럽에서 함께 싸웠으며, '얄타 협정'^{**} 등 긴밀한 협의를 계속해 왔다는 것을 모르고 있었던 것이다. 외무성은 불가능하다고 보고했지만, 수상의 대답은 "하면 된다"였다.

미국의 일본 본토 공습이 강화되자, 일본 정부는 '1억 옥쇄'를 주장하며 본토 결전, 즉 모든 일본인이 최후의 1인까지 천황과 황도皇道를 위해 죽음으로 싸울 것을 지시했다. 도쿄가 공습으로 불타고 수만 명이 목숨을 잃어도, 마침내 원자폭탄을 맞고 수십만 명이 죽어도 결전과 순교를 독려하는 목소리만 더욱 높아질 뿐이었다.

그때, 1945년 8월 15일, 천황이 "억조창생을 위해, 고난을 겪을

---

^{**} 1945년 2월 연합국인 미국, 영국, 소련의 국가수반인 루스벨트, 처칠, 스탈린이 우크라이나 얄타에서 가진 회담. 제2차 세계대전 후의 문제를 협의하였으며, 소련은 전쟁 참가의 대가로 사할린 등을 차지하였다. 한반도는 38선을 중심으로 분할하여 미국과 소련이 지배한다고 잠정적으로 약속하여 남북 분단의 시발점이 되었다.

지라도, 항복하겠다."라고 선언했다. 천황을 위해 죽어야 한다는 생각에 체념하고 있던 일본인들은, 그 선언을 자신들을 위한 천황의 희생으로 받아들였다. 이로써 전쟁은 끝났고, 천황은 살아남았다.

◈ 왜 일본 천황 사진은 잘 볼 수 없을까?

일본인에게 천황은 '살아 있는 신'이다. 천황에 대한 일본인들의 숭배는 관습으로 살아 있으며, 이러한 천황제를 옹호하고 유지하는 데 메이지 시대 존왕파의 후예인 야쿠자가 큰 역할을 하고 있다. 그들은 천황제를 비판하는 사람들에 대해 테러를 서슴지 않는다. 1989년 천황의 전쟁 책임을 인정한 나가사키 시장이 도피 끝에 총에 맞아 중상을 입은 사건은 유명하다. 지금도 일본 언론에서는 천황 측이 제공하는 사진 이외에는 일체 천황 사진을 게재하지 않는다. 야쿠자를 비롯한 천황 숭배자들의 반발 때문이라고 한다. 이러한 천황의 지배력은 제2차 세계대전의 진상을 규명하고 일본의 책임 문제를 규명하는 데 가장 큰 걸림돌일 수밖에 없다.

170

일인지하 조선 '천황'

조선 총독

1910~1945

교과서 속 한 줄 역사 우리는 36년 동안 일본의 지배를 받았다. 일본의 조선 식민 지배는 절대 권력을 가진 총독에 의해 이루어졌다.

일제강점기 조선 총독은 행정 · 사법 · 입법 · 군사권을 가진 절대군주적 존재로 오직 천황의 통제만 받는, 한 마디로 조선의 천황과 같은 존재였다.

20만 제곱킬로미터의 영토에 2천만 인구를 거느리고 일본 정부의 통제도 받지 않는 무제한의 권력을 가진 자라면, 마음먹기에 따라 독립국가를 세울 수도 있지 않았을까? 도대체 어떤 자들이기에 천황은 이 정도의 권력을 한 사람에게 주었을까?

본토 수상으로 가는 엘리트 코스

초대 총독 데라우치 마사다케(1910~1916 재임)는 조슈 번 출신의 번벌 정치인이었다. 번벌 출신 유명 정치인인 야마가타 아리토모의 심복으로 활약했던 그는, 러일전쟁 등에서 공을 세워 육군 대장이 되고 초대 조선 총독으로 부임했다. 결국 이토 히로부미나 야마가타 아리토모 등 천황을 옹위하는 번벌 정치인의 중심인물로서 부임한 것이다. 그는 조선 총독을 마치고 1916년 수상에 취임하여 2년간 일본 최고의 자리에서 제1차 세계대전 호황을 지휘했다.

데라우치 마사다케

2대 총독 하세가와 요시미치(1916~1919 재임)도 번벌 출신으로 데라우치와 같은 부류의 인물이었다. 그는 3·1 운동의 책임을 지고 총독에서 물러난 뒤 정계에서 은퇴하였다.

하세가와 요시미치

사이토 마코토는 3대(1919~1927 재임)와 5대(1929~1931 재임) 총독으로서, 총 10년 동안 조선을 다스렸다. 그는 해군에서 잔뼈가 굵었으며, 이토 히로부미의 입헌정우회가 구성한 '사이온지 내각'에서 해군 대신을 지낸 이래로 다섯 차례나 해군 대신을 역임했다. 3·1 운동 이후 조선 상황을 수습하기 위해 총독으로 부임하여 문화통치를 시행하였다. 1932년 수상의 자리에 올랐고, 수상에서 사임한 뒤에는 내대신內大臣으로 천황을 측근에서 보좌했다. 일본 육군의 황도파 청년 장교들이 일으킨 '2·26 사건' 때 살해당했다.

사이코 마코토

야마나시 한조

우가키 가즈시게

4대 총독 야마나시 한조(1927~1929 재임)는 육군 대신을 역임하다가 사이토 마코토 총독이 중요한 외교 업무를 맡게 되어 총독을 사임하자 그 후임으로 부임했다. 그러나 2년 만에 뇌물 사건으로 해임되고 사실상 정계를 은퇴했다.

6대 총독 우가키 가즈시게(1931~1936 재임)는 일본 육사 1기 졸업생으로 근대 일본의 엘리트 코스를 거친 전형적인 인물이다. 1923년부터 육군 대신을 역임한 그는 군 현대화를 위한 군축을 주장하여 군부 내에 적이 많았으나, 당시 협조외교 하에서 군축해야만 했던 정치권의 신임을 받았다. 1931년 조선 총독으로 부임하였으며, 1938년에는 천황에게 수상을 권유받았다. 하지만 그의 온건한 노선에 군국주의 세력이 반발하여 결국 정식으로 취임하지 못하고 정계에서 은퇴했다. 제2차 세계대전 전범 재판 때 평화주의 정치인으로 분류되어 가벼운 처벌을 받았다.

전범 재판장에 선 천황의 최측근들

7대 총독 미나미 지로(1936~1942 재임)는 민족 말살 통치를 주도하여 우리에게 악명이 높은 인물이다. 1931년부터 육군 대신을 역임한 그는 만주사변 당시 관동군의 독자 행동을 막지 않고 추인하였고, 만주국 수립 이후에는 만주 주둔 관동군 사령관으로서 만주 지배에 적극적인 역할을 하여 훗날 전범 재판에서 유죄를 선고받았다. 조선 총독에서 물러난 뒤에는 귀족원을 중심으로 조용한 정치 활동을 펼쳤다. 조선 총독 출신으로는 큰 흠이 없으면서도 수상에 임명되지 못한 유일한 인물인데, 이는 제2차 세계대전 주범인 도조 히데키가 40년대에 일본 수상을 독점한 탓이다.

미나미 지로

8대 총독 고이소 구니아키(1942~1944 재임)는 사실상 마지막 총독이다. 육군사관학교를 나와 육군 대장, 육군 차관을 역임했다. 조선군 사령관을 지냈으며 2년간 조선 총독으로 일했다. 1944년 계속되는 패전의 책임을 지고 도조 히데키 수상이 물러나자 후임으로 수상에 취임하였다. 그러나 그는 1930년대 황도파로 분류되던 강경파로서, 권력을 잡고 있던 통제파와 천황에게 별로 인기가 없

고이소 구니아키

아베 노부유키

는 허수아비 수상이었다. 결국 취임 9개월 만에 사임했으며, 전범 재판에서 A급 전범으로 종신금고형을 선고받고 5년 만에 옥사했다.

9대 총독 아베 노부유키(1944~1945 재임)는 조선 통치보다 전쟁 수행의 지휘자로서 부임했다. 1년 남짓한 그의 총독 재임 기간은 전쟁 지원 및 패전 처리로 점철되었다. 육군사관학교를 나와 육군 대장 및 육군 부대신을 역임하였고, 대만군 사령관 등을 지냈다.

1939년 수상에 취임하여 5개월간 재임했는데, 유럽의 제2차 세계대전에 개입하지 말 것을 주장하다가 육군의 반발로 물러났다. 이후 중국과 조선 등 외지로 돌았고 그 과정에서 조선 총독의 자리에 올랐다. 총독으로서 패전을 맞아 조선으로 진주한 미군에 항복해야 했는데, 이를 거부하고 할복자살하려다 실패했다. 전범 재판에서는 무죄판결을 받았다. 아마도 제2차 세계대전 초기 중일전쟁 종결 및 유럽 불개입을 주장한 탓이었던 모양이다.

조선 총독으로 부임한 8명의 총독은 모두 육군 대신이나 해군 대신을 지낸 군부 핵심이자 일본의 대통령에 해당하는 수상(총리대신)을 역임한 최고 권력자들이었다. 또, 천황의 최측근으로서 항상 천황의 가까운 곳에서 그를 위한 일해 온 사람들이었다. 그렇기에 천황이 그토록 막강한 권한을 총독에게 부여할 수 있었던 것이다. 식민지 조선이 일본의 천황 권력과 대륙 침략에 가장 중요한 기지였음을 알 수 있다.

171

주정뱅이와 인종주의자

처칠과 드골

 1940~1950년대

교과서 속 한 줄 역사 영국은 처칠 내각을 중심으로 독일군 상륙을 저지하였고, 프랑스는 망명지 영국에서 드골을 중심으로 레지스탕스(저항) 운동을 전개하였다.

제2차 세계대전의 주요 지도자들은 대개 끝이 좋지 않았다. 패전국의 지도자들은 말할 것도 없이 비참한 최후를 맞이했다. 히틀러는 자살했고, 무솔리니는 처형당했다. 나치에 협력한 점령지의 파시스트 지도자들, 곧 네덜란드의 무서트와 노르웨이의 퀴슬링 등도 처형당했으며, 프랑스의 페탱은 종신형을 선고받고 감옥에서 죽었다.

그렇다면 승전국인 연합국의 지도자들은? 미국의 루스벨트는 종전을 눈앞에 두고 뇌출혈로 쓰러져 급사했고, 스탈린은 사망한 뒤 독재자로 격하당해 곳곳에서 그의 동상이 파괴되는 신세가 되었다. 그러면 영국의 처칠과 프랑스의 드골은 어땠을까?

독선적이고 호전적인 전쟁 영웅, 처칠

보수당 정치가인 랜돌프 처칠 경의 아들로 태어난 처칠은, 귀족의 일원으로서 육군사관학교를 졸업한 뒤 기병대 장교로 임관하고 1900년 26세의 나이에 하원의원이 되었다. 당시 영국에는 보수당·자유당·사회당이 있었는데, 처칠은 처음에는 보수당 의원이었다가 얼마 후 자유당 의원으로 소속을 바꾸었다. 이후 통상장관·내무장관 등을 역임하는 등 젊은 나이에 정치인으로서 활발한 활동을 펼쳤다.

독선적이고 호전적이었던 처칠은 제1차 세계대전 초기 해군장관으로서 독단적인 활동을 펼치다가 비판을 받아 1915년 사임하고, 이후에도 호전적 기질로 인해 제2차 세계대전 때까지 영국 정계에서 '왕따' 취급을 받았다. 특히 문제가 된 것은 그의 대독일 정책이었다. 처칠은 히틀러를 믿을 수 없으며 그와의 타협은 환상이라고 비판했다. 제1차 세계대전의 악몽 속에서 더 이상의 전쟁을 원치 않았던 영국 정계와 국민들이 보기에 처칠은 제정신이 아니었다.

처칠이 히틀러를 비난한 데는 다분히 민족적 편견이 작용했다. 처칠은 황인과 흑인은 열등하다고 보는 인종주의자이자, 식민지는 당연히 영국의 지배를 받아야 행복하다고 주장한 제국주의자였다. 그는 게르만족 우월주의를 내세우는 히틀러 역시 마찬가지로 열등인자라고 생각했다. 이처럼 인종주의적 편견에 기반한 처칠의 경고는 설득력이 부족했다. 하지만 막상 제2차 세계대전이 발발하자, 영국엔 처칠이 필요해졌다. 가장 일관되게 전쟁 대비를 주장하고 준

비해 온 사람에게 나라를 맡길 수밖에 없었던 것이다. 그리하여 총리의 자리에 오른 처칠은 영국인들의 기억에 남을 사고(?)를 친다.

1941년 독일의 대공습으로 런던 시내가 불바다가 되었을 때의 일이다. 방공호에서 밤새 술을 마시던 처칠은 시내를 둘러보겠다고 나섰다. 아직 술이 덜 깬 예순일곱 노인네의 객기였다. 비서와 경호원들이 공습이 재개될 위험이 있다며 만류했지만 듣지 않았다. 그는 독한 시가 담배 연기를 내뿜으며 시내로 나갔다. 그리고 폭격으로 부서진 건물 잔해를 치우느라 여념이 없는 소방관들에게 다가 갔다.

"나는 영국 총리 처칠입니다. 우리는 승리합니다. 대영제국은 결코 무너지지 않습니다."

비대한 몸집의 총리가 손가락으로 승리의 브이를 그려 보이며 활짝 웃는 모습을 보고 잔해 더미를 헤집으며 울던 여인이 눈물을

1941년 9월, 처칠은 독일의 대공습으로 피해를 입은 버밍엄 지역을 방문해 환호를 받았다. 독일의 영국 공습은 1940년 9월과 1941년 5월 사이에 이어졌다.

멈추었다. 어떤 정치인도 방공호에서 나오지 않을 때, 먼저 다가와 시민들을 독려하는 처칠의 모습은 커다란 감동을 일으키며 영국인들의 뇌리에 깊이 새겨졌다.

알코올이 일으킨 객기든 타고난 호전성이든 처칠의 단호함은 런던 대공습으로 무너질 위험에 처했던 영국인들의 전쟁 의지를 붙들어 세웠다. 승리의 브이는 그의 상징이 되었고, 이후 유럽 전선은 처칠이 주도하게 되었다. 그는 승전의 영웅이 되었다.

하지만 제2차 세계대전이 끝난 직후 처칠은 총리에서 사임했다. 노조에 적대적이고 여러 편견으로 똘똘 뭉친 그는 평화 시 총리로는 적합하지 못했다. 여성에 대한 부적절한 발언으로 여러 차례 구설수에 올랐고, 추행 등 좋지 않은 소문도 있었다. 소련에 대한 적개심으로 냉전 시대 서방의 지도자로 나서게 되었지만 기울어 가는 대영제국에는 부담스러운 존재였다. 그는 조금씩 잊혔고, 1955년 은퇴한 후 질병으로 고통스러운 생활을 이어 가다 1965년 숨을 거두었다. 쓸쓸한 말년이었지만 장례식만큼은 승전의 지도자에게 걸맞게 성대한 국장으로 치러졌다.

불통의 군인, 드골

프랑스의 드골 장군 역시 육군사관학교를 졸업하고 장교 생활을 오래한 고지식한 군인으로서 평화를 원하는 정치인들과 불화를 겪었다. 제2차 세계대전이 발발하자 기갑사단장으로서 공을 세워 국방차관이 된 드골은, 전황이 불리해지자 영국으로 망명했다. 사실상 프랑스가 나치의 지배 하에 들어갔을 때 그는 나치에 대한 항전을 호소하는 방송을 내보냈고, 이것이 큰 반향을 일으키면서 프랑스 레지스탕스 운동의 상징적 인물로 떠올라 런던의 프랑스 망명 정부 지도자가 되었다.

　드골은 정치적 감각은 눈곱만큼도 없는 불통의 군인이었으며, "모든 황인종은 내 눈 아래 있다."고 말할 정도로 노골적인 인종주의자였다. 프랑스 제국주의와 민족주의의 열렬한 찬양자였기에 대전 내내 연합국 정치인들과의 관계도 불편했고, 프랑스 내부 저항운동 지도자들과도 원만하지 못했다. 그의 지위는 불안정했고, 딱히 대표성을 인정하기도 어려웠다. 하지만 레지스탕스 활동에서 그가 맡은 지도적 역할 때문에 아무도 그를 무시하지 못했다. 드골은 1944년 파리 수복 당시 당당히 맨 앞에 서서 개선했다.

　파리 수복 이후 드골은 정치인으로서 단호한 과거 청산에 나섰다. 그는 나치에 협력한 부역자를 처벌하기 위해서 좌익과의 연대도 서슴지 않아 오늘날 프랑스 '똘레랑스'(관용)의 기틀을 확립했다는 평가를 받는다. 하지만 1945년 선거에서 레지스탕스 운동을 주도한 공산당과 통합사회당 등 좌파 정당이 승리하고 의원내각제로 개헌하여 1946년 4공화국이 출범하자, 드골은 임시정부 수반직

1943년 튀니스(튀니지의 수도)에서 '국민해방프랑스위원회'의 수반이 된 샤를 드골. 프랑스가 독일군에 항복하자, 드골은 런던으로 망명하여 프랑스 국민들에게 대독일 항전을 호소했다.

을 사임한 뒤 국민연합을 결성하여 대항하였다.

1950년대 프랑스는 식민지들의 독립투쟁으로 심각한 위기에 빠졌다. 4공화국이 적절하게 대응하지 못하자 국민들은 강력한 지도자를 원했고, 결국 1958년 대통령 중심제의 5공화국이 출범하면서 드골이 대통령이 되었다. 드골은 알제리 문제 등 산적한 문제를 해결하는 데 앞장섰지만, 프랑스의 전면적 변화를 요구하는 68혁명을 넘어서지는 못했다. 그는 대통령직을 사임하고 2년 후 사망했다.

처칠, 드골, 루스벨트, 히틀러, 무솔리니, 이들은 평화 시에 적합한 정치인은 아니었다. 모두 독선적이고 관습 파괴적이었으며(루스벨트는 불문율을 깨고 4번이나 대통령이 되었다.) 호전적이고 민족적이었다. 자기 나라의 이익을 위해서라면 다른 민족이 어떤 희생을 치르더라도 문제될 것 없다는 사고의 소유자들이었다. 그래서 전쟁과 혼란의 시기에는 용감한 지도자로 추앙받았지만, 평화의 시기에는 대개 배척당하는 신세가 되었다.

각국 지도자들의 공통된 모습을 보면, 제2차 세계대전이라는 대사건은 역사적 필연이 아니었을까?

172

냉전의 막이 오르다

폴란드 정부 수립

1940년대

교과서 속 한 줄 역사 동유럽 여러 나라에 공산주의 정권이 들어서면서 소련의 영향력이 커지기 시작하자, 미국은 이를 막기 위해 그리스와 터키에 대한 군사원조 계획과 마셜 플랜을 발표하였다. 이에 소련이 코민포름(공산당정보국)을 결성하고 코메콘(동유럽경제상호원조회의)을 만들었다. 그 결과, 미국 중심의 자본주의 진영과 소련 중심의 공산주의 진영으로 나뉘어 긴장과 대립이 계속되는 냉전 체제의 막이 올랐다.

1943년 11월, 테헤란에서 소련의 스탈린과 미국의 루스벨트, 영국의 처칠이 모였다. 스탈린은 미국의 지원을 받아 독일과 싸울 때는 미국에 협조적이었지만, 독일에 대해 공세로 전환한 시점에서 더 이상 그럴 필요가 없었다. 결국 이 회담에서 냉전의 불씨가 싹트게 되니, 그 직접적인 원인은 폴란드 문제였다.

폴란드 독립정부 수립을 둘러싼 갈등

폴란드는 나치에 점령당한 후 런던에 망명정부를 두고 연합군과 함께 싸워 왔다. 따라서 영국과 미국은 폴란드에 그들의 정부가 들어서도록 할 계획이었는데, 소련이 폴란드 동부를 지배하겠다고 나서면서 문제가 생겼다. 소련은 그 땅을 러시아 혁명 때 빼앗겼다고 생각하고 있었다. 폴란드 망명정부는 연합군으로서 감수한 희생을 내세우며 동부의 영토를 고집했지만, 소련 역시 같은 논리로 대응했다.

1945년 2월, 얄타에서 루스벨트와 처칠과 스탈린이 다시 만났다. 그들은 폴란드의 독립정부 수립을 놓고 다른 의견을 냈다. 소련이 점령한 폴란드에는 이미 폴란드 공산정부가 들어서 있었다. 이에 미국이 폴란드 독립정부에 런던의 망명정부가 참여해야 한다고 주장하자, 스탈린은 마지못해 적당한 시기에 선거를 통해 정부를 구성할 것에 동의했다.

그런데 1945년 4월, 루스벨트가 뇌졸중으로 갑작스레 사망하는 바람에 부통령 트루먼이 대통령직을 승계했다. 스탈린과 소련에 강한 적대감을 갖고 있던 트루먼은, 소련이 얄타에서 한 약속을 반드시 이행해야만 한다고 생각했다.

반면 스탈린은 얄타 협상을 과정으로 여기고 트루먼의 주장을 대수롭지 않게 넘겼다. 일본과 아직 전쟁 중인 미국은 그런 소련에 대응할 여력이 없었다. 결국 폴란드의 공산정부는 몇몇 친서방적 인사들에게 자리를 양보하는 것을 대가로 미국의 승인을 받았다. 이 일로부터 냉전이 시작되었다.

나치가 점령했던 동유럽이 공산화된 이유

제2차 세계대전 당시 나치에 점령당한 동유럽에는 나치 괴뢰정부가 들어섰다. 대전이 끝난 뒤 서방 세계는 민주적 선거를 통해 동유럽에 합법적 정부가 들어서기를 바랐지만, 괴뢰정부에 대한 저항을 주도한 레지스탕스들, 특히 공산 레지스탕스들은 나치에 협력한 자들의 처벌을 강력히 원했고, 이는 광범위한 우파의 숙청으로 비화되었다. 좌우가 평화롭게 선거를 통해 정부를 수립하는 것은 아무래도 어려운 일이었다.

1944년 8월, 프랑스 몽텔리마르에서 시민들에게 강제로 머리카락을 잘리는 여성 부역자. 1943년부터 약 4년간 전 유럽에서 약 2만여 명의 여성이 나치 부역자로 찍혀 사적 폭력을 당했다.

나치 부역자들의 정치 참여 논란과 나치와 싸운 좌익들의 발언권 강화로 동유럽에는 대부분 공산정부가 들어섰고, 이는 남유럽의 그리스와 터키, 중부 유럽의 독일 등에도 영향을 미쳤다. 특히 그리스는 좌익 레지스탕스의 활약이 컸기 때문에 공산화의 위험이 가장 높았다.

미국은 이 문제를 해결하기 위해 봉쇄 작전에 나섰다. 친親서방 국가들을 소련의 위협으로부터 '봉쇄'한 것이다. 그리스와 터키는 미국의 적극적인 도움으로 공산화의 위험을 넘겼고, 이는 소련이 미국을 냉전의 주범으로 지목하고 비난하는 원인이 되었다.

미국의 대응, 마셜 플랜

미국의 봉쇄정책은 프랑스 · 독일 · 영국 등 연합국에 대한 경제 지원, 이른바 '마셜 플랜'*으로 이어졌다. 제2차 세계대전 이후 영국, 프랑스 등은 노동당과 사회당 등 좌파 계열이 집권하였다. 나치에 협력한 우파 숙청, 전쟁에서 공을 세운 노동자들의 강세, 전쟁에 대한 혐오, 무엇보다 전쟁 파괴로 인한 경제 불황과 정치 불안의 영향 때문이었다.

미국은 국무장관 마셜의 제안으로 당시 돈으로 120억 달러나 되는 엄청난 자금을 유럽에 쏟아 부었다. 이로써 유럽 경기가 회복되었고, 공산당 세력은 눈에 띄게 약화되었다.

하지만 마셜 플랜은 경제적으로 미국 중심의 대서양 무역권에 서유럽을 포함시키는 것이었고, 이에 대해 소련 및 공산당은 "향후 유럽은 몇몇 강대국의 통제 아래 놓여 경제적 자립과 국가적 독립을 상실하게 될 것"이라며 비판했다.

유럽의 일부 우파들 역시 "미국과 소련에 자기 의사를 분명히 할 수 있는 힘은 유럽의 단결에서 나오는 것"(《르 몽드》사설)이라며 우려를 표시했다.

나토냐, WTO냐

1947년 미국 대통령 트루먼은 소련과의 공조가 아닌 소련에 대한 견제를 통해서만 평화와 민주주의를 지킬 수 있다는 '트루먼 독트린'을 발표했고, 이어 소련은 "민주적인 평화 보장이라는 과업을 위

---

* 정식 명칭은 '유럽부흥계획European Recovery Program'이다. 당시 미국의 국무장관이었던 조지 마셜이 처음으로 공식 제안하여 그의 이름을 따서 '마셜 플랜'이라고 한다.

해 반제국주의 반파시스트 진영이 모두 모일 것"('즈다노프 독트린')
을 주장했다. 그 결과, 자유주의 진영과 사회주의 진영의 군사동
맹인 북대서양조약기구 '나토NATO'(1949)와 바르샤바조약기구
'WTO'(1955)가 각각 체결되고, 처칠의 저 유명한 '철의 장막' 연설
과 함께 냉전이 완성되었다.

폴란드 정부 수립을 둘러싼 얄타 협약 실천 문제에서 시작되어

◈ 그리스 '국민 여배우' 멜리나 메르쿠리

나치가 그리스를 점령했을 때 많은 그리스인들이 레지스탕스(저항 조직)를 만들어 참
여하였다. 레지스탕스 중 가장 규모가 크고 국민의 지지를 받았던 조직은 좌익이 주도
하는 민족해방전선의 인민군이었다. 이들은 소련과 영국의 지원을 받았고, 전쟁 말기
에는 독일군이 버린 무기로도 무장했다. 그 외 세는 약해도 다양한 레지스탕스 부대들
이 있었는데, 이들은 독일군을 앞에 두고도 종종 서로 충돌하곤 했다. 마침내 전쟁이
끝나갈 무렵 해방은 다가왔지만 스탈린이 그리스를 영국 관할로 인정하고, 영국이 왕
을 중심으로 하는 망명정부를 후원하면서 문제가 발생했다. 영국과 민족해방전선이 무
력 충돌을 빚자, 처칠은 이를 해결하기 위해 조속한 선거와 정부 수립을 결정했다. 하
지만 우익의 조직적 테러 속에 선거가 우익의 승리로 끝나자, 좌익이 선거에 불복하여
무장투쟁을 일으키면서 내전이 발발했다. 내전은 3년 이상 지속되었고, 영국과 미국의
지원을 받는 우익의 승리로 끝났다. 이 과정에서 5만 명 이상이 희생당했고, 좌우 대립
속에 그리스는 쿠데타와 군사독재의 악순환으로 남유럽의 후진국에서 헤어나지 못했
다. 그리스의 정치적 암흑은 예술가들의 활동으로 널리 알려졌다.

그리스 민주화 이후 문화부 장관을 지낸 국민 여배우
멜리나 메르쿠리는 60년대 군사독재를 비판하다가 시
민권을 박탈당했고, 할리우드의 유명한 음악감독 미키
스 테오도라키스(영화 〈희랍인 조르바〉 음악감독)도 3
년간 투옥되었다. 〈레인 앤 티어스Rain And Tears〉
로 70년대 세계적 인기를 누린 밴드 '아프로디테 차일
드'와 반젤리스 역시 군사 쿠데타를 피해 유럽을 떠돌
다 프랑스에서 밴드를 결성해 활동하였다.

NATO와 WTO 구축으로 이어진 냉전 체제는 1989년 동유럽 사회주의 붕괴까지 40여 년간 세계를 대결과 긴장의 암흑으로 몰아갔다. 냉전 논리 속에서 진영의 이익이 선善이고 진영의 불리가 곧 악惡인 상대적 진리가 판을 쳤고, 이 구조 안에서 수많은 자유와 민주와 평화를 위한 노력들이 희생당해야만 했다.

20세기판 암흑시대Dark Age, 냉전이 시작되었다.

173

세계 4분의 1이 공산화되다

중국인민공화국 수립

1949

교과서 속 한 줄 역사 1949년 중화인민공화국 수립 이후 마오쩌둥은 토지를 몰수하여 농민들에게 나누어주는 토지개혁을 실시하고 은행과 기업을 국유화하였다.

"마오쩌둥과 장제스가 힘을 합쳐 진정한 합작으로 일본과 싸웠다면 전쟁은 더 빨리 끝나고 피도 덜 흘렸겠지만 그들이 최후의 전투에만 몰두했기 때문에 중국 전체가 고통을 받았다. … 처음에는 전세가 국민군에게 유리하게 돌아갔다. 모든 전선에서 공산군을 패배시키는 듯했다. 여기서 미국과의 관계가 궁극적으로 장제스 몰락의 원인이 되었다. 트루먼 대통령의 특사 조지 마셜이 다시 한 번 평화협상을 이끌어 냈다. … 그러나 휴전이 가져온 단 한 가지 효과는 극한 상황에 몰린 공산당 군대에게 재정비할 기회를 준 것이다."

1945년 8월 태평양 전쟁 종전 이후 중국 국민당과 공산당은 최후의 내전을 벌였다. 서구에서는 이 전쟁을 국민을 도외시한 봉건적 권력투쟁이자 평화를 향한 헛된 노력이 야기한 파멸적 결과로 보거나, 일부 보수파들은 마오쩌둥과 공산당의 간악한 음모의 승리라고 평가한다. 하지만 이 전쟁을 정확히 이해하려면, 서구 언론에 노출된 '도시'가 아니라 중국 인구의 대부분이 사는 '농촌'을 보아야 한다.

농촌 접수한 홍군

에드거 스노가 지적했듯, 1930년대까지 미국을 비롯한 서구에서는 중국 농촌과 홍군의 존재에 대해 거의 아는 바가 없었다. 하지만 역사적으로 중국의 거대한 변화는 모두 농촌에서 이루어졌다. 진나라를 멸망시킨 진승·오광의 난, 한나라를 멸망시킨 황건적의 난, 북송을 멸망시킨 방랍의 난, 원을 멸망시킨 백련교도의 난, 명을 멸망시킨 이자성의 난까지. 중국 공산혁명 역시 마찬가지다.

1937년 중일전쟁을 일으킨 일본은 파죽지세로 남하했다. 하지만 중국 전역을 장악할 힘이 없어 도시와 도시를 연결하는 '점과 선의 정복'에 그칠 뿐이었다. 따라서 도시를 근거로 하는 국민당 군대는 충칭까지 후퇴했으나, 농촌의 홍군은 그대로 일본군 후방에 남아 있었다. 국민당 군대가 일본군의 공격을 막아 내는 방어전에 치중한 반면, 홍군은 일본군의 배후 공격에 치중했다. 일본군은 홍군이 국민당 군대와 싸울 때 활용했던 유격 전술에 번번이 패배했고, 이로써 양쯔 강 이북의 수많은 농촌 지역이 홍군의 수중에 들어갔다.

장제스는 공산당의 세력 확장에 심각한 위기감을 느꼈다. 일본군이 중국 동부 평야 지대의 주요 도시를 점령한 뒤 더 이상 전진하지 못하고 전쟁이 소강상태에 빠지자, 국민당 군대는 홍군을 공격하기 시작했다. 1941년 공산당 휘하 신사군에게 양쯔 강을 건너 북상하라고 지시한 뒤 국민당 군대가 기습하여 전멸시킨 '환남 사변'이 대표적이다. 이런 일련의 사건은 공산당의 좋은 선전 거리가 되었고, 민심이 국민당에게서 떠나는 계기가 되었다.

1945년 8월 태평양 전쟁이 끝나자, 미국은 국민당과 공산당의 평화협상을 제안했다. 하지만 미국이 제공한 신무기로 무장한 400만 대군을 거느린 장제스는 일본군이 버리고 간 무기로 무장한 100만 공산군을 격파하는 것이 더 중요하다고 생각했다. 또, 1946년 마셜이 제안한 평화협정의 내용들, 곧 민주정부 수립, 군대 통합, 지방자치제 등을 받아들일 생각도 없었다. 장제스는 민주주의에 대한 신념이 없었다. 그리하여 마침내 1946년부터 국민당과 공산당의 국내전, 곧 국공내전이 본격적으로 시작되었다.

점령하지 않고도 국민당을 궤멸시키다

처음에는 국민당 군대가 유리해 보였다. 모든 전선에서 국민당 군대가 승리했고, 공산당의 근거지인 옌안마저 점령했다. 하지만 실제 상황은 공산당에게 점차 유리하게 돌아갔다. 국민당 군대는 점령지에서 친공산당 분자들을 찾아 처형하는 등 가혹한 통치로 일관했다. 도시는 전쟁으로 인해 인플레이션이 극심해져 물가가 67배나 오르는 등 서민들의 생활이 큰 타격을 받았다. 국민당의 점령지가 늘어날수록 민심 이반이 더 심해지고 반국민당 운동이 활발해졌다. 마오쩌둥의 "점령하지 않고도 적을 궤멸시키는" 전술이 성

1949년 10월 1일 천안문에서 중화인민공화국(People's Republic of China) 수립을 선언하는 마오쩌둥.

공한 것이다.

1947년 9월, 공산당은 총반격을 선언하고 공세로 전환했다. 소련의 지원이 큰 도움이 되었다. 국민당 군대는 나날이 줄었고 공산군은 나날이 늘었다. 군대 내부 장군들의 파벌 투쟁과 국민당 간부들의 부정부패로 사기가 떨어진 국민당 군인들은 싸우지도 않고 항복했다. 장제스는 마지막으로 미국의 지원에 기대를 걸었지만, 미국마저 장제스 정부에게 등을 돌리면서 사실상 전쟁은 끝나고 말았다.

1949년 10월 1일, 마오쩌둥은 천안문에서 중화인민공화국 수립 선포 연설을 하면서 다음과 같이 선언했다.

"우리가 성취한 일을 세계 역사에 기록하면서 역사가들은 인류의 4분의 1을 점하는 중국인들이 이때를 기해 일어났다고 쓸 것이다. 중국 인민은 이제 일어섰다!"

174

중국식 사회주의의 참패

대약진운동

1958

교과서 속 한 줄 역사 마오쩌둥은 소련의 지도에서 벗어난 중국식 사회주의 건설을 주장하고 대약진운동을 벌였다. 대약진운동은 농촌 지역을 중심으로 인민공사를 조직하여 농업과 공업을 획기적으로 발전시키려 한 급진적인 사회주의 건설 운동이었다. 그러나 경제적 합리성을 고려하지 않았을 뿐 아니라 기상이변 등이 겹쳐 실패하였다.

장제스는 왜 실패했을까? 중국처럼 거대한 다원적 사회는 강력한 중앙집권이 어렵다. 진의 군현제는 하루아침에 실패했고, 한나라 이후 군현제와 주현제는 호족 · 신사 등 지방 세력의 능동적 참여 속에서만 가능했다. 또한, 변경 지역의 수많은 소수민족의 복종을 이끌어 낸 것은 이민족에 대한 포용이었다. 한의 흉노 토벌이나 명의 몽골 토벌 같은 강경한 대외 정책은 항상 왕조의 파멸을 불러왔다. 장제스 파멸의 원인도 여기에서 찾을 수 있다.

한족 중심의 강력한 독재정치는 결국 소수민족의 이탈을 낳았고, 장제스와 그의 측근에 의한 권력 독점은 파벌 투쟁과 농촌의 이

탈을 심화시켰다. 그렇다면 마오쩌둥의 공산 중국은 어땠을까? 그
도 마찬가지였다.

평균수명 36세에서 57세로, 초기의 성공

1949년부터 1956년까지 사회주의 중국은 어려운 여건 속에서 놀
라운 발전을 보였다. 처음 중국은 오랜 항일전쟁과 내전으로 거대
한 잿더미에 파묻혀 있었고, 미국의 경제봉쇄로 무역이 막혔으며
원조해 줄 나라도 없었다.

게다가 1950년 한국전쟁이 일어나면서 미군이 국경 지대까지
몰려왔고, 국민당 잔존 세력이 반혁명 무장봉기를 노렸다. 공산당
의 지지 기반인 농촌은 광범위한 기아 상태에 빠졌지만, 사회주의
이론은 고도로 발전한 공업국가에서 사회주의가 이루어진다는 모
순된 내용 말고는 해결책을 제시하지 못했다.

여기서 마오는 무리한 결정과 정책을 추진했다. 그는 한국전쟁에
100만 이상의 대규모 병력을 투입하는 한편, 내부적으로 반혁명 세
력을 철저하게 숙청했다. 삼반三反운동(반탐오, 반낭비, 반관료주의)과
오반五反운동(반뇌물, 반세금포탈, 반횡령, 반공감료(공사 자재를 빼돌리는
일), 반유출)을 벌여, 구시대 부패 관료와 상공업자들을 색출했다.

이렇게 사회주의 권력을 확고히 다진 다음, 1953년 국가경제건
설 1차 5개년 계획을 추진했다. 소련식 경제 노선을 도입하여 먼저
중공업을 육성하고 이에 따라 경공업과 농업 발전을 꾀하는 방식
으로, 낙후한 농촌사회 중심의 중국을 완만하게 사회주의 경제체제
로 바꿔 갈 계획이었다. 이 과정에서 농업 집단화 등 농촌사회의 사

회주의적 개조도 진행되었다.

소련의 원조를 제외하고는 어떠한 도움도 없이 열악하기 그지없는 환경에서 추진된 일련의 경제계획은 놀라운 성과를 거두었다. 사회주의 공업화와 농업 집단화 등 사회주의 경제의 기초가 다져져 공업 생산량은 18.7퍼센트, 국민 수입은 8.9퍼센트나 성장했다. 공산화 이전 36세에 불과하던 평균수명이 1957년에는 57세로 증가했고, 노동자의 수입은 30퍼센트, 농민의 수입은 20퍼센트 정도 증가했다. 아동 취학률도 2배 이상 증가했다.

2천만이 굶어 죽은 대약진운동

초기 경제성장에 도취한 중국 공산당은 1958년부터 15년 안에 영국의 철강 생산량을 따라잡겠다며 생산의 대약진운동을 추진하였다. 이에 따라 농촌의 사회경제활동을 총괄하는 대규모 통합 조직인 '인민공사'가 만들어졌다. 인민공사는 집단농장 통합을 시작으로 지방의 모든 활동 계획 수립, 감독 등의 권한까지 부여받았다. 대약진운동은 인민공사를 중심으로 한 철강 및 곡물의 급속한 생산 증대 운동이었다.

하지만 이 운동은 대실패로 끝났다. 대표적인 실패 사례를 소개하면, 쌀과 철강의 생산을 늘리려고 농촌에서 흙으로 다량의 용광로를 만들고 각종 고물과 심지어 농기구까지 녹여 철을 생산했다. 이로써 철강 생산량은 늘어났지만, 생산해 낸 철의 질이 매우 낮아서 그것으로 좋은 농기구를 생산할 수 없었다. 당연히 농업생산력은 떨어졌고 사람들은 굶주렸다. 생산력 증대 – 생활수준 향상의 도

1958~1960년 마오쩌둥 국가주석이 주도한 '대약진운동'은 철강과 농업 생산 등 노동력 집중 산업을 육성해 영국을 따라잡겠다는 경제부흥운동이었다.

식이 깨져 버렸고, 이로써 엄청난 대기아 사태가 일어나 약 2천여만 명이 굶어 죽는 대참사로 이어졌다.

대약진운동의 실패는 마오쩌둥과 공산당의 위기를 의미했다. 이미 소련에서 일어난 스탈린 격하 운동과 함께 백가쟁명과 반우파 투쟁이라는 홍역을 앓은 공산당은, 대약진운동의 실패와 함께 밀어닥친 중·소 갈등과 중국 – 인도 국경 분쟁, 티베트 독립 투쟁 등 안팎으로 도전에 직면했다.

마침내 펑더화이가 마오의 실책을 비판했고, 마오는 펑더화이를 숙청했지만 책임을 지지 않을 수 없었다. 1959년 마오는 주석직을 국가주석과 당주석으로 분리한 뒤 국가주석에서 물러났다. 획일적인 전국적 운동이 얼마나 위험한지 그 교훈을 남긴 채.

◈ '백가쟁명'에서 반우파 투쟁으로

마오는 1956년 학술 연구에서의 백가쟁명百家爭鳴(여러 사람이 자유롭게 비판하고 토론하는 것)을 주장하며 토론과 창작의 자유를 전개하였다. 이에 당 외 지식인들이 과감하게 공산당을 비판하기 시작했다. 그런데 스탈린 사후 흐루쇼프에 의해 스탈린 격하 운동이 일어나고 지식인의 반당적 비판이 도를 넘어서자, 마오는 오히려 반우파 투쟁을 통해 지식인들을 공격하기 시작했다. 이 운동으로 수많은 지식인이 우파 분자로 낙인찍혀 불이익을 당했고, 중국 사회 전체가 경직되었다.

175

베트남의 영원한 '호 아저씨'

호치민

1890~1969

교과서 속 한 줄 역사 베트남에서는 프랑스 침략에 대항하여 근왕운동이 일어났고, 판 보이쩌우를 중심으로 동유운동을 전개하였다. 이후 베트남 공산당이 결성되어 반프랑스 독립운동을 전개하였다.

"한 동지가 나에게 레닌의 〈민족과 식민 문제에 관한 테제〉를 읽어 보라고 주었다. … 이로부터 감동, 열정, 명쾌함, 그리고 자신감이 서서히 나에게 스며들었다. 나는 너무 기뻐서 눈물이 났다. 내 방에 혼자 앉아 있었지만 대중 앞에서 연설이나 하는 것처럼 크게 소리 질렀다. 순교자여, 동포여, 이것이 우리에게 필요한 것이다. 이것이 우리가 해방으로 가는 길이다."

프랑스 유학 시절, 호치민은 프랑스 사회당에 입당했지만 그들로부터 소외되어 있었다. 프랑스 사회주의자들은 식민지 문제에 관심이 없었다. 이때 호치민은 레닌이 제국주의와 식민지 문제에 관하여 쓴 글을 읽고 사회주의자의 길을 가기로 결심했다. 베트남 해방은 그로부터 시작되었다.

"식민지 문제에 눈감는 공산주의는 허구!"

베트남의 역사는 중국과의 관계를 어떻게 이해하느냐에 따라 다르게 읽힌다는 점에서 한국의 역사와 비슷하다. 일본이나 서양인들이 한국과 중국의 조공 관계를 예속으로 보듯, 베트남과 중국의 관계도 비슷하게 보는 시각이 강하다. 하지만 우리가 그렇듯, 베트남 사람들은 베트남과 중국의 관계를 자주적으로 이해한다.

어쨌든 베트남은 중국 유교문화의 영향을 많이 받았고, 그래서 유학을 공부하고 과거를 통해 등용된 관리들이 왕과 함께 다스리는 체제를 유지했다.

1802년 응우옌 왕조가 분열되어 있던 베트남을 통일하고 새로운 나라를 일으켰지만, 프랑스가 자국 선교사가 박해를 받았다는 구실로 쳐들어와 1862년 '사이공 조약'을 체결하고 베트남을 보호국으로 만들었다.

청나라가 베트남에 대한 종주권을 주장했으나, 1882년 '청프전쟁'에서 청나라가 패하면서 베트남은 완전히 프랑스 식민지가 되었고, 베트남·라오스·캄보디아를 하나로 묶은 프랑스령 인도차이나 연방이 성립하였다.

베트남의 지식인들은 한국의 개화파처럼 나라의 위기 상황을 극복하기 위해 근대화 운동에 나섰다. 1900년대 독립운동가 판보이 쩌우가 중국 변법자강운동의 영향을 받아 량치차오와 교류하는 한편, '동유운동東遊運動'을 일으켜 외국으로 유학생을 보내 근대적 지식을 습득하게 하여 인재를 키우려 했다. 호치민은 이러한 인재 양성의 흐름 속에 성장한 인물이다.

1890년 응우옌 왕조에 충성하는 관리의 아들로 태어난 호치민은, 어릴 때부터 민족의식이 강해서 반反프랑스 운동에 가담하였다. 그는 동유운동이 주로 일본 유학을 장려하는 것을 비판하며, 직접 서양에 가서 배워야 한다고 생각하고 20대의 대부분을 서양에서 노동자로 살며 공부했다. 특히 1917년부터 1923년까지 6년 동안 프랑스에서 사회당과 공산당 활동을 하며 마르크스–레닌주의를 습득하였다.

식민지 문제를 해결하지 않는 공산주의는 허구라고 생각했던 호치민은 유럽 공산당을 강하게 비판했고, 그의 사상은 민족주의와 사회주의가 결합한 형태로 나타났다. 그가 베트남 공산당의 지도자가 된 것은 당연한 일이었다. 그는 1924년 중국에서 망명한 인도차이나 혁명가들을 규합하여 '베트남 혁명청년협의회'를 조직하고 1930년에는 인도차이나 공산당을 조직했다.

베트민, 계급투쟁보다 독립투쟁

프랑스는 베트남 국왕 바오다이를 앞세워 식민 통치를 하면서 베트남인들의 이해와 요구에는 전혀 귀를 기울이지 않았다. 프랑스가 온건한 요구조차 받아들이지 않으니, 베트남 민족주의자나 친프랑스파는 설 땅이 없었다. 강력한 투쟁을 내세우는 인도차이나 공산당이 독립운동의 주도권을 잡는 것은 당연했다. 다만, 남부 지역은 신생 종교 '까오다이'나 불교 종파의 일종인 '호아하오'가 세력을 확대해 공산당의 힘이 약한 편이었다.

1930년대 계급투쟁과 독립투쟁을 병행했지만 프랑스의 무력 진압으로 실패를 거듭한 베트남 공산당은, 1941년 민족주의자들을 광범위하게 끌어들여 베트남독립동맹회, 즉 '베트민'을 결성하고 독립투쟁을 위해 계급투쟁을 유보하기로 결정했다. 베트민은 베트남 전역에 광범위한 영향력을 갖게 되었다.

1945년 3월 일본이 들어와 프랑스군을 몰아내자 베트민은 일본군에 대항했고, 8월 일본이 패망하자 9월 2일 독립정부를 수립했다. 프랑스는 인도차이나 지배권을 유지하겠다는 강한 의지를 표명했지만(드골은 인도차이나를 지키기 위해 어떠한 희생도 감수하겠다고 다짐했다.), 제2차 세계대전으로 본토가 직접 공격을 받는 바람에 베트민 군대와 싸울 여력이 없었다.

프랑스는 베트민이 약세인 남부 지방에 군 사령부를 설치하고 공산주의 대 반공주의의 대립 구도로 몰아 갔다. 베트남 내부의 싸움을 붙여 군사력 열세를 만회하려 한 것인데, 이는 냉전이라는 국제 정세 속에서 미국의 지원을 불러왔다.

지압 장군의 '디엔비엔푸 전투'

싸움은 쉽지 않았다. 프랑스가 불리한 상황에서, 1954년 4월 한국 전쟁과 베트남 전쟁 종식을 위한 '제네바 회담'이 열리기로 했다. 프랑스는 협정을 유리하게 끌고 가려면 베트민을 상대로 결정적인 승리를 거두어야 한다고 판단하고, 군사 요충지인 라오스 국경 부근의 디엔비엔푸에 1만6천명의 공수부대를 투입했다. 지휘관으로는 프랑스에서 가장 용맹하다는 레종 훈장의 소유자 카스트리 대령을 임명했다. 1953년 12월 20일, 디엔비엔푸 전투의 서막이 열린 것이다.

1954년 11월, 베트남 북부 디엔비엔푸에 프랑스의 공수부대가 투입되었다. 1946년부터 끌어 온 인도차이나 전쟁(제1차 베트남 전쟁)을 끝내기 위함이었다.

호치민은 보 구엔 지압 장군의 4만 군대로 디엔비엔푸의 프랑스군을 섬멸하여 제네바 회담에서 기선을 제압하려 했다. 지압 장군은 교사로 재직하다 혁명가로 변신한 경제학 박사 출신 장군이었다. 프랑스군에게 아내와 여동생을 잃고 호치민을 만나 군인의 길을 걷게 된 그는, 이 전투에서 20세기 가장 유명한 장군의 한 사람이 된다.

지압 장군은 인해전술을 통한 전면 공격보다 넓게 참호를 파서 프랑스군을 포위한 뒤 포격전으로 차근차근 무너뜨리는 전술을 구사했고, 그의 전술은 적중했다. 절망에 빠진 프랑스군 포병대장과 일부 고위 장교가 자살하고 참모장은 신경쇠약으로 후송되었으며, 카스트리 대령마저 정신적 무기력으로 지휘권을 부하에게 박탈당했다. 결국 1954년 5월, 1만여 명의 프랑스군이 항복하면서 디엔비엔푸 전투는 베트민의 승리로 끝났다.

다시 시작된 전쟁

그러나 1954년 7월 조인된 '제네바 협정'에 따라 베트남은 통일 선거를 조건으로 북위 17도선을 경계로 북베트남과 남베트남으로 분단되고 말았다. 이 결정은 호치민에게는 진정한 독립을 위해 치러야 할 또 다른 전쟁의 시작을 의미했으며, 그 대상은 이제 프랑스가 아닌 미국이었다.

호치민은 1965년 미국과의 전쟁이 본격화되고 얼마 안 되어 향년 79세의 나이에 병으로 사망했다.(1969) 그는 베트남인들에게 인도의 간디 같은 존재(애칭 '호 아저씨'처럼)였으며, 오늘날까지도 베트남에서 가장 존경받는 지도자이다.

176

38년 동안의 침묵

55년 체제

1955~1993

교과서 속 한 줄 역사 일본은 한국전쟁 기간에 전쟁 특수 등으로 경제 회복의 기회를 맞이하였고, 샌프란시스코 강화조약(1951)을 통해 주권을 회복하고 국제사회에 복귀하였다. 이후 일본은 미국과의 긴밀한 협조 체제 속에서 1950년대 후반부터 70년대 초까지 연평균 10퍼센트에 달하는 경제성장을 이룩하였고, 1970년대 전반 세계 2위의 경제 강국으로 부상하였다.

1955년 10월, 분열되어 있던 일본 사회당의 좌파와 우파가 4년 만에 다시 합쳤다. 1951년 분열 이후 심화되는 일본의 보수화를 막기 위해서였다. 이로써 일본 사회당을 중심으로 한 좌파 세력은 의회에서 3분의 1이 넘는 162석을 확보하였다. 상황에 따라 중도파와 연립하여 정권을 장악할 수 있는 의석이었다. 하지만 좌파의 단결은 보수의 단결을 초래했고, 이른바 '55년 체제'가 시작되었다.

미국과 보수파의 만남

1945년 패망은 일본 우익의 패망이었다. 태평양 전쟁은 경제공황에서 탈피하려 한 재벌 등 경제계와 군부, 천황 등 우익 세력이 저지른 일이었으니 당연한 결과였다. 패전 후 일본을 지배한 미국은 상징 천황제, 재벌 해체, 노동 3권 보장, 평화헌법 등 진보적 개혁을 추진했고, 이는 일본 사회당 등 좌파의 약진을 가져왔다. 1947년 총선에서 일본 사회당은 제1당이 되어 가타야마 데쓰 수상을 중심으로 하는 최초의 사회당 정권을 출범시켰다.

그러나 좌익의 득세는 미국과 일본 보수층을 자극했다. 또, 미국 점령 하의 좌파 정권은 아무래도 한계가 많았다. 결국 사회당 내 좌파와 우파의 대립이 치열해져 사회당 정권은 1년 만에 붕괴하고, 1948년 친미파 요시다 시게루를 수상으로 하는 보수 우익 정권이 수립되었다.

1949년 중국 공산화와 1950년 한국전쟁은 일본 정치에 결정적인 영향을 끼쳤다. 미국은 중국과 연합하여 소련에 대항하려는 구상이 깨지면서 공산주의의 남침에 대비할 강력한 방위 체제 구축이 필요해졌다. 그리하여 일본이 아시아 공산주의를 저지하는 미국의 가장 중요한 전략 파트너가 되었고, 이를 전제로 '샌프란시스코 강화조약'(1951)과 '미일 안보조약'(1951)이 추진되었다. 태평양 전쟁의 사후 처리 문제를 서둘러 정리하고 일본 내 미군 주둔을 허용하는 내용의 두 조약은 일본의 반성이나 아시아 평화와는 거리가 멀었다.

1951년 일본 사회당은 미국과의 안보조약 체결을 둘러싸고 우파와 좌파로 분열되어 대립하였다. 그런데 두 조약이 체결되고 보수 정권의 대미 종속이 심화되자, 1952년 국민들의 저항이 광범위하게 일어났고 이는 그대로 사회당의 단결을 촉구하는 압력이 되었다. 1953년 한국전쟁 휴전, 1955년 비동맹주의 등 3세계의 등장과 같은 국제 정세의 변화도 무시할 수 없었다. 국내 흐름과 국제 정세의 변화는 사회당의 단결과 기민한 대응을 요구하고 있었다. 그 결과가 바로 1955년 사회당의 통합이다.

자민당의 탄생

사회당이 통합하자, 일본 경제계가 발 빠르게 나섰다. 일경련(일본 경영자단체연맹) 등 경제 4단체가 보수의 총단결을 촉구하고 나섰다. 이에 전 수상 요시다 시게루의 자유당과 기시 노부스케, 하토야마 이치로가 주도하는 민주당이 당 통합 논의에 들어갔다. 기시 노부스케(원래 성은 사토이지만 양부의 성 기시를 받아서 사용했다.)는 태평양전쟁을 주도한 도조 히데키 내각(1941~1944)에서 상공대신으로 일한 A급 전범이었고, 하토야마 이치로는 예일대를 나온 아버지의 영향 아래 이토 히로부미의 정우회에서 일찍부터 친서구적 정치인으로 활동한 자유주의 정치인으로 전후 민주당을 창당한 인물이다.

세 명 모두 보수적 색채가 강하고 친재벌적이며, 도조 히데키와 충돌한 경력이 있는 친미적 성향의 자유주의적 정치인이었다. 결국 이들은 경제계의 요구를 받아들여 1955년 자유민주당(자민당)을 창당하고, 의회 의석의 3분의 2를 차지하는 거대 여당을 만들었다.

이후 거대 여당 자민당과 소수 야당 사회당의 양당 체제가 1993년까지 38년간 이어졌다. 이를 전후 일본의 정치·경제·사회적 특징을 집약적으로 보여 주는 '55년 체제'라 한다. 55년 체제의 특징은 정치의 불변, 경제적 번영, 사회 정체로 요약할 수 있다. 즉, 안정적인 정치를 기반으로 세계 2위 수준의 고도 경제성장을 이루지만, 사회적으로는 불평등과 권위적 질서 등의 경직된 모습을 유지한 것이다.

전후 일본의 놀라운 경제성장을 상징하는 사건이 도쿄 올림픽이다. 1964년 94개국 7천여 명의 선수가 참가한, 당시 최대 규모의 올림픽은 '일본'이라는 상표가 세계를 지배하는 계기가 되었다. 일본은 이 올림픽을 거치며 경제성장과 소비문화의 성장이 질적으로 변화하지만, 내부적으로는 정치적 무관심이 정치적·사회적 경직성을 덮는 사회가 되었다. 이때부터 일본은 90년대 초 경제 스캔들과 불경기로 55년 체제가 무너질 때까지 오랜 정적靜寂의 사회로 빠져든다.

1964년 도쿄 올림픽 성화 봉송 최종 주자는 히로시마 피폭일에 태어난 육상 선수 사카이 요시노리였다.

◈ 어쩐지 낯이 익더니만…

자민당 1당의 권력 독점 체제인 55년 체제를 만든 하토야마 이치로, 기시 노부스케, 요시다 시게루의 자손들은 모두 지금까지 일본 정치계에서 중요 지위를 차지하고 있다. 하토야마 이치로의 아들 하토야마 이이치로는 외무대신을 역임했고, 손자 하토야마 유키오는 2009년 일본 수상에 올랐다. 기시 노부스케의 동생 사토 에이사쿠는 최장수 수상을 지냈고, 사위 아베 신타로는 80년대 외무대신을 지냈으며, 아베 신타로의 아들 아베 신조가 현재 일본 수상이다. 요시다 시게루의 외손자 아소 다로는 2008년 수상을 지냈다. 자본주의사회에서 유력 가문이 권력을 세습하는 경우는 종종 있다. 미국 케네디 가문이 대표적이고, 한국 역시 2대에 걸친 국회의원이 종종 나오며, 박정희 대통령의 딸 박근혜 씨도 대통령이 되었다. 유권자가 선출한 결과이기 때문에 문제가 없다고 볼 수도 있지만, 일본은 집안의 후광을 업고 출마하면 당선되는 경우가 많고, 이들이 정당 권력을 장악하곤 해서 정치적으로 '세습'이라는 비판을 받기도 한다.

177

우리도 미국인이다

마틴 루터 킹

1929~1968

> **교과서 속 한 줄 역사** 흑인의 권리는 전보다 크게 신장되었지만 차별은 여전하여 이에 대한 저항이 계속 이어졌다.

1954년, 학교에 등교하는 흑인 아이의 손을 잡은 흑인 어머니는 당당히 고개를 들고 앞을 보며 걷고 있었다. 그녀는 속으로 공포에 질려 울고 있었지만 겉으로는 태연한 척했다. 그녀 주위에는 수많은 백인들이 늘어서서 욕을 퍼부어 대고 있었다.

"검둥이는 물러가라."

"검둥이는 너희들 땅으로 가라."

도시로 진출한 흑인들

제1차 세계대전으로 미국 사회에서는 중대한 변화가 일어났다. 흑인들이 남부 농장 지대에서 북부 공장 지대로 이동한 것이다. 제1차 세계대전에 참전한 흑인 병사들이 이 변화를 주도했다. 그들은 미국을 승전으로 이끈 주역에게 정당한 대우를 해 달라며 남부 농장을 떠나 북부 공업 지대 노동자로 취업했다. 그리하여 전후 5대호 주변 북부 주들의 흑인 인구 비율이 대부분 2배 이상 늘어났다.

그러나 흑인 해방에 찬성했어도 북부에서 그들만의 세상을 누렸던 백인들은 흑인들과 함께 살 생각이 전혀 없었다. 게다가 저렴한 흑인 노동자들의 유입으로 백인 노동자들의 실업률이 높아지자 백인 서민들 내부에서 인종주의가 꿈틀거렸다. 1920년대 미국 도시에서는 백인 노조가 흑인 해고에 앞장서고, KKK단 등 흑인 혐오 조직들도 다시 부활했다. 특히 남북전쟁 이후 사라진 듯 보였던 KKK단이 대규모로 부활한 것은 큰 충격이었다.(많은 지식인들이 KKK단의 하얀 옷 밑에 드러난 낡은 신발을 보고 충격을 받았다.)

30년대 들어 흑인들은 대공황으로 몰락한 백인들이 분노를 표출하는 표적이 되어 가혹한 공격을 당했다. 그중 하나가 1931년 일어난 '스카츠보로 사건'이다. 기차에 타고 있던 백인 여성 두 명이 흑인 청소년들에게 강간을 당했다고 무고한 것이다. 사건에 연루된 흑인들은 아무런 증거가 없음에도 백인들로 구성된 배심원단에 의해 사형을 선고받았다. 훗날 다시 재판이 열려 무고가 입증되었지만, 이 중 한 소년은 1950년까지 무려 19년간이나 감옥살이를 해야 했다.

흑인들의 도시 진출은 제2차 세계대전 때 더욱 확대되었다. 수많은 흑인 병사들이 유럽과 태평양에서 미국을 위해 싸웠고 흑인 여성들이 군수공장 기계를 돌렸지만, 전쟁이 끝나자 흑인은 취업길이 막혔고 그나마 취업한 노동자들도 돌아온 백인 노동자들에게 자리를 내주고 해고당했다. 흑인 해고는 특히 백인 노조에 의해 광범위하게 이루어졌다. 보수든 진보든 크게 다르지 않았다.

백인들만의 거주지, 레빗타운

제2차 세계대전 이후 미국은 엄청난 경제적 번영을 누렸다. 마셜 플랜으로 유럽과 미국 시장이 통합되고 한국전쟁 같은 전쟁 특수도 있었다. 제2차 세계대전을 치르면서 공업단지가 들어선 로스앤젤레스 등 서부의 발전은 눈부실 정도였다. 그 혜택은 상당 부분 백인 중산층에게 돌아갔다.

백인들은 오염과 범죄로 찌든 도시에서 벗어나 한적한 교외의 거주지구(레빗타운Levittown)에서 살았다. 1946년 1만7천 대에 지나지 않던 텔레비전이 10년 뒤에는 무려 4천만 대로 늘어났다.

의학의 발달, 특히 항생제의 개발로 수명이 늘어나고, 살충제의 개발로 농업생산력이 증대되었고 곤충에 의한 각종 질병들이 사라졌다. 디즈니랜드와 시트콤이 대유행했고, 기혼 여성의 30퍼센트가 유급 노동자일 정도로 여성들의 사회 진출도 활발했다. 미국 백인들의 관심은 환경, 레저 같은 여유로운 삶으로 넘어갔다.

일부 성공한 흑인들도 게토화된 도시의 흑인 거주지구(할렘)를 벗어나 교외 주택지구로 가고 싶어 했다. 하지만 백인들은 평화로운 그들만의 거주지에 흑인이 들어오는 것을, 특히 자기 아이들이 흑인 아이들과 함께 어울리는 것을 받아들이지 못했다.

흑인의 도덕적 우월함 보인 비폭력 운동

1954년 미 연방 대법원이 학교에서의 흑백 분리를 철폐하라고 판결하면서 백인 학교에 흑인이 입학하는 것이 가능해졌지만, 아칸소 주 리틀록의 센트럴고등학교에서 백인들이 등교하려는 흑인 학생을 막아섰다. 이것이 일명 '리틀록 사건'이다. 경찰과 아칸소 주 정치인 누구도 이 문제에 개입하지 않자, 결국 정부가 군대를 투입하여 등교를 성사시켰다.

1956년 미 대법원이 흑인과 백인 좌석의 분리를 규정한 앨라배마 몽고메리 시의 버스 정책이 불법이라고 판결한 후 버스 맨 앞 좌석에 앉은 로자 파크스. 뒤에 앉은 백인은 UPI 기자이다.

이와 같은 일들이 곳곳에서 벌어졌다. 심지어 남부의 버스는 버스 좌석이 흑인용·백인용으로 분리되어 있었다. 1955년 흑인 여성 로자 파크스가 백인용 좌석에 앉아서 일어나라는 명령을 거부하다 체포되었다. 이에 흑인들은 버스 좌석 분리 폐지를 요구하며 승차 거부 운동을 벌였다.

이 운동을 주도한 사람이 위대한 흑인운동 지도자로 일컬어지는 마틴 루터 킹 목사이다. 킹 목사의 비폭력 불복종운동은 흑인들의 도덕적 우월성을 보여 주며 미 전역으로 퍼졌다.

킹 목사는 이후 60년대 중요한 흑인운동의 지도자가 되었다. 1963년 인종차별을 금지하는 '흑인 민권법' 통과를 외치며 링컨 기념관 앞에서 20만여 명이 평화적 시위를 벌일 때, 킹 목사는 역사에 남을 유명한 연설을 했다.

"I have a dream"

나에게는 꿈이 있습니다.

어느 날, 조지아에서 미시시피와 앨라배마에 이르기까지 옛날 노예의 아들과 옛날 노예주의 아들이 함께 형제처럼 살게 되는 꿈 말입니다.

어느 날 ,백인 어린이가 흑인 어린이와 형제자매처럼 손을 잡고 함께 하는 꿈.

어느 날, 이곳 워싱턴 시의 흑인들이 돈만 있으면 어디서든 집을 사고 세를 들 수 있게 되는 꿈.

어느 날, 이 땅에서 아모스의 예언이 실현되어 정의가 강물처럼 흘러 내리며, 진리가 거대한 분류奔流처럼 흐르는 꿈 말입니다.

1968년 4월 흉탄에 맞아 암살당하면서 킹 목사는 끝내 꿈을 이루지 못하고 죽었지만, 오늘날까지 흑인 민권운동의 대명사이자 미국인이 가장 존경하는 위인 중 한 명으로 추앙받고 있다. 초강대국 미국의 도덕과 양심의 상징으로서 말이다.

그러나 그의 꿈은 그리 쉽게 이루어지지 않았다.

178

공산 사회를 뒤흔든 비밀연설

흐루쇼프

1894~1971

교과서 속 한 줄 역사 스탈린 사후 권력을 장악한 흐루쇼프는 소련 국민의 생활수준 향상을 목표로 경제 부흥에 힘썼으며, 전략무기 제한 협정을 체결하여 평화적 분위기를 조성하였다. 그러나 일방적인 경제계획 추진과 중공업 우선 정책은 여러 가지 문제점을 드러냈다.

"스탈린은 '인민의 적'이라는 개념을 만들어 냈습니다. 이 용어만 사용하면 스탈린은 논란의 도마 위에 오른 사람들의 이념적 과오를 증명해 보일 필요가 없었습니다. 자신과 입장을 같이하지 않는 사람 누구든 인민의 적으로 지목하기만 하면 … 수많은 사람들을 검거해 유형에 처하고 재판도 없이 사형에 처함으로써 이 나라를 불안과 공포에 시달리게 했고 … 개인숭배가 그렇게 엄청난 규모로 이루어진 것도 스탈린이 스스로 자신을 신격화했기 때문입니다."

1956년 제20차 소련 공산당 당 대회에서 소련의 새로운 지도자 흐루쇼프가 한 비밀 연설은 사회주의 진영 전체에 엄청난 충격을 던졌다. 흐루쇼프는 찬사와 비난을 한 몸에 받으며 수많은 세계적 갈등에 부딪혔고, 1964년 결국 실각했다.

스탈린 독재를 비판하다

1894년 광부의 아들로 태어난 흐루쇼프는 20대를 군수공장 노동자로 보냈다.(사회주의사회에서는 노동자, 광부 출신을 '기본 출신'이라 해서 우대했다. 귀족이나 부르주아는 타도 대상이었고, 지식인이나 전문직 종사자 – 의사, 교수 등은 충성을 입증하지 않으면 견제 받았다.) 제1차 세계대전 당시 노동자 조직에서 활동하다 혁명 이후 공산당원이 된 그는, 스탈린 치하에서 지방 공산당 조직 책임자로 활동했다. 30대부터 모스크바로 진출하여 40대에는 공산당 중앙위원이자 스탈린의 열렬한 찬양자로 활약했으며, 제2차 세계대전의 분수령이었던 스탈린그라드 전투 당시 정치 고문으로 방어전을 지휘하고 우크라이나 지역의 독일군을 몰아낼 때도 큰 역할을 했다.

1953년 스탈린이 죽었을 때 그 후계자로 비밀경찰 총수인 베리야가 부상했지만, 그는 불과 석 달 후 공산당 간부회의 도중 체포되어 전격 처형되었다. 베리야를 처형한 이가 바로 흐루쇼프였다. 흐루쇼프는 한동안 베리야의 라이벌이었던 말렌코프와 함께했지만, 1955년 그마저 밀어내고 권력을 독점하는 데 성공했다. 그리고 1956년 바로 그 유명한 비밀 연설을 하였다.

흐루쇼프의 연설은 스탈린의 독재정치에서 기인하였다. 스탈린은 소련을 세계 사회주의의 본부로 규정하고, 세계 공산주의의 순종을 요구했다. 또, 소련 사회주의의 순수함을 지키기 위해 사회주의의 모순과 문제점을 지적하는 사람들, 수정주의자, 민족주의자, 분파주의자 등을 가혹하게 처단했다. 내부에서 헤아릴 수 없이 많은 이들이 수정주의자로 몰려 시베리아 유형소로 끌려갔으며, 외부에서는 소련의 패권에 반발하던 동유럽 공산주의자들이 민족주의자로 몰려 숙청당했다. 서유럽 프랑스부터 동유럽과 소련에 이어 중국까지, 오직 소련 공산당에 순응하는 자들만이 공산당으로서 존재할 수 있었다.

흐루쇼프의 스탈린 격하는 세계적으로 해빙 분위기를 불러왔다. 석방된 정치범들이 조심스레 활동을 재개하고, 솔제니친 등 지식인들의 창작 활동이 시작되었다. 숙청당한 동유럽의 과거 공산당 지도자들이 돌아왔고, 미국·프랑스 등 서유럽 여러 나라들은 흐루쇼프와 정상회담을 하며 평화에 대해 논의하였다.

흐루쇼프에게 닥친 3가지 위기

그러나 다른 한편에서 흐루쇼프의 위기가 닥쳐왔다. 소련의 패권에 도전하는 동유럽 국가들의 저항이 그 첫 번째였다. 동독에서 공산당 지배에 항의하는 시위가 벌어져 소련 탱크 부대가 이를 진압하였다. 폴란드와 헝가리에서는 브와디스와프 고무우카와 너지 임레를 중심으로 사회주의의 변화를 추구하는 새로운 지도부가 구성되었다. 폴란드의 고무우카 정권은 충성을 약속하는 대가로 소련의 인정을 받았지만, 헝가리의 너지 정권은 소련군의 공격을 받아 무너지고 말았다. 헝가리의 반소 투쟁은 이후 유럽 사회주의 진영에 큰 충격을 안겨 주었다.

두 번째 위기는 같은 사회주의 진영의 반발이었다. 중국은 흐루 쇼프가 사회주의를 변질시켰다며 스스로를 사회주의 진영의 새로운 중심이라고 선언했다. 이로써 중소 분쟁이 시작되어 60년대 국경 분쟁으로까지 나아갔다. 친소적 경향의 정통 사회주의자들 역시 흐루쇼프를 비판했다. 이에 대해서는 프랑스 · 이탈리아 등 서유럽 공산당 지도자들도 예외가 아니었으며, 소련 공산당 내부도 마찬가지였다.

세 번째로 미국 역시 흐루쇼프에게 우호적이지 않았다. 특히 쿠바 사태는 미국 케네디 대통령과 흐루쇼프 양자 모두에게 심각한 위기였다. 1959년 쿠바 공산화 이후 미국 극우파들은 쿠바를 탈출한 난민 일부를 훈련시켜 쿠바를 침공하였다.('피그 만The Bay of Pigs 사건')

이 사건으로 쿠바는 미국의 공격을 방어하고자 소련에 도움을 요청했고, 이에 소련은 쿠바에 미사일 기지를 건설하려 했다. 1962년 쿠바 미사일 기지를 둘러싼 미소 간 갈등은 핵전쟁 일보 직전까지 갔다가 흐루쇼프와 케네디의 타협으로 해소되었다. 하지만 케네디는 소련에 양보했다며 정치적 곤경을 겪었고, 흐루쇼프는 미국에게 무릎 꿇은 패배자로 낙인찍혔다.

신좌파, 신진보의 길이 열리다

내부 공산당 보수파들의 반발, 외부적으로 동유럽 반소 시위대 유혈 진압, 미국 등 서방 세계의 불신 등이 흐루쇼프를 점점 어렵게 했다. 이러한 상황을 상징적으로 보여 주는 사진이 있다. 50년대 말 미국을 방문한 흐루쇼프의 가슴을 당시 닉슨 부통령이 손가락으로

1959년 미국을 방문한 흐루쇼프(왼쪽)와 설전을 벌이며 손가락으로 가슴을 찌르는 닉슨 부통령(오른쪽).

찌르며 비판하는 장면이다. 내외적으로 위신과 존중을 잃은 그는 실각할 수밖에 없었다.

흐루쇼프는 1964년 실각한 후 7년 동안 시골 별장에서 은둔 생활을 하다 조용히 세상을 떠났다. 그에 대한 평가는 많지만, 가장 중요한 것은 그로 인해 1960년대부터 공산주의·사회주의 사상에 대한 엄청난 논쟁이 시작되었다는 사실이다. 논쟁의 결과 사민주의, 생태주의, 수정주의 등으로 분화되면서 세계는 신좌파, 신진보로 나아가게 된다.

◈ 매카시즘, 빨갱이 사냥

흐루쇼프가 집권하여 스탈린 격하와 유화 정책을 취할 때, 미국 역시 냉전에서 자유로워지는 조짐이 나타났다. 1954년 12월 미국 상원에서 매카시 의원에 대한 공식 비판 결의안이 통과된 것이다. 이로써 1950년 매카시 상원의원이 일으킨 일련의 빨갱이 사냥운동(매카시즘)이 쇠퇴하기 시작했다.

매카시즘은 점증하는 소련의 위협에 대한 미국인들의 공포 속에 탄생하였다. 예상보다 빠른 소련의 원자폭탄 개발, 중국 공산화 등을 사회주의의 발전과 팽창이 아닌, 미국 내부의 결함 탓으로 돌리는 여론이 생겨났고, 이를 이용한 것이 바로 매카시즘이었다. 무분별한 선동과 고발에 따른 정적 처벌로 미국 사회를 경직시킨 매카시즘은, 그 공격 대상이 국방의 중추로까지 확장되면서 결국 반격을 받게 되었다. 육군 수뇌부에 빨갱이가 있다는 매카시의 선동에 군부와 정치권 및 보수층이 모두 반발한 것이다. 매카시즘의 광풍에 휩싸였던 4년 동안 미국의 모습은 냉전 시대 스탈린의 소련을 보는 듯했다.

179

20세기 사회주의의 방어벽

베를린 장벽

1961~1989

교과서 속 한 줄 역사 냉전은 베를린에서 시작되었다. 연합국에 동서로 나뉘어 점령되어 있던 베를린에서 미국·영국·프랑스가 점령하고 있던 서쪽 지역을 단일 행정구역으로 통합하자, 소련은 서부 독일에서 베를린으로 가는 길을 봉쇄하였다. 이 과정에서 독일은 동서로 분열되고 말았다.

1961년 8월 13일 아침. 베를린 시민들은 밤새 시내를 가로지르는 장벽이 생겨난 것을 보고 큰 충격을 받았다. 동베를린과 서베를린을 가로지르는 '베를린 장벽'이었다. 서독 등 자유주의 진영은 장벽 설치에 강력하게 항의했지만, 그로부터 28년간 장벽은 더욱 견고해지고 길어지고 잔인해졌다. 장벽은 그 자체가 냉전이었다.

서독의 탄생과 서베를린 봉쇄

제2차 세계대전 종전 이후 미국·영국·프랑스·소련이 독일을 분할 점령하고, 수도 베를린 역시 네 나라가 분할 점령하였다. 4개국은 전후 독일 처리 문제에 대해 각기 다른 생각을 갖고 있었다.

영국과 미국은 독일이 빠른 시간 내에 재건되어 공산화의 위협에서 벗어나야 한다고 여긴 반면, 소련은 공산주의에 입각하여 철저한 탈ṇ나치화가 필요하다고 보았고, 프랑스는 독일이 다시는 프랑스를 침략할 수 없도록 약한 상태로 지속되기를 희망했다. 이데올로기와 각국의 국방 정책에 따라 서로 입장이 달랐고, 이것이 미국의 봉쇄정책과 함께 점차 갈등 상태로 이어졌다.

갈등은 베를린 봉쇄로 나타났다. 베를린은 소련 점령 지역인 동부 독일 한복판에 4분할된 채 존재했다. 1948년 자유주의 진영의 3개국이 각각 점령하고 있는 세 지역을 서독으로 합치기로 합의하자, 소련은 이것이 합의 파기라며 만약 서독을 만들 것이라면 서베를린을 포기하라고 요구했고, 미국은 거절했다. 곧이어 서독 지역에 새로운 화폐 마르크가 통용되고, 얼마 후 서베를린까지 화폐가 들어오자 소련이 서베를린 봉쇄를 단행한 것이다.

분단, 다른 길을 걸은 서독과 동독

미국은 서베를린 봉쇄에 단호하게 맞섰다. 400여 대의 수송기를 이용해 250만 톤 이상의 물자를 10개월 동안 서베를린에 공수하였다. 소련은 점령 지역 영공을 통과하는 미국 수송기를 멍하니 바라보고만 있었다. 아마도 핵에 대한 공포 때문이었으리라. 결국 소련은 1949년 봄 베를린 봉쇄를 풀었다. 그리고 그해 가을, 독일은 서독과 동독으로 분단되었다.

분단 이후 자유주의 진영의 서독은 미국의 경제 지원에 힘입어 '라인 강의 기적'으로 일컬어지는 엄청난 경제성장을 이룩했다. 1920

년대 끔찍한 경제공황을 기억하는 서독 정부는 인플레이션을 막기 위해 적극적인 시장 개입 정책을 추진하였으며, 유럽에서 가장 강력한 노조는 부의 적절한 분배에 기여했다. 또 전쟁범죄의 이미지를 씻고자 프랑스, 이스라엘 등과 적극적인 외교 관계를 맺었다.

반면, 동독은 소련의 영향 아래 좌파 정당이 통일되어 독일 사회주의통일당(사통당)이 건설된 뒤 일당독재 체제가 수립되었다. 하지만 자유의 억압과 강도 높은 노동은 노동자들의 저항을 불러일으켰다. 1953년 소련군 철수와 자유선거를 요구하는 동맹파업이 일어나 동독 주요 도시를 휩쓸었다. 소련군의 탱크 부대가 봉기를 진압했지만, 체제에 불만을 가진 수많은 동독인이 탈출을 결심하였다.

공세에서 수세로, 장벽 쌓은 사회주의

동독인들의 주요 탈출로는 베를린이었다. 동베를린으로 가서 서베를린으로 넘어가는 것이다. 동독과 체제 경쟁에 몰두하던 서독은 서베를린으로 탈출해 오는 동독 사람들을 적극 환영했다. 이렇게 해서 1961년까지 10여 년 동안 무려 250만 명의 동독인이 서독으로 탈출했다. 매일 몇 백 명의 자국민이 적대 국가로 넘어가는 것은 체제를 위협하는 심각한 사태였다. 결국 동독은 1961년 베를린 장벽을 쌓았다.

1961년 12월, 베를린에 있는 브란덴부르크 문 앞에 세워진 베를린 장벽. 동·서 베를린을 가른 이 40여 킬로미터의 콘크리트 담장은 1989년에야 철거되었다.

베를린 장벽은 곧 사회주의가 외부와 담을 쌓은 것이자, 유럽에서의 체제 경쟁에서 사회주의가 공세에서 수세로 전환한 것을 의미했다. 이미 1956년 헝가리 반소 봉기를 무력으로 억압했던 동유럽 사회주의는 소련의 패권주의와 경제적 침체 등으로 점차 민중의 지지를 잃기 시작했다. 사회주의는 변화가 절실히 요구되었다. 그것이 60년대 수정주의 바람으로 나타나게 된다.

◈ 베를린 장벽 옆 아파트의 추억

장벽이 세워진 이후에도 베를린을 통해 서독으로 탈출하려는 시도는 계속되었다. 이때 가장 인기 있는 곳이 장벽 근처의 아파트였다. 탈출을 결심한 동독인들은 비싼 돈을 주고 아파트 주민을 매수한 뒤 창에서 장벽 너머로 뛰어내렸다. 결국 동독은 아파트 창을 봉쇄했다.

동독은 장벽을 계속 보강해야만 했다. 수단 방법을 가리지 않고 뛰어넘는 자들이 나오자 이중벽을 만들고 전기 철조망을 가설하고, 망루를 설치하여 탈출하다가 발견되면 사살하기에 이르렀다. 하지만 가혹한 대응은 오히려 저항을 불러왔고, 결국 1989년 통행 자유화 조처가 내려졌다. 기쁨에 들뜬 동베를린 청년들이 망치를 들고 베를린 장벽을 부수면서 장벽은 붕괴되었고, 이를 계기로 동독 정부는 급격히 통치력을 잃었다. 독일 통일이 시작된 것이다.

180

엔젤 오브 피스

핵무기

1940~1960년대

교과서 속 한 줄 역사 서유럽 국가들과 미국, 캐나다가 상호 군사원조와 집단방어를 목표로 하는 나토(NATO)를 창설하자, 소련은 동유럽 국가들과 WTO를 맺어 대응하였다. 그 과정에서 한국전쟁, 쿠바 사태, 베트남 전쟁 등 양 진영 간 세력 대결이 한동안 지속되었다.

"전쟁에서 원자폭탄은 완벽한 것이었다. 그것을 가능케 한 지식은 공공선公共善을 위해 자연의 선물을 사용하고자 하는 불사의 열망으로부터 나왔다. 이러한 새 지식은 죽음이 아닌 생명을, 폭정과 잔인함이 아닌 신성한 자유를 가져올 수 있을 것이다."

1945년 8월 히로시마와 나가사키에 원자폭탄을 투하하고 며칠 후,《뉴욕타임스》는 핵의 미래에 대한 장밋빛 전망을 내놓았다.(물론 원자력 발전까지 포함한 예찬이긴 하지만.) 도시 하나를 통째로 날려 버릴 가공할 위력의 무기는 미국의 절대적 힘, 그리고 미국적 가치를 지켜 줄 절대적 힘으로 여겨졌다.

트루먼 대통령이 소련에 대한 봉쇄정책을 자신 있게 시행한 배경에 원자폭탄에 대한 믿음이 있었다는 것은 무시할 수 없는 사실이다. 바야흐로 핵은 '엔젤 오브 피스angel of peace', 자유와 평화를 수호할 천사의 무기로 여겨졌다.

하지만 이때까지만 해도 개발 당사국인 미국 사람들조차 그 가공할 파괴력에 상당한 거부감을 표했다. 1948년 여론조사에서 미국 국민의 30퍼센트가 핵에 반대한다는 의사를 밝혔다. 그런데 1949년 소련이 원자폭탄을 개발하자, 미국은 엄청난 충격에 휩싸였다. 핵으로 자유와 평화를 지킬 수 있다는 생각과 핵이 인류를 멸망시킬지도 모른다는 공포가 1950년대 내내 공존했다.

미국 국민들은 핵의 공포를 일상에서 체험했다. 1950년대부터 핵 공격에 대비한 대피 훈련이 시작되었고, 가정과 공공장소에 핵전쟁 대피 시설 건설이 장려되었으며, 방송은 핵전쟁에 대비하여 정기적으로 방송 시스템을 점검했다. 핵전쟁으로 인한 인류 사회의 파괴와 그 이후의 삶을 다룬 드라마, 영화, 만화 등이 쏟아져 나와 베스트셀러 목록에 이름을 올렸다.

이와 함께 핵을 통해 힘의 우위를 점하려는 노력도 계속되었다. 미국은 1952년 더욱 가공할 파괴력의 수소폭탄을 개발했다. 소련도 몇 년 안 가 수소폭탄 개발에 성공했다. 효과적으로 핵폭탄을 실어 나르기 위한 로켓 개발 경쟁이 시작되었고, 이 과정에서 나치의 로켓 과학자들이 미국과 소련에서 활동하게 되었다.

양국은 대서양을 건너 상대를 타격할 수 있는 대륙간탄도미사일

(ICBM) 개발 경쟁에 나섰다. 폭발 위험이 높은 액체연료 대신 고체 연료가 개발되고, 복잡한 수학적 계산을 수행할 컴퓨터 개발이 이루어졌으며, 목표 지점에 정확히 도달할 수 있도록 유도하는 안내 시스템(guidance)도 만들어졌다.

대륙간탄도미사일의 핵심은 지구의 중력을 탈출해 우주 공간으로 나갔다가 목표 지점에 떨어지는 것으로, 우주선 개발과도 밀접한 연관이 있었다. 결국 1957년 소련이 우주선 스푸트니크를 쏘아 올렸고, 이 일로 미국은 엄청난 충격을 받았다.

일명 '스푸트니크 쇼크'는 미국의 교육 체제를 바꿀 만큼 미국 사회를 뒤흔들었다. 단순히 기술 경쟁에서 뒤진 것이 아니라 핵 개발을 포함한 체제 수호 경쟁에서 뒤진 것이기 때문이다. 막대한 돈을 쏟아부은 미국과 소련의 경쟁은 1969년 달 착륙까지 이어졌다.

핵으로 평화를 지킬 수 있을까

핵전쟁에 대한 군부와 정치가들의 의지도 강력했다. 한국전쟁 당시 맥아더는 "어떠한 것도 승리를 대신할 수 없다"며 중국에 대한 원자폭탄 투하를 주장했다. 1950년대 미국 국무장관이었던 덜레스 역시 재래식 무기보다는 "대량 보복적 힘에 의한 억제"를 사용해야 한다고 주장했다.

강력한 선제공격만이 승리를 가져올 수 있다는 믿음이 미국과 소련 군부의 강경론자들을 지배하였으며, 이는 냉전 시대 내내 핵 전쟁의 위험을 고조시키는 데 일조했다. 또 자국의 안전을 지키려면 원자폭탄을 보유해야 한다는 믿음이 확산되면서, 영국·프랑스 · 파키스탄 · 인도 · 이스라엘 등 여러 나라들이 핵무기를 보유하고, 이란 · 북한 등이 핵실험을 강행하게 되었다.

핵전쟁이 인류의 공멸로 귀결될 것이라는 우려가 정책에 반영되기 시작한 것은 1960년대 후반부터였다. 미국의 닉슨 대통령은 "어떠한 세력도 수소폭탄 전쟁을 통해서는 우위를 점할 수도 확실한 승리를 기대할 수도 없다. 그렇기 때문에 양 진영은 위험스러운 경쟁적 핵 군비 증강을 중지하는 것이 서로에게 이득이 된다는 사실을 인정하고 있다."라고 주장했다. 이후 핵군축은 국제사회의 중요한 의제가 되었다.

아직도 핵을 억지력이나 평화의 수단으로 생각하는 사람들이 있다. 현재 핵을 보유한 나라들은 저마다 핵무기의 완전한 포기를 완강히 거부하고 있으며, 그 나라 국민들의 의식도 크게 다르지 않다. 하지만 무기를 통해 평화를 지킬 수 있다는 생각은, 그 무기를 넘어선 새로운 무기의 개발로 항상 실패해 왔다. 이러한 역사적 교훈을 인류는 언제나 깨달을까?

◈ We will meet again

스탠리 큐브릭 감독의 영화 〈닥터 스트레인지러브〉(1964)는 핵전쟁의 위험을 적나라하게 폭로한 문제작이다. 줄거리만 보면 평범한 첩보 액션물 같은 이 영화는 미 공군의 잭 리퍼 장군이 공산주의자들을 분쇄하려고 핵 폭격기를 출발시키자, 전면적 핵공격을 앞둔 미 · 소 정치인과 군인들이 보인 호전성, 무책임, 관료주의와 맹목적 충성심의 본질을 폭로하고 있다.

영화 마지막에 〈위 윌 미트 어게인We Will Meet Again〉이라는 감성적 노래와 함께 핵폭발이 연속되는 장면은 영화사상 최고의 명장면 중 하나로 꼽힌다.

181

그들이 원한 아프리카의 '품위'

콩고와 우간다

1960~1970년대

> 교과서 속 한 줄 역사 제2차 세계대전 이후 아시아·아프리카의 신생 독립국가들
> 은 반식민주의와 반제국주의를 주장하였다. 중국과 인도의 평화 원칙에 공감한 아
> 시아, 아프리카 29개국이 인도네시아 반둥에서 1회 '아시아 아프리카 회의'를 개최
> 하고, 유고슬라비아 베오그라드에서 1차 비동맹회의를 개최하였다. 국제연합에서
> 이들의 영향력이 커지면서 냉전 체제 해체에도 이 나라들이 큰 역할을 담당하였다.

"우리가 우리나라에 바랐던 것은 오직 품위 있는 삶과 위선 없는 존엄

성과 제한 없는 독립을 누릴 권리뿐이었다."

1961년 콩코의 수상 파트리스 루뭄바는 반대파에게 처형당하기
전 아내에게 쓴 마지막 편지에서 이렇게 자신의 희망을 밝혔다. 당
시 그의 나이는 겨우 36세였다. 조국 독립을 간절히 원했고, 마침내
수상에 오른 그는 왜 처참한 죽음을 맞이했을까?

식민 지배 이후 아프리카

20세기 아프리카는 서구 열강의 식민지로서 가혹한 수탈을 당했고,

1·2차 세계대전 때는 강제로 전쟁에 동원되어 수십만 명이 전사했다. 제2차 세계대전이 끝나자 아프리카인들은 더 이상 유럽의 지배에 순응할 생각이 없었고, 유럽도 식민 지배를 지속할 힘이 없었다.

점차 격렬해지는 독립투쟁 속에 아프리카 국가들이 하나둘 독립했다. 하지만 이미 아프리카에는 열강의 이해에 따라 수많은 경계선이 그어져 있었고, 이는 독립 후 국경선이 되었다.

그 국경선 안에 적게는 수십 개에서 많게는 100개 이상의 민족들 혹은 부족들이 포함되어 있는가 하면, 반대로 어떤 민족은 국가 간 경계선 사이에서 여러 나라 국민으로 갈라졌다.

'국민'으로서의 정체성이 없는 상태에서 여러 부족이 한 나라의 국민이 되자 갈등이 일어났고, 열강은 이를 이용하여 이곳에 투자한 기업의 이익을 지키려 했다. 아프리카는 쿠데타, 내전, 학살, 빈곤과 기아의 땅이 되고 말았다.

콩고 독립 이끈 루뭄바의 좌절

루뭄바는 젊은 시절 노조에서 일했다. 그는 벨기에령 콩고의 독립과 자유를 꿈꾸는 정치인으로 성장하였다. 루뭄바는 바콩고족의 조제프 카사부부, 카탕가의 모이스 촘베 등 여러 민족·부족들과 힘을 합쳐 벨기에의 지배에 맞서 투쟁하였다.

벨기에는 일방적으로 콩고 독립 정부를 수립하려다 실패하고, 결국 콩고의 주요 13개 정당 대표들과 협의 아래 1960년 자유선거를 통한 콩고 독립에 합의하였다. 이 선거에서 루뭄바가 승리하여 초대 수상이 되었다. 그리고 카사부부는 대통령, 촘베는 카탕가 주지사가 되었다.

벨기에인들은 명예로운 퇴진을 원했다. 그래서 독립기념식 날 벨기에가 콩고의 문명화에 베푼 은혜를 강조하고, 배은망덕하지 않도록 나라를 잘 운영하라고 했다. 벨기에가 식민 지배 시절 저지른 학정과 학살을 기억하는 콩고인들은 분노했고, 루뭄바는 취임 연설에서 다음과 같이 선언했다.

"우리는 흑인들이 자유로워지면 어떤 일을 이룰 수 있는지 온 세상에 보여 줄 것이다."

하지만 국가 수립 직후부터 콩고는 혼란에 빠졌다. 벨기에 장교의 지휘를 받던 콩고군은 벨기에 장교의 철수를 주장했고, 지휘관을 잃은 군대는 무력해졌다. 그 사이 일부 콩고인들이 콩고에 체류하던 벨기에인에게 보복을 가했으며, 카탕가 주는 독립을 선포했다. 그러자 자국민을 보호한다며 벨기에 군대가 진주하였다.

루뭄바는 유엔에 도움을 청했지만 외면당했고, 이어 소련에 도움을 요청하자 미국이 나섰다. 결국 참모총장 모부투가 미국·벨기에 등의 후원을 받아 쿠데타를 일으켜 소련 대사를 추방한 뒤 루뭄바를 가택 연금했다. 루뭄바는 탈출을 시도하다 체포되어 외신 카메라 앞에서 매를 맞는 모욕을 당한 뒤, 1961년 1월 17일 고문 끝에 총살당하고 말았다.

1960년 12월, 콩고 레오폴드빌(킨샤사의 전 이름)에서 체포되는 루뭄바.

엽기적인 독재자, 우간다의 이디아민

한편 우간다는 1962년 영국으로부터 독립했지만 종족 간 갈등으로 정치가 불안정했다. 영국은 식민 통치 시절 최대 종족인 간다족을 우대하였기에 여러모로 그들이 우세했고, 그런 탓에 최초의 대통령도 간다족의 무테사가 선출되었다. 그런데 4년 만에 랑고족의 오보테가 무테사를 쫓아내고 권력을 장악했다.

이때 큰 공을 세운 사람이 카콰족 출신으로 영국 식민지 군대에서 근무했던 이디아민이다. 오보테가 이디아민을 군사 책임자에 앉히고 반영·반서방 정책을 펼치자, 서방 진영은 이디아민을 회유하여 1971년 오보테를 몰아내고 친서방 정권을 세웠다.

이디아민은 영국과 이스라엘의 후원 속에 권력을 잡았지만, 자신이 이슬람교도임을 내세워 곧 아랍 사회와 손을 잡고 우간다를 이슬람 공화국으로 선포했다. 곧이어 그는 정적을 숙청하고 반대파를 학살했는데, 특히 정치범들을 학살한 뒤 그 시체를 모욕하거나 심지어 먹기까지 하는 엽기적 행각으로 세상을 떠들썩하게 했다. 본인은 이 사실을 부정했지만, 그의 잔인하고 엽기적인 독재정치는 8년 동안 지속되었다. 이디아민의 폭정에 대해 국제사회는 무관심했다. 강대국의 이익과 무관한 탓이었다. 대부분의 서구 기업이 철수한 뒤라 서구 정부들이 굳이 희생을 감수하며 우간다 정치에 개입할 이유가 없었던 것이다.

이디아민을 몰아낸 것은 이웃 탄자니아의 니에레레 대통령이었다. 자나키족의 족장 집안 출신인 니에레레는 1962년 독립 탕가니카의 초대 대통령으로 당선되었으며, 1963년 독립한 잔지바르와 통합하여 1964년 새로 출범한 탄자니아의 초대 대통령이 되었다. 그는 아프리카식 사회주의를 표방하며 가족 공동체인 '우야마'를 중심으로 한 농업 중심 경제체제를 만들고, 주변국의 독립과 반독재 투쟁을 지원하였다. 그중 대표적인 것이 바로 우간다의 투사들을 도와 이디아민을 축출한 1979년 '간섭 전쟁'이다. 이 전쟁으로 이디아민은 사우디로 망명하고, 우간다에는 새로운 정권이 들어섰다.

약소국의 단결 주장한 '비동맹주의'

이처럼 아프리카는 국가 내 수많은 종족 사이의 갈등, 이를 자국에 유리하게 이용하려는 소련과 미국 등 강대국들의 공작, 자국 기업의 이익을 지키려는 과거 식민 지배 국가의 간섭 등으로 대부분 극심한 정치적 혼란을 겪었다.

미국에 축출당한 루뭄바뿐만 아니라, 부르키나파소의 싱카라, 모잠비크의 사모라 대통령, 짐바브웨의 무가베 대통령 등 많은 이들이 죽거나 쫓겨나거나 비슷한 독재자로 전락했다. 그리고 이디아민이나 중앙아프리카공화국의 보카사처럼 외세를 등에 업은 엽기적인 독재자가 나오기도 했다.(보카사는 정적을 사자 먹이로 던져 주었다.)

식민지에서 해방된 신생 국가들의 혼란을 어떻게 해결해야 할 것인가? 이런 고민에서 탄생한 것이 1960년대 비동맹주의이다. 신생 국가들의 단결과 독립, 곧 제3세계의 단결만이 이 문제를 해결할 수 있는 길이라는 것이다. 인도의 네루, 유고의 티토 등이 앞장서서 결성한 비동맹주의는, 미소와 강대국 중심의 국제질서에 희생당하지 않으려는 약소국들의 단결이라는 점에 그 역사적 의의가 있다.

182

핵전쟁 발발 5초 전

쿠바 봉쇄

 1962

교과서 속 한 줄 역사 냉전 시대 주요 분쟁으로 미국의 쿠바 봉쇄가 있다.

　총기로 무장한 군인들이 학생들을 검문한다. 그때 한 학생이 검문을 뿌리치고 헌병대장과 함께 자폭하며 "카스트로 만세!"를 외친다. 쿠바에 투자하러 온 콜레오네는 불길함을 느끼지만, 검은 경제에 투자하는 데 눈이 먼 자들은 그의 경고를 알아채지 못한다.

　영화 〈대부 2〉(1974)의 한 장면이다. 영화에서 마피아의 대부 콜레오네 가문은 쿠바 카지노에 투자하려고 쿠바 도박 업계의 대부 히맨 로스와 손을 잡으려 하고, 쿠바 대통령은 로스와 콜레오네 등 쿠바에 투자하려는 투자자들을 모아 놓고 투자의 안정성을 역설하며 게릴라 축출을 장담한다. 하지만 콜레오네의 예상대로 쿠바는 공산화되고, 콜레오네는 별 이익을 거두지 못한 채 황급히 쿠바를 탈출한다.

미국 등에 업은 바티스타 독재 정권

아메리카에서 거의 마지막까지 스페인 식민지로 남았던 쿠바. 미국 남부에 상륙할 수 있는 전초기지가 될 수 있는 지정학적 중요성 때문에 항상 쿠바를 원했던 미국은, 1898년 스페인과의 전쟁에서 승리한 뒤 마침내 쿠바를 사실상 지배하기 시작했다.

형식적으로는 쿠바 독립 정부가 들어섰지만, 역대 대통령들은 모두 미국 자본과 밀접한 관계 속에서 이익을 나누었고 이에 따른 부패와 독재가 심각했다. 1934년 이후 쿠바 정부의 실권을 쥔 사람은 풀헨시오 바티스타였다. 1933년 쿠데타를 일으켜 정권을 장악한 그는, 1952년 대통령으로서 전면에 나서 직접 쿠바를 통치했다.

부패와 독재의 상징인 바티스타 정권을 무너뜨린 혁명의 지도자가 피델 카스트로였다. 1926년 스페인 이민자의 아들로 태어나 대학에서 법학을 전공한 카스트로는, 대학 졸업 후 남미를 여행하며 민족주의자가 되었다.

당시 남미 나라들은 대부분 '유나이티트 푸르트 컴퍼니'로 대표되는 미국 자본의 간섭 속에 친외세 · 친교회 군사독재 정권이 폭압적인 통치를 하고 있었다. 체 게바라를 비롯한 많은 남미의 청년들이 여행을 하면서 그 참상을 확인하고 민족주의에 눈을 떠 혁명을 꿈꾸었다. 카스트로도 마찬가지였다.

160명의 특공대가 이끈 혁명

1953년 카스트로와 165명의 청년이 몬카다 병영을 습격했다. 카스트로는 이 사건으로 체포되었지만, 곧 사면되어 멕시코로 망명했

체 게바라(왼쪽)는 1955년 멕시코에서 피델 카스트로를 만나 쿠바 혁명에 뛰어든다. 그리고 10년 후 게바라는 콩고로 떠난다.

다. 바티스타 정권은 멕시코 정부에 요청하여 카스트로를 감옥에 가두었는데, 그는 그곳에서도 곧 사면되어 나왔다. 당시 멕시코에는 많은 혁명가들이 모여들었고, 그중에 체 게바라도 있었다. 라울 카스트로(피델 카스트로의 동생)의 소개로 만난 두 사람은 의기투합하여 쿠바에서 혁명을 일으키기로 하고 동지들을 규합하였다.

1956년 11월, 카스트로와 82명의 혁명가가 낡은 20인승 요트 '그란마'를 타고 쿠바에 상륙했다. 하지만 심한 배멀미와 질병, 쿠바군의 진압 작전으로 20명도 안 되는 소수만 살아남았다. 이들은 시에라마에스트라 산맥으로 들어가 게릴라전을 펴기 시작했다. 농민들의 지지로 게릴라는 300여 명으로 불어났지만, 2년 동안 1만여 명의 정부군에 포위되어 있었고 쿠바 공산당도 카스트로의 혁명전쟁에 반대했다.

카스트로의 혁명을 도와준 것은 역설적으로 바티스타 정권이었다. 정권의 부패와 무능에 지친 쿠바 사람들은 혁명을 원했고, 카스트로의 과감한 투쟁이 쿠바 청년들의 열정에 불을 댕겼다. 1958년 체 게바라가 지휘하는 160여 명의 특공대가 동서를 가로지르는 강행군을 펼치면서 산타클라라 등 주요 지역이 속속 혁명군의 지배 아래 들어오기 시작했다. 마침내 1958년 12월 31일, 바티스타 대통령이 인근 독재국가로 망명하면서 혁명은 성공하였다.

소련과 맺은 비밀협정

카스트로가 처음부터 사회주의 정권을 수립한 것은 아니었다. 혁명 이후 원주민들의 열망인 토지개혁이 시작되자 미국의 유나이티드 푸르트 컴퍼니가 타격을 받았고, 이에 미국이 경제봉쇄로 보복하자 쿠바는 소련에 기술 및 경제원조를 요청하면서 사회주의로 기울기 시작했다. 마침내 1961년 미국과 국교가 단절되었고, CIA(미 중앙 정보국)의 후원을 받은 쿠바 망명자들이 쿠바 피그 만에 상륙하여 반反카스트로 게릴라전을 시도하며 갈등이 극에 달했다.

피그 만 사건 이후 카스트로는 노골적으로 친소 경향을 띠었으며, 이 과정에서 소련과 쿠바는 비밀협정을 체결했다.(쿠바에 소련의 미사일 기지를 설립하는 대가로 쿠바의 안전을 보장하는 내용) 이에 미국은 쿠바 해상을 봉쇄하고, 소련의 배가 쿠바 해상에 접근하면 발포하겠다고 선언했다. 군함을 향한 발포는 곧 전쟁의 시작을 의미했고, 미소 간의 전쟁은 핵전쟁으로 이어질 수 있었다. 전 세계를 핵전쟁의 공포에 빠뜨린 이 사태로, 카리브 해의 조그만 섬나라 쿠바는 전 세계의 관심 국가가 되었다.

소련의 양보와 미국의 전향적 조치로 쿠바 사태는 마무리되었지만, 쿠바는 경제봉쇄 속에서 살아남기 위해 유연한 정책을 취해야만 했다. 관타나모(미국이 주권을 행사하는 쿠바령)에 있는 미군 기지를 인정하고, 유명한 관광 휴양지를 유럽인들에게 개방했으며, 냉전 시대 어려움을 겪고 있던 비동맹 국가들과 국제적 공조를 이루었다. 하지만 경제봉쇄로 인한 어려움은 여전하다.

그동안 카스트로의 쿠바는 북한과 가장 흡사한 나라로 꼽혔으며, 북한·이란·시리아 등과 함께 미국이 지목하는 '악의 축' 중 하나였다. 2008년 피델 카스트로가 은퇴한 뒤 동생 라울 카스트로가 권력을 승계하면서 권력 세습 문제도 안고 있다. 하지만 사회주의 정권 중 가장 유연한 나라라는 평가를 받기도 한다.

183

20세기 혁명의 아이콘

체 게바라

1928~1967

교과서 속 한 줄 역사 쿠바에서 카스트로, 체 게바라 등의 사회주의자들이 두 차례에 걸쳐 무장혁명을 일으며 마침내 정권을 장악했다.

"승리하든 죽든 저의 미래를 쿠바 혁명에 바칩니다."

쿠바 혁명을 위해 카스트로와 함께 낡은 요트 그란마에 몸을 실으면서 체 게베라는 어머니에게 이렇게 편지를 썼다.

멀고도 험한 혁명의 과정에서 체 게바라는 총을 들고 게릴라 전사로 거듭났다. 두 살 때부터 천식을 앓았던 그는 화약 연기가 천식에 좋다고 말하는가 하면, 독한 시가를 줄창 물고 허기를 달래면서도 모기를 쫓기 위해서라고 대답하곤 했다. 종종 발작을 일으켰고 질식 상태에 빠지기도 했는데, 오히려 그것이 죽음이 항상 가까이 있음을 깨우쳐 주어 그로 하여금 두려움을 떨쳐 내고 용감해질 수 있도록 만들었다고 한다. 자신에게도 동지에게도 냉정하고 엄격했던 체 게바라, 그는 강렬한 카리스마 그 자체였다.

"어떤 사회주의 국가는 제국주의 국가처럼 착취한다"

1928년 아르헨티나의 백인 가정에서 태어나 의대를 졸업한 체 게바라는, 여행을 하면서 남미의 현실에 눈을 뜨고 혁명을 꿈꾸었다. 과테말라에서 의사로 일하면서 과테말라 혁명운동에 개입했다가 멕시코로 망명한 체 게바라는 그곳에서 카스트로를 만나면서 인생의 전환점을 맞이했다.

체 게바라는 카스트로와 함께 쿠바 혁명을 성공으로 이끌고 이후 특별법에 따라 쿠바 국적을 획득하고 공직에 올랐다. 그가 맡은 일은 바티스타 정권 시절 반대파를 고문하고 암살한 사람들을 수사하고 처형하는 일이었다. 그는 냉정하고 엄격했다.

"혁명의 정의가 진정한 정의이며 사형선고는 옳은 행위다. 공직자들은 처형장에 나와 책임감을 느껴야 한다."

게바라는 국립은행 총재 등 여러 공직을 맡으며 카스트로와 함께 일했다. 하지만 공산주의의 이상에 철저했던 그는 오히려 공산주의자들의 비판을 받았다. 프랑스 공산당은 그를 '열등한 부르주아 좌익 몽상가'라고 비판했고, 공산주의 진영 내 헤게모니 확보에 몰두하던 중국과 소련은 혁명의 확산을 바라는 게바라와 대립하였다.

체 게바라와 소련의 관계는 점점 악화되었다. 게바라가 꿈꾸던 쿠바의 중공업 건설은 실패로 돌아갔고, 소련의 압력으로 오히려 사탕수수 생산이 확대되었다. 이는 혁명 이전의 쿠바로 돌아가는 것을 의미했다. 카스트로도 체 게바라의 반소적 성향을 불편하게 여기기 시작했다. 체 게바라는 결국 1965년 알제리에서 "어떤 사회주의 국가는 제국주의 국가처럼 착취한다."라는 폭탄 발언을 했다. 알제리에서 귀국하던 날, 그는 마중 나온 카스트로와 눈을 마주치지 않았다. 게바라는 그날 밤 카스트로와 10시간 가까이 밀담을 나눈 뒤 사라졌다.

혁명의 확산 위해 다시 볼리비아로

체 게바라가 나타난 곳은 아프리카 콩고였다. 당시 콩고는 지도자 루뭄바를 잃고 혼란에 빠진 상태였다. 하지만 새로운 지도자로 게바라는 적합하지 않았다. 게바라는 다시 남미의 볼리비아로 넘어갔다. 볼리비아는 다섯 나라와 국경을 접한 요충지였으나, 좌익 게릴라에게 적당한 장소는 아니었다. 게바라는 혁명의 확산을 위해 쿠바의 모든 공직과 국적을 버리고 다시 게릴라로 돌아갔지만, 그것은 고난의 길이었다.

게바라는 다양한 민족과 종족 간 문제에 대해서는 이해가 부족했다. 남미는 대부분 스페인어로 의사소통이 가능하지만 아프리카의 콩고는 그렇지 못했으며, 볼리비아 공산당도 그를 지지하지 않았다. 일국사회주의에 충실했던 공산당은 남미 혁명이나 세계 혁명에 냉소적이었다. 게다가 볼리비아는 원주민이 거의 없는 쿠바와 달리 원주민이 과반이 넘었다. 유럽 이주민 출신인 게바라는 그들을 잘 이해하지 못했고, 그 때문에 그의 전술과 위치가 쉽게 노출되고 말았다.

마침내 체 게바라는 미국이 훈련시킨 특수부대 700여 명과 기

1967년 10월, 볼리비아군에게 붙잡혀 즉결 처형된 체 게바라.

타 볼리비아군 2천여 명의 추격을 받아 포위되었다. 1967년 10월 9일, 계곡의 좁은 틈으로 탈출하던 두 명의 게릴라가 체포되었다. 지휘관이 이름을 묻자 담담히 말했다.

"나는 체 게바라이다."

체 게바라는 얼마 후 즉결 처형되었고, 그의 시신은 다른 게릴라의 시신과 함께 하루 동안 전시되었다.

체 게바라의 마지막은 쓸쓸했지만, 그는 사후 혁명의 아이콘으로 부활하며 오히려 더 큰 영향력을 발휘하였다. 60년대 기존의 자본주의와 사회주의를 넘어서려는 움직임이 활발해지면서 남미의 많은 청년들이 남미 연방을 건설하려고 분투했고, 유럽에서도 국제 혁명의 열망이 폭발했다. 이 모든 에너지가 '68혁명'으로 분출했고, 체 게바라는 '68혁명'을 대표하는 상징으로 수많은 추종자를 낳으며 전 세계 사람들의 가슴에 깊이 각인되었다.

184

중국 현대사의 분기점

문화대혁명

1966~1976

교과서 속 한 줄 역사 대약진운동 실패로 마오쩌둥은 권력에서 밀려났고, 류샤오치가 실용적인 경제정책을 추진하였다. 그러나 중소 관계가 악화되자 마오쩌둥이 류샤오치, 덩샤오핑 등을 몰아내고 다시 권력을 잡았다. 그는 문화혁명을 통해 수백만 명의 학생들로 홍위병을 조직하여 반대파를 공격하는 한편, 자신을 중심으로 하는 독재 권력을 강화시켰다.

1960년대 마오쩌둥의 대약진운동이 실패하면서 국가주석이 된 류샤오치는 덩샤오핑 등과 함께 실용주의에 입각한 새로운 경제정책을 추진하였다. 이 시기 중국 실용주의를 상징하는 말이 유명한 '흑묘백묘론黑猫白猫論'(검은 고양이든 흰 고양이든 쥐만 잡으면 된다는 의미)이다. 하지만 실용주의 정책은 곧 벽에 부딪혔다. 그 벽은 다름 아닌 '혁명 세대', 즉 공산화 이후 태어난 세대들이었다.

실용주의에 대한 마오의 반격

1960년대 10대 청소년기에 접어든 혁명 세대들은 어릴 때부터 학교에서 당의 무오류성(당은 오류를 범하지 않는다)과 사회주의의 위대함을 학습했다. 그들은 대약진운동의 실패와 당 내부의 혼란을 이해할 수 없었다. 그들은 다른 이유가 있을 것이라고 생각했고, 낡은 관습과 문화, 즉 봉건사상에 물든 불철저한 사회주의자들에게서 그 원인을 찾았다. 여기에 기름을 부은 사람이 마오쩌둥이었다. 그는 흐루쇼프의 수정주의를 강력하게 비판하면서 철저하게 노동자·농민을 바탕으로 한 중국식 공산주의를 주장했다.

실용주의 노선에 대한 마오의 반격은, 역사학자 우한이 쓴 〈해서파관海瑞罷官〉이라는 역사극에서 비롯되었다. 1965년 이 작품이 마오를 비판하다 숙청당한 펑더화이를 옹호하는 내용이라는 주장이 제기되었고, 이에 마오가 문화혁명소조를 출범시켜 사상투쟁을 확장시켰다. 여기에 혁명 세대가 조직한 홍위병이 참여하면서 문화혁명의 열풍이 일어났다.

청소년과 대학생으로 구성된 홍위병들은 류샤오치 대신 새로운 권력으로 떠오른 린바오가 만든 마오 어록을 들고 마오가 말한 "조반유리造反有理"('모든 반항과 반란에는 나름대로 정당한 도리와 이유가 있

'극좌적 오류'. 1966년부터 10년간 이어진 중국의 문화대혁명은 모든 봉건적 잔재들을 공격했다. 수많은 유적과 유물이 파괴되었고, 마오쩌둥에 반대한 인사들이 붙잡혀 모욕을 당했다.

다')를 외치며 모든 봉건적 잔재들을 공격하기 시작했다.

실용주의를 주장한 지식인과 당 관료들이 먼저 잡혀가 모욕을 당했고, 이어 당에 비판적이었던 사람들이 잡혀갔다. 민족주의를 주장한 소수민족 지도자들도 끌려갔고, 그들의 학교와 유적·유물도 파괴되었다. 정릉(명나라 황제 만력제萬曆帝의 무덤)을 비롯한 수많은 문화재도 봉건 지배계급의 잔재로 지목되어 훼손되었다.

공산당마저 뒤흔든 홍위병

하지만 시간이 흐르면서 오직 열정뿐인 홍위병들은 점차 분열적인 모습을 보이기 시작했다. 서로 간의 의견 차이가 그대로 파벌이 되고 갈등을 겪으며 곳곳에서 충돌했고, 과격한 홍위병들이 마침내 당 지도부까지 비판하면서 공산당 통치의 기본마저 흔들어 댔다. 삽시간에 중국 전역이 내전 상태에 빠져들자, 마오는 군대를 동원해 홍위병을 해산하고 농촌으로 하방下方(현장으로 내려가 직접 체험하고 배우는 것)시켰다.

문화대혁명은 실용파인 류사오치와 덩샤오핑의 몰락, 마오의 권력 회복, 린바오와 4인방 등 새로운 권력의 형성 등으로 이어지며 전체적으로 마오의 권력을 강화시켰다. 하지만 홍위병의 광기, 추악한 권력투쟁, 사회주의에 대한 토론과 고민의 금지로 당대 중국인들을 큰 충격에 빠뜨렸다.

중국 현대사에서 하나의 분기점이 된 문화대혁명은, 단순한 정치투쟁을 넘어 중국인들의 삶을 뒤흔든 큰 사건이었다. 중국 영화의 수작으로 꼽히며 우리나라는 물론이고 전 세계적으로 큰 인기를 끌었던 첸 카이거 감독의 영화 〈패왕별희〉(1993)와 장이모 감독의 영화 〈인생〉(1994)을 통해 중국 현대사에서 문화대혁명이 갖는 의미를 살펴보자.

시대의 격랑에 휩쓸린 두 남자, 〈패왕별희〉

1920년대 군벌의 시대, 가난한 집의 두 소년이 경극단에 팔려 갔다. 경극은 남자 배우들이 춤과 노래로 연기를 보여 주는 중국의 전통 무대예술이다. 둘은 모진 연습 끝에 성인이 되어 경극 배우로 큰 성공을 거두었다. 특히 패왕 항우와 우희의 이별을 다룬 작품 〈패왕별희〉로 큰 인기를 얻었는데, 우희 역의 데이(장국영)는 극중에서처럼 현실에서도 패왕 역의 샬로(장풍의)를 연모하는 마음을 갖는다.

중일전쟁이 터지고 샬로가 일본군과 다투다 체포되자, 데이는 일본군 앞에서 노래를 불러 샬로를 구한다. 하지만 샬로는 주산이라는 창기와 사랑에 빠져 결혼하고, 데이는 사랑을 잃은 슬픔에 그를 떠난다. 실의에 빠진 데이는 양 대인이라는 부자의 동성애 애인으로 지내며 마약에 빠져 살다가 재기의 기회를 얻어 다시 무대에 서지만, 공산화와 함께 더 이상 경극을 할 수 없게 된다.

한편 샬로는 문화대혁명 와중에 과거 무심코 공산당을 비판했다는 이유로 비판대에 선다. 그는 살아남기 위해 데이가 과거 일본군 앞에서 노래한 것을 폭로하고, 분노한 데이는 샬로의 아내 주산이 창기였음을 폭로한다. 과거 사회 타락의 상징인 창기와의 사랑을 추궁당하자 샬로는 주산과의 사랑을 부정하고, 이에 충격 받은 주산이 자살한다. 문화대혁명은 결국 모두를 절망에 빠뜨린다.

이 영화는 모든 격랑이 지난 뒤 데이와 샬로가 〈패왕별희〉의 무대복을 입고 과거를 회상할 때, 데이가 〈패왕별희〉의 마지막 장면처럼 샬로의 칼로 자살하면서 막을 내린다. 군벌 시대부터 문화대혁명까지의 중국 현대사와 두 사람의 사랑과 인생의 굴곡을 절묘하게 결합한 수작이다.

그래도 삶은 지속된다, 〈인생〉

장이모 감독의 〈인생〉은 〈패왕별희〉보다 조금 더 직설적으로 현대사를 다루고 있다. 〈인생〉의 주인공 류오콰이는 지주의 아들로 태어나 젊은 시절을 도박으로 방탕하게 보내다 결국 파산하여, 집은 친구에게 넘어가고 아내는 아들을 임신한 채 딸을 데리고 도망쳐 홀로 병든 노모를 모시며 비참하게 살아간다. 다행히 류오콰이를 불쌍히 여겨 돌아온 아내 덕에 네 식구가 다시 단란한 삶을 꾸리게 되고, 그는 친구에게 인형극 소품을 빌려 종이 인형극을 하며 생계를 꾸린다. 그러나 곧 국공내전이 일어나고 류오콰이는 국민당군에 강제로 징용당해 죽을 고비를 숱하게 넘긴 끝에 공산군의 포로가 된다. 그는 군인들에게 인형극을 보여 주어 환심을 사서 겨우 집으로 돌아온다.

그가 없는 동안 아내는 공산당의 배려로 어머니 장례를 치르고, 열병을 앓아 죽을 뻔한 딸을 겨우 구해 낸다. 하지만 딸은 결국 벙어리가 된다. 그의 집을 차지했던 친구는 지주로서 반동분자로 몰려 처형당하고, 류오콰이는 당을 위해 열심히 일할 것을 다짐하고 노동생산성 향상을 위해 인형극을 한다. 그러나 대약진운동 외중에

피곤해하는 아들을 억지로 등교시켰다가 교통사고로 잃고, 문화대혁명 때는 의사들이 모두 숙청당해 학생들만 남은 병원에서 딸이 출산을 하다 죽고 만다. 자식을 모두 잃은 류오콰이는 아내와 사위와 손자와 함께 담담하게 삶을 이어 간다.

이 영화 곳곳에는 중국 현대사의 주요 장면과 그에 대한 중국 인민들의 인식이 배어 있다. 살려면 공산군의 포로가 되라는 국민당 군인, 아버지처럼 따뜻하게 돌봐 주는 공산당 지역위원장, 헌신하는 노동자와 일꾼들, 무기만 있고 사람은 없는 국민당군 진지에 용감하게 돌격하는 공산군, 대약진운동의 용광로와 문화대혁명을 가득 채운 마오의 상징들, 일견 공산당을 찬양하는 듯 보이는데 주인공 가족에게 계속 밀어닥치는 불행들…. 세련되지는 않지만 투박하게 어루만지듯 중국 현대사를 그려 낸 작품이다.

◈ 중국 현대사 휩쓴 전투 천재, 린바오

린바오林彪는 1925년 18세에 황포군관학교에서 장제스의 총애를 받으며 화려한 인생을 시작했다. 하지만 졸업 후 공산당의 주요 지도자 저우언라이를 만나 가담한 뒤, 징강산 시절 마오의 총애를 받는 유능한 군사 지휘관이 되었다. 1930년 23세의 나이로 사단장이 되었고, 25세에 군단장이 되었다. 대장정에서 주요 전투를 지휘했고, 항일전쟁 때는 산시 성의 핑싱관平型關에서 일본 21여단을 격파하여 세계적으로 이름을 떨쳤다. 핑싱관 전투는 일본의 무패 신화를 깨뜨린 기념비적 전투였다. 그는 공산화 이후 소련 스탈린에게 "겨우 43세에 전쟁이 끝났는데, 군인으로서 아쉽지 않은가?"라는 질문을 받을 정도로 타고난 장군이었다. 문화대혁명 때 마오에게 발탁되어 류사오치를 몰아내고 권력을 장악했다. 그는 중소 갈등이 심화되었을 때 대소련 방어전을 총지휘하며 마오 다음가는 권력을 누렸다. 하지만 중소 갈등이 전쟁이 아니라 저우언라이의 외교적 노력으로 해결되면서 그의 위상은 추락했다. 정치투쟁에서 저우언라이에게 패하자 분노한 린바오는 마오에게 도전했고, 결국 비행기를 타고 외국으로 탈출하다 비행기가 격추되어 사망했다.

185

미국 불태운 블랙 파워

말콤 엑스

1925~1965

교과서 속 한 줄 역사 루터 킹 목사의 비폭력 운동에 대한 의문 속에 말콤 엑스 등이 '블랙 파워 운동'을 일으켰다

스파이크 리 감독의 영화 〈말콤 X〉(1992)는 성조기가 불타는 장면으로 시작한다. 서서히 타들어 간 성조기는 마침내 'X' 형태만 남기고 재로 변한다. 말콤 엑스(X)가 미국을 태워 버린 셈이다. 미국인들이 가장 싫어하는 성조기 훼손으로 시작하여 엄청난 비난과 논쟁에 휩싸인 이 영화의 실제 주인공, 흑인 해방 투사 말콤 엑스. 그는 누구인가?

흑인들만의 세상을 건설하라!

1960년대 들어 흑백 차별 반대 운동은 더욱 거세졌고, 이에 대한 백인들의 폭력도 훨씬 강력해졌다. 1963년 마틴 루터 킹 목사가 앨라배마 주에서 흑인들을 이끌고 비폭력 시위를 벌일 때, 경찰은 경

찰견·전기봉·최루탄 등을 앞세워 유혈 진압하며 수백 명을 체포했다. 흑인운동가가 살해당하는가 하면, 흑인 교회에 대한 폭탄 테러로 아이 4명이 목숨을 잃기도 했다.

케네디 대통령이 흑백 차별을 폐지하는 몇몇 법안을 제안하자, 이를 통과시키려고 20여만 명의 흑인 시위대가 링컨 기념관 앞에 집결하여 킹 목사의 명연설(《I Have A Dream》)을 들었다.

하지만 북부 도시의 흑인운동은 남부에서처럼 성공적이지 못했다. 흑인운동에 대한 공격 방식이 훨씬 '사악'했으며, 할렘의 흑인 빈민이나 백인 노동자들은 킹 목사의 점잖은 운동 방식을 받아들이지 못했다.

로스앤젤레스에서, 시카고에서, 클리블랜드에서 대규모 소요가 일어났고 군대가 진압하는 과정에서 수십 명이 목숨을 잃었다. 백인 중산층들은 텔레비전을 통해 일련의 사태를 지켜보며 폭력을 종식시킬 단호한 조처를 요구했다.

인종 갈등이 점차 심화되자, 일부 흑인들은 흑백 공존에서 한 걸음 더 나아가 흑인들만의 세상 '블랙 파워'를 꿈꾸었다. 블랙파워운동은 '블랙 팬더'(한국에는 '검은 표범단'으로 알려졌으며 북한의 후원을 받아 요주의 단체로 지목되었다.), '이슬람국가운동Nation of Islam' 같은 단체들이 주도했다. 이 중 '이슬람국가운동'은 백인을 사탄으로 규정하고 이슬람 신앙에 입각하여 아프리카인들의 나라를 건설하자고 주장했다. 이 조직의 지도자 중 가장 유명한 이가 바로 '말콤 엑스'다.

범죄 소년에서 흑인운동가로

말콤 엑스의 본명은 말콤 리틀Malcolm Little. 그는 미국 중부 네브래스카 주의 흑인 목사 얼 리틀Earl Little의 아들로 태어났다. 그의 아버지가 흑백 평등을 주장하다 KKK단의 공격을 받아 집이 불타기도 했으며, 그의 어머니는 피부색이 하얀 흑인으로서 흑에도 백에도 끼지 못하는 슬픈 어린 시절을 보냈다. 그러니 말콤은 요즘 말로 '모태' 운동가였던 셈이다.

영화에서 어린 시절 말콤은 전형적인 흑인 청소년의 삶을 산다. 도둑질하고 마약을 하고 여자들, 특히 백인 여자들과 어울리며 난잡한 생활을 하다가 도둑질한 것이 발각되어 체포되는데, 백인 여자와 어울린 것이 백인 판사의 심기를 거슬러 징역 8년의 중형을 받고 감옥살이를 하게 된다.

예나 지금이나 감옥은 범죄자의 학교이다. 평범한 잡범이 감옥에 들어가 감방 동료를 따라 갱이 되기도 하고 사상범이 되기도 한다. 말콤이 만난 사람은 이슬람국가운동의 조직원이었다. 백인에게 무조건적 증오를 드러내던 말콤은, 알라의 뜻을 따라 흑인의 세상을 건설하라는 가르침에 빠져들었다. 그는 '리틀'이라는 노예 시절 선조의 성을 버리고 미지의 선조의 성을 따른다는 의미로 '엑스X'라는 성을 쓰기 시작했다.

1952년 6년 만에 출소한 말콤 엑스는 이슬람국가운동의 지도자 일라이자 무하마드를 만난 뒤 그의 지도 하에 전국 순회강연을 다니기 시작했다. 그는 가장 인기 있는 연사이자 조직가로서 많은 모스크를 세우고 조직을 확장했다.

그는 백인을 사탄으로 규정하고 아프리카인의 자립을 주장했다. 킹 목사의 비폭력 저항운동을 비난하면서 백인의 폭력에 맞설 단호한 행동을 주장하여 큰 논쟁을 일으켰다. 하지만 1960년대 킹 목사의 비폭력운동에 백인들이 잔인한 폭력으로 맞서면서 말콤의 주장은 흑인 사회에서 크나큰 지지를 받았다.

두 흑인 지도자의 연이은 죽음

60년대가 되면서 말콤은 박해받는 예지자처럼 보였다. 이슬람국가운동 내에서 그를 시기하는 무리가 늘어났고, 지도자 일라이자 무하마드도 그를 견제했다. 백인 과격파들은 그의 집에 불을 질렀고, 그의 가족에게 살해 협박을 했다. CIA는 말콤을 위험인물로 지목하고 감시와 도청을 멈추지 않았다. 킹 목사 등 흑인 민권운동가들도 말콤을 계속 비판했다.

이슬람국가운동에서 쫓겨난 충격으로 메카 순례를 다녀온 말콤은 킹 목사의 민권운동에 한 걸음 다가선 온건한 입장을 취하기 시작했다. 사실 이때부터 킹 목사와 말콤은 전과 다른 입장을 취하기 시작한다. 말콤은 과격한 투쟁에 한계를 느끼고, 킹 목사는 비폭력운동에 한계를 느끼며 서로 상대의 방식에 호감을 표하기 시작한 것이다.

하지만 그것은 뒤늦은 화해였다. 말콤은 1965년 2월 21일 뉴욕에서 연설 도중 3명의 암살범에게 무려 21발의 총탄을 맞고 숨을 거두었다. 흑인운동 내부 불만 세력의 소행으로 알려졌지만, CIA나 백인 극우파들의 소행이라는 주장도 있다.

말콤 엑스의 죽음 이후 혼란에 빠진 흑인운동은, 1968년 킹 목사마저 암살당하면서 결정적인 충격을 받았다. 온건파와 급진파의 두 핵심 지도자의 죽음 이후 흑인운동은 한풀 꺾이는 듯 보였다. 하지만 이후에도 흑인운동은 굴곡을 겪

암살되기 1년 전인 1964년 3월, 킹 목사와 만난 말콤 X.

으며 계속 이어졌고 조금씩 성장해 갔다. 미국 최초의 흑인 대통령 버락 오바마의 탄생은 바로 그러한 투쟁의 결과이다.

◈ 저항과 도전의 상징, 셜리 치솜

70년대에도 흑인운동은 계속되었다. 이 중 주목할 만한 이가 존 레논과 치솜이다. 비틀스의 멤버 존 레논은 베트남전 반대에 앞장서는 등 미국 저항문화의 일원으로 활동했으며, 블랙파워 운동 단체인 '블랙 팬더'의 지지자이자 후원자였다. 이 때문에 존 레논은 한때 미국에서 추방당할 뻔했으며 연방정부의 감시를 받기도 했다. 존 레논을 사찰한 사실이 드러나고 이를 계기로 도청 관련 폭로가 이어지면서 워터게이트 사건이 터져 결국 닉슨이 대통령직에서 물러나게 된다.

셜리 치솜은 미국 최초로 대통령에 도전한 흑인이다. 여성으로서 미국 하원의원에 당선되었으며, 미국 민주당 대선 후보 경선에 참가하여 백인 남성의 영역이었던 대통령에 최초로 도전했다.

비록 경선에서 민주당 자유주의 그룹의 지도자인 조지 맥거번에게 패해 본선에 진출하지 못했지만, 이후 오바마 대통령 당선 전까지 의미 있는 흑인

대통령 후보가 나오지 못했다는 점에서, 또 힐러리 클린턴 전까지 유력한 여성 대통령 후보가 나온 적이 없다는 점에서(여성은 부통령 후보로만 나왔다) 역사적 평가를 받을 만한 인물이다.

186

누구를 위한 비밀인가

케네디 암살 사건

 1963

교과서 속 한 줄 역사 미국 역사상 최연소 대통령인 케네디는 여러 개혁정책을 추진했지만 암살당하고 말았다.

"이 사건의 많은 자료를 왜 공개하지 않고 있으며, 누군가가 요구하면 '국가 기밀'이라며 거부합니까? 누구를 위한 비밀이죠? 대체 무슨 비밀이기에 누구를 위해 국민의 알 권리를 막는 겁니까? 바로 그런 국가 기밀이 악취를 풍기며 나타날 때, 그때가 바로 파시즘이 오는 때입니다. 1963년 11월 22일 사건은 쿠데타였소! 이 나라는 국민의 것이요, 가장 중요한 것은 진실이며 정부가 진실을 죽였다면 국민이 정부를 믿을 수 없다면 그건 이미 내 조국이 아닙니다!"

케네디 암살 사건을 다룬 올리버 스톤 감독의 영화 〈제이에프케이JFK〉(1991)에서 검사의 마지막 발언이다. 검사는 케네디 암살 사건이 일부 정부 조직과 군산복합체가 저지른 일이며, 본질적으로 쿠데타라고 주장했다. 이 의혹은 이후 모든 음모론의 중요한 모티프가 되었다.

오스왈드의 단독 범행?

1963년 11월 22일, 재선을 앞둔 케네디 대통령이 선거 유세를 위해 댈러스를 방문하여 차량으로 이동하던 중 암살범 오스왈드가 쏜 총에 맞았다. 불과 6초 만에 이루어진 이 저격으로 케네디는 목과 머리에 2발의 총알을 맞고 즉사했다. 케네디의 죽음으로 부통령 존슨이 대통령직을 승계하였고, 이후 1964년 대선에서 케네디의 후광을 입어 승리한 존슨 대통령의 시대가 열렸다. 존슨 대통령은 케네디가 반대하던 베트남전 참전을 결정하여 미국을 베트남전의 수렁에 빠뜨린 인물이다.

존슨 대통령은 사건 직후 대법원장 워런을 위원장으로 하는 '케네디 암살 사건 조사위원회'를 조직했다. 조사위원회는 '워런 보고서'라는 방대한 보고서에서 케네디 암살을 공산주의자 오스왈드의 단독 범행으로 결론지었다. 하지만 오스왈드가 결백을 주장하다 사건 2일 만에 잭 루비에게 암살당하고, 잭 루비도 1967년 감옥에서 사망하면서 결정적 증인을 모두 잃었다. 또한, 중요한 몇몇 증거들이 국가 기밀로 2038년까지 비공개 처리되면서 이 사건은

1963년 11월 22일, 암살 직전에 찍힌 케네디 부부 사진.

엄청난 의혹을 불러일으켰다.

1969년 뉴올리언스 지방 검사 짐 개리슨(미국은 선거를 통해 지방 검사를 뽑기도 한다.)은 케네디 사건을 독자적으로 수사하여 남부의 힘 있는 경제계 인사 클레이 쇼를 케네디 암살 사건의 공범으로 지목하여 기소했다. 이 재판 과정에서 케네디 암살에 대한 의혹이 대중적으로 퍼졌고, 개리슨 검사는 자신의 견해를 책으로 출판했다. 영화 〈제이에프케이JFK〉는 이 책을 토대로 만든 영화이다.

3가지 의혹

영화 〈제이에프케이〉는 케네디 암살과 관련한 모든 의혹을 잘 정리하여 보여 주고 있다. 이 영화에서 제기하는 의혹은 크게 세 가지다. 첫째, 암살범 오스왈드이다. 오스왈드는 소총으로 3발을 쏴 케네디를 암살한 직후 권총으로 경관을 살해한 뒤 시내 극장에서 체포되었다. 그는 변호사 입회도 없이 심문받았으며, 결백을 주장하다 경찰서에서 잭 루비에게 살해되었다. 그의 배후를 밝혀 줄 어떤 단서도 남기지 않은 채 말이다.

두 번째는 일명 '매직 탄환'이다. 오스왈드가 발사한 탄환 3발 중 1발은 케네디의 머리를 맞혔고, 또 하나는 오발이었다. 남은 1발이 케네디와 주지사의 몸에 총 7개의 상처를 냈다. 더군다나 주지사의 상처는 좌우와 위아래를 왔다 갔다 하며 만들어졌다. 이는 3발 이상의 총알이 발사되었다는 의혹을 불러일으켰다.

세 번째는 케네디의 죽음 이후 모든 정책이 뒤집어졌다는 점이다. 개리슨 검사는 사건의 동기가 무엇보다 중요하다고 주장했는데, 케네디가 반대하던 베트남전 참전이 존슨 대통령에 의해 이루어지면서 미국 국방비 지출은 수십 배로 증가했고, 이는 당시 어려움을 겪고 있던 군수산업과 군부 및 관련 정부 요인들에게 엄청난 이익을 안겨 주었다.

개리슨 검사는 이 세 가지 의혹을 풀어 나가며 몇 가지 증거를 제시했다. 케네디 부검 과정에서 가해진 군부의 부당한 압력, 다른 저격 지점에 대한 증언 묵살, 핵심 증인들의 의문의 죽음, 증거물로 제시된 탄환의 비정상적인 모습, 당시 군산복합체나 군부의 관계에 대한 당사자들의 무조건적 부정 등이 그것이다. 그리고 그는 국가 기밀로 처리된 비공개 자료들을 공개하라고 요구하며 케네디 암살이 쿠데타라고 주장했다.

민주주의의 한계 드러내는 음모론

오늘날까지 미국인들이 가장 궁금해하고 알고 싶어 하는 것이 케네디 암살의 진상이다. 영화 〈더 록The Rock〉(1996)의 마지막 부분에서 주인공이 숨겨 둔 마이크로필름을 보며 "케네디 암살범이 누군지 알아?"라며 키득거린다. 미국 영화에서 감춰진 진실에 접근한 주인공들이 항상 의기양양하게 거론하는 것이 케네디 암살의 진상일 만큼, 이 사건에 대한 의혹은 미국 사회 전반에 광범위하게 퍼져 있다.

이런 보편적 불신이 중요한 사건이 일어날 때마다 끊임없이 음모론을 재생산해 내는 원동력이다. 9 · 11 테러와 이라크 전쟁 같은 중대한 국가적 사건일수록 석유 자본의 음모, 오사마 빈 라덴의 사전 체포설, 대량살상 무기 조작설 등 많은 음모론이 등장한다.

음모론이 민주주의와 공존한다는 것은 무서운 일이다. 선거 승리를 위해 불리한 정보를 왜곡하는 정보 조작이 이루어지고, 매스미디어가 발전할수록 그 조작 과정이 더욱 교묘해지면서 음모론이 발전한다. 그런 점에서 음모론은 불완전한 현대 민주주의의 사생아라고 할 수 있지 않을까? 민중의 사랑을 가장 많이 받았던 케네디 암살이 가장 대표적 음모론의 소재가 된 것은 어쩌면 당연한 일이 아닐까?

◆ 분쟁을 먹고사는 군산복합체

냉전이 심화되고 지역 분쟁이 늘어나면서 미국은 자원 수입이나 해외투자에 어려움을 겪기 시작했다. 중동전쟁으로 인해 중동의 석유 자원을 개발하는 미국 석유회사들이 타격을 입었고, 쿠바 공산화로 인해 쿠바에 투자한 미국의 설탕산업이나 오락산업이 큰 타격을 입었다.

미국 기업은 미국 정부에 강력한 군사력으로 지역 분쟁을 진압하고 안정적인 기업 활동을 보장해 달라고 요구했다. 이렇게 기업과 군부가 강력한 군사 체제를 만들고자 결합한 것을 '군산복합체'라 한다. 아이젠하워 대통령은 대통령직 고별사에서 군산복합체를 향해 경고 메시지를 던졌고, 케네디는 재임 내내 그러한 요구에 저항하였다. 하지만 케네디 사후, 특히 공화당 정치인들은 군산복합체의 요구에 비교적 충실하게 적극적인 군사행동을 추진하였다.

187

역사가 된 아이돌

비틀스

 1960~1970년대

교과서 속 한 줄 역사 영화와 라디오 · 텔레비전의 발달로 대중들은 지구 건너편의
사건을 이웃의 일로 여기게 되었다. 이로써 대중사회가 형성되고 대중 소비와 함께
대중문화가 발달하였다.

1960년 영국 리버풀의 클럽에서 노래하던 4명의 젊은이가 있었
다. 거친 부두 노동자들의 고함 소리에 묻히지 않도록 그들은 샤우
팅 창법과 4명이 함께 부르는 코러스를 넣어 노래했다. 하지만 목
에 피가 나도록 불러도 수입은 형편없어서 그들은 습기로 눅눅한
클럽 지하방 침대에서 자고 싸구려 음식으로 끼니를 때웠다.

당시에는 어느 누구도 그들이 세계를 지배할 밴드가 되리라 생
각하지 못했다. 역사는 1961년 음반 판매점 주인 브라이언 엡스타
인이 그들의 매니저를 맡으면서 시작되었다.

영국 애송이들의 미국 침략기

브라이언 엡스타인은 비틀스의 능력을 맨 처음 알아본 사람이었

다. 당시 엡스타인은 27세였고, 비틀스 멤버들은 존 레논 21세, 링고 스타 21세, 폴 매카트니 19세, 조지 해리슨 18세로 10대 후반부터 20대 초반이었다.

이들은 데뷔와 동시에 세상을 흔들었다. 1962년 공식 데뷔곡 〈러브 미 두Love Me Do〉에 이어 〈플리즈 플리즈 미Please Please Me〉가 엄청난 히트를 기록하면서 영국은 비틀스의 포로가 되었다.

'비틀 마니아'로 일컬어지는 광적인 팬들이 생겨났고, 1964년 미국 시장을 공략하기 위해 출연한 〈에드 설리번 쇼〉는 7,300만 명이라는 경이적인 시청자 수를 기록했다. 미국 인구가 아직 2억을 넘지 못하던 시절이니 미국 전체 인구의 3분의 1이 시청한 셈이다. 1964년에는 빌보드 차트 1위부터 5위까지 비틀스 노래가 차지하는 진풍경을 연출하기도 했다. 비틀스와 함께 '롤링 스톤스' 등 많은 영국 밴드들이 미국 음반 시장을 휩쓸면서 이른바 '브리티시 인베이전'(영국의 침략)을 이끌었다.

비틀스는 광적인 팬들을 몰고 다니며 늘 화제의 중심에서 세상을 떠들썩하게 만들었다. 기절해서 실려 나가는 여성 팬들로 공연장은 아수라장이 되었고, "우리가 예수보다 더 인기 있다(More popular than Jesus)"는 발언 때문에 사탄으로 몰리기도 했다. 당시 보릿고개로 허덕이던 한국의 신

'British Invasion'. 1964년 2월 7일, 미국 JFK 공항에 도착한 비틀스. 미국 언론은 이를 '영국의 침략'이라고 명명했다.

문에도 한두 달에 한 번꼴로 비틀스의 이름이 등장할 정도였다.

전 세계를 돌며 쉴 새 없이 라이브 공연을 이어 가던 비틀스는, 1966년 8월 샌프란시스코 공연을 마지막으로 순회공연 중단을 선언했다. 이후 비틀스는 음반 발매를 주로 하는 '스튜디오 밴드'가 되었는데, 1965년 이후 발표한 노래들은 대중음악의 역사를 한 단계 높인 걸작들로 손꼽힌다.

1970년 멤버들 간의 불화로 해체되었지만, 존 레논과 폴 매카트니는 음악 활동을 계속 이어 갔다. 특히 존 레논은 평화와 자유를 노래하여 70년대 반전 평화운동에 큰 영향을 끼쳤고, 그의 노래 〈이매진Imagine〉은 지금도 전 세계 사람들의 사랑을 받고 있다.

많은 사람들이 비틀스가 재결합하여 30대의 원숙한 음악을 들려주기를 원했지만, 1979년 존 레논이 피격당해 죽으면서 비틀스 재결합 가능성은 사라졌고, 그들은 역사가 되었다.

전후 세대 평화의 우상

비틀스는 리버풀 출신 밴드다. 대서양에 면한 항구도시 리버풀은 미국 라디오방송 수신 지역으로, 미국에서 오는 외항선의 기착지이자 미국 문물의 집산지다. 자연스럽게 1950년대 미국 로큰롤에 열광하던 젊은이들이 리버풀로 모여들었다.

1950년대, 제2차 세계대전이 끝나고 미국에서 베이비붐이 일어났다. 젊은 인구가 급속히 늘어나 청소년 소비문화가 발전했고, 세계대전 이후 가치관의 변화는 기성세대에 대한 반항을 불러일으켰다. 기성세대가 미국적 가치를 내세우며 제2차 세계대전에 뛰어들었다면, 전후 세대는 평화를 원했다. 기성세대가 라디오를 들었다면, 전후 세대는 텔레비전을 보았다.

기성세대가 전체주의의 히틀러와 싸웠다면, 전후 세대는 '빨갱이 사냥'(매카시즘)이라는 내부의 전체주의와 싸웠다. 기성세대가 남부의 흑인, 북부의 백인으로 나뉜 사회에서 살았다면, 전후 세대는 어딜 가든 흑인과 함께하는 사회에서 살았다. 그리고 핵전쟁과 인류 멸망의 공포가 세계에 밀어닥쳤다.

전후 세대는 그들을 대변할 대중문화를 원했다. 그 시작은 흑인의 영혼이 담긴 '블루스'였다. 블루스와 재즈는 전기기타와 드럼 등 새로운 악기의 개량과 함께 로큰롤로 발전했다. 거기에 엘비스 프

◈ 우드스톡으로 폭발한 '록 스피릿'

엘비스 프레슬리의 요란한 트위스트나 비틀스의 더벅머리는 기성세대가 강요하는 단정함에 대한 반항을 의미했다. 이처럼 록은 그 탄생부터 저항 정신을 담고 있었고, 저항과 자유와 방황과 일탈을 포함하였다. 60~70년대 저항적 혹은 반항적 록 밴드들이 사회적으로 큰 반향을 불러일으켰다. 물신주의를 비판한 '레드 제플린', 기성세대에 대한 반항으로 똘똘 뭉친 '도어즈', 획일화를 거부한 '핑크 플로이드' 등이 대표적이다. '딥 퍼플', '퀸' 등 비교적 무난한 록그룹의 노래 가사에서도 섬뜩한 냉소와 은유가 드러나곤 했다.(그래서 한국에서 많은 노래들이 금지곡이 되었다.)

록그룹의 콘서트는 폭발적이었다. 1969년 미국 뉴욕 남동부 우드스톡 인근 베델 평원에서 40여만 명이 모인 가운데 개최된 '우드스톡 페스티벌'은 전설로 남았다.

시골 농장에 모여든 청중들은 일주일 동안 비와 진흙탕, 극도의 혼란 속에서도 공동체와 자유를 갈구하는 에너지를 발산했다. 이후 대규모 콘서트가 종종 열렸는데, 샌프란시스코 콘서트에서 폭력 사태가 일어나 사망자가 발생하여 기성세대의 거센 비난을 받기도 했다.

레슬리가 있었다. 흑인 창법에 요란하게 엉덩이를 흔드는 라틴계 미소년의 노래에 전후 세대는 자지러졌다. 로큰롤에 대한 열광은 대서양을 건너 리버풀에 상륙했고, 영국의 애송이 베이비부머들은 엘비스를 흉내 내며 기타를 치고 몸을 흔들었다.

엘비스를 흉내 내며 기타를 치던 한 소년과, 왼손으로 기타를 치던 또 다른 소년이 만났다. 소년이 자신의 이름은 존John이라고 밝히며 이름을 묻자, 또 한 소년이 대답했다. "내 이름은 폴Paul이야." 둘의 만남에서 역사는 시작되었고, 그들은 영국식 로큰롤의 출현을 갈망하는 청소년들 앞에 메시아로 등장했다. 이로써 60년대 록의 역사가 개벽하였다.

◈ '불꽃 같은 청춘'의 교본

1955년부터 1956년까지 불과 2년 사이에 미국 영화배우 제임스 딘이 주연한 3개의 작품이 박스 오피스를 휩쓸었다. 〈이유 없는 반항〉, 〈에덴의 동쪽〉, 〈자이언트〉. '반항아' 제임스 딘은 이 세 작품을 통해 10대들의 우상이 되었다. 그는 이 세 작품에서 기성의 권위에 도전하는 반항아의 이미지를 확고히 보여 주었다.

이 중 대표작인 〈이유 없는 반항〉은 소외된 청소년들의 행동을 잘 그려내 한국 영화 〈맨발의 청춘〉을 비롯하여 전 세계 청춘영화의 교범이 되었다. 스피드광이었던 제임스 딘은 1955년 〈자이언트〉 촬영을 끝낸 직후 자동차 사고로 사망했다. 향년 24세. 불꽃 같은 삶과 죽음이었다.

188

람보는 왜 미국에 총을 겨눴나

베트남전

1964~1973

교과서 속 한 줄 역사　베트남에서는 프랑스에 이어 베트남 남부를 차지한 미국이
사회주의 체제의 확산을 우려하여 남북 베트남 간의 통일전쟁에 개입하였다. 그러
나 닉슨 독트린을 바탕으로 미군이 철수한 후, 북부의 베트남민주공화국 주도로 통
일되어 베트남사회주의공화국이 수립되었다.

　베트남전이 끝나고 미국으로 돌아온 참전 용사 '람보'가 친구를
만나러 서부의 한적한 시골 마을에 갔다 경찰에 체포된다. 그의 행
적을 수상하게 여긴 보안관이 억지로 죄를 씌운 것이다. 람보는 경
찰의 조사를 받던 중 베트남 포로수용소에서 고문당했던 기억이
떠올라 난동을 부리고 탈출하여 그 길로 산에 들어간다. 이후 람보
는 베트남전에서 배운 유격 전술로 미국 경찰과 대치하며 이유 없
는 투쟁을 시작한다.

　영화 〈람보〉(1982)는 버림받은 월남 참전 용사의 트라우마와 그
들에 대한 사회의 적대감을 묘사한다. 왜 람보는 쫓겨야만 했고, 왜
람보는 총을 들고 같은 미국인과 싸워야 했을까?

미국의 개입, 분단, 확전

베트남은 디엔비엔푸 전투(1953~1954)에서 승리하면서 프랑스에서 독립한다. 그러나 사회주의자인 베트남 독립운동가들로 인해 베트남과 인도차이나 반도(베트남, 라오스, 캄보디아)가 연쇄적으로 공산화될 것을 우려한 미국이 개입하면서, 베트남은 북위 17도선을 경계로 공산 북베트남과 자유 남베트남으로 분단되고 남베트남에서는 가톨릭교도인 디엠 대통령이 집권하였다.

극소수의 가톨릭교도를 지지 기반으로 삼은 대통령을 뽑은 것은 잘한 일이 아니었다. 디엠 대통령은 미국이 자신을 보호해 줄 것이라고 믿고 민주적 선거를 거부하였으며, 미국이 부정적으로 생각하는 몇몇 종교 분파와 범죄 집단을 분쇄하고 호치민 지지자들을 상대로 단호한 군사적 행동에 나섰다.

뿐만 아니라, 디엠은 가톨릭 국가를 건설하겠다며 불교를 탄압했다. 이에 불교도들이 분신자살로 항의했고, 민심 이반과 정국 혼란으로 남베트남에 호치민과 사회주의를 지지하는 세력이 점차 늘어났다. 미국 보수 세력과 군산복합체는 미국이 베트남에 적극 개입하기를 원했지만, 케네디 대통령은 거부했다. 단지, 디엠 정권을 무너뜨리려 하는 남베트남 군부에 우호적 제스처를 취했을 뿐이다.

결국 1963년 군사 쿠데타가 일어나 남베트남에 군사독재 정권이 수립되었다. 그리고 그해 미국에서 케네디 대통령이 암살당하고 존슨 대통령이 취임하였다. 미국의 존슨 대통령은 남베트남에 대한 군사 개입을 시작했다. 처음에 1만여 명이던 베트남 주둔 미군은 곧 50만 명까지 늘어났고, 전장도 남베트남에서 북베트남 및 캄보디아까지 확장되었다. 중국과 북한 등이 북베트남을 지원하고, 1964년부터 한국이 남베트남에 참전하면서 베트남 전쟁은 국제전으로 발전했다.

수렁에 빠진 미국

미국은 산업화가 이루어지지 않은 농업 사회의 베트남을 손쉽게 장악하고 자유주의 정부를 수립할 수 있으리라고 예상했다. 그러나 이는 결정적 오판이었다. 미국이 자랑하는 막강한 화력은 타격할 목표물이 없는 농촌에서는 무용지물이었다. 베트남에는 폭격할 만한 산업 시설이나 빌딩이 없었다.

베트남 게릴라들은 지하에 굴을 파고 그 안에서 생활하고 투쟁했다. 게릴라들을 고립시키려고 농촌을 소개疏開했지만 도시로 이주한 난민들은 도시 빈민으로 전락하여 사회 불만 세력이 되었고, 농업 생산 감소로 물가가 올라 도시민들의 생활도 열악해졌다. 미국은 베트남 군사정권이 국민의 지지를 얻기를 원했지만, 그들은 미국이 지켜 주기만을 바랄 뿐 국민을 돌볼 생각이 없었다. 오히려 그들은 미국이 제공한 무기를 공산 게릴라들에게 돈을 받고 팔았다.

미국의 베트남 개입이 잘못된 선택이라는 것은 전쟁 초기부터 드러났다. 하지만 미국은 두 가지 이유 때문에 발을 빼지 못했다. 하나는 미국의 자존심, 또 하나는 군산복합체 때문이었다. 미국 군수산업은 베트남전으로 전례 없는 호황을 맞았다. 그들은 미국이 베트남에서 어려움을 겪을수록 더 많은 군사력 투입과 군사비 지출을 존슨 대통령에게 요구했다.

베트남 전쟁에 대한 미국인들의 불만은 갈수록 고조되었다. 전쟁이 길어지고 부상병이 많아지면서 미국 청년들이 징집당할 상황이 되자, 청년들 사이에서 반전 여론이 높아졌다. 참전을 지지하는 강경 보수파와 반전을 주장하는

1965년 8월, 다낭 공군기지 근방에서 수색 및 소개 작전 중 베트콩(남베트남 민족해방전선)으로 의심되는 사람을 연행 중인 미 해군.

청년 진보의 대립은 폭력 사태로 비화되었다. 전쟁 비용으로 재정적자가 악화되어 기존의 복지제도가 축소되고 새로운 복지 계획들이 취소되자, 중산층의 불만도 높아졌다. 농촌 소개 과정에서 자행된 양민 학살로 군부 전체가 세계 여론의 지탄을 받았으며, 사기가 떨어진 미군은 약물중독, 장교 살해 및 명령 거부 등 심각한 문제를 일으켰다. 미국은 전쟁의 수렁에 빠져들었다.

미군 철수, 무너진 남베트남

1968년 대선에서 공화당의 닉슨 후보는 베트남전 해결을 공약으로 내걸고 당선되었다. 민주당은 케네디 대통령 시절 법무장관이자 동생인 로버트 케네디를 내세워 온건한 베트남전 해결을 공약으로 내걸었지만, 1968년 그마저 암살당하는 바람에 무기력하게 닉슨에게 패하고 말았다.

닉슨 대통령은 남베트남이 스스로를 지킬 능력을 만들어 줌으로써 베트남전에서 빠져나올 계획이었지만, 이 계획은 현실적이지 못

했다. 그러려면 베트남 국민의 지지가 전제되어야 했는데, 불행히도 남베트남에는 국민의 지지를 얻을 만한 친미적 정치 세력이 존재하지 않았다.

남베트남 정권은 미군의 철수를 막기 위해 닉슨의 정책에 노골적으로 반기를 들었고, 이 때문에 베트남 군사정권에 대한 미국의 간섭과 압력이 더 심해지기도 했다. 결국 1973년 닉슨 대통령은 미군을 철수시켰을 뿐 남베트남에 대해서는 명확한 해법을 제시하지 못했고, 남베트남은 미군 철수 후 북베트남에 통합되었다.

환영받지 못한 참전 군인들

1964년 참전 이래 10년 가까운 베트남 전쟁 기간 동안 미국에서 베트남전을 지지하고 수행한 자들은 엄청난 비난을 받았다. 그 비난은 베트남에서 싸우고 있는 미군들에게도 고스란히 돌아갔다. 나라의 명을 수행하였지만 국민들에게 환영받지 못하는 비참한 상태의 전투가 계속되었고, 이 과정에서 6만 명에 가까운 전사자와 15만 명에 달하는 부상자가 나왔다. 이들은 반전 여론 속에 외면당했고, 크나큰 정신적 상처를 입었다.

람보는 왜 미국과 싸운 걸까? 미국의 저명한 언론인으로 퓰리처상 수상자인 데이비드 핼버스텀은 최고 엘리트들로 구성된 미국 정부의 정책 결정자들이 베트남 전쟁이라는 어리석은 결정을 하게 된 이유를 이렇게 분석했다.

"정책 결정자들은 그들이 잘못되었다는 것을 암시하는 정보를 무시하거나 억눌렀다. 그럼으로써 베트남에서 자신들이 원하는 목표를 이룰 수 있을 것이라고 스스로를 속이는 짓을 하였다. 거만함 혹은 이데올로기적 경직성 때문에 그들은 승리할 수 없다는 생각 자체를 하지 않으려 했다."

그의 지적처럼 베트남전은 잘못된 정치적 선택이었고, 그 과정에서 많은 미군들이 희생당했다. 영화 〈람보〉는 바로 희생당한 참전 군인들의 한풀이이자, 그 상처가 아물지 않고 계속 덧나고 있음을 보여 주고 있다.

◈ **위대할수록 처절한 '묵시록'**

베트남전은 미국과 서구 문명 전체에 큰 충격을 준 사건으로 영화를 비롯한 많은 예술 작품의 소재가 되었다. 베트남전을 다룬 대표적인 영화로는 올리버 스톤 감독의 〈플래툰Platoon〉(1986), 프랜시스 포드 코폴라 감독의 〈지옥의 묵시록 Apocalypse Now〉(1979), 마이클 치미노 감독의  〈디어 헌터The Deer Hunter〉(1978) 등이 있다.

〈지옥의 묵시록〉은 미국 특수부대 지휘관 커츠 대령을 암살하라는 임무를 받은 윌라드가 그의 행적을 추적하는 과정을 통해 베트남전의 문제와 전쟁 속에서 인간이 어떻게 미쳐 가는지를 그린 수작이지만, 한국에서는 한동안 상영이 금지되었다. 참전 미군들이 전장에서 서서히 광기에 빠져드는 과정을 그려 낸 〈플래툰〉은 큰 성공을 거두었는데, 특히 군인들 간 갈등, 마약, 양민 학살, 하극상 등이 적나라하게 그려져 큰 충격을 주었다. 재밌는 것은 〈지옥의 묵시록〉에서 윌라드 역을 맡은 배우 마틴 쉰의 아들 찰리 쉰이 〈플래툰〉의 주연을 맡았다는 것이다.

189

인도차이나 3국이 공산화된 사연

베트남 - 캄보디아 전쟁

1978

교과서 속 한 줄 역사 베트남 전쟁은 북부의 베트남민주공화국 주도로 통일되었다.

1978년 12월 25일, 베트남은 6개 사단 병력을 동원하여 캄보디아를 전면 침공했다. 역사상 유례를 찾기 힘든 공산국가 사이의 전면전이었다. 전투는 일방적으로 진행되어 이듬해 1월 7일 캄보디아의 수도 프놈펜이 함락되고, 캄보디아 국가원수 폴 포트는 밀림으로 달아났다.

이후 캄보디아는 불안전한 정치체제를 유지하다가 1993년 사회주의 왕정이라는 역설적인 정치체제를 채택하고, 시아누크 국왕을 국가원수로 추대하였다.

캄보디아의 현대사는 어떤 의미가 있을까? 그것은 민족독립국가 건설과 사회주의 사회 건설이라는 모순되어 보이는 두 목표가 실현되는 과정에서, 사회주의라는 이데올로기가 얼마나 다양하게 존재하는지를 보여 주는 대표 사례일 것이다.

비슷한 처지의 베트남 옆 라오스 · 캄보디아

1954년 '제네바 협정'에 따라 1956년 치러지기로 한 남북 베트남 통일 선거가 남베트남의 거부로 무산되고, 미국을 등에 업은 남베트남 디엠 정권이 철저하게 무능한 모습으로 일관하자, 혁명 세력은 남베트남에서 민족해방전선(속칭 '베트콩')을 조직하여 투쟁에 나섰다. 북베트남이 이들의 활동을 지원하면서 군대가 지키는 좁은 북위 17도 선의 국경을 피해 라오스로 우회하는 일명 '호치민 루트'가 만들어졌고, 이 때문에 라오스와 캄보디아도 베트남 혁명의 영향을 받게 된다.

제2차 세계대전 이후 라오스에는 프랑스에 예속적인 라오스 왕국이 수립되었지만, 반프랑스 운동을 계속해 온 세력들(빠텟 라오)의 저항이 계속되었다. 이 저항 세력들 중 공산주의자들은 베트민과 연합하여 함께 프랑스 군대와 싸우기도 했다. 그랬기에 50년대 초반부터 베트민이 라오스 내부에서 활약할 수 있었고 호치민 루트도 개척할 수 있었던 것이다.

라오스 왕국이 프랑스와 미국만 해바라기할수록 빠텟 라오와 내부 좌익의 힘은 강화되었고, 미국이 왕국에 힘을 실어 줄수록 라오스 민족주의자들은 빠텟 라오로 치우칠 수밖에 없었다. 결국 라오스는 베트남 전쟁에 휘말리게 된다.

미국의 결정적 오판

한편 남베트남은 미국의 예상과 달리 베트콩에게 속속 장악되어 갔다. 베트남인의 대부분을 차지하는 농민들은 1천여 명 규모로 꾸려진 촌락 단위로 행정적 지배를 받았는데, 1950년대 후반부터 촌락의 관리와 유지들이 베트콩에게 살해당하기 시작했다. 미국은 단순한 테러로 생각했지만, 사실 이는 베트콩이 촌락의 지배권을 장악하는 과정이었다.

미국의 오판은 정책적 오류로 나타났다. 1965년 미 국무부에서 간행한 백서는, 남베트남 정권이 국민들의 지지를 받고 있으며 북베트남에 비해 우월한 경제성장을 이룩하였다고 기술하였다. 또한, 초기 평화적 방식으로 공산화가 가능하리라 생각했던 남베트남 공산주의자들은 고립되어 농촌 지역에서 테러를 저질렀고, 북베트남이 호치민 루트를 통해 남파한 1~2만 명에 달하는 전문 요원들이 남베트남 공산주의 세력의 지도부와 간부를 장악하면서, 이들의 지령에 따라 결성된 베트콩이 남베트남 정부를 전복시킬 군사작전을 추진하고 있다고 보았다.

국무부의 판단에 따른다면, 남베트남의 민주주의를 지키려면 호치민 루트와 북베트남의 지원을 차단할 미군의 군사작전이 절대적으로 필요했다. 이것이 1965년의 '북폭'(북베트남 폭격)과 전면 개입으로 이어졌다. 하지만 이는 베트콩이 농촌 지역을 장악한 상태(농민이 능동적이었든 피동적이었든)에서 도시에 고립된 남베트남 정권을 위해 미국이 대신 싸워 주는 꼴이었다. 처음부터 이길 수 없는 전쟁이었던 것이다.

인도차이나 3국으로 확산된 전쟁

게다가 이 전쟁은 라오스와 캄보디아로 확대될 수밖에 없었다. 3국

공산당의 연대 속에서 미군의 폭격을 피해 호치민 루트가 여러 갈래로 확대되었기 때문이다. 캄보디아와 라오스에 가한 미 공군의 무차별 폭격은 양국 공산당의 투쟁 의지와 민중들의 반미 의식만 확산시킬 뿐이었다. 이는 1970년 미군의 캄보디아 침공으로 절정에 달했다. 당시 캄보디아는 시아누크 국왕의 주도 하에 중립을 표방했지만, 미국의 후원을 받는 론놀 장군이 왕을 쫓아내고 우익 정권을 수립하였다.

하지만 남베트남 지배를 확고히 하지 못한 상태에서, 호치민 루트와 북베트남 공격에 매달리는 것은 현실 부정이었다. 이러한 미군의 오판과 착각에 결정적인 타격을 가한 것이 1968년의 '구정 대공세'였다.('구정舊正'은 설날을 지칭하는 말로 베트남어로는 '뗏'이라고 한다. '설날 대공세'나 '뗏 대공세'라는 표현이 더 맞을 듯하다.)

1968년 설날을 기해 베트남 공산 게릴라들이 대대적인 공격을 가한 것인데, 이는 1966~1967년 2년 동안 유지된 베트남의 일시적 안정에 취해 있던 미국에게 전쟁이 쉽게 끝나지 않을 거라는 생각을 심어 주었다. 미국은 구정 대공세 이후 적절한 선에서 전쟁을 마무리하려 했지만, 처음 잘못된 판단으로 빠져 버린 수렁에서 빠져나오는 것은 불가능했다. 결국 미군은 1973년 베트남에서 철수했고, 1975년 베트남은 사회주의공화국으로 통일되었으며, 라오스와 캄보디아도 같은 길을 걸었다.

사상 초유의 사회주의국가 간 전면전

인도차이나 3국의 공산화로 사회주의는 결정적인 승리를 거둔 것

수많은 유골이 발굴된 '킬링 필드' 현장. 폴 포트가 이끈 공산주의 무장 단체 '크메르 루즈'는 1975년부터 4년간 캄보디아 전체 인구의 4분의 1, 약 2백만 명을 학살했다.

처럼 보였다. 하지만 베트남과 캄보디아 사이에서 균열이 일어났다. 그 균열은 캄보디아의 폴 포트가 지도하는 크메르 루즈('크메르'는 캄보디아, '루즈'는 붉다) 정권의 무자비한 학살에서 비롯되었다. 마오쩌둥의 문화대혁명에서 영감을 얻은 폴 포트는 론놀 정권을 타도한 뒤 봉건적 잔재 청소에 나섰다. 마치 홍위병이 중국을 휩쓸 듯, 폴 포트가 이끄는 크메르 루즈는 봉건적·자본주의적 요소에 빠져 있는 유산계급과 지식인들을 무차별 학살하였다. 이를 '킬링필드Killing Fields'라 한다.

그러면서 폴 포트 정권은 1975년부터 베트남과 국경분쟁을 시작했다. 프랑스의 지배 아래 임의로 그어진 국경선이 분쟁의 씨앗이 되었다. 1975년부터 1977년까지 이어진 캄보디아의 공격은 베트남으로 하여금 캄보디아를 공격할 충분한 명분을 제공하였고, 결국 사회주의 국가 간의 전면전이라는 초유의 사태가 벌어졌다.

이 전쟁을 놓고 친중적 캄보디아와 친소적 베트남의 싸움, 즉 중국과 소련의 대리전으로 보는 시각도 있고, 베트남 민족주의와 캄보디아 민족주의 간의 대립으로 보는 견해도 있으며, 베트남의 팽창정책의 결과로 설명하기도 한다. 한국에서도 사회주의 동지 국가에 대한 베트남의 배신이라는 시각에서 쓴 소설이 출간되기도 했다. 어떻게 설명하더라도 사회주의 국가 간 전면전은 현실 사회주의의 한계를 드러내는 사건이었다.

이후 베트남은 대규모 군대를 주둔시키는 등 캄보디아를 점령하다가 1982년부터 단계적으로 철군하여 1989년 완전히 철군했다. 베트남과 캄보디아의 관계는 사회주의 붕괴와 베트남의 개방정책(도이모이)으로 개선되었다. 베트남과 캄보디아에 모두 개방적인 정권이 들어섰고, 해외 자본 유치로 산업이 발전하고 있다. 하지만 이에 따른 계급 갈등도 재현되고 있다. 2014년 1월 노조의 시위를 유혈 진압한 캄보디아 사태는, 인도차이나 혁명이 현재 진행형임을 보여 주고 있다.

190

팔레스타인의 진짜 주인

중동전쟁

 1948~1973

교과서 속 한 줄 역사 '후세인–맥마흔 서한'과 '밸푸어 선언'을 계기로 시작된 팔레스타인 지방을 둘러싼 아랍계 이슬람교도와 유대인 사이의 분쟁은 영토 분쟁이 종교와 인종 간 갈등으로 확대된 대표적 경우이다.

"유대인이 중동의 심장부에 건설할 국가는 서구 제국의 이익에 이바지할 것이며 발달이 늦은 동양에 서구 문명을 옮기도록 도울 것이다."
– 모제스 헤스

"아시아에 맞서는 유럽의 성벽 중 일부가 되고, 야만에 맞서는 문명의 전초가 될 것." – 테오도어 헤르츨

"유대인의 나라를 건설해 그곳에 문명을 되돌려 놓고 수에즈 운하에 매우 효과적인 방어선을 구축할 것이다." – 하임 바이츠만

1947년 이후 지금까지 중동 지역은 세계의 화약고로서 갈등과

전쟁이 끊이지 않고 있다. 왜 이렇게 갈등이 풀리지 않는 것일까? 그 역사를 보면 중동전쟁이 단순히 이스라엘과 이슬람 국가들 사이의 갈등이 아님을 확인할 수 있다.

영국의 무책임한 삼중 플레이

19세기 유럽에 민족국가가 건설되면서 상업과 금융을 장악하고 있던 유대인은 공동의 적이 되었다. 러시아부터 영국에 이르기까지 전 유럽에서 광범위하게 이루어진 억압과 학살은, 유대인들로 하여금 유럽 탈출을 시도하게 만들었다. 이것이 바로 '시오니즘', 곧 하나님이 약속하신 가나안 땅으로 돌아가 이스라엘을 건국하자는 운동이다. 시오니스트들은 이 운동에 대한 지지를 끌어내기 위해 이스라엘 건국이 이슬람 지역에서 서구의 이익을 증대시키는 중요한 계기가 될 것이라고 주장했다.

처음에 유럽인들은 이스라엘 건국에 시큰둥했다. 하지만 제1차 세계대전이 일어나면서 상황이 달라졌다. 천문학적인 전쟁 비용 문제를 해결하고 유대인에게 우호적인 미국의 참전을 끌어내려면 유대인들의 헌신이 필요했다. 게다가 오스만튀르크가 독일과 손을 잡는 바람에 오스만 내부의 조력자가 필요했고, 전쟁 후를 대비한 연합국들 간의 이익 조정도 필요했다. 그래서 나온 것이 바로 영국이 맺은 '삼중 조약'이다.

영국은 먼저 아랍 민족과 '후세인 – 맥마흔 서한'(1915)을 맺었다. 아랍 민족들이 영국을 돕고 영국이 그 대가로 오스만으로부터의 독립을 약속한 것이다. 영국이 약속한 땅에는 지금의 이스라엘 땅에 해당하는 팔레스타인도 포함되어 있었다. 또 하나는 '밸푸어 선언'(1917)이다. 영국이 유대인들에게 팔레스타인 땅에 유대국가, 즉 이스라엘 건설을 약속한 것이다. 마지막으로 '사이크스-피코 협정'(1916)은 영국과 프랑스가 중동 지역을 분할 관리한다는 내용이었다. 결국 영국은 팔레스타인 땅을 놓고 유대인과 아랍인에게 각기 다른 약속을 한 뒤 정작 자기들이 차지할 욕심이었던 것이다.

졸지에 난민이 된 사람들

제1차 세계대전이 끝나고 팔레스타인은 영국령이 되었고, 밸푸어 선언에 따라 유대인들이 몰려들었다. 팔레스타인에 거주하는 아랍인들이 반발했으나 영국은 모른 척했고, 유대인들은 미국을 끌어들였다.* 그 와중에 홀로코스트(나치의 유대인 학살)가 일어났고, 유대인에 대한 죄책감과 유대인을 몰아내고 싶은 유럽인들의 이중적 욕구가 상황을 점점 이스라엘 건국 쪽으로 몰아갔다. 그리고 제2차 세계대전이 끝난 뒤 유엔은 팔레스타인 지방을 이스라엘과 아랍 국가 두 나라로 분할하자는 결정을 내렸다.

팔레스타인의 아랍인들은 그들의 나라를 건설하려 했던 열망이 꺾인 것에 분노했다. 고작 몇 십 년 전 이주해 온 유대인들이, 몇 천 년 전부터 자신들이 머물러 살던 땅에 국가를 세우고 나가라 하니 황당하지 않을 수 없었다. 오스만튀르크로부터 해방되어 독립국가

---

* 유대인 과격파들은 자신들의 문제를 국제화하기 위해 테러를 저질렀다. 1946년 예루살렘 '킹 다비드 호텔 폭탄테러 사건'이 대표적이다. 이 사건으로 91명의 민간인이 죽었다. 이는 전후 40년 사이에 일어난 가장 큰 테러였다.

를 건설한 주변 이슬람 국가들도 마찬가지였다. 그들은 이스라엘 건국을 서구의 침략으로 받아들였다.

마침내 이스라엘이 1948년 5월 15일 건국을 선포하자, 아랍 연합군이 공격을 시작했다. 이것이 제1차 중동전쟁이다. 이 전쟁은 이스라엘의 승리로 끝났고, 팔레스타인 땅 대부분이 이스라엘 차지가 되었다. 이로써 자신이 살던 땅에서 쫓겨난 사람들, 팔레스타인 난민이 생겨났다.

1948년 제1차 중동전쟁이 이스라엘의 승리로 끝난 후 갈릴리를 떠나는 팔레스타인 난민들. 이로써 예수의 유적이 많은 팔레스타인 북부 지방이 이스라엘에 넘어갔다.

들끓는 이슬람 세계

중동전쟁에서의 패배는 아랍인들 사이에 불완전한 독립에 대한 자각을 불러왔다. 그중 가장 먼저 일어난 사람이 이집트의 나세르이다. 그는 1952년 쿠데타를 일으켜 왕을 쫓아내고 민족주의에 입각한 공화정부를 세웠다. 나세르가 이집트의 경제 자립을 위해 영국이 관리하던 수에즈 운하를 국유화하자, 이스라엘이 영국의 후원 속에 이집트를 침공했다. 이것이 제2차 중동전쟁이다. 이스라엘은 시나이 반도 등 수에즈 운하와 관련된 요충지를 점령했으나, 소련의 이집트 지원을 우려한 미국의 중재로 철수하였다.

나세르 이후 중동에는 이슬람 제국의 부활, 즉 아랍 연합 공화국을 꿈꾸는 세력들이 등장하기 시작했다. 또 '무슬림 형제단' 등 지하드(성전聖戰)를 주장하는 이슬람 강경파들도 등장했다. 이들의 압박이 점점 심해지는 가운데 1967년 5월 제3차 중동전쟁이 일어났다. 이른바 '6일 전쟁'으로 불리는 이 전쟁에서 이스라엘은 단 6일 동안 이스라엘 주변의 모든 전략적 요충지를 점령하는 기염을 토했다. 이 전쟁은 이후 중동의 판도를 바꾸는 결정적 계기가 되었다.

팔레스타인 난민들은 이슬람 세력이 자신들의 문제를 해결해 줄 거라는 희망을 포기하고 독자 행동에 들어갔다. 그들은 팔레스타인 해방기구(PLO)를 조직하고 혁명가 아라파트를 의장으로 세운 뒤 이스라엘과 독자적인 전쟁에 돌입했다. 한편 이슬람 세계에서는 나세르보다 훨씬 과격한 아랍 연합 공화국을 주장하는 세력인 바트당(리비아의 카다피, 이라크의 후세인 등)이 권력을 강화하는 한편, 지하드를 주장하는 무력 집단의 활동도 활발해졌다. 이로써 중동전쟁은 국가 간 정규전이 아닌 세력 간 정치전쟁으로 비화되었다.

뒤바뀐 '디아스포라'

1973년, 아랍 국가들은 단결하여 제3차 중동전쟁의 오욕을 씻어 내자며 이스라엘을 침공했다. 처음에는 소련제 무기로 무장한 아랍군이 이스라엘을 몰아붙였다. 하지만 미국의 지원이 이스라엘에 쏠리면서 전쟁은 무승부로 끝났다. 그러자 아랍 정상들은 석유수출국기구(OPEC)에 압력을 넣어 이스라엘을 지원하는 나라에 석유 수출을 금지하는 조치를 단행하고, 이어 1978년에는 석유 가격을 대폭 인상하는 보복 조치를 취하였다. 이로 인한 세계경제 파동을 '오일 쇼크'라 한다. 중동전쟁이 전 세계적 사건으로 비화된 것이다.

1980년대 이후 국제사회는 중동전쟁을 평화적으로 마무리하기 위한 중재 노력에 적극 나섰다. 하지만 이미 팔레스타인 땅에는 400만 명이 넘는 유대인이 들어와 살고 있고, 팔레스타인 난민들은 2천 년 전 유대인들처럼 떠돌이 생활을 하는 '디아스포라Diaspora'(유대인의 유랑을 일컫는 말) 처지였다. 결국 처음 유엔이 제안한 대로 가자 지구 및 요르단 강 서안 지구에 팔레스타인 자치 국가를 세워 난민들을 수용하기로 하고, PLO도 이를 받아들였다. 마침내 1996년, PLO의 의장 야세르 아라파트를 대통령으로 한 자치 정부가 수립되었다.

그러나 아직도 중동 평화는 요원한 상태이다. 많은 팔레스타인 사람들이 고향으로 돌아가고 싶어 하며, 이스라엘은 전 세계에 퍼져 있는 1천만 명이 넘는 유대인들을 받아들일 더 넓은 영토를 원하고 있다. 이 글을 쓰는 순간에도 이스라엘이 가자 지구에 무차별 포격을 가해 무고한 시민들을 학살하였다. 솔로몬이 부활하지 않는 한 중동 문제는 당분간 현재 진행형이 아닐까 싶다.

◈ 중동 평화의 또 다른 희생양, 라빈

이스라엘군 참모총장으로 6일 전쟁(제3차 중동전쟁)을 지휘한 전쟁 영웅 이츠하크 라빈은 1968년 군복을 벗고 정치인이 된 뒤에는 전쟁보다 평화가 이스라엘에 도움이 된다며 노동당의 주요 지도자로 활약했다. 1974년 총리가 되었으며, 1992년 다시 총리가 되어 역사적인 중동 평화협정, 팔레스타인 자치국가 수립 합의를 이끌어 냈다. 하지만 이러한 평화 정책이 유대인 강경파의 반발을 사 1995년 11월 4일 암살당했다. 이후 이스라엘에서는 강경파 리쿠드당이 정권을 장악하여 강경 정책을 추진하고 있다.

191

왜 그토록 필사적으로?

유대인의 역사

교과서 속 한 줄 역사 1917년 영국 외무장관 밸푸어가 팔레스타인 지방에 유대인 국가 건설을 지지한다는 내용의 '밸푸어 선언'을 한 것을 계기로 팔레스타인 지방에 유대인들이 대규모로 이주하기 시작했다. 이 과정에서 이미 정착해 있던 아랍인들과 유대인들 간의 대립이 심화되었다. 이때부터 팔레스타인 문제가 시작되었다.

유대 민족주의 운동인 시오니즘을 야기한 것도 유대인 박해였고, 유럽이 이스라엘에 우호적인 태도를 보이는 저변에도 홀로코스트에 대한 죄책감이 깔려 있다. 유럽의 유대인 박해는 왜, 언제 시작되었을까?

유대인이 민족인가?

유대인 이야기를 하려면 먼저 '유대인'의 정의부터 내려야 한다. 유대인은 누구인가? 흔히 유대인을 '민족'이라고 생각하는데, 유대인은 민족이 아니다. 민족은 동질적인 문화 · 혈연 · 역사를 가진 집단인데 유대인은 전혀 그렇지 않다. 일본의 유대인은 황인이고, 이스라엘의 유대인은 백인이며, 에티오피아의 유대인은 흑인이다. 이스라엘의 유대인이 주로 백인이어서 유대인을 백인이라고 생각하고 예수의 초상화도 백인으로 그리지만, 〈구약성서〉에 등장하는 유대인이 백인보다 흑인에 가까웠을 것으로 추정하는 이들도 많다.

이스라엘에 백인이 많은 이유는, 이스라엘에 정착한 유대인들이 유럽계 유대인이기 때문이다. 인종과 지역이 다르니 당연히 문화나 역사도 같을 리가 없다. 가장 기본적인 언어도 제각각이고, 역사도 다르다. 오늘날 유대인의 언어인 히브리어는 19세기 후반 벤 예후다가 고대 히브리어를 토대로 만든 것을 이스라엘 건국 이후 공용어로 채택한 것이며, 공통된 역사의식도 〈구약성서〉에 나오는 유대인 이야기가 전부이다.

그렇다면 유대인은 도대체 무엇인가? 유대인이란 한 마디로 유대교를 믿는 사람들을 말한다. 민족 공동체가 아니라 종교 공동체인 것이다. 이들의 기원은 〈구약성서〉이며 스스로를 아브라함의 자손이라고 생각한다. 요즘은 유대인의 범주가 약간 넓어져서 유대교를 믿는 사람의 자손으로까지 의미가 확대되었다. 그래서 유대인이면서 가톨릭이나 기독교, 심지어 불교를 믿는 사람들도 있다. 유대인을 민족으로 생각하게 된 것도 이 때문이다.

유대인 박해의 원인

유대인의 확산은 기독교 전파와 연관이 있다. 로마가 중동 지방을 지배할 때 많은 유대인이 노예 등으로 로마로 이주했고, 로마에서 기독교가 공인되고 유럽으로 퍼지면서 그들의 삶의 터전도 전 유럽으로 퍼졌다. 하지만 유대인들은 예수를 죽인 종족이라는 이유로 차별을 받았고, 중세 사회에서 가장 천시하는 상업이나 그 이하의 직업에 주로 종사하였다. 그래서 유대인은 상인의 대명사가 되었고, 상거래 과정에 필요한 흥정과 이윤 추구가 멸시의 중요한 요인이 되었다. 셰익스피어의 희곡 〈베니스의 상인〉에 나오는 악덕 유대 상인 샤일록이 대표적이다.

유대인의 상업은 종종 박해의 원인이 되었다. 중세 십자군 전쟁 때 교회가 전쟁에 필요한 돈을 헌금으로 거두면서 주로 유대 상인들에게 헌금을 종용했는데, 유대인들은 전쟁 자금을 제공할 의사가 없었다. 이는 종교적 열정에 사로잡힌 십자군의 분노를 자아냈다. 여기에 독자적인 생활 관습과 기독교가 금지한 금융업(고리대금업) 종사자가 많다는 점 등이 결합되어 유대인은 혐오의 대상이 되었으며, 나라를 위해 유대인의 돈을 빼앗아야 한다는 생각이 광범위하게 퍼졌다.(물론 유대인에게 전쟁 자금을 빌리거나 유대인을 통해 무기를 거래하는 경우도 많았다.)

19세기 자유주의와 민족주의의 흐름 속에 유럽에 민족국가들이 건설되면서 유대인은 좌파와 우파 모두에게 공격당하는 신세가 되었다. 좌파에게 유대인은 타도해야 할 부르주아였고, 우파에게는 반민족적·반국가적 존재였다.

유럽 전역에서 유대인 박해가 이루어졌고, 특히 러시아에서는 수만 명에서 수십만 명이 학살당했다. 오늘날 이스라엘에 정착한 유대인 중 러시아 출신 유대인들이 초강경파를 구성하고 있다고 한다.

이스라엘이 낳은 또 다른 희생자

시오니즘은 이러한 배경에서 출현했으며, 유대인에 대한 정의도 이때 정착되었다. 19세기 이전 유대인 관련 기록들은 일관성이 없다는 평가가 많다. 아무튼 유대인들은 예루살렘으로 돌아가 이스라엘을 세워야 한다는 생각을 확고히 하게 되었고, 많은 유럽인들도 유대인들이 유럽을 떠나기를 바랐다. 하지만 이들이 돈을 갖고 떠나는 것은 달가워하지 않았으며, 무엇보다 그들이 가려는 팔레스타인 땅은 빈 땅이 아니었다. 시오니즘 운동은 현실적으로 불가능해 보였다.

이스라엘 건국 운동은 영국의 밸푸어 선언 이후 구체성을 띠기 시작했다. 하지만 나치의 등장으로 유대인은 당장 생존을 위한 사투를 벌여야 했다. 아인슈타인 등 35만 명 이상의 독일 내 유대인이 외국으로 탈출했다.(엑소더스) 하지만 세인트루이스 호의 경우처럼 많은 유대인들이 버림받았다. 제2차 세계대전 당시 미국 공군은 아우슈비츠 폭격 청원을 받았지만, 군사적 위험성 때문에 거절했다. 아우슈비츠 수용소에서 학살당한 유대인은 무려 150여 만 명이나 된다.

제2차 세계대전 종전과 함께 유대인의 이스라엘 건국이 허용되었다. 하지만 이스라엘 지역에는 이미 팔레스타인인들이 살고 있었다. 유대인들이 이곳에 정착하기 위해 이들을 쫓아내면서 중동전쟁이 시작되었고, 팔레스타인인들의 새로운 엑소더스가 시작되었다. 유대인들은 자신들의 나라를 건설함으로써 나라 잃은 설움을 끝냈지만, 그로 인하여 새로운 민족이 나라를 잃고 떠도는 슬픔에 빠졌다.

오늘날까지 이스라엘 점령 정책으로 희생당한 팔레스타인 희생자는 수십만 명 이상으로 추정된다. 과연 유대인의 평화와 가나안 땅의 평화는 언제나 오려는지. 이 문제야말로 인류 역사의 고르디우스의 매듭이 아닌가 싶다.

◈ 아무도 받아 주지 않은 '세인트루이스 호'

1939년 나치의 박해를 피해 900여 명의 유대인이 세인트루이스 호를 타고 대서양을 건넜다. 이들은 자신들을 받아 줄 나라를 찾았지만, 어떤 나라도 강대국 독일의 비위를 거스르며 유대인 탈출자들을 받아 줄 용기가 없었다. 유대인 혐오 의식도 작용했을 것이다.

세인트루이스 호는 멕시코, 쿠바, 파라과이, 아르헨티나, 코스타리카 등 중남미의 국가들로부터 입국을 거절당했으며, 미국에서는 항구에 정박하는 것조차 거절했다. 결국 배는 다시 대서양을 건너 유럽으로 돌아갔고, 배에 타고 있던 유대인들은 영국, 프랑스, 네덜란드, 벨기에에 나누어 하선하였다. 이들이 하선한 직후 영국을 제외한 나라들이 나치 지배 하에 들어갔고, 이들의 운명은 알 수 없게 되었다.

프랑스 영화 〈사라의 열쇠〉(2010)에서 나타나듯, 유대인에 대한 거부감과 박해는 나치만의 일이 아니었다. 그럼에도 불구하고 많은 유럽인들이 나치 탓으로만 돌리며 이를 망각하였다. 영화의 한 장면, 프랑스 내 유대인 수용 기록을 검토하던 남자가 "독일인들은 철저한 기록으로 유명한데 왜 이리 부실하죠?"라고 묻자 사라가 대답한다. "독일이 한 일이 아니야, 프랑스가 한 일이야." 프랑스인들의 유대인 학살 협조를 은폐하려는 시도에 맞서 싸우는 내용의 이 영화는, 현대 유럽 국가의 도덕성에 심각한 의문을 던지고 있다.

192

상상력을 권좌로!

68혁명

1968

교과서 속 한 줄 역사 프랑스가 미국 주도의 북대서양조약기구(NATO)에서 탈퇴하여 독자 노선을 선언하고, 서독은 동독과 조약을 맺어 평화 공존하기로 하는 등 미국·소련 주도 양극 체제가 무너지고 다극 체제로 변화하였다.

"미 제국주의가 혁명적 인민전쟁을 성공리에 분쇄할 힘이 있음을 베트남에서 입증할 경우, 권위주의적인 세계 지배의 기나긴 시대가 워싱턴에서 블라디보스토크까지 새로이 시작될 것입니다. … 역사의 가능성은 우리에게 열려 있습니다. 역사적인 이 시기가 어떻게 끝날지는 무엇보다 우리의 의지에 달려 있는 것입니다."

1968년 2월, 베를린에서 열린 '국제 베트남 회의'에서 "연단으로 걸어가는 모습, 가죽점퍼를 벗는 폼, 마이크를 잡는 방식까지 무엇이든 카리스마 넘치는" 젊은 학생운동 지도자가 사자후를 토했다. 훗날 프랑스의 학생운동 지도자 다니엘 벤사이드가 지적했듯,

1968년 2월, 베를린에서 열린 '국제 베트남 회의'에서 연설하는 루디 두치케.

독일어를 이해하지 못해도 설득당할 만큼 언어를 초월한 호소력이 절절한 연설이었다. 이 연설의 주인공은 독일 학생운동의 지도자인 '68혁명의 영웅' 루디 두치케였다.

새로운 사회주의, 신좌파

흐루쇼프 이후 세계 공산주의 운동은 큰 변화를 겪었다. 특히 서유럽과 미국의 베이비부머들은 더욱 그러했다. 그들은 맹목적으로 소련에 충성을 바치는 기존 공산당을 거부했다. 하지만 핵전쟁 위협과 자본의 탐욕에 대한 불만도 컸다. 전후 경제성장은 소외 계층의 불만을 고조시켰다. 좌와 우, 사회주의와 자본주의 모두에 대한 불만이 청년들을 휩쓸었다.

이들에게 영감을 준 것이 새로운 사회주의였다. 정통 사회주의를 표방하며 소련의 패권에 저항한 중국의 마오쩌둥, 유고슬라비아의 티토로 대표되는 동유럽의 수정주의, 미국의 패권에 저항한 쿠바의 카스트로, 베트남의 호치민이 청년들에게 영향을 주었다. 내부적으로 서유럽의 사르트르, 알튀세 같은 신좌파 계열의 사상도 큰 영향을 미쳤다. 모든 것을 부정하고 새로운 사회주의를 주장하는 신좌파가 성장하기 시작했다.* 이들을 자극한 것이 베트남 전쟁이었다.

1968년 설날 베트남 공산 게릴라들의 대대적인 공격('구정 대공세')은 베트남 전쟁에 대한 유럽인의 낙관적 사고를 한순간에 엎어 버렸다. 유럽인들은 단기간 내에 미군이 베트남을 평정할 것이라 믿었는데, 전쟁에 개입한 지 4년이 지난 뒤 미국이 대규모 공격을 당하면서 믿음이 깨진 것이다.

베트남 전쟁에 대한 관심은 냉전 논리에 따른 약소민족에 대한 부당한 개입과 학살에 대한 비판으로 이어졌다. 미국, 영국, 프랑스, 독일 전역에서 베트남 전쟁을 규탄하는 시위가 벌어졌고, 이는 기성 체제의 억압에 대한 저항으로 발전했다. 이를 '68혁명'이라 한다.

"상상력을 권좌로!"

"금지하는 것을 금지한다."

"서른이 넘은 사람은 누구도 믿지 말라."

"파괴의 열정은 창조적인 희열이다."

쓰러진 혁명 영웅, 두치케

열정적인 68혁명의 중심에는 대학생들이 있었다. 프랑스의 아나키스트학생연합 다니엘 콩방디, 영국의 베트남 연대 캠페인을 이끈 타리크 알리, 그리고 독일 사회주의학생연합 루디 두치케 등이 주요 지도자였다. 이들은 대학을 점거하고 가두에서 시위하였다. 호치민을 외치고, 카스트로와 마오쩌둥의 초상화를 들고 행진하며, 미국과 소련의 패권주의와 기성세대의 탐욕을 비난했다. 그들의 요구는

---

* 서유럽의 기성 좌파들은 소련의 노선을 추종하면서도 내부적으로는 민족적이고 민주주의를 지향하는 모순된 태도를 보였다. 이러한 '이중성'에 대한 고민이 많은 좌파 지식인들을 자극했다.

평화와 자유, 환경, 생태에서 프리섹스와 마약에 이르기까지 다양했다. 여성들은 "내 배는 내 것이다"라며 낙태의 자유를 주장했다.

신좌파를 중심으로 한 학생들의 반대편에는 보수 강경파와 신나치 등 극우 테러리스트들이 있었다. 공산주의 보수파들은 사회주의의 가치를 훼손한다며 신좌파를 경찰에 고발하기도 했으며, 자본주의 보수파들은 경찰의 강경 진압을 부추겼다. 경찰의 폭력적 진압은 특히 서독 등에서 유혈 사태와 사망자를 낳아 사태를 더 악화시켰으며, 신나치 등 극우 테러리스트들은 학생 시위대와 충돌하여 폭력을 휘두르거나 암살을 시도했다.

1968년 4월 11일, 서베를린 백주대로에서 아들에게 줄 약을 사러 가던 두치케를 청년 한 사람이 붙잡았다. 그는 당신이 두치케냐

◈ 샌프란시스코産 반문화운동

"샌프란시스코에 가신다면 잊지 말고 머리에 꽃을 꼭 꽂으세요
샌프란시스코에 가시면 다정한 사람들을 만나게 될 거예요"

1967년 스콧 매켄지가 발표한 〈샌프란시스코San Francisco〉는 당시 샌프란시스코에 공동체를 마련한 히피들의 이야기를 담은 노래이다. 60년대 신좌파 중심의 미국 청년들은 그들만의 저항문화를 만들어 냈는데 이를 '히피'라고 불렀다. 이들은 기존 관습을 비웃으며 누더기를 걸치거나 정반대로 아주 화려한 옷을 입고 머리를 길렀다. 마약을 흡입하고 성에 관대했으며 공동체를 만들어 모여 살기도 했다. 이들은 특히 비틀스에서 비롯된 록 음악에 빠져들었으며, 밥 딜런, 조안 바에즈 등의 포크 가수나 롤링 스톤스 같은 반항적 록그룹에 열광했다. 신좌파에서 비롯된 히피는 전 세계 문화에 큰 영향을 끼쳤으며, 한국에서도 한대수, 윤복희 같은 가수들이 히피류의 가수로 인기를 얻었다.

고 물은 뒤 그의 머리에 총을 쏘았다. 히틀러의 부활을 꿈꾸던 10대 신나치 행동대원의 소행이었다. 두치케는 머리에 박힌 총알을 빼내는 수술을 받고 목숨을 건졌지만 언어 중추와 일부 기억력에 손상을 입었다. 두치케는 아내의 이름도, 그토록 존경하던 사회주의 지도자들(레닌의 이름조차)도 기억해 내지 못했다. 오랜 투병 끝에 많이 회복되었지만 그것은 훗날의 이야기이고, 당장 독일 학생운동은 지도자를 잃고 말았다.(두치케는 결국 후유증으로 1979년 35세에 사망했다.)

1968년 유럽과 미국, 일본 등 전 세계적으로 일어난 대규모 저항은 두치케 암살 시도 이후 극에 달하였고, 프랑스 드골 정권 퇴진과 서독 사민당 집권 등 많은 정치적 변화를 이끌어 냈다. 이는 자본주의의 성숙이자 사회주의의 새로운 성장이었다. 이후 세계는 68의 고비를 넘기면서 새로운 여정을 계속해 나간다.

1968년 8월, 멕시코 후아레스 거리에서 벌어진 학생 시위. '68혁명'은 좁게는 독일과 프랑스, 넓게는 1968년 전 세계에서 사회변혁을 요구하며 일어난 각종 시위와 파업을 가리킨다.

193

동유럽의 68혁명

프라하의 봄

 1968

교과서 속 한 줄 역사 유고슬라비아를 비롯한 동유럽 국가들은 소련의 지배에서 벗어나 독자 노선을 추구하였다.

"젊은이들은 러시아 군인과 쉬지 않고 토론하였다. 탱크 한 대가 서 있거나 초병이 한 명이라도 있으면 젊은이들은 어디서든 적대감이나 분노 없이 정열적으로 열렬히 대화를 반복하고 설득을 시도하였다."

독일 작가 하인리히 뵐은 소련군 탱크에 진압당한 '프라하의 봄'에서 가장 인상 깊었던 기억을 이렇게 술회했다. 프라하의 봄은 동유럽의 68혁명이었다.

체코 변화 이끈 지식인들

소련의 패권에 대한 부정과 중국·쿠바 등에서 일어난 새로운 사회주의의 흐름, 그리고 서유럽 68혁명은 동유럽 청년들에게도 큰 영향을 끼쳤다. 이러한 영향이 가장 극적으로 나타난 곳이 체코의 수도 프라하였다.

체코에서는 흐루쇼프 시대부터 제한적으로 허용된 자율성에 따라 새로운 사회주의를 주창하는 그룹이 성장했고, 이들이 1968년 1월 권력 장악에 성공했다. 이때부터 일어난 개혁 투쟁을 체코의 수도 프라하의 이름을 따서 '프라하의 봄'이라고 한다.

체코의 변화를 주도한 이들은 지식인이었다. 이들은 당 고위 지도부의 권력 독점 철폐와 모든 사회조직 내부의 민주적 운영을 주장하는 행동강령을 발표했다. 이들은 1968년 3월 검열 폐지에 적극 호응하여 신문과 방송을 통해 과거 정치적 탄압을 폭로하고 새로운 사회주의를 주장하였다. 훗날 소련군이 들어왔을 때 프라하 시민들이 최후까지 지키고자 했던 곳이 방송국이었던 것도 바로 이 때문이었다.

알렉산드르 둡체크가 체코 공산당의 지도자가 되었고, 50년대 소련의 패권을 비판하다 숙청당했던 요셉 스보보다가 새로운 대통령에 취임하였다. 새로운 공산당 지도부는 인간적 사회주의를 주장하며 지식인들이 주도하는 개혁운동을 소련을 비롯한 동유럽 스탈린주의 국가들로부터 보호하려고 노력했다. 둡체크는 체코의 개혁이 사회주의의 틀을 벗어나지 않을 것이라고 소련을 설득했다.

소련과 미국, 어느 쪽이 더 나쁜가
'프라하의 봄'은 서방 진영은 물론 68혁명 주역들의 지지를 받았다. 독일 학생운동 지도자 두치케도 초청을 받아 프라하를 방문하였는데, 그는 소련에 선동꾼으로 간주되어 견제를 받았다. 두치케는 우여곡절 끝에 체코의 대학생들과 민주주의에 대해 토론을 벌일 기회를 얻었다. 그러나 미국의 패권을 비판하는 두치케와 소련의 패권을 비판하는 체코 대학생들은 상당한 견해 차이를 보였다.(체코의 대학생들은 미국의 베트남전 참전에 대해서도 긍정적으로 보려 했다.)

마르크스주의를 토대로 새로운 사회주의를 지향하는 신좌파 두치케와 마르크스주의를 억압의 사슬로 생각하는 체코 대학생들의 거리는 꽤 멀었지만, 기성 권위에 대한 청년들의 저항 의식은 철저했고 그래서 연대할 수 있었다.

서유럽의 68이 농성, 점거, 시위 등으로 점차 강경해지고 이에 대한 공권력의 진압도 강력해질 때, '프라하의 봄'에 대한 소련의 태도도 마찬가지로 강경해졌다. 아무리 둡체크가 설득해도 스탈린주의자들은 프라하의 봄이 1956년의 헝가리 반소 투쟁*처럼 비화될 것이라고 생각했다. 마침내 소련의 지도자 브레즈네프는 사회주의 진영 국가들 중 한 나라의 사회주의가 위험에 처했을 경우 소련이 개입할 수 있다는 '브레즈네프 독트린'을 발표한 뒤 무력 개입했다.

---

* 스탈린 격하와 흐루쇼프의 수정주의로 인해 그동안 소련 패권주의에 불만을 갖고 있던 동유럽 공산당들이 독자 노선을 표방하기 시작했다. 특히 헝가리는 소련군 철수, 다당제 등을 주장하며 소련과 대립하였다. 흐루쇼프는 임레 너지 정권 수립을 인정하는 등 유화적으로 대처했지만, 헝가리가 소련이 주도한 동유럽 공동방위기구인 바르샤바조약기구를 탈퇴하려 하자 결국 군대를 투입했다. 헝가리 국민들은 소련군에 격렬히 맞섰지만 패배하였으며, 흐루쇼프의 수정주의도 큰 위기를 맞이하였다.

맨몸으로 소련 탱크에 맞선 시민들

8월 21일, 프라하 거리에 투입된 소련 탱크들에 프라하 시민들은 비폭력으로 맞섰다. 그들은 소련 군인들을 설득하려고 노력했다. 22일 열린 체코 공산당 임시대회에서 공산당 지도부가 군인들에게 체포되었다.

몇몇 시위대가 소련 탱크에 돌과 화염병을 던지며 맞섰지만, 8월 24일 방송국 점령을 끝으로 저항은 거의 분쇄되었다. 둡체크는 체포된 후 유혈 사태를 막기 위해 시민들에게 소련에 협조해 달라고 당부하는 연설을 함으로써 사태의 악화를 막았다.

1968년 8월 21일, 프라하 거리에 들어선 소련 탱크. 1918년 오스트리아·헝가리 제국이 붕괴되면서 독립한 체코슬로바키아는, 제2차 세계대전 이후 공산화되었다가 1993년 체코와 슬로바키아 공화국으로 분리 독립했다.

프랑스와 이탈리아 공산당이 '프라하의 봄'을 진압한 소련에게 항의하였으며, 서유럽 곳곳에서 대중적 항의 시위도 벌어졌다. 미국 시카고 민주당 전당대회에서 대규모 시위를 벌이기로 한 미국 학생운동 지도부는, 대회 장소에 엄청난 공권력이 투입되자 시카고를 '체카고'(시카고는 '미국의 프라하'라는 의미)라고 부르기도 했다.

68혁명은 유럽 전체를 휩쓸었다. 입장 차이는 있어도 예외는 없었다. 그 시대 저항 흐름은 세계적인 보편성에 입각한 투쟁이었던 것이다.

194

야스다 강당, 3일간의 투쟁

일본 학생운동

1950~1960년대

교과서 속 한 줄 역사 68혁명의 열기는 일본에서도 예외는 아니었다. 일본 학생운동의 성쇠는 한국 학생운동에 많은 영향을 주었다.

1969년 1월 18일 오후, 경찰 기동대 8,500여 명이 전공투(전학공투회의) 소속 대학생 수백 명이 점거한 도쿄대학교 야스다 강당 진압 작전에 나섰다. 경찰은 물대포와 최루탄을 무차별 난사했고, 학생들도 화염병과 돌을 던지며 격렬히 저항했다.

전후 20년의 역사를 이어 오며 정예화된 학생운동 투사들은, 압도적 열세에도 불구하고 3일 동안 경찰 기동대의 공격을 막아 냈다. 하지만 1월 20일 해질 무렵, 옥상에서 저항하던 90여 명이 연행되면서 학생들의 저항은 막을 내렸다.

이 사건은 일본 학생운동의 마지막으로 기록되었다.

일본 학생들의 군국주의 반대 투쟁

제2차 세계대전 이전부터 일본 학생운동은 군국주의 반대 투쟁을 꾸준히 벌여 왔다. 조선 식민지 독립운동을 후원했던 이들을 통해 그들의 존재를 확인할 수 있다. 아쉽게도 이름과 생애를 자세히 알 수는 없지만, 학생 시절부터 정의를 위해 투쟁해 온 많은 일본 학생들이 있었기에 한국 독립운동을 변호한 일본인 변호사 후세 다츠지 같은 이들이 나올 수 있었다.

종전 이후 일본 학생운동의 대표적 단체는 전학련(전일본학생자치회총연합)이다. 1948년 145개 대학 자치회가 연합하여 만든 이 단체는 공산당의 영향을 많이 받았다. 이들은 1950년대 평화헌법 옹호와 재군비 반대를 외치며 평화운동을 전개했다. '재군비'란 자위대 창설을 말하는데, 이름만 자위대일 뿐 일본군의 부활과 다름없어서 학생들이 강력하게 반대했다.

50년대 일본 학생운동과 진보 진영의 최대 관심사는 '미·일 안보조약' 체결이었다. 미소 냉전 체제 속에서 일본의 적극적 역할을 요구하는 안보조약은, 미군의 일본 주둔 등 일본을 냉전의 소용돌이로 끌어들일 뿐 아니라 자위대 등 일본군 확대와 직결된 사안이었다. 안보조약 반대 투쟁은 사회당 좌우파를 통일시켰을 뿐만 아니라, 노동운동과 학생운동 등 모든 민중운동이 단결하여 투쟁에 나서도록 만들었다.

국회 포위한 30만의 시위대

안보조약 반대 투쟁(안보투쟁)은 1959년부터 1960년 사이 절정에 달했다. 1956년 유엔에 가입함으로써 국제사회에 복귀한 일본은, 1957년 안보조약을 개정하여 일본의 군사력을 증강시키고자 했다. 이와 함께 미·일 경제협력 강화, 미·일 군사동맹 강화도 약속되었다. 냉전 체제 속에서 소련에 맞서는 미국의 역할을 일본이 분담하겠다는 내용이었다. 이에 진보 진영은 신新안보조약 반대 투쟁에 나섰다.

투쟁의 절정은 신안보조약 의회 비준안이 상정된 1960년 5월에 일어났다. 5월 19일 밤 경찰이 의사당에 난입하여 사회당 의원을 몰아내고 자민당이 일방적으로 비준안을 통과시키자, 이때부터 한 달간 일본 열도는 대규모 시위 사태에 휩싸였다.

1960년 6월 15일, 국회의사당을 에워싼 학생 시위대와 경찰의 충돌로 도쿄대생 시라카바 미치코 등 22명의 대학생이 숨졌다.

6월 4일과 15일 각각 500만 명 이상이 참가하는 파업과 시위가 벌어졌고, 특히 6월 15일 의사당에서는 수십만 명의 시위대가 국회를 포위하여 경찰 기동대가 이를 진압하는 과정에서 22명의 대학생이 사망하는 대참사가 일어났다. 의사당은 18일에도 30여 만 명의 시위대에 포위당하는 등 수난을 겪었고, 미국 아이젠하워 대통령은 일본 방문을 취소해야만 했다. 비록 조약을 저지하지는 못했지만, 이 투쟁으로 '55년 체제'의 핵심 기시 노부스케 수상을 사임시켰다.

학생운동 대미 장식한 '야스다 강당' 투쟁

60년대에도 학생운동의 기세는 여전했다. 유럽이 점차 68혁명의 절정으로 향했듯, 일본도 같은 길을 걸었다. 내부적으로는 다양한 분파 투쟁이 벌어졌고 투쟁이 조금씩 과격해졌다.

맨몸으로 경찰과 부딪히던 종래의 방식에서 벗어나 각목을 들고 경찰 저지선을 향해 돌진하는 폭력 투쟁이 등장하고 군대식 조직 체계도 나타났다. 투쟁이 과격해지면서 경찰 진압도 강경해져 곳곳에서 격렬한 충돌이 일어났다. 1966년 나리타 공항 건설 반대 투쟁에서는 학생들이 군대식 강행군을 벌여 경찰 저지선을 돌파하고 투쟁 중인 현지 철거민과 연합하여 사람들을 놀라게 했다.

투쟁의 정점은 1968년이었다. 이때 신좌파 계열의 전공투(전학공투회의)가 등장하여 대학 점거와 해방구 건설 등의 새로운 전술을 내걸고 싸웠다. 중국 마오쩌둥의 근거지 전술을 응용한 듯한 점거

◈ **극좌 극렬의 상징, 일본 적군파**

중국의 마오 사상이나 북한 김일성주의에 경도된 일본의 일부 신좌파 세력은 점차 과격한 투쟁 방식을 선호했다. 이 중 한 분파가 세운 것이 '적군赤軍'이었다.(1969) 이들의 주요 목표는 일본 제국주의에 반대하고 베트남과 팔레스타인 해방운동 등 제3세계의 국제적 투쟁을 지원하는 것이었다.

이들은 일본 여객기 요도호를 납치하는 등 점차 테러 단체로 변했는데, 내부 파벌 싸움 과정에서 1972년 서로 죽고 죽이는 사건이 일어나면서(아사마 산장 사건) 사실상 와해되고 말았다. 80년대 말 북한에 망명한 일본 적군파 대원의 책이 한국에서 출판되기도 했다.

1969년 1월 20일, 도쿄대학교 야스다 강당 진압은 제2차 세계대전 이후 꾸준히 이어져 온 일본 학생운동의 대미를 장식했다.

투쟁은 일본 '68투쟁'의 절정이었다. 하지만 유럽의 68혁명이 결국 보수 대단결과 중산층의 반발에 밀려 스러졌듯, 일본 68투쟁 역시 스러지고 말았다. 야스다 강당 투쟁은 고립되어 가는 일본 학생운동의 모습을 극적으로 드러낸 사건이었다.

70년대를 계기로 일본 학생운동은 점차 소강 국면을 맞는다. 이론적 공산주의에 경도된 전학련의 한계와 내부 파벌 다툼, 신좌파와 소수 파벌의 극단적인 과격 투쟁, 사회 갈등에 대한 중산층의 무관심 등이 학생운동을 점차 약화시켰다. 이후 일본도 유럽처럼 정당정치를 통한 문제 해결 방식에 관심을 갖는다. 이는 장차 '55년 체제' 종말을 가져오는 원동력이 되었다.

195

소비하는 돼지와 타협은 없다

바더-마인호프 그룹

1970년대

교과서 속 한 줄 역사 저항문화가 서서히 사라지고 현실에 충실한 보수주의가 역사의 전면에 등장하자, 서독 좌파 가운데 일부가 무장투쟁을 시작했다.

"제복을 입은 자들은 인간이 아닌 돼지이므로 돼지로 취급할 것이며 그들과 타협하지 않을 것이다. 그들과 대화하는 것은 옳지 못한 일이다. 물론 필요하다면 그들에게 총을 쏠 것이다. 우리의 작전 중에, 가끔은 적들이 승리하기도 하겠지만 중요한 문제에서는 우릴 이기지 못할 것이다. 우리의 성공은 역사에 남을 것이다."

1968년 유럽 전역이 68혁명으로 몸살을 앓을 때, 안드레아스 바더와 그의 애인 구드룬 등 20대 청년 과격파 무리가 독일의 한 백화점에 불을 질렀다. 그들은 돼지처럼 소비만 할 뿐 세상의 정의에 무관심한 사람들에게 경고하기 위해 백화점을 불태웠다고 주장했다. 이 주장에 공감한 언론인 울리케 마인호프가 이들과 가까이 지내면서 극좌 테러 그룹을 결성하게 되었다. 이른바 '바더–마인호프 그룹', 혹은 서독 적군파(Rote Armee Fraktion, RAF)라는 조직이다. 이들은 왜 탄생했고 이들이 끼친 영향은 무엇일까?

전 세계의 자유와 평등 외친 '테러 조직'

1968년 거대한 시위의 물결이 중산층을 긴장시키고, 시위에 참여했던 대학생들이 50~60년대 경제 호황의 수혜를 누리면서 저항의 깃발이 차츰 수그러드는 가운데, 이상적 사회주의를 추구하는 일부 그룹들이 과격해지기 시작했다. 그중 대표적인 조직이 바로 '바더–마인호프 그룹'이었다.

이들은 전 세계적 자유와 평등을 추구했다. 이들의 관심사는 베트남뿐만 아니라 남미의 체 게바라가 이끄는 무장 좌익투쟁, 이스라엘과 싸우는 팔레스타인 무장투쟁까지 넓고 다양했으며, 소련을 수정주의(변질한 사회주의)로 보고 소련과 대립한 중국 등 아시아 사회주의를 높이 평가했다. 이러한 의식은 유럽 문명을 부정하고, 나아가 조국을 부정하는 의식으로 발전했다. 바더–마인호프 그룹은 서독을 적으로 규정하고 강력한 무장투쟁에 나선다.

중동에서 군사훈련을 받은 바더–마인호프 그룹은 70년대 곧바로 테러 활동을 벌이기 시작했다. 보수적 언론사에 폭탄을 터뜨리고, 경찰·판사 등 공권력의 지도자들을 암살했다. 서독의 미군 기지에도 폭탄을 터뜨려 자본주의 진영의 국제적 연대에도 도전하였다. 울리케 마인호프는 자신들의 행동을 이렇게 정당화했다.

"한 명이 돌을 던지면 그것은 범죄입니다. 하지만 1천 명이 돌을 던지면 그것은 정치적 행위입니다."

보수화되는 세계

하지만 68년 전후로 사회는 점점 더 보수화되고 있었다. 시위 사태를 수습하기 위해 독일 좌파들은 오히려 우파와 손을 잡았다. 독일 사회민주당(사민당)은 1966년부터 추진하던 보수 정당과의 연정을 강화한 끝에, 1969년 빌리 브란트 총리를 수반으로 하여 집권에 성공했다. 프랑스에서는 1968년 드골 사퇴로 보수파와 중산층이 단결하면서 드골파인 퐁피두가 새로운 대통령으로 선출되었다. 미국은 공화당 닉슨 대통령이 당선되어 케네디 – 존슨으로 이어진 민주당의 개혁 정책에 제동을 걸었다.

시위 진압도 강경해졌다. 독일은 '비상조치법'을 만들어 군대를 치안에 투입하고 국민의 기본권까지 제한할 수 있도록 했다. 미국에서는 1969년 켄트대학과 잭슨대학에서 반전 시위를 벌이는 대학생들에게 발포하여 각각 4명, 2명이 목숨을 잃었다. 강경한 진압과 유혈 사태는 중산층의 위기의식을 더욱 부추겨 한편으로는 정부의 개혁을 앞당기면서, 또 한편으로는 시위 자제 여론을 확산시켰다.

많은 학생운동 지도자들이 선택의 기로에 섰다. 그들은 이상을 위해 더 강력하고 과격한 조직을 만들 것인지, 아니면 현실을 수용할 것인지 결정해야만 했다. 독일의 두치케는 지하조직 건설과 케임브리지대학 입학 사이에서 케임브리지행을 결정했고, 영국의 학생운동 지도자 타리크 알리는 파키스탄에서의 활동과 영국에서의 활동 중에서 영국을 선택했다. 미국 버클리대의 톰 헤이든은 동료

바더–마인호프 '무정부주의 흉악범' 현상금 벽보. 이 19명에게 총 10만 마르크의 현상금이 걸려 있다. 1970년대 서독을 뒤흔든 '적군파'의 두 지도자가 안드레아스 바더와 울리케 마인호프였다.

들이 김일성주의를 토대로 지하조직을 결성하려 하자 LA로 건너가 베트남전에 대한 책을 썼으며, 그곳에서 여배우 제인 폰다와 사랑에 빠졌다.

바더–마인호프 그룹과 같은 선택을 한 이들은 별로 없었다. 바더–마인호프 그룹은 고립되었고, 하나둘 체포되었다. 구드룬 등 일부 활동가들은 시민의 신고로 체포되기도 했다. 이들은 재판을 거부하고 판사를 모욕하는 등 감옥과 법정에서도 철저하게 저항했고, 결국 옥중에서 자살하거나 병사했다.

70년대 유럽과 일본의 적군파 같은 선진국의 테러 조직들은 68시위와는 또 다른 충격을 사회에 안겨 주었다. 그들의 과격한 주장과 행동은, 그들에게 공감하는 사람들을 오히려 멀어지게 만들었다. 그들의 몰락은 이상에 충실했던 60년대 후반의 저항문화가 서서히 사라지고, 70년대 현실에 충실한 보수적 세상이 도래했음을 상징하였다. 그리고 이후 세계는 80년대 신냉전과 보수정치의 전성시대로 이어진다.

196

선거혁명, 칠레의 도전

살바도르 아옌데

 1908~1973

교과서 속 한 줄 역사 미국의 적극적인 지원을 받은 칠레의 역대 정부들은 민주주의 발전을 억압하였고, 이 때문에 80년대까지 내분이 계속되었다.

"이것이 제가 여러분에게 하는 마지막 발언이 될 것입니다. 곧 마가야네스 라디오도 침묵할 것이고, 여러분에게 용기를 주고자 했던 나의 목소리도 닿지 않을 것입니다. … 박해 받게 될 모든 사람들을 향해 내가 물러서지 않을 것임을 이야기하고자 합니다. 칠레 만세! 민중 만세! 노동자 만세! 이것이 나의 마지막 말입니다. … 역사는 우리의 것이며, 인민이 이루어 내는 것입니다. 언젠가는 자유롭게 걷고 더 나은 사회를 건설할 역사의 큰 길을 인민의 손으로 열게 될 것입니다."

칠레의 제32대 대통령 살바도르 아옌데는 이 마지막 방송을 남기고 쿠데타군과 최후까지 싸우다 사살당했다.(칠레 정부의 공식 입장은 자살이다.) 이로써 세계 최초로 선거를 통해 집권한 사회주의 정부가 1973년 9월 11일 무너졌다. 하지만 아옌데의 실험은 이후 좌파 정당에게 큰 영향을 미쳤다. 무력혁명이 아닌 선거혁명을 꿈꾸게 된 것이다.

남미를 울린 쿠데타, 독재, 내전…

과거 잉카 제국의 영역에 해당하는 남미 지역은, 19세기 볼리바르의 활약으로 스페인에서 독립한 '대콜롬비아'와 라플라타 강 유역의 '라플라타 연합'으로 나뉘었다. 하지만 크리오요들이 볼리바르의 통일정책에 반기를 들어 대콜롬비아가 콜롬비아 · 베네수엘라 · 페루 · 볼리비아 등으로 분열되고, 라플라타 연합이 아르헨티나 · 우루과이 · 파라과이 · 칠레 등으로 분열되면서 남미는 포르투갈령 브라질을 포함하여 9개의 국가로 나뉘었다.

남미의 국가들은 독립 이후 대부분 쿠데타, 군사독재, 내전의 악순환 속에서 고통을 받았다. 복잡한 민족 구성 속에서 소수의 백인 지배층이 외국 자본과 결탁하여 기득권을 강화하고, 이에 원주민이나 민중들이 저항하여 혼란이 빚어지면 군부나 미국 등이 개입하여 무력으로 정권을 전복하는 패턴이 반복되었고, 냉전과 사회주의 세력의 확대로 혼란이 더욱 심해졌다.

콜롬비아에서는 1948년 민중의 지도자 호르헤 가이탄 암살 사건을 계기로 '라 비오렌시아(폭력)' 봉기가 일어나 1천 명 이상이 죽고 결국 군사 쿠데타가 일어났다. 베네수엘라에서는 1935년 독재자 후안 비센테 고메스가 죽자 민중봉기가 일어났으나, 고메스의 부하 장군들이 쿠데타를 일으켰다. 페루에서는 민중의 지지를 받는

'아메리카혁명인민동맹Alianza Popular Revolucionaria Americana(APRA)'의 선거 승리가 예상될 때마다 군사 쿠데타가 일어났다.

쿠바 혁명 이후 좌익 게릴라들의 활동도 거세졌다. 콜롬비아에서는 지금까지도 콜롬비아 혁명군이 활동하고 있으며, 볼리비아에서는 1952년 볼리비아 혁명이 일어났지만 1964년 쿠데타로 무너지자 체 게바라가 직접 게릴라를 이끌었다.

선거로 선출된 세계 최초의 사회주의 대통령

칠레 역시 비슷한 문제를 안고 있었다. 다만 쿠데타와 무장봉기의 악순환은 겪지 않았는데, 이는 칠레의 역사적 특수성에서 기인한다. 1879년 당시 수출품으로 인기 있던 초석 광산을 둘러싸고 칠레·볼리비아·페루가 '태평양 전쟁'을 벌였는데, 이 전쟁에서 승리한 덕분에 정치경제적으로 여유가 생겨 비교적 온건한 정치체제가 들어설 수 있었다. 특히 30~40년대 집권한 인민전선은 중산층과 적절히 타협하며 정치를 이끌었다. 하지만 인민전선이 공산당을 불법화하면서 토지개혁 같은 남미 민중들의 염원은 이루어지기 어려웠다.

이때 등장한 사람이 아옌데였다. 그는 1908년 칠레의 전형적인 상류층 집안이자 유력한 정치인 가문에서 태어났다. 어릴 때부터 정치적인 분위기에서 자란 그는 청소년기 무정부주의를 접하면서 좌익 사상을 갖게 되었고, 학생운동을 하면서 더욱 단련되어 마침내 1932년 칠레 사회당 창당에 참여하면서 좌익 지도자의 길을 걷기 시작했다.

그는 남미의 실정에 맞는 남미식 사회주의를 주창했다. 그는 국제공산당 조직 코민테른의 지도 노선과 화해하지 못했고, 이 때문에 정통 좌파들과 계속 불편한 관계를 맺었다. 특히 선거를 통한 사회당 집권 구상은 시대 분위기와 어울리지 않았다. 한 마디로, 정통 좌익 입장에서 보면 부르주아의 한계를 벗어나지 못한 사람이었다. 이 때문에 1952년부터 세 번이나 대통령에 도전했지만, 우익의 집요한 반대와 내부 분열로 낙선하고 말았다.

그러나 1970년 선거는 달랐다. 전 세계적으로 68혁명의 열기가 넘쳐흘렀다. 칠레 좌파는 대통령 선거에서 합법적으로 정권을 잡겠다는 각오를 다졌다. 당시 공산당이 내세운 후보는 칠레가 낳은 위대한 시인이자 노벨 문학상 수상자인 파블로 네루다였다. 추방과 망명을 감수하며 칠레 해방을 위해 싸운 네루다는 평소 아옌데를 타협주의자라고 비판했지만, 이번에는 후보를 양보했다. 이로써 인민연합의 단일 후보

1970년 살바도르 아옌데는 파블로 네루다의 공산당과 연합하여 대통령에 당선되었다.

가 된 아옌데는 36.2퍼센트를 득표하여 1.3퍼센트의 근소한 차이로 승리하였다. 마침내 선거를 통한 최초의 좌파 정권이 탄생한 것이다.

군부 쿠데타에 맞선 장렬한 죽음

아옌데 정권은 산업 국유화, 토지개혁, 식량 배급제 등 과감한 사회주의 개혁정책을 시도했다. 많은 이들이 우려를 표명했지만 아옌데는 밀어붙였다. 이는 미국과 남미 자본가들 및 농장주들에게는 심각한 문제였다. 칠레의 보수파는 총선에서 대승을 거둔 뒤 아옌데를 탄핵하려 했으나, 오히려 인민연합이 총선에서 대선 때보다 6퍼센트 더 많은 43.4퍼센트를 획득했다.

선거를 통해 아옌데를 저지할 수 없게 되자, 보수파는 국회 다수

◈ **Don't Cry For Me Argentina**

남미 중위도에 자리 잡은 너른 평원 팜파스 지역은 18세기만 해도 인구 80만 명 정도에 불과한 미개척지로, 백인 수만 명이 모여 사는 부에노스아이레스 정도만 번창하고 그 외 지역은 메스티소 목동인 가우초들이 가축을 기르는 드넓은 대농장이었다. 스페인으로부터 독립한 이후 부에노스아이레스를 중심으로 팜파스 지역에 건설된 나라가 아르헨티나이다. 이후 아르헨티나가 세계 최대 낙농국가로 성장하자, 이탈리아인 등 많은 백인이 이주하면서 원래의 상류층 백인과 이주해 온 중산층 백인이 전체 인구의 90퍼센트를 차지하게 되었다. 1930년 대공황의 여파로 아르헨티나에서 군부 정치가 시작되었으며, 육군 대령 출신 페론도 그 여세를 몰아 1946년 대통령이 되었다. 그는 노동자의 지지를 얻으려고 그들을 위한 정치를 적극 펼쳤으며, 그의 아내인 에바 페론 역시 스스로 '데스카미사도스'(빈민)를 자처하며 여성과 빈민을 위한 정치 활동을 벌였다. 그래서 가난한 사람들을 위한 정치를 '페론주의'라 한다. 그러나 페론주의는 낙농업의 위축으로 경제 위기를 겪으면서 곧 무너지고 말았다.

경제정책의 유연함이 없었기 때문인데, 그래서 페론주의는 무분별한 '포퓰리즘'(대중 영합주의)의 대명사로 비판받기도 한다. 하지만 오늘날까지 아르헨티나의 서민들은 페론 부부를 사랑하고 있으며, 에바 페론을 다룬 뮤지컬 〈에비타〉의 주제가 〈아르헨티나여, 울지 마오Don't Cry For Me Argentina〉가 널리 애창되고 있다.

당의 지위를 이용하였다. 한꺼번에 15명의 장관을 탄핵하고, 경영자들은 공장 가동을 중지하거나 암시장으로 생산품을 빼돌려 의도적으로 경제 불황을 조장했다. 일부 극우 단체들은 쿠데타의 명분을 쌓으려고 격렬한 시위를 벌여 혼란을 일으켰다. 심지어 임금 인상을 요구하는 광산 노동자들의 파업을 경영자 단체가 후원하기도 했다.

1973년 9월 11일, 군부 쿠데타로 살해되기 직전에 대통령궁에서 마지막으로 촬영된 아옌데의 모습.

1973년 결국 군부가 쿠데타를 일으켰다. 군대가 물밀 듯 대통령궁으로 몰려드는 가운데, 아옌데는 피하라는 측근들의 제안을 물리치고 끝까지 혁명정부를 사수하기 위해 싸우겠다고 선언했다. 그는 기관단총을 들고 집무실에서 쿠데타군과 총격전을 벌였다. 그리고 집무실에 진입한 특수부대의 총을 맞고 현장에서 즉사하였다.

아옌데는 한동안 선거를 통한 좌파 정부 출범이라는 무모한 도전 끝에 비명횡사한 사람으로 비웃음을 받았다. 하지만 시간이 흐르면서 그의 장렬한 죽음은 혁명에 대한 결연한 의지의 상징이 되었고, 마침내 오늘날 한국과 남아공 · 남미의 진보 혹은 좌파 정당의 모티브가 되었다. 그리고 남미에도 점차 평화가 정착하기 시작했다.

197

이것은 하나님의 명령이다

로메로 대주교

1980~1992

교과서 속 한 줄 역사 남미 각국에서 민주화 움직임이 지속되면서 민주 정부가 수립되어 군부독재 시절 일어났던 인권 유린 문제의 진상을 규명하는 등 과거사 청산에 노력하고 있다.

올리버 스톤 감독의 영화 〈살바도르Salvador〉(1986)는 성당 앞 학살 장면으로 시작된다. 이 영화에서 중앙아메리카 엘살바도르의 보수파 대권 후보 맥스 소령은 추종자들을 모아 놓고 미국 레이건 대통령 당선을 축하한다. 그러면서 젊은이들의 영혼을 해치는 성직자를 제거해야 한다고 주장한다.

"그놈들은 돼지 같은 놈들이다. 그중 로메로가 가장 뚱뚱한 돼지놈이다."

로메로 대주교는 설교에서 군부의 인권 탄압과 미국의 내정간섭에 항의하며 교회가 정의의 목소리를 내야 한다고 주장한다. 그는 국민에 대한 폭력을 중지하라며 군대를 향해 이렇게 말한다.

"하나님의 명령이다. 탄압을 중지하라."

로메로는 우익 군인의 총에 암살당하고 만다.

올리버 스톤의 영화 〈살바도르〉와 존 듀이건 감독의 〈로메로 Romero〉(1989)는 모두 엘살바도르 내전과 로메로 주교의 암살을 다루고 있다. 미국 감독들은 왜 이 사건에 주목했을까?

독재와 외세로 점철된 중미 5개국 잔혹사

중미 지역은 멕시코의 일부로 독립한 뒤, 1823년 프란시스코 모라산의 지도 아래 '중미연방'으로 독립하였다. 하지만 호세 라파엘 카레라가 주도하는 보수파에 의해 모라산이 축출되면서 연방은 깨지고 과테말라, 엘살바도르, 온두라스, 니카라과, 코스타리카 5개국으로 분할되었다.

이 나라들은 바나나·커피 등 플랜테이션 농업을 주 산업으로 하며, 인구의 90퍼센트가 백인인 코스타리카를 제외하고 모두 원주민과 메스티소가 소수 백인의 지배를 받았다. 또 미국 유나이티드 푸르트 등 외국 자본의 영향 속에 심한 내정간섭을 받았으며, 이에 따라 토지개혁을 둘러싼 갈등으로 공산당의 활동이 활발했다.

중미 정치는 농민봉기와 군사독재, 외국의 내정간섭으로 잠시도 편치 못한 혼란의 역사를 보냈다. 과테말라는 19세기 후반부터 강력한 1인 독재 체제가 들어섰는데, 체제 유지를 위해 외국 자본에 많은 토지와 이권을 내주고 필요한 돈과 후원을 얻었다. 반세기 이상의 독재정치 끝에 1944년 호세 아레발로가 이끄는 민주 정권이

들어섰지만 5년의 재임 기간 동안 22번의 군사 쿠데타가 일어났고, 후임 아르벤스구스만 대통령은 유나이티드 푸르트 소유 토지의 개혁을 시도하다가 미국의 후원을 받은 아르마스 장군의 쿠데타로 무너졌다. 이후 40년 동안 과테말라는 농민의 지지를 받는 좌익 게릴라들의 활동으로 오랜 내전을 겪었다.

니카라과는 건국 초부터 자유주의자와 보수파의 갈등이 심했다. 1912년 보수파 디아스 대통령이 미군 주둔을 요청하면서 보수파 독재 정권이 수립되자, 자유주의자들이 격렬하게 반발하여 일시적으로 정권을 잡았으나 1937년 소모사 대장이 쿠데타로 정권을 잡은 뒤 40년간 일족 독재를 했다. 1979년 산디니스타 좌익 혁명이 성공하면서 사회주의와 민주주의가 혼합된 정권이 수립되었지만, 보수파가 반란을 일으키고 미국이 이를 후원하면서 내전이 일어났다.

엘살바도르 역시 세계 7위의 커피 생산국으로 플랜테이션 농업이 주 산업이어서 농장주와 외국인 투자자가 주요 기득권 세력을 형성했다. 특히 농장주들 중 14개 가문이 전체 국가 부富의 90퍼센트를 독점했다. 이 14개 가문과 외국 자본, 교회, 군대가 지배 연합을 이루어 200년 동안 엘살바도르를 지배해 온 것이다.

독재 지원한 미국, 미국 자본

민중들의 저항으로 1930년대 아라우호 대통령이 당선되었지만, 아라우호가 공산당을 합법화하려 하자 군사 쿠데타가 일어나 정권이 무너졌고, 이에 항의하며 농민들이 무장봉기를 일으켰으나 수만 명의 목숨만 잃었다. 거듭되는 혼란 속에서 일부 가톨릭 사제들이 새

1980년 3월, 약 25만 명의 추도객이 모인 로메로 주교 장례식. 이 자리에서도 폭탄 테러가 발생해 40여 명이 죽거나 다쳤다. 이후 엘살바도르는 12년간의 내전을 겪는다.

로운 개혁 세력으로 등장했다. 그 대표 주자가 바로 로메로 주교였다. 로메로 주교는 1980년 3월 미사 도중 암살당했다.

1980년 대규모 농민봉기로 시작된 내전은 무려 12년간 지속되었다. 1981년 한 해에만 11만 명의 희생자가 나왔을 정도로 격렬했던 내전은 유엔의 중재로 1992년 겨우 수습되었고, 좌익 게릴라 민족해방전선은 정당으로 변신하여 평화적 혁명을 추진하고 있다.

2009년 대통령 선거에서 민족해방전선의 마우리시오 푸네스 후보가 당선되어 집권에 성공하였으며, 2014년 대선에서도 좌익 게릴라 출신 산체스 세렌 후보가 당선되어 6월 1일 대통령에 취임하였다. 이로써 엘살바도르는 오랜 갈등을 치유하고 희망을 건설할 기회를 갖게 되었다.

엘살바도르 내전은 미국 투자 자본의 이익과 이를 공유하는 기득권 세력이 다수의 농민과 대립하는 중미 정치의 전형적인 모순으로 일어난 사건이었다. 특히 영화 〈살바도르〉에서 묘사되었듯, 미국 정부와 언론의 지원으로 부패한 독재 정권이 연명하고 있었기 때문에 많은 미국 지식인들은 베트남전의 재판이 되지 않을까 우려했다. 베트남전을 다루었던 올리버 스톤 감독이 영화 〈살바도르)를 만든 것도 그런 이유였다. 다행히 엘살바도르 내전은 큰 희생을 치르긴 했지만 베트남의 전철을 밟지 않고 평화적 정권 교체로 마무리되었다.

198

미완의 피플 파워

필리핀 민주화운동

 1980년대

> **교과서 속 한 줄 역사** 중국은 개혁개방정책의 부작용으로 관료 체제의 부정부패가 심화되면서 학생과 지식인을 중심으로 각종 민주개혁을 요구하는 움직임이 일어났다. 덩샤오핑과 보수파 세력은 이러한 요구를 무력으로 진압하였다.(톈안먼 사건)

1986년 필리핀 민주화 시위(피플 파워), 1987년 한국의 민주화 시위(6월 민주화 운동), 1988년 미얀마의 민주화 시위(8888 항쟁)와 1989년 중국 민주화 시위(톈안먼天安門 사건) 등, 동아시아 사회에서는 80년대부터 90년대 초반까지 독재 정권에 대항하는 대규모 민주화운동이 일어났다. 그 시작이 바로 20년 마르코스 독재를 무너뜨린 필리핀이었다.

미국과 결탁한 지주층 '일루스트라도'

16세기부터 스페인의 식민지였던 필리핀은 스페인의 압제에 맞서 독립투쟁을 벌였는데, 19세기 말 에밀리오 아기날도가 이끈 독립투쟁이 대표적이다. 아기날도는 미국과 함께 스페인을 물리치고 독립 정부를 선포했는데, 미국이 스페인과 싸운 것은 필리핀 독립을 위해서가 아니라 필리핀을 통해 서태평양을 안정적으로 지배하기 위해서였다. 아기날도는 미국에 맞서 싸웠으나 1901년 체포되었고, 필리핀은 미국의 지배 아래 들어갔다.

당시 필리핀의 지배층은 스페인 시절 유럽화한 '일루스트라도'라는, 기독교로 개종한 대토지 소유자들로 구성되어 있었다. 이들은 미국 지배에 협조하면서 또 한편으로 자치를 위해 노력했다. 마침내 1935년 필리핀 연방이 수립되어 형식적으로 독립했고, 제2차 세계대전이 끝난 뒤 완전한 독립을 이루었다.

제2차 세계대전 이후 필리핀 지배층은 미국과 돈독한 관계를 맺으며 권력을 유지했다. 1946년 집권한 로하스 대통령은 제2차 세계대전 당시 3년 동안 일본군 지배를 받던 시절의 복잡한 문제를 미국과 협상으로 해결하여 필리핀 독립을 이루어 냈다. 하지만 이 과정에서 지배층의 기득권도 한층 공고해졌다. 이때 대통령 보좌관으로 정계에 입문한 이가 마르코스이다.

항일 게릴라 출신으로, 로하스 대통령이 일본 점령 시절 일본에 저항한 사람들을 등용할 때 정계로 진출한 마르코스는 이후 상원의원, 수도 마닐라 시장, 국무장관 등을 거쳐 대통령 후보로 나서 1965년 마침내 대통령이 되었다. 1960년대 마르코스 대통령은 비교적 무난한 통치를 이어 갔다. 베트남 등 많은 나라의 정권이 국민의 지지를 받지 못한 채 비정상적인 방법으로 권력을 장악한 데 비해, 마르코스는 법적으로나 내용적으로 큰 문제가 없어 보였다.

계엄에 반발한 아키노 가문

하지만 필리핀도 고질적인 문제를 안고 있었다. 필리핀에 아시아 최대 규모의 공군기지와 해군기지를 두고 운영했던 미국은, 필리핀에서 급격한 정치적 변화가 일어나는 것을 원치 않았다. 그러나 일루스트라도를 계승한 소수의 대토지 소유자들이 부와 권력을 독점하면서 많은 농민들이 이들에게 예속되어 농노처럼 절대 빈곤 상태에서 고통 받고 있었다. 이러한 사회적 갈등이 이슬람 분리 운동이나 좌익 투쟁으로 표출되기 시작했다.

사회적 갈등이 분출구를 찾지 못하고 폭력화되자, 마르코스 대통령은 사회 안정을 명분으로 1972년 계엄을 선포하고 독재정치를 시작하였다. 그의 독재정치는 1986년까지 이어진다.

마르코스의 독재정치는 곧 마르코스 가문의 독재정치였다. 따라서 필리핀의 많은 명문가들이 반발했고, 그 대표적 집안이 아키노 집안이었다. 특히 마르코스 반대 투쟁의 지도자였던 상원의원 베니그노 아키노는, 1971년 마르코스의 정치적 라이벌로 떠올랐다가 1972년 계엄 당시 체포되었다.

그는 1980년 미국으로 망명했다가 1983년 귀국길에 올랐는데, 그가 돌아오면 마르코스가 죽일 거라는 이야기가 공공연히 떠돌았다. 과연 그는 귀국 비행기에서 내리자마자 민간인 출입이 통제된 공항 구내에서 무장 괴한의 총에 맞아 사망했다.

그로부터 3년 후인 1986년 2월 7일, 대통령 선거가 치러졌다. 야당 후보는 아키노 상원의원의 아내인 코라손이었다. 선거는 온갖 부정으로 얼룩졌고, 개표 당일 코라손과 마르코스가 서로 승리를 주장할 정도로 혼전이었다. 이런 상황에서 개표가 지연되면서 사태가 더욱 악화되었다. 마르코스 정부는 이해할 수 없는 이유를 들어 개표를 지연시켰다. 처음 미국은 레이건 대통령이 개표 결과에 승복하기를 바란다며 마르코스를 지지했지만, 상황이 점점 악화되자 입장을 바꾸지 않을 수 없었다.

개표 결과는 선거일로부터 무려 8일이나 지난 후인 15일에 발표되었다. 예상대로 마르코스가 150만표 차이로 승리했다는 발표였다. 하지만 야당, 시민, 외신, 교회 어느 누구도 이 결과를 신뢰하지 않았다. 19일 미국 상원이 부정선거 규탄 결의안을 통과시킴으로써 미국마저 등을 돌렸음을 공식화했다.

수많은 시민들이 항의 시위를 벌이는 가운데, 엔릴레 국방장관이 마르코스 하야를 요구하고 일부 군대가 시위대에 합류하면서 사태는 돌이킬 수 없게 되었다. 마르코스는 25일 대통령에 취임했지만, 코라손 후보도 따로 시민들과 대통령 취임식을 했다. 급기야 미국은 하야를 요구했고, 마르코스는 그날 밤 미국으로 망명하였다.

아시아 민주주의의 한계

마르코스 20년 독재의 몰락은 미국이 아무리 정권을 지지해 주어도 시민의 반발이 거세면 결국 정권은 무너질 수밖에 없다는 교훈을 남겼다. 이는 미국과 기득권층의 지지를 받는 정권에 대한 경고였고, 비단 아시아뿐만 아니라 소련의 지지를 등에 업은 사회주의권 독재국가도 마찬가지였다. 그런 의미에서 '피플 파워'는 90년대 사회주의 독재국가의 몰락에도 영향을 미쳤다고 볼 수 있다.

1986년 2월 26일, 부정선거를 저지른 마르코스 일가가 미국으로 망명했다는 뉴스 보도가 나온 뒤 대통령 관저인 말라카낭 궁 앞에 모여 환호하는 필리핀 시민들. 마르코스의 부인이 바로 '3천 켤레 구두'의 주인공 이멜다이다.

아쉬운 것은, 대부분의 아시아 국가들이 제대로 된 민주화를 이루지 못했다는 점이다. 필리핀과 타이는 쿠데타와 시위 사태의 악순환에 빠졌고, 미얀마 역시 아직 민주주의는 요원하다. 중국 등 공산권 국가들은 일당독재 문제를 안고 있다. 기득권 문제를 민주적으로 해결하지 못하여 국민의 정치적·경제적 소외가 지속되고 있다.

필리핀의 아키노 집안 역시 대토지 소유라는 기득권을 포기하지 못해 개혁에 실패하고 정국이 혼란에 빠졌다. 21세기 아시아 민주주의가 해결해야 할 핵심 과제이다.

199

탱크가 짓밟은 민주

텐안먼 사건

1989

교과서 속 한 줄 역사 마오쩌둥이 사망한 후 덩샤오핑이 다시 권력을 장악하였다. 덩샤오핑은 실용주의 노선을 채택하고 농업, 공업, 국방, 과학 기술 분야의 현대화와 개혁, 개방정책을 시행하였다. 그러나 개혁개방정책의 부작용으로 관료 체제의 부정부패가 심화되면서 학생, 지식인을 중심으로 민주개혁을 요구하는 움직임이 일어났다. 보수파 세력은 이를 무력 진압하였다.

　2011년 중국 상하이의 한 고등학교를 방문한 적이 있다. 그때 복도에 전시된 학생들의 미술 작품 중 마오쩌둥의 초상화가 걸려 있는 것을 보았다. 고등학교 학생이 과거 공산당 지도자의 초상화를 그리다니? 의아해하는 나에게 가이드가 말했다.

　"중국인들은 마오를 좋아한다. 그가 현대 중국을 만들었기 때문이다. 마오 이전에는 중국인들이 모여도 서로 말이 달라 통하지 않았지만, 이제는 다 통한다. '중국'이라는 동질성을 만든 지도자가 마오다. 그래서 공산당은 싫어해도 마오는 좋아한다."

　어쩌면 중국의 '마지막 황제'였을 마오쩌둥은 1976년 사망했다. 그가 독재자이건 문화대혁명의 원흉이건 간에 어쨌든 마오는 중국인들에게 절대적인 지도자였다. 그의 사후 중국이 엄청난 변화를 겪는 것은 불가피했다.

실용주의의 대표 주자 덩샤오핑

70년대 마오가 병약해지면서 이른바 4인방(마오의 부인 장칭, 왕훙원, 장춘차오, 야오원위안)이 권력을 장악했다. 이들은 전통적인 공산당의 지배 방식을 고집했다. 그런데 1976년 마오가 죽고 수상에 오른 화궈펑이 예상을 깨고 이들 4인방을 숙청하였다. 과격한 급진 정책으로 지지를 받지 못하던 4인방은 너무 쉽게 권력을 잃고 자살하거나 감옥에서 생을 마감하였다.

화궈펑의 뒤를 이어 권력을 잡고 중국을 개혁개방으로 이끌어 오늘날의 중국을 만든 이는 덩샤오핑이다. 1904년 농민의 아들로 태어나 프랑스와 소련으로 유학*을 가서 공산주의 사상을 배운 덩샤오핑은, 홍군으로서 베트남 접경지대의 7군에서 활약하면서 에드거 스노에게 "프랑스 전투기를 격추시켰다."고 자랑하기도 했다.

장시 소비에트(평의회)와 대장정 당시 마오의 가장 열렬한 지지자 중 한 사람이었던 덩샤오핑은, 항일전쟁과 마지막 국공내전에서 주요 부대의 정치위원으로 활동했다. 1954년에는 부수상에 올라 마오쩌둥, 저우언라이에 이어 서열 3, 4위의 지도자가 되었다. 50년

---

* 1920년 전후 일하며 공부하자는 취지의 '근공검학勤工儉學' 계획에 따라 중국의 젊은 학생들이 프랑스 등지로 유학을 가서 새로운 사상을 배웠다. 이때 유학을 다녀온 공산주의자들이 훗날 공산당 지도부를 이루었다. 주요 인물들로 저우언라이와 그의 아내 덩잉차오, 덩샤오핑, 녜룽전, 리리싼 등이 있다.

대 말 대약진운동 실패 이후에는 저우언라이와 함께 이를 수습하는 실용주의 정책의 핵심 인물로 활약했다.

하지만 덩샤오핑은 1966년부터 마오가 주도한 문화대혁명의 희생자가 되었다. 그는 공직에서 쫓겨났고, 그의 아들은 홍위병에 쫓기다 불구가 되었다. 문화대혁명이 수습되고 1973년에 복귀했으나 곧 4인방에 의해 해임 당했다. 그는 여러 차례 숙청당했으나 그때마다 곧 복귀하여 '부도옹不倒翁'(오뚜기)이라는 별명을 얻었다. 그는 실용주의의 대표주자이자 생명력 그 자체였다.

민주주의 없는 경제성장이 야기한 갈등

마오쩌둥 사후 화궈펑과의 권력투쟁 끝에 1981년 권력을 잡은 덩샤오핑은 자오쯔양과 후야오방 등을 등용하여 4대 현대화 노선(농업, 공업, 과학, 기술 현대화)과 4대 기본 노선(사회주의, 프롤레타리아 독재, 마르크스 – 레닌주의, 마오 사상)을 추진하였다. 이는 곧 중국식 사회주의의 '현대화'를 의미했다.

덩샤오핑은 이를 위해 시장경제 도입과 대외 개방을 통하여 외국 자본을 유치했다. 대표적인 사업이 경제특구 건설이다. 특히 광저우 근처의 선전 경제특구는 성공 모델이 되었다. 작은 항구도시에 지나지 않던 선전(심천)은 홍콩 및 동남아와 본토를 연결하는 전자 · 화학 등 제조업 중심 도시이자, 주변 농촌과의 연계로 각종 농업이 발전한 인구 1천만이 넘는 대도시로 성장하였다. 하이난, 샤먼, 푸저우 등의 경제특구도 화교 자본을 비롯한 해외 자본 유입으로 비약적으로 발전하며 중국의 경제성장을 이끌었다.

하지만 민주주의가 결여된 경제성장은 곧 사회적 갈등을 야기했다. 특히 당 독재와 당 간부들의 부의 독점 및 부패가 지식인들과 민중들의 분노를 샀다. 이 과정에서 비판적 지식인을 옹호해 왔던 후야오방이 죽자, 그의 장례식날인 1989년 4월 이후 시위가 일어나기 시작했다. 수많은 학생과 지식인들이 베이징의 톈안먼(천안문天安門) 앞에 모여 민주주의를 요구하는 집회를 열었다. 5월이 되면서 시위 참가자가 수십만으로 늘어나고 지방 대도시로 확산되었다.

톈안먼 이후, 자본의 질주

마침내 중국 정부는 5월 20일 계엄을 선포하고 군대로 시위대를 포위했다. 하지만 집회와 시위는 누그러지지 않았다. 수많은 사람들이 톈안먼 광장에서 노숙하며 항의 시위를 벌였다.

1989년 4월 15일, 문화대혁명의 오류를 지적했던 공산당 중앙서기처 총서기 후야오방의 사망이 톈안먼 시위의 도화선이 되었다. 그 다음 날부터 애도 시위가 이어져 한 달 후 계엄령이 내려졌고, 다시 보름 후인 6월 4일 계엄군의 탱크가 천안문 광장에 진입했다.

마침내 6월 4일 아침, 군대가 탱크를 앞세우고 시위대를 무력 진압했다. 중국 정부는 군인 포함 241명이 사망했다고 발표했지만 이 발표를 믿는 사람은 없었다. 서방 언론은 사망자 수가 최소 500명에서 최고 1만여 명에 이를 것으로 추측하였다.

톈안먼 사태로 덩샤오핑과 자오쯔양이 물러나고, 장쩌민 등 강경파가 집권하면서 중국의 개혁개방은 주춤하는 듯 보였다. 하지만 세계 인구의 20퍼센트를 차지하는 중국의 개혁개방은 세계적 요구였다. 1992년 여전히 중국 정계의 최고 실권자로 군림하던 덩샤오핑은 경제 개방의 심장인 광둥 지역을 도는 '남순강화南巡讲话'를 통해 개혁개방을 역설했고, 정치적 긴장 속에서도 다시금 중국의 경제성장은 가속화되었다.

1997년 '작은 거인' 덩샤오핑이 죽었다. 많은 이들이 덩샤오핑 사후 중국의 미래를 걱정했지만, 중국의 자본주의경제는 브레이크가 파열된 자동차처럼 계속 질주할 뿐이었다. 중국은 사회주의의 강국을 넘어 자본주의의 초강대국으로 나아가고 있다.

200

레이거노믹스와 대처리즘

서구 보수정권

 1980년대

교과서 속 한 줄 역사 레이건 대통령은 신보수주의 시대를 열어 가면서 레이거노믹스에 입각한 경제정책을 펼쳤다.

영화 〈백 투 더 퓨처Back To The Future〉(1985)는 주인공 마티가 괴짜 발명가 브라운 박사의 타임머신을 타고 과거로 갔다가 우여곡절 끝에 다시 현재로 돌아오는 내용을 담고 있다. 마티가 1955년의 브라운 박사에게 도움을 요청하자 박사는 미래에서 왔다는 말을 믿지 않으면서 "1985년의 대통령이 누구야?"라고 묻는다. 마티가 "레이건"이라고 대답하자, 박사는 말도 안 되는 헛소리라고 한다.

그도 그럴 것이 1980년부터 1988년까지 미국 대통령으로 재임한 로널드 레이건은 1940~50년대 할리우드에서 B급 배우로 활동했던 인물이다. 몇몇 히트작이 있지만 당시 대표 배우인 그레고리 펙, 험프리 보가트, 존 웨인, 율 브리너 등에 비하면 비중이 떨어지는 외모형 배우였다. 그런 레이건이 대통령이 된다니 1955년의 브라운 박사로서는 얼토당토않다고 생각할 수밖에 없었다. 하지만 레이건은 정말 대통령이 되었고, 그가 재임하는 8년 동안 미국에서는 정말 영화 같은 일들이 벌어졌다.

불경기 위에 싹튼 보수주의

70년대 미국은 정치적으로 혼란스러웠고 경제 사정도 좋지 않았다. 1972년 반대파를 불법으로 도청한 '워터게이트 사건'으로 닉슨 대통령이 사임했고, 뒤를 이은 포드 대통령은 1차 오일쇼크(석유파동) 등 경제 혼란을 수습하지 못한 데다 베트남 패망까지 지켜봐야 했다. 1976년 취임한 카터 대통령도 이란의 '회교혁명'(1979년 2월 팔레비 왕조를 무너뜨리고 호메이니의 지도 하에 이슬람 정치체제를 수립한 혁명)과 뒤이은 미 대사관 직원 인질 사건 등 미국의 권위가 실추되는 사건을 막지 못했고, 2차 오일쇼크(1978) 등 세계적 불경기를 겪었다.

불경기와 국가의 위상 추락 속에서 미국은 보수주의가 강화되었다. 특히 교외 거주지에 모여 사는 중산층들의 배타적 성향이 이를 부채질했다. 그들은 학교에서 영어 이외의 언어를 가르치는 등의 다원적이고 포용적인 정책들을 미국적 가치의 포기로 받아들였다. 빌리 그레이엄 같은 복음주의 목사들도 보수주의 강화에 앞장섰다. 이들은 남녀평등이 전통적 가족 가치를 무너뜨린다며 학교에서 예배를 드리고 창조론을 배워야 한다고 주장했다.

보수주의자들은 정치적으로 정부 규제 철폐, 경제적으로 세금 감면을 원했다. 보수주의 싱크탱크think tank(두뇌 집단)에서 이를 이론으로 정립하면서, 과거 개혁과 진보의 터전이던 지식 사회에 보수의 자리가 생겨났다. 특히 80년대 사회주의에서 전향한 '뉴라이트new right'들이 큰 활약을 펼쳤다.

레이건 정부의 이상한 경제정책

로널드 레이건은 이런 배경 속에서 1980년 공화당 후보로 대선에 출마했다. 그는 배우로 활동하며 쌓은 친근하고 매력적인 이미지와 세금 감면과 규제 완화라는 보수의 주장을 내세워 민주당의 카터 대통령을 압도적 표차로 꺾고 당선되었다. 그리고 당선되자마자 엄청난 세금 감면 정책을 토대로 한 경제정책, 이른바 '레이거노믹스'를 추진했다.

8년 동안 레이건은 모순된 정책을 시행했다. 세금을 대폭 감면하고 기업 규제를 완화하는 동시에 노인들을 위한 복지 예산과 무엇보다 국방 예산을 크게 늘렸다. 미국 정부의 재정 적자는 당연히 심각한 수준으로 누적되었다. 재정 적자 문제를 해결해야 한다는 요구가 이어졌지만, 레이건과 보수주의자들은 이를 회피했을 뿐만 아니라 오히려 각종 예산 균형 법안을 폐기하려고 했다.

대외적으로는 강력한 미국을 표방하고, 특히 남미에 많은 간섭을 했다. 카리브 해의 작은 섬나라 그레나다에 좌파 정부가 당선되자 침공하여 정권을 전복하고 친미 정부를 세웠으며, 엘살바도르 독재정권에 저항하는 좌익 게릴라 소탕을 적극 지원하고, 니카라과에 좌익 정권이 수립되자 이에 저항하는 반군 세력에 자금을 지원했다. 이외에도 리비아를 폭격하는 등 제한적이지만 군사적 침공도 여러 차례 단행했다.

친기업적 보수 정치, 대처리즘

같은 시기 영국과 독일(서독)에도 레이건 정부와 같은 강경 보수 정권이 등장했다. 영국에서는 1980년 보수당이 집권하여 마거릿 대처가 첫 여성 총리로 선출되었다. 강경 보수파 출신인 대처 수상은 노조를 탄압하고 세금을 감면하는 등 친기업적 정책을 취했고, 대외적으로 남미의 영국령인 포클랜드 제도를 아르헨티나가 공격하자 대규모 군대를 파견하여 탈환했다.

포클랜드 전투는 영국 군함이 격침당하는 등 피해가 적지 않았고, 경제적으로도 실효가 없어 내부에서 반대가 많았다. 하지만 대처는 대영제국의 자존심을 내세우며 전쟁을 강행했고, 결국 승리하여 큰 인기를 얻었다. 이러한 일련의 보수 정책을 일컬어 '대처리즘'이라고 부른다.

레이거노믹스와 대처리즘으로 대변되는 80년대 서구의 보수 정권은, 국민적 지지 속에 강대국으로의 위상 회복을 추구했으나 재정 적자와 빈부 격차의 고통을 겪었다. 그리고 모두 90년대 중반 경제 악화로 인해 각각 민주당과 노동당에 정권을 넘겨주었다. 레이건과 대처에 대한 역사적 평가는 극과 극을 달리며, 90년대 이후 미국과 영국의 정치적 갈등이 격화되는 계기로 작용했다.

독일의 한 시사평론가는 레이건을 카우보이로, 대처를 서커스단 조련사로 묘사하였다. 용감하고 화려하지만 무모해 보인다는 점에서 썩 재미있는 비유인 듯싶다.

201

본 인 더 유에스에이

미국문화

1980년대

교과서 속 한 줄 역사 프랑스에 이어 베트남 남부를 차지한 미국은 사회주의 체제의 확산을 우려하여 남북 베트남 간의 통일전쟁에 개입하였으나 닉슨 독트린을 바탕으로 철수하였다. 북부 베트남민주공화국 주도로 베트남이 통일되었다.

　빈민가에서 불우하게 사는 3류 복서 록키가 세계 헤비급 챔피언의 방어전 상대자로 지목된다. 비록 챔피언을 위한 이벤트이지만 파이트 머니를 얻고자 도전한 록키는 훈련에 집중하여 타고난 기량을 되찾는다. 마침내 결전의 날, 록키는 쓰러지고 피투성이가 되면서도 거칠게 챔피언을 몰아붙이고 1회 KO패 할 거란 예상을 뒤엎고 15회까지 끈질기게 버틴다. 스타 탄생의 순간, 록키는 그저 사랑하는 여인만을 애타게 찾을 뿐이다.

　실베스터 스탤론 주연의 영화 〈록키〉(1976)의 줄거리다. 베트남전이 끝난 직후 만들어진 이 영화는 절망에 빠진 미국인들의 가슴에 잊고 있던 '아메리칸 드림'을 일깨워 주었다.

성조기를 두른 '록키'

80년대 미국에서는 레이건 대통령의 '강한 미국'에 호응하여 애국심을 고취하는 노래와 영화가 잇달아 발표되었다. 1985년 개봉한 〈록키 4〉는 소련 복서가 미국 복싱계를 위협하자, 록키가 모스크바에 가서 그를 쓰러뜨리는 내용이다. 이 영화에서 경기에 앞서 제임스 브라운이 부른 노래 〈리빙 인 아메리카Living In America〉는 미국 음악 차트 상위에 오르며 큰 인기를 얻었다.

〈록키〉 시리즈의 주연 실베스터 스탤론은 강한 미국의 상징이었다. 그의 또 다른 대표작 '람보 시리즈'에서도 그는 혈혈단신으로 베트남 군대를 격파하고(〈람보 2〉), 소련이 침공한 아프가니스탄에서도 혼자 소련군을 박살낸다(〈람보 3〉).

80년대 미국 영화계는 애국을 주제로 한 액션영화가 주도했고, 미국의 모순과 비리를 고발하는 영화들은 상대적으로 침체했다. 70년대 베트남전을 다룬 〈지옥의 묵시록〉(1979), 범죄와 정치의 야합을 폭로한 〈대부〉(1972), 미국 지식인을 풍자한 우디 앨런 감독의 〈맨해튼〉(1979) 같은 작품은 80년대에는 그리 큰 인기를 끌지 못했다.

그럼에도 문제작들은 꾸준히 만들어졌다. 미국의 남미 독재 정권 지원을 고발한 〈살바도르〉(1986), 올리버 스톤 감독의 베트남전 3부작, 군대의 생리를 고발한 스탠리 큐브릭 감독의 〈풀 메탈 자켓〉(1987), 여성주의 영화 〈바그다드 카페〉(1987), 〈피고인〉(1988) 등이 화제를 모았다. 유명한 스티븐 스필버그 감독이 인종 문제를 다룬 〈칼라 퍼플〉(1985)도 논란이 많았지만 꽤 괜찮은 평가를 받았다.

마이클 잭슨과 마돈나가 이끈 미국문화 전성기

가요계는 더욱 심한 부침을 겪었다. 1979년 존 레논 피살은 일종의 상징 같은 사건이었다. 80년대에는 비판적 노래가 힘을 발휘하지 못했고, 보수의 패러다임이 주를 이루었다. 보수가 표방한 노래의 주제는 '사랑과 평화'였다. 이를 대표하는 가수가 마이클 잭슨이다.

그는 〈비트 잇Beat It〉 뮤직비디오에서 갱들을 노래와 춤으로 화해시키고, 〈힐 더 월드Heal The World〉로 세상의 갈등을 치유하려 했다. 일찍이 폴 매카트니와 함께 부른 〈더 걸 이즈 마인The Girl Is Mine〉에서 폴이 사랑하는 여자를 위해 싸우자고 하자 나는 싸움꾼이 아니라는 가사를 넣었던 마이클 잭슨은, 인종과 이념으로 인한 갈등이 종식되어야 한다는 원칙을 아름다운 선율과 목소리에 담아냈다.

노동자의 가수라는 애칭을 받은 브루스 스프링스틴은 〈본 인 더 유에스에이Born In the USA〉에서 변절했다는 소리를 들을 정도로 강한 미국에 대한 애정(다른 해석도 있지만)을 표현했고, 60년대 대표적 저항가수였던 밥 딜런은 미국 농민을 위한 연합 콘서트 '팜 에이드Farm Aid'를 주최하기도 했다.

이에 대한 저항은 의외의 곳에서 표출되었다. 80년대 보수가 강조하는 전통적인 가족 가치에 맞서는 노래를 들고 나온 대표적 가수가 마돈나이다. 그녀는 처녀처럼 연기하면 된다(〈라이크 어 버진Like A Virgin〉)며 프리섹스를 옹호하고, 아버지의 잔소리를 뿌리치라고 선동했다(〈파파 돈 프리치Papa Don't Preach). 그녀가 자유를 주장하는 노래를 부르며 십자가 목걸이를 장신구로 택하자 교회에서 들고일어나기도 했다.

80년대 미국은 MTV의 출현과 함께 화려한 뮤직비디오가 흥행을 주도했고, 덕분에 볼거리를 많이 보여 주는 댄스 가수들이 큰 성공을 거두었다. 전체 음반 시장이 확대되면서 다양한 가수들이 팝의 전성기를 주도했

마돈나의 〈라이크 어 버진〉 재킷.

다. 80년대에는 영화보다 음악이 미국의 거울 역할을 톡톡히 해냈으며, 이러한 80년대 영미 팝의 힘과 다양성은 다른 세계의 음악을 압도하였다. 80년대 후반 소련 등 동유럽에서 열린 대규모 팝 콘서트는 사회주의를 문화적으로 무너뜨리는 데 크게 기여하였다.

◈ 라이브 에이드

1985년 7월 13일, 아프리카의 심각한 기아 사태를 극복하자는 취지로 영국과 미국의 대표 가수들이 참여하는 24시간 연속 콘서트 '라이브 에이드Live Aid'가 영국과 미국에서 동시에 열렸다. 16만 명의 관객을 동원하고, 전 세계에서 15억 명이 시청한 80년대 최대 규모의 공연이었다.

기아 문제를 정면에서 다루지 못하고 핵심 원인을 얼버무렸다는 정치적 비판을 받았지만, 콘서트 주최자인 밥 겔도프가 노벨평화상 후보에 오르고 영국 명예기사 작위를 받을 정도로 큰 반향을 일으켰다.

'라이브 에이드'는 영국과 미국의 가수들이 모여 만든 아프리카 난민 돕기 프로젝트 음반에서 시작되었다. 영국에서 먼저 '밴드 에이드'를 만들고 〈두 데이 노우 잇츠 크리스마스Do They Know it's Christmas〉라는 노래를 발표하자, 미국의 마이클 잭슨 등 유명 가수들이 모여 'USA for Africa'를 만들고 〈위 아 더 월드We are the World〉를 발표했다. 이 노래는 지금도 평등과 평화를 기원하는 노래로 널리 애창되고 있다.

202

'55년 체제' 무너뜨린 안일함

리쿠르트 스캔들

1988

> **교과서 속 한 줄 역사** 1995년 세계무역기구(WTO) 결성과 자유무역협정(FTA) 체결 이후 치열해진 경제전쟁 속에서 세계 각국은 생존을 위해 경쟁하고 있다.

1993년 8월 9일, 일본 신당 대표 호소가와 모리히로 수상을 수반으로 하는 비非자민당 연립 정권(사회당, 일본 신당, 신생당, 공명당, 사키가케 등 8개 당파 연합)이 출범하였다. 이로써 38년 만에 '55년 체제'가 종언을 고하고 자민당 1당 지배 체제가 붕괴하였다.

록히드에서 리쿠르트까지, 부패한 '고인 물'

보수대연합으로 결성된 거대 여당과 온건 좌파를 표방하는 사회주의 정당은 1955년 이후 38년 동안 적절히 서로를 견제하며 각자의 울타리 속에서 안락하게 지냈다. 거대 여당 자민당은 의회와 정부(내각)를 독점한 채 전후 경제성장을 주도하고, 그 결실을 바탕으로 여당으로서 굳건히 자리했다. 사회당은 1960년 안보투쟁, 70년대 노동·학생운동 등을 배경으로 일본의 진보적 가치를 대변하며 자신의 영역을 확고히 하였다.

　하지만 오랜 정치적 균형과 안정은 정치인들의 안일함과 부패를 불러왔다. 사회당 당수 도이 다카코 의원이 12선 의원일 정도로 자민당이나 사회당 모두 자기 지역구에서 출마하면 종신토록 당선되었으며, 지역구를 세습하여 2세 의원, 3세 의원이 나올 정도였다. 자민당 간판이나 사회당 간판을 달고 나와 한번 당선되면 유권자들이 기계적으로 계속 찍어 준 것이다. 그러다 보니 정치인들은 국민보다는 재벌 등 경제계와의 관계를 중시했고, 이 과정에서 검은 돈들이 숱하게 오갔다.

　자민당의 부정부패를 단적으로 드러낸 사건이 1976년 '록히드 사건'이다. 당시 수상인 다나카 가쿠에이 등 일본의 주요 정치 및 경제계 인사들이 록히드 사로부터 항공기 구입 관련 로비 자금을 받은 것이 드러난 것이다. 다나카 수상은 5억 엔을 받은 혐의로 구속된 후 거액의 보석금을 내고 풀려났다. 이 사건은 관련자들의 철저한 혐의 부정과 정권과 결탁한 검찰의 부실한 수사 등으로 진상이 명확히 밝혀지지 않은 채 묻혔다. 요시나가 유스케 특수부 검사의 노력으로 일부 진실이 드러났을 뿐이다.

　그로부터 10여 년 뒤인 1988년 '리쿠르트 사건'이 터졌다. 리쿠르트의 계열사인 코스모스 사에서 자사의 미공개 주식을 정계, 공무원, 경제계 등의 관계자에게 나눠 준 사건으로, 주식공개 후 엄청난 수익을 낼 수 있으므로 사실상 어마어마한 액수의 뇌물을 건넨 것이었다. 이 사건으로 경제 장관인 대장대신이 사임하는 등 큰 파장이 일었다.

1989년 일본 총선에서 '마돈나 선풍'을 일으키며 일본 정치사상 처음으로 여소야대 정국을 만든 도이 다카코 사회당 당수의 TV 광고.

리쿠르크 사건은 냉전의 해체로 존재 이유를 잃은 '55년 체제'에 직접적 타격을 가했다. 소련 등 공산주의의 위협이 사라진 상태에서 자유와 정의를 희생해 가며 보수 정권을 지지할 이유가 없어진 것이다.

1989년 총선에서 사회당이 승리를 거두면서 여소야대 정국이 이루어지고, 사회당 당수 도이 다카코가 유력한 정치인으로 등장했다. 그녀는 1993년 일본 최초 여성 중의원(일본은 중의원과 참의원의 양원제로, 이 중 중의원은 하원에 해당한다.) 의장에 선출되기도 했다.

사회당 – 민주당 거쳐 '도로 자민당'

어렵게 정권을 유지하던 자민당은, 1991년 일어난 걸프전 지원금 문제로 내부 분열이 심화되어 결국 당이 깨졌다. 자민당을 탈당한 세력과 사회당 및 새로운 야당들이 손을 잡고 1993년 총선에서 과반수 의석을 확보하여 호소카와 내각이 출범함으로써, 38년 만에 55년 체제가 무너지고 일본 정치의 새로운 장이 열리게 되었다.

1993년 이후 연립 정부는 다양한 스펙트럼의 정파들이 모여 만든 정파답게 상당한 진통을 겪었다. 내각은 1년을 유지하는 데 급급했고, 1994년 새로운 사회당 당수 무라야마 도미이치를 수상으로 하는 사회당 중심 연립 정권이 수립되기도 했지만 사회주의 붕괴 이후 정치 노선을 둘러싸고 사회당 역시 내부 진통을 심하게 겪었다. 사회당은 1996년 사회민주당으로 당명을 변경하며 쇄신을 꾀했으나, 총선에서 참패했다. 결국 같은 해, 하시모토 수상을 수반으로 하는 자민당 정권이 다시 수립되었다.

이후 1998년 민주당이 창당되면서 자민 – 민주 양당 체제가 수립되었고, 21세기 들어 민주당이 집권하였다. 하지만 오키나와 미군기지 문제가 불거져 미국과 관계가 불편해지고, 당 내에 민족주의적 분위기가 강화되면서 민주당은 보수와 진보 모두에게서 비판을 받았다. 결국 정치자금 스캔들 등으로 홍역을 치르고, 2012년 자민당의 아베 신조 총리가 취임하면서 자민당 정부가 다시 들어섰다.

아베 정권은 경제 불황을 타개하기 위해 일본의 재再무장 등 적극적 대외 정책을 추진하며 동아시아 사회 전체를 긴장으로 몰아넣고 있다.

일본에서는 1993년 총선 이후 지금까지 '55년 체제'와 같은 안정적인 정치체제가 등장하지는 않았지만, 새로운 정치 세력도 출현하지 못한 채 포퓰리즘이나 극우적 정치 행태가 나타나고 있다. 이는 '잃어버린 10년'과 '격차사회'로 대변되는 일본 경제 불황이 탈출구를 찾지 못하는 하나의 원인으로 꼽는다.

203

잃어버린 10년에서 20년으로

일본 버블경제 붕괴

1990년대

교과서 속 한 줄 역사 1991년 버블경제 붕괴가 금융 위기로 이어지면서 일본 경제는 전후 최대 불황에 빠져들었다.

미야자키 하야오 감독의 〈센과 치히로의 행방불명〉(2001)은, 치히로가 부모와 함께 이사 갈 집을 찾아가다 이제는 문을 닫은 놀이 공원 터로 들어서며 이야기가 시작된다. 치히로의 부모는 주인 없는 가게에서 음식을 먹다 돼지로 변하고, 치히로는 도깨비와 귀신이 들끓는 세계에서 온갖 모험을 겪으며 부모를 구하려 분투한다.

버블경제Bubble Economy 붕괴로 무너져 가는 일본 경제가 새로운 판타지로 재창조되는 순간이다.

유사 이래 최대의 호황 '진무 경기'

제2차 세계대전 당시 원자폭탄 투하와 1년 가까이 이어진 공습으로 일본 본토의 도시와 공업 시설은 완전히 파괴되었다. 재기 불능 상태에 놓인 일본 경제를 살린 것은 중국 공산화와 한국전쟁이었다.

1949년 중국이 공산화되자 미국은 아시아의 전략 파트너를 중국에서 일본으로 전환하며 적극적인 지원을 시작했고, 이어 한국전쟁이 일어나자 일본과 대만에 군수공장을 세우고 전쟁물자를 생산했다. 이미 상당한 수준의 자본주의와 산업화를 경험한 일본인들은 기회를 놓치지 않고 적극적으로 경제 재건에 나섰다.

1950년대 일본의 경제성장을 일컬어 '진무 경기'라 한다. 일본 초대 천황 진무의 이름을 붙인 것으로, 유사 이래 최대의 호황이란 뜻이다. 이어 1960년대까지 일본은 '이와토岩戸 경기', '올림픽 경기' 등 여러 이름의 호황을 누리며 엄청난 경제성장을 이룩했다.

이와 함께 대중들의 소비문화도 발전하여 50년대에 '3종 신기新器'(흑백텔레비전, 세탁기, 냉장고), 60년대 '3C'(컬러텔레비전, 에어컨, 승용차)가 유행하면서 일본인들의 생활수준은 선진국 수준으로 높아졌다. 텔레비전으로 올림픽 경기와 황실 결혼식을 보고, '마이 카'를 타고 고속도로를 달리며, 주간지와 만화를 읽으며 여가를 즐겼다.

70년대에는 일본 음악시장이 미국에 이어 세계 두 번째로 커지면서 '아바', '퀸' 등 영미 팝 가수들의 일본 공연이 줄을 이었다. '둘리스', '아라베스크' 등 일본에서만 인기를 끈 영미 팝가수들을 일컫는 '재팬 팝'이라는 말까지 등장했다.

대기업 중심의 위태로운 저성장

그러나 최고의 호황을 누리던 70년대부터 조금씩 일본 경제의 그늘이 드러나기 시작했다. 70년대 다나카 수상이 추진한 일본 열도 개조론에 따라 인구 분산 정책이 추진되면서, 대규모 토목공사가 진행되고 부동산 경기가 폭등했다. 부동산 투기와 주식 투기는 자본의 건전성을 해쳤고, 때마침 밀어닥친 오일 쇼크로 일본은 전후 최초로 마이너스 성장을 기록했다.

일본은 국가의 전면적인 경기 쇄신과 감량 경영으로 재빨리 불황에서 탈출했다. 이 과정에서 노동운동이 몰락하고, 서민들의 정치의식도 보수화되었다. 또, 지나친 대기업 중심 경제체제 속에서 복지제도 발전이 저해되어 경제수준에 비해 국민들의 생활수준이 떨어지는 '생활소국', '저성장'의 시대로 접어들었다.

일본 번영의 상징 '신칸센'. 일본 고속철도 이름이다. 1964년 10월 도카이도 신칸센을 필두로, 이후 전국적으로 노선이 확장 개통되었다.

1980년대 엔화 가치 상승으로 일본 경제는 일시적으로 호황을 맞이했다. 리들리 스콧 감독의 영화 〈블레이드 러너〉(1982)와 마이클 크라이튼의 소설 《라이징 선Rising Sun》 등 미국의 많은 영화와 소설들이 21세기를 일본의 시대로 예측할 만큼, 일본 경제성장은 서구 세계를 위협할 만큼 대단했다. 미국 대선에서 민주당 후보가 "인베이전 아시아Invasion Asia"를 외칠 정도로 위기감이 팽배해졌다. 이는 일본 수출에 적신호였다. 여기에다 90년대 냉전 해체와 신자유주의 무역 질서는 일본 경제의 허점을 파고들었다.

장기 불황이 가져온 '격차사회'
일본 경제는 80년대 과도한 부동산 투기와 주식 투자로 엄청난 '거품'에 싸여 있었다. 거품이란 실물경제와 상관없이 부풀려진 돈을 뜻한다. 즉, 100원짜리 물건이 150원에 시장에서 매매되는 셈이다. 그러다 거품이 터져 버리면? 일본 경제는 1991년부터 '잃어버린 10년'이라 일컬어지는 깊은 불황의 늪으로 빠져 들어갔다.

도쿄의 10억 엔짜리 아파트가 3억 엔으로 떨어지고, 주가가 폭락하여 기업과 금융사가 파산하는 등 유례없는 불황이 일본을 덮쳤다. 수많은 중산층이 앉은 채로 그동안 모은 돈이 허공으로 날아가는 것을 목격했다. 직장이 사라져 실업자가 되고 부동산을 사기 위해 대출받은 돈 때문에 빚더미에 앉았다. 파산한 대출자가 돈을 못 갚아 은행이 도산하고, 은행이 대출금 회수를 위해 기업을 압박하면서 기업이 도산하는 식이었다. 실업자가 늘어나면서 소비가 위축되고, 자영업자도 함께 도산하는 악순환의 고리가 이어졌다.

'55년 체제'의 종말과 함께 온 장기 불황은 일본인들에게 좀처럼 희망을 주지 않았다. '잃어버린 10년' 이후 일본은 중국에 세계경제 2위의 자리를 내주었으며, 양극화가 더욱 심화되어 '격차사회'가 고착되었다. 근검절약으로 유명한 일본인들이지만, 저축을 한 푼도 하지 못하는 무저축 세대가 전체 가구의 4분의 1까지 늘어났다.

물론 지금도 일본은 세계 3위의 경제 대국이다. 하지만 쉽게 끝나지 않는 불황으로 일본인들의 생활수준은 여러 부분에 빨간불이 켜져 있다. 2012년부터 아베 총리가 불황 탈출을 위한 '아베노믹스'를 추진하고 있지만, 전망은 회의적이다. 과연 일본 경제가 살아나 과거의 영광을 누릴 수 있을까?

204

'퍼 주기'로 이룬 통일

독일 통일

1990

교과서 속 한 줄 역사　동유럽 국가들의 민주화 움직임 속에서 헝가리가 오스트리아 국경 일대의 철조망을 제거하자, 20만 명 이상의 동독인들이 오스트리아를 거쳐 서독으로 탈출하였다. 이를 계기로 동독 내 공산당 일당독재를 비판하는 시위가 본격화되었고, 동서 베를린의 경계선과 '치욕의 벽'이 무너졌다. 그리고 동독이 독일 연방에 가입하는 형태로 독일 통일이 실현되었다.

　1985년 독일(서독) 수상 관저와 내무부 장관실에 근무하는 여자 비서 두 명이 동독으로 휴가를 떠나 돌아오지 않는 사건이 일어났다. 두 비서는 자신들이 서독 첩보국의 수사 대상이 됐다고 생각하고 동독으로 넘어간 것이다. 실제로 그들은 동독 정보부인 슈타지의 간첩이었다.

　동독 간첩이 정부 기관에서 활동해 왔고 그들이 자유롭게 침투·탈출한 사실이 알려지자, 서독 정계는 발칵 뒤집혔다. 하지만 서독 보수 정권 기민련(기독민주연합)의 헬무트 콜 총리는 동서독의 자유로운 교류를 보장한다는 입장을 굽히지 않았다. 그는 집권 내내 동독 퍼주기라는 비난을 받았지만(그는 동독에 2년간 총 19억 5천만 마르크의 차관을 제공했다.), 그 덕에 통일 독일의 초대 총리가 될 수 있었다.

동독 껴안은 동방정책

제2차 세계대전 종전 이후 연합국 관리 하에 놓인 독일은 1949년 동독과 서독으로 분단되었다. 서독의 첫 총선에서 기독민주당 등 우파가 '마셜 플랜' 등 미국의 지원에 힘입어 집권에 성공했고, 초대 총리로 아데나워가 선출되었다. 60년대까지 이어진 서독의 보수 정권은 동독과 외교 관계를 맺은 나라와의 단절을 선언한 '할슈타인 독트린'에 따라 동독과 일정한 거리를 두었다.

68혁명의 열기 이후 1969년 최초로 좌파 정부를 수립한 서독 사민당(사회민주당)의 빌리 브란트 총리는 접근을 통한 변화를 기치로 내걸고 '동방정책'을 추진하였다. 소련 등 동유럽 국가들과의 관계를 개선하고, 동독과 기본조약을 체결해 우호적인 관계를 맺었다. 이에 따라 동독과 무역이 이루어지고 동독 국민들의 삶을 진전시키는 노력이 시도되었다. 보수파들은 서독의 국익을 해칠 수 있다며 일부 정책에 반대했지만, 동방정책의 큰 틀에는 동의했다.

그러나 1974년 브란트 총리의 측근 중 한 명이 동독 간첩으로 밝혀지면서 브란트가 자진 사퇴했고, 뒤를 이어 총리에 취임한 슈미트 총리의 중도 좌파적 정책은 여러 난관에 부딪혔다. 바더-마인호프 그룹의 테러와 나토의 중거리 핵미사일 배치 계획에 반대하는 대중적 저항이 치안의 불안을 야기했고, 70년대의 세계적인 경기 불황도 문제였다. 결국 사민당 정권은 무너지고 기민련의 콜 총리가 취임하면서 보수 정권이 등장했다.

베를린 거리 점령한 동독 시위대

그러나 콜 총리는 기존의 동방정책을 그대로 계승했을 뿐만 아니라 더욱 강화했다. 콜 총리는 1983년과 1984년 각각 10억 마르크의 차관을 제공해 동독 경제의 파산을 막았고, 1987년 서독을 방문한 동독 공산당 지도자 에리히 호네커를 국가원수로서 환대함으로써 그들의 불안을 누그러뜨렸다.

1971년 호네커가 새로운 지도자가 된 뒤 동독도 서독과의 교류를 점점 강화하였다. 동독의 이미지는 서독과 교류할수록 개선되었고, 서독의 경제 지원으로 인민의 생활수준도 점차 나아졌다. 하지만 억압된 자유와 부족한 소비생활에 대한 불만은 여전했다.

1985년 소련의 새로운 지도자 고르바초프가 더 이상 동유럽 공산주의 정권을 무력으로 보호하지 않겠다고 선언하자, 그동안 소련 탱크에 대한 두려움으로 숨죽이고 있던 동유럽 국민들이 일어서기 시작했다. 동독 역시 1989년 봄부터 호네커에 반대하는 시위대가 거리로 나서기 시작했고, 10월 호네커의 퇴진에도 불구하고 11월 4일 자유를 주장하는 100만의 시위대가 베를린 거리를 가득 메웠다.

11월 9일 동독 정치국이 "외국으로의 사적인 여행은 어떤 특별한 조건을 충족하지 않고도 요구할 수 있다"는 애매한 결정을 발표했다. 흥분한 동독 청년들이 베를린 장벽을 넘기 시작했고, 일부 청년들이 망치 등으로 장벽을 파괴하기 시작했다.

"어쨌거나 통일은 해야 한다"

1990년 3월 동독에서 자유선거가 실시되었고, 마침내 8월에 통일

조약이 체결되었다. 그리
고 그해 12월 2일 독일
전역에서 총선이 실시되
어 콜 총리가 취임하면서
통일 독일 정권이 출범하
였다.

1990년 12월, 전 독일 총선거로 헬무트 콜 서독 총리가
통일 독일의 초대 총리로 선출되었다.

　사실 이미 80년대부터
동독인들에게 서독은 다른 나라가 아니었다. 그들이 어려울 때 도
와줄 정부는 소련도 동독도 아닌 서독 정부였고, 보수건 진보건 서
독 정치인들은 그런 마음을 심어 주는 행동을 했다.

　오늘날 독일의 흡수통일에 대한 평가를 놓고 여러 의견이 엇갈리
지만, 하나의 나라로 통일해야 한다는 대의만큼은 독일인 중 그 누
구도 부정하지 않는다. 이것이 외세에 의해 분단된 독일을 통일시킨
힘이고, 오늘날 분단된 나라에 살고 있는 우리에게 주는 교훈이다.

205

70년 레닌주의의 몰락

소련 붕괴

1991

교과서 속 한 줄 역사 1985년 소련 공산당 서기장이 된 고르바초프는 '페레스트로이카'와 '글라스노스트'를 추진하며 시장경제와 정치적 민주주의를 추진하였다. 이 속에서 소련 소속 공화국들에서 민족주의 운동이 일어나자, 러시아 공화국 대통령 옐친이 주도하여 공화국들이 소련을 탈퇴하고 독립국가연합을 결성하였다. 결국 고르바초프는 공산당 해체를 선언하였고, 소련은 붕괴하였다.

"미하일 고르바초프 대통령이 19일 실각하고 소련에 6개월간 비상사태가 선포되었다. 이와 함께 이날 모스크바 중심가에는 탱크와 장갑차들이 배치돼 시민들과 대치하는 등 소련 정세가 숨 가쁘게 돌아가고 있다. 겐나디 야나예프 부통령은 … 자신이 대통령직을 수행하게 됐다고 밝히고 … 고르바초프의 개혁은 막다른 길에 다다랐으며 … 사태의 정상화를 방해하는 정당, 공공 기관, 대중 활동은 모두 중지된다고 밝혔다." - 《한겨레신문》 1991년 8월 20일

1991년 8월 19일 소련 공산당이 고르바초프의 개혁에 반발해

쿠데타를 일으켰다는 소식이 전해졌을 때, 많은 사람들이 '결국 올 것이 왔군. 소련이 그렇게 쉽게 바뀔 리 없지.'라고 생각했다. 하지만 그것이 소련 공산주의의 마지막 몸부림이었다. 이틀 만에 실패로 끝난 쿠데타로 공산당은 몰락하고 소련은 해체되었다.

최고의 군사력, 최저의 생활수준

1964년 흐루쇼프가 실각한 이후, 후임 브레즈네프는 대내적으로는 스탈린주의를 강화하고 대외적으로는 냉전 완화를 위해 미국과의 대화에 적극 나섰다. 브레즈네프가 통치한 70년대까지 소련은 극단적인 비대칭 사회였다.

당시 소련은 정규군이 500만 명에 달하는 세계 최고 수준의 군사력을 유지하고 있었고, 우주 개발 기술 역시 미국을 압도했다. 미국은 곳곳에서 소련의 힘에 밀리는 듯했다. 하지만 소련 국민들의 생활수준은 나날이 악화되었고, 공산당 특권층('노멘클라투라')이 형성되면서 빈부 격차가 발생했다.

대외적으로는 친소적 경향의 국가 일부가 이탈하면서 영향력이 감소했다. 중동의 전략적 요충지인 아프가니스탄의 친소 정부가 이슬람 무장 세력에게 붕괴될 위험에 처하자 1979년 12월 군사적 개입을 했지만, 미국처럼 민족전쟁의 수렁에 빠지고 말았다.

1982년 브레즈네프 사후 집권한 안드로포프는 기력을 잃고 침체된 소련을 부활시키고자 젊은 지도자 그룹을 양성했다. 하지만 폴란드에서 노동자들이 노조를 조직하고(자유노조), 공산당에 대한 대중적 저항이 일어나면서 동유럽의 중심이 흔들리기 시작했다. 특히 자유노조를 지지하던 폴란드의 카를 보이티와 추기경이 교황으로 선출되면서(요한 바오로 2세) 국제 여론의 관심이 집중되어 소련 공산당은 부담스러운 상황에 놓였다. 헝가리, 체코 등 반소 저항의 경험이 있던 나라들도 카다르와 하벨 등의 지도자를 중심으로 개혁 조처를 점진적으로 강화해 갔다.

뒤늦은 개혁 · 개방정책

안드로포프가 2년 만에 죽고, 보수 강경파 체르넨코가 새로 지도자가 되었으나 그 역시 1년 만에 사망했다. 1985년 노회한 고참 세대의 뒤를 이어 54세의 고르바초프가 지도자가 되었다. 그는 소련의 전면적 개혁, '페레스트로이카'(개혁)와 '글라스노스트'(개방)를 추진했다. 부분적인 시장경제 외에 공산당 1당 독재 체제에 민주적 요소들을 도입하였으며, 대외적으로는 아프가니스탄에서 철군하고 동유럽 공산 정권에 대한 개입을 철회하였다.

하지만 고르바초프의 개혁은 늦은 감이 있었다. 경제가 좋아지기 전에 기존 경제정책에 대한 비판이 쏟아져 나왔고, 민주주의가 추진되기 전에 기존의 권위적 공포정치에 대한 폭로가 이어졌다. 공산당 특권층에 대한 분노가 범람하는 가운데 서투른 경제정책 때문에 암시장이 활개를 치고 서민들의 생활은 혼란에 빠졌다.

대외적으로는 분리 독립 움직임과 동유럽 공산 정권의 붕괴가 이어졌다. 제2차 세계대전 때 병합되었던 발트 3국(라트비아 · 에스토니아 · 리투아니아)이 1988년 독립을 주장했고, 1989년에는 베를린 장벽이 무너졌으며, 폴란드에는 자유노조 중심의 정부가 수립되었다.

체코는 하벨이 대통령이 되면서 공산 정권이 무너졌고, 루마니아의 공산 지도자 차우세스쿠 부부는 민주화 시위대에 체포되어 처형당했다.

옐친, 공산 정권 붕괴를 선언하다

1991년까지 동유럽 국가에서 공산 정권은 거의 대부분 무너지고 자유주의 정부나 개혁파 정부가 들어섰다. 이외에 소련의 서부 영토인 벨로루시, 우크라이나 등과 중앙아시아 영토의 카자흐스탄, 우즈베키스탄 등에서도 분리 독립 움직임이 일어났다.

동유럽 공산 정권의 붕괴로 소비에트 연방 자체가 해체될 위기에 직면하자, 소련 내 보수파들이 고르바초프를 몰아내고 공산당 독재를 강화하고자 1991년 8월 19일 충성스러운 일부 군대를 동원하여 쿠데타를 일으켰다. 하지만 쿠데타군은 곧 시민 시위대에 포위당했고, 모스크바 시장이자 개혁의 상징이었던 보리스 옐친이 쿠데타군 탱크에 뛰어올라가 군인들을 설득했다.

탱크 포신에 꽂힌 꽃. 1991년 8월 19일, 소련 보수파가 일으킨 쿠데타는 3일 만에 실패로 끝났다.

많은 군 장성들도 쿠데타에 반대하면서 보수파는 급속히 고립되었고, 오히려 정부 청사 건물에 갇힌 신세가 되었다. 마침내 청사 주위의 탱크가 오히려 그들에게 발포하면서 쿠데타는 실패로 돌아갔다.

고르바초프는 쿠데타 직후의 상황을 수습하려 했지만, 이미 민심은 옐친에게 넘어간 상태였다. 결국 옐친이 새로운 대통령으로 취임하고 공산 정권의 붕괴를 공식화함으로써, 1917년 이후 74년간 이어진 유럽 공산 정권은 막을 내렸다. 하지만 러시아는 그 후 분리 독립과 경제 및 군사력의 쇠퇴로 어려움을 겪으며 한동안 2류 국가로 시련을 겪는다.

◈ 화려한 등장, 초라한 퇴장

1961년 30세의 나이에 공산당에 입당한 보리스 옐친은, 80년대 급진 개혁을 주장하는 세력의 대변인 같은 존재로 활약했다. 고르바초프의 미지근한 개혁정책에 반발해 온 그는 1991년 쿠데타 때 지도자로 부상하였으며, 소련이 해체되고 여러 나라로 분열된 이후 러시아 대통령에 취임하여 러시아 자본주의의 발전을 이끌었다.

그러나 그의 친서방 정책과 경제에 대한 무지는 러시아 경제를 대혼란에 빠뜨렸다. 자본주의 전환 이후 발생한 이윤의 상당 부분을 옐친의 가족과 측근들이 독차지했고, 산업 침체와 인플레이션으로 서민들의 생활은 소련 시절보다 나아지지 않았다. 영토 내 여러 이민족들의 분리 독립 움직임 속에 체첸 독립전쟁이 일어났는데, 이 문제 역시 제대로 해결하지 못하여 오히려 소련 시절을 그리워하는 러시아 사람들이 늘어났다. 결국 강력한 러시아를 주장하는 푸틴이 집권하고 옐친은 건강상의 이유로 물러났다.

206

전 세계에 생중계된 전쟁

걸프전

1991

교과서 속 한 줄 역사 대중매체의 발전과 컴퓨터의 확산, 무선전화 및 인터넷의 활용은 21세기 사람들의 일상생활에 지대한 영향을 미치고 있다.

미국의 대표적 뉴스 전문 채널 CNN은 밤하늘에 쏟아지는 대공포와 폭격의 불빛, 공포에 질려 방공호에 대피해 있는 사람들, 그리고 폭격의 피해 상황을 실시간으로 전 세계에 전송했다.

소련 붕괴 이후 세계 유일의 초강대국이 된 미국이 일으킨 첫 전쟁 걸프전은, 새로운 세상의 도래를 알리는 신호탄 같았다.

부시 괴롭힌 재정 적자

80년대 이후 미국 대통령 선거는 획기적으로 발전한 대중매체의 영향으로 정책과 쟁점보다는 선거전 그 자체에 따라 승패가 좌우되는 경향이 나타났다. 집권 2기의 레이건 대통령은 엄청난 재정 적자와 무역 적자 등 경제적 무능에 여러 스캔들까지 겹쳐 고전을 면치 못했다. 스스로도 인정했듯 배우 출신의 탁월한 연기력이 아니었다면 더 큰 어려움을 겪었을 것이다.

이런 상황이다 보니 부통령 부시가 공화당 대통령 후보로 나선 1988년 대선에서 민주당의 승리는 자명한 듯 보였다. 하지만 선거전에서 부시는 민주당의 마이클 듀카키스 후보를 강력하게 비판하여 대통령 자질에 대한 의구심을 불러일으키는 데 성공했고, 결국 여유 있게 승리했다.

그러나 새로운 대통령 부시는 재정 적자 문제로 내내 고통 받았다. 그는 세금을 이전 수준으로 유지하겠다고 약속했지만 그것은 불가능했다. 그가 마지못해 내놓은 새로운 세금 제도에 대해 보수 세력조차 불만을 늘어놓았다. 재정 적자와 경제 불황의 해결책을 내놓지 못한다는 비판이 쏟아졌다. 경제적으로 부시 정권은 우유부단하고 무기력했다.

1989년부터 시작된 동유럽 공산주의의 붕괴로 대외 정책에 대해서는 큰 지지를 받았지만, 막강한 군사력 유지에 대한 회의도 광범위하게 일어났다. 핵을 포함한 군사력 감축 요구가 확산되는 가운데, 미국의 이익과 관련된 지역의 분쟁이 오히려 심해지면서 이런 요구는 복잡한 양상을 띠었다.

미국과 이라크를 갈라 놓은 '쿠웨이트 문제'

첫 시련은 파나마 운하를 둘러싼 갈등에서 시작되었다. 파나마의 마누엘 노리에가 대통령은 군사 쿠데타로 정권을 잡은 뒤 미국을 위해 쿠바 등 중남미 좌익 세력을 견제하는 역할을 하며 정권을 유지했다. 하지만 그가 미국을 상대로 한 마약 판매에 개입하는 등 각종 스캔들을 일으키자, 미국은 노리에가에 대한 지지를 철회하려 했다. 이에 노리에가가 파나마 운하 국유화를 추진하며 미국을 위협했다.

결국 1989년 미국은 파나마를 침공해 노리에가를 체포하고, 새로운 정권 수립을 지원하였다. 미국은 인구 200만 명이 넘는 파나마를 단 며칠 만에 장악함으로써 군사력을 과시했다.

그리고 곧이어 걸프전이 터졌다. 1980년 이후 이라크는 중동 지역에서 이집트와 함께 미국의 가장 중요한 우방이었다. 이라크의 독재자 후세인 대통령은 민주주의의 중요한 파트너라는 찬사를 받기도 했다. 하지만 이라크가 미국과 손을 잡은 데에는 몇 가지 속셈이 있었는데, 그중 하나가 쿠웨이트였다.

쿠웨이트는 과거 이라크의 한 지방이었다가 20세기 영국의 지배를 받은 뒤 그대로 독립했다. 후세인 대통령은 장차 쿠웨이트 병합을 미국에 승인받고자 했으나 뜻대로 이루어지지 않자, 1990년 전격적으로 쿠웨이트를 침공하여 점령해 버렸다.

미국은 이라크의 쿠웨이트 지배를 중동 평화와 미국의 이익에 대한 심각한 위협으로 받아들이고, 중동과 아시아·유럽 등의 국가들과 연합군(다국적군)을 구성했다.

마침내 1991년 1월 '사막

이라크에 쏟아지는 미 공군의 폭격. 1991년 1월 17일 개전하여 약 한 달 보름간 이어진 걸프전은 미국 뉴스 전문 채널 CNN이 생중계하여 '비디오 게임 전쟁'으로 불리기도 했다.

의 폭풍' 작전이 개시됐다. 3천 대 이상의 다국적군 전폭기가 쏟아
붓는 폭탄에, 70만 병력과 5천 대의 탱크를 자랑하던 이라크군은
저항다운 저항 한 번 해 보지 못하고 쿠웨이트에서 패주했다. 전쟁
은 겨우 6주 만에 후세인 대통령이 다국적군의 휴전 제안을 수용함
으로써 일방적으로 끝났다.

끊이지 않는 분쟁과 미국의 역할

1991년 이후 미국은 지역 분쟁 개입을 강화하였다. 1993년에는 소
말리아 내전으로 고통 받는 기아 난민들을 돕는다는 명분으로 소
말리아를 침공했다.('희망 회복 작전') 그 몇 년 뒤에는 발칸 반도의
분쟁에 개입하여 나토군과 함께 공습에 참가했다. 이 전쟁들은 미

◈ 흔들리는 실제와 허구의 경계, 〈블랙 호크 다운〉

1993년 소말리아에 투입된 미군이 유엔의 원조
식량을 가로채고 폭정을 일삼는 군벌 아이디드
를 제거하기 위해 작전을 수행하던 중, 수도 모가
디슈에서 민병대의 공격을 받아 19명이 전사하였
다. 이 사건으로 비난 여론에 직면한 클린턴 대통
령은 소말리아에서 미군을 철수하였다.

미국인들은 그들의 호의가 현지에서 공격당한 데 큰 충격을 받았다. 저널리스트 마크 바
우만이 이 사건을 다룬 책을 출판하였고, 2001년 리들리 스콧 감독이 이를 영화화했다.
이 영화는 카메라의 시점이 당시 보도되던 뉴스 영상의 시점, 즉 인공위성이나 정찰기
카메라의 시점을 취하고 있으며, 거칠게 흔들리는 핸드 헬드 기법(카메라를 들고 뛰며
찍는)으로 전투 장면을 촬영하여 현장감을 강화하였다. 따라서 영화를 보는 관객들은
마치 실제 사건을 지켜보는 듯한 기분을 느끼게 된다. 미디어를 통해 전쟁 과정을 생생
히 지켜보게 된 미국인들이 실제 전쟁에 오히려 무감각해진 상황, 현실과 허구의 경계
가 희미해진 상황을 역설적으로 보여 주는 영화이다.

디어를 통해 생중계되면서 세계적 관심사가 되었다. 그러나 미국의 지역 분쟁 개입은 그리 성공적이지 못했다. 큰 성과 없이 소말리아에서 철수했고, 발칸 분쟁 역시 해결되기까지 오랜 시간이 걸렸다.

반면 지역 분쟁 개입은 미국에 대한 과격 분자의 증오를 불러일으켰다. 80년대부터 해외 주둔 미군에 대한 테러가 잇달아 일어나며 많은 사상자가 발생했고, 2001년 9월 11일 뉴욕 국제무역센터 빌딩이 공격당하는 초유의 테러(9 · 11테러)가 발생해 3천 명이 넘는 사람이 숨졌다. 미국은 이에 대한 보복으로 아프가니스탄과 이라크를 침공하여 탈레반과 후세인 정권을 무너뜨리고 새로운 민주 정부를 수립함으로써 테러의 근원을 뿌리 뽑겠다고 했지만, 수많은 전사자와 전쟁의 악순환에 대한 회의 여론 속에서 비판을 받았다.

냉전 해체 이후 미국 유일의 초강대국 시대가 열렸지만, 평화는 오지 않고 미국은 분쟁의 소용돌이에서 오히려 진보와 보수 양측의 비판을 받는 신세가 되었다. 전 세계에서 끊이지 않고 일어나는 지역 분쟁은 미국의 힘과 역할에 대한 심각한 고민을 던지고 있으며, 이는 오늘날까지도 현재 진행형이다.

207

제3세계의 새로운 희망

룰라와 만델라

1994~2011

교과서 속 한 줄 역사 라틴아메리카에서 국가들 간의 지역 통합과 미국을 견제하려는 움직임이 나타나고 있다.

2010년 남아프리카공화국에서 제19회 월드컵이 열린 데 이어, 2014년에는 브라질에서 제20회 월드컵이 개최되었다. 남아공 월드컵은 아프리카 최초의 월드컵이었고, 브라질 월드컵은 80년대 정치적 혼란 이후 소외되었던 남미에서 1986년 멕시코 월드컵 이후 28년 만에 개최된 월드컵이었다.(그전에는 유럽과 남미가 번갈아 개최하였다.)

21세기 아프리카, 아메리카의 시대가 오는 것을 알리는 신호탄이 될 수 있을까?

포르투갈의 제2왕국으로 출발한 브라질

브라질은 1494년 '토르데시야스 조약'에 따라 포르투갈이 지배하기로 스페인 및 교황과 약속한 땅이었다. 그래서 포르투갈인이 아직 오지도 않았는데 서류상에는 이미 식민지가 되어 있었다. 이후에도 포르투갈이 아시아 경영에 집중하면서 브라질은 포르투갈의 관심 밖에 놓여 소수의 이주민이 광대한 땅을 임의로 나누어 지배하게 되었고, 그래서 처음부터 지방분권이 강했다. 이주민들은 거대한 농장의 주인이 되어 흑인 노예를 거느리고 사탕수수를 재배하며 부와 권력을 누렸다.

16세기 말 포르투갈이 스페인에 합병되면서 두 나라 사이에 경계가 없어지자, 브라질의 개척가들이 내륙 오지를 탐험하기 시작했다. 이때 엄청난 황금 광산이 개발되어 18세기까지 '황금시대'라 불리는 호황을 맞이했다. 포르투갈은 잠시 스페인의 지배에서 벗어났으나, 1807년 나폴레옹의 침략을 받아 왕실을 브라질로 이전하였다. 이로써 브라질은 자연스럽게 국가 체제를 갖추게 되었고, 나폴레옹 몰락 이후 포르투갈 왕실이 본토로 돌아가면서 돈 페드로 황태자가 브라질 왕으로 추대되며 왕국이 성립했다. 이처럼 브라질은 포르투갈의 분국과 같은 왕국으로 출발했으므로, 다른 남미 국가들과는 처음부터 다른 역사를 걸을 수밖에 없었다.

입헌군주제였던 브라질은 19세기 후반 쿠데타로 왕정을 폐지하고 공화정으로 전환했다. 커피와 목축업으로 경제적 번영을 누린 브라질이었지만, 19세기 말부터 산업화가 진행되어 농업이 위축되면서 사회적 갈등과 변화에 대한 욕구가 일어났다. 그러면서 초기 강렬했던 민족주의 성향은 약화되고, 다른 남미 국가들처럼 외국 자본의 투자처로 전락했다. 외형적으로 경제는 성장했지만, 내부적으로는 군사독재와 양극화로 모순이 심화되었다. 이때 브라질의 새로운 희망으로 등장한 사람이 초등학교 중퇴 학력의 룰라였다.

남미 좌파 정권의 모범, 룰라

1945년 가난한 농민의 아들로 태어나 초등학교도 마치지 못한 룰라는 저학력 단순노동자의 삶을 시작했다. 성실하게 일했지만 가난을 극복할 수 없었고, 산업재해로 손가락 하나를 잃은 데다 아내마저 유산 끝에 죽고 말았다. 그는 노동운동에 뛰어들어 1970년대 금속노조 위원장이 되었고, 이어 좌파 정당인 노동자당을 건설해 당 대표가 되었다.

1980년대 남미에는 칠레의 아옌데를 계승하여 선거를 통한 혁명을 노리는 좌파 정당과, 카스트로를 계승하여 무력 혁명을 노리는 좌파 세력이 공존했다. 룰라는 전자의 노선을 따라 현실 정치에 적극 참여했다. 1986년 하원의원에 당선되고 1989년부터 대통령 선거에 출마했지만, 좌파 정책과 좌파 내부의 분열로 매번 패배하였다.

1973년 칠레의 아옌데 정권이 쿠데타로 무너진 이후 선거보다 무력 투쟁을 선호하는 분위기여서, 멕시코의 무장투쟁 지도자 마르코스나 페루의 아비마엘 구즈만 같은 이들이 영웅 대접을 받았다. 또, 브라질 중산층이나 미국의 정치·경제인들은 브라질에 좌파 정권이 들어서면 국제적 고립과 경제적 몰락을 초래할 거라고 예상했다.

1998년 대선에서 아깝게 패한 룰라는 급진적 정책을 포기하고 중산층을 아우르며 미국을 안심시키는 내용의 정책을 추진했다. 좌파에서는 배신이라고 했지만, 현실 사회주의 몰락이 기정사실화되면서 유연한 사회주의가 대세로 떠오르던 시절이었다. 마침내 룰라는 2002년 대선에서 당선되었고, 2011년까지 10년의 재임 기간 동안 브라질과 남미 전체를 변화시켰다.

브라질 시골 마을 출신으로 2002년 브라질의 대통령이 된 룰라는 빈곤 퇴치를 제1 국정 과제로 내세웠다.

브라질은 경제성장률 7퍼센트 대의 고도성장을 바탕으로 농민 등 소외 계층에 대한 정책적 배려를 실행했다. 그러자 남미 전역에 좌파 정권 수립 바람이 불어, 엘살바도르부터 페루까지 남미의 많은 나라에서 무장투쟁이 중지되고 선거를 통해 좌파 정부가 수립되었다.

차베스의 좌익 독재 정권이 집권한 베네수엘라를 미국이 섣불리 공격하지 못한 데에도 브라질의 역할이 컸다. 현재 남미에서는 브라질을 중심으로 하는 온건한 방식의 남미연합 구상과 베네수엘라를 중심으로 하는 강경한 남미연방 구상이 논의되는 등, 19세기 초 볼리바르 이후 가장 활발하게 진보적 논의가 이루어지고 있다. 룰라 대통령은 최고의 지지율을 기록하면서 명예롭게 대통령 임기를 마치고 은퇴하였다.

지독한 인종정책 '아파르트헤이트'

남아프리카는 영국인과 네덜란드에서 이주한 백인 '보어인boer'이 경쟁적으로 지배하던 곳이었다. 이 때문에 분쟁이 잦았고, 1910년 남아프리카공화국과 몇몇 나라로 분열되어 독립할 수밖에 없었다. 이 중 남아프리카공화국은 보어인이 영국에 맞서 독립한 나라였다. 하지만 이는 보어인 등 아프리카 백인들이 자신들의 기득권을 지키기 위한 독립이었을 뿐이다.

남아공 백인들은 건국할 때부터 강렬한 흑백 분리 정책인 '아파르트헤이트'를 시행했다. 아프리카 백인들이 아프리카 흑인들을 지배하고자 영국 등 본토에서 독립한 만큼, 아파르트헤이트는 인종주의 정책의 결정판이라 할 정도로 철저했다. 흑인과 백인은 거주 지구가 분리되고 선택할 수 있는 직업도 제한되었으며, 교육 내용도 달랐다. 흑인은 정치 참여 등 인권과 기본권이 모두 제한되었다. 축구장에 가도 흑인 관람석과 백인 관람석이 따로 있었고, 화장실이나 편의 시설 등도 차별을 두었다.

당연히 이에 대한 저항운동도 일찍부터 시작되었다. 1912년 흑인 등 저항운동 세력은 아프리카국민회의(ANC)를 조직하고 아파르트헤이트에 맞서 싸웠다. 100년 가까이 이어 온 이 오랜 싸움을 끝낸 영웅이 바로 넬슨 만델라이다.

만델라는 1918년 템부족 추장의 아들로 태어나 서양식 교육을 받았으며, 1940년대부터 ANC에서 활동하였다. 여러 차례 투옥된 만델라는 1964년 종신형을 언도받고 1990년까지 무려 27년간 감옥에 갇혀 있었다. 만델라는 당시 전 세계 정치범 중 가장 오랫동안 감옥에 갇혀 있던 사람이었다.(세계 최장기 정치범인 한국의 이인모 (1993년 석방)와 7년 차이가 날 뿐이다.)

27년간 수감됐던 남아공 대통령, 만델라

1990년대 세계를 휩쓴 독재 정권 타도와 민주화의 물결은 남아공에도 찾아왔다. 1976년 차별에 항의하는 초등학생 헥터 피터슨을 경찰이 총으로 쏘아 죽인 사건은, 상식을 가진 모든 세계인을 분노시켰다.

남아공 흑인과 유색인종은 거세게 저항했고, 세계인도 이에 호응했다. 남아공에 경제제재가 가해졌고 국제 대회 유치가 불가능해졌으며, 유명 예술인들도 남아공 방문을 거부했다. 계속되는 저항에 투옥과 학살로 맞서던 남아공 백인 정권은 점점 궁지에 몰렸다. 결국 1989년 클레르크 대통령이 만델라를 석방하고, 흑인 지도자들과 대화를 나누는 등 해결에 나섰다. 백인 극단주의자들은 ANC 지도자 중 한 명인 크리스 하니를 암살하는 등 무력으로 대화를 막았지만 대세를 돌이키지 못했다.

1994년, 마침내 흑백 차별이 철폐되고 민주적인 대통령 선거가 치러져 만델라가 대통령으로 선출되었다. 그는 취임식 연설에서 이렇게 말했다.

1994년 남아프리카공화국의 대통령 선거에서 승리한 넬슨 만델라(오른쪽). 그 옆은 아파르트헤이트 철폐에 앞장선 데스몬드 투투 남아공 주교.

"너무나도 오래 지속된 특수한 인간적 재앙의 경험으로부터 인류 전체가 자랑스러워하는 사회가 태어나야 합니다. … 이렇게 아름다운 나라가 인간에 의한 인간의 억압을 경험하는 일이 다시는, 절대로, 절대로, 일어나서는 안 됩니다. … 자유가 지배해야 합니다. 신이여 아프리카를 보호하소서."

만델라의 5년 통치는 그리 간단하지 않았다. 급진적 개혁을 주장하는 ANC에서 내부 분열이 일어났고(이 때문에 그는 오랜 동지이자 아내였던 위니 만델라와 결별했다.), 흑인 부족 간 갈등이 재현되었으며, 백인들이 장악하고 있는 경제를 개혁하는 것도 어려운 일이었다. 빈곤은 여전하고 갈등도 여전했다. 대통령 임기를 마치고 퇴임한 후 그는 환호와 원망을 동시에 받았다. 하지만 아파르트헤이트의 부활은 이제 절대 불가능한 일이 되었고, 남아공은 남아프리카의 맹주로서 아프리카 전체 평화와 빈곤 해결에 앞장서는 역할을 여전히 잘 해내고 있다. 2010년 월드컵 개최는 그런 남아공에 대한 국제사회의 대답이었다.

브라질과 남아공이 모든 문제를 완전히 해결한 것은 아니다. 여전히 격차와 갈등의 내홍을 겪고 있다. 하지만 제3세계의 가장 주목받는 리더로서 점점 역할을 확대해 가고 있다. 기존 유럽 강대국 사이에서 숱한 모순에 빠져 있던 제3세계 문제를 해결하는 데 그들이 중요한 역할을 하리라는 것은 의심의 여지가 없다.

208

국경 없는 자유시장의 역설

신자유주의

1986~

교과서 속 한 줄 역사 세계 여러 나라의 경제가 긴밀하게 연결되는 세계화가 진행되고, 상호 무역 확대를 위한 자유주의 이데올로기가 확산되고 있다. 이러한 신자유주의 흐름 속에 국가 내 사회적 불평등은 더욱 심화되고 있다.

2008년 미국발 금융 위기는 전 세계 경제를 뒤흔들었다. 한국도 예외가 아니어서 주식 투자자들이 엄청난 손실을 입었을 뿐 아니라, 한국 경제 전체가 휘청했다. 더 이상 시장의 국경이 존재하지 않는 시대, 바로 오늘날 신자유주의 시대이다.

신자유주의는 자유주의의 문제점에 대한 국가의 정책적 · 제도적 배려의 필요성을 인정하면서도, 시장과 기업의 자유를 최대한 보장하려 한다. 이런 흐름은 국가의 경계와 제도를 초월한 자유로운 경제활동을 촉진하며 여러 크고 깊은 변화들을 가져온다.

신자유주의가 본격적으로 추진된 것은 미국 클린턴 대통령 시대(1992~2000)부터이다. 이미 80년대 중반 우루과이라운드 협상에서부터 시작된 세계 자유무역 체제는, 90년대 논란 속에 북미자유무역협정(NAFTA)이 체결되면서 가시화되었고, 1995년 세계무역기구(WTO)의 출범으로 돌이킬 수 없게 되었다. 국제통화기금(IMF), 세계은행 등의 국제기구들은 세계경제를 좌우하는 존재로서 맹위를 떨쳤다.

시장 장벽 허문 과학기술의 발전

90년대부터 21세기로 넘어가는 20년 동안 세계경제가 하나로 통합되는 데 중요한 역할을 한 것은 과학기술이다. 1971년 인텔이 개발한 집적회로(IC)는 소형 컴퓨터 개발을 가능하게 했고, 이를 토대로 1977년부터 개인용 컴퓨터(PC)가 등장하였으며, 마이크로소프트 사에서 개발한 MS-DOS와 윈도우 등 간편한 운용 소프트웨어로 누구나 워드 프로세서, 디자인, 데이터베이스, 커뮤니케이션 등의 작업을 손쉽게 처리할 수 있게 되었다.

세계 수십억 대의 컴퓨터를 연결하는 통신망 인터넷의 보급은 컴퓨터 혁명을 더욱 극적으로 이끌었다. 처음 미국 국방부에서 공공 목적을 위해 개발되기 시작한 컴퓨터 간 네트워크 구축은, 1969년 컴퓨터 간 데이터를 회선이 아니라 패킷을 교환하는 방식으로 전송하는 '아르파넷ARPAnet'으로 발전하였다. 군사기밀 유출의 위험 때문에 초기 개발 과정에서 국방부가 빠지면서 아르파넷은 인터넷으로 발전하여 누구나 자유롭게 활용할 수 있게 되었으며, 1989년 월드 와이드 웹(www) 체계가 구축되면서 전 세계가 인터넷을 통해 하나로 연결되는 시대가 열렸다.

케이블 텔레비전의 등장과 발전도 눈여겨볼 만하다. 70년대까지만 해도 공중파 방송이 전부였지만, 80년대부터 케이블 채널과 위성 채널이 등장하면서 공중파의 위력은 급격히 감소했다. 이제는 스포츠, 음악, 뉴스, 만화 등 전문 채널을 통해 원하는 프로그램을 24시간 시청할 수 있으며, 자국 방송뿐만 아니라 어느 나라든 원하는 방송을 볼 수 있게 되었다.

컴퓨터, 인터넷, 케이블 TV의 발전은 시장의 시간적·공간적 제약을 철폐했다. 미국인이 손쉽게 대서양 건너편 영국의 물건을 살 수 있게 되었고, 영업 시간에 구애 받지도 않게 되었다. 시장을 둘러싼 장벽이 허물어지면서 90년대 이후 시장의 규모와 이윤 규모는 이전 시대와 비교할 수 없을 정도로 커졌다. 1980년 미국의 국민총생산은 2조 달러 수준이었지만 2000년에는 9조 달러, 2010년에는 15조 달러 수준으로 상승했다.

시장의 확대는 마케팅 세분화로 이어졌다. 맥도날드, 월마트, 갭 (GAP) 등 규격화된 상품 및 상점들이 전 세계로 퍼지는가 하면, 정반대로 광고의 타깃은 노인·청년·아동·여성 등으로 세분화되었다. 미디어 프로그램들 역시 대중을 향하기보다는 특정 집단을 겨냥한 것들이 대세가 되었다.

경제적 '자유'가 낳은 예속과 불평등

1999년 11월, WTO 회의가 열리기로 한 시애틀은 전 세계에서 모인 1만여 명의 시위대가 외치는 세계화 반대 구호로 가득했다. '시애틀 전투'로 명명된 이 시위로 회의는 무산되었다. 이후 중요한 자유무역 관련 국제회의가 있을 때마다 많은 나라의 시위대들이 집결하여 시위를 벌이고 공권력과 충돌하는 사태가 벌어졌다.

1999년 11월 30일, WTO 회의가 개최된 미국 시애틀 시위 현장.

신자유주의는 이처럼 많은 저항과 부작용을 낳았다. 경제적 불평등이 국가 내부뿐만 아니라 국가 간에도 심각하게 나타났으며, 극심한 경제난과 양극화를 겪게 된 제3세계 나라의 빈민들이 부국으로 탈출하면서 곳곳에서 인종 및 문화 갈등이 발생하고 있다. 2005년 일어난 파리 교외 이슬람 출신 이주민들의 폭동, 증가하는 이슬람교도에 대한 프랑스 기독교인들의 신경질적 대응(모스크의 첨탑 금지 및 여성의 히잡 착용 금지 등)도 이와 무관하지 않다.

신자유주의로 인한 경제 양극화는 선진국 내에서도 갈등을 불러일으켰다. 미국은 80년대 이후부터 빈곤층 비율이 70년대 수준으로 떨어지지 않고 있다. 특히 흑인들의 경우 중산층 이상의 전문직 진출이 늘어나는 와중에 빈곤층 흑인들의 취업률은 계속 떨어져 흑인 사회 내부에서도 심각한 갈등이 일어나고 있다.

일찍이 프랜시스 후쿠야마는 《역사의 종언》에서 90년대 미국 자본주의가 인류의 최종 발전 단계라는 과감한 주장으로 센세이션을 일으켰다. 사실 신자유주의 초기만 해도 경제성장의 결실을 보며 낙관적 시각을 갖는 이들이 많았다. 하지만 21세기 이후 전 세계적 양극화에 따른 갈등으로 회의적인 시각을 갖는 사람들이 늘어나고 있다. 이제 신자유주의는 또 다른 발전을 위한 전 단계라는 견해가 점차 늘어나고 있다.

209

최첨단 전투기 무릎 꿇린 구식 무기

부비트랩

1980~2011

> **교과서 속 한 줄 역사** 미국은 테러 방지를 위한 선제공격 전략을 세우고 이라크를 공격했다. 부시 대통령이 40일 만에 종전을 선언하며 미국의 승리를 선포했지만, 저항 세력의 습격과 테러로 성급한 선언이었다는 비판을 받았다.

2010년 3월 7일, 제82회 아카데미 시상식의 최대 관심사는 전前 부부 감독의 대결이었다. 남편 제임스 카메론 감독은 3D 영화의 신기원을 이룬 〈아바타Avatar〉로 감독상 · 작품상 등 9개 부문 후보에 올랐다. 그의 전 부인 캐서린 비글로우는 이라크 전쟁을 다룬 〈허트 로커The Hurt Locker〉로 역시 작품상 · 감독상 등 8개 부문 후보에 올라 있었다. 이들은 3년간 결혼 생활을 하다 이혼한 사이였다.

관심을 모았던 두 사람의 대결은 작품상, 감독상, 각본상을 휩쓴 캐서린 비글로우의 승리로 끝났다.

〈허트 로커〉는 이라크 전쟁 당시 도로 등에 매설된 IED(급조 폭발물)을 해체하는 폭발물 처리반(EOD) 대원의 이야기다. 이 이야기가 어떻게 전 세계에서 30억 달러 가까운 흥행수익을 올린 영화를 제치고 더 높은 평가를 받았을까?

소련 탱크를 날려 버린 부비트랩

'부비트랩booby trap'은 사람을 죽이기 위해 설치한 덫을 말한다. 함정, 덫, 건드리면 화살 등이 발사하도록 만든 장치 등으로서 영화나 소설에서 고대 무덤을 발굴할 때 무덤을 지키는 장치로 자주 등장한다. 이 부비트랩이 세계 최강의 미군과 소련군을 곤경에 빠뜨리며 현대전의 양상을 바꾸고 있다.

부비트랩이 위력을 발휘하기 시작한 것은 베트남 전쟁이었지만, 전쟁을 좌우할 정도로 발달하게 된 것은 1980년 소련의 아프가니스탄(이하 아프간) 침공부터였다. 당시 세계 1위의 군사대국 소련은 아프간 공산당을 지원한다며 침공해서 몇 달 만에 전 국토를 장악하고 공산 정권을 수립했다. 그러자 아프간 무슬림들은 성전을 선포하고, 종교의 자유를 지키기 위해 거친 산악 지대로 들어가 게릴라 활동을 시작했다. 이들을 '무자헤딘'이라 한다.

1983년 무렵, 버려진 소련 탱크를 둘러싼 아프가니스탄 무자헤딘 전사들.

무자헤딘은 곧 자유주의 진영으로부터 많은 무기와 전술의 도움을 받았다. 값이 싸고 이용이 편리한 자동소총 AK-47를 비롯하여, 소련 헬기를 무력화시킬 미제 휴대용 대공 미사일 스팅어도 반입되었다. 그러나 세계 최대 규모의 기갑 전력, 즉 전차와 장갑차로 무장한 소련군을 무력화시킨 일등 공신은 도로에 매설한 급조 폭발물이었다.

구불구불하고 좁은 산악도로로 도시와 도시, 지역과 지역을 연결하는 아프간의 특성상, 도로 곳곳에 매설한 급조 폭발물은 인력과 물자를 수송하는 소련 장갑차나 트럭이 피해 갈 수 없는 장애물이었다. 무자헤딘의 폭발물에 허공으로 날아가는 소련 장갑차와 군인의 모습이 담긴 동영상이 자유주의 진영의 뉴스에 방송되기도 했다.

소련은 카불 등 몇몇 도시를 제외한 나머지 지역에서 통치력을 서서히 잃어 갔다. 지방 소도시로 병력을 보내고 싶어도 보낼 수가 없었다. 공중 지원은 스팅어로 격추되고, 지상 지원은 급조 폭발물로 차단되었다. 결국 고립된 소련군은 1988년부터 철수하기 시작했고, 8년간 아프간에 쏟아 부은 전비 때문에 재정 적자에 시달리던 소련은 몇 년 후 해체되고 말았다.

되살아난 무자헤딘의 악몽

9·11 테러 직후 테러의 주범으로 지목된 이슬람 테러 단체 '알카에다' 소탕에 나선 미군은, 2001년 10월 알카에다의 소굴로 알려진 아프간을 침공하여 손쉽게 카불을 점령했다. 이어 2003년에는 이라크를 침공하여 역시 한 달 만에 바그다드를 점령했다.(이라크 전쟁) 소련을 물리친 아프간의 무자헤딘, 70만을 자랑하는 이라크군은 너무 싱겁게 무너진 것처럼 보였다.

하지만 무자헤딘의 경험이 다시 미군을 괴롭히기 시작했다. 더 이상 무기를 지원해 주는 자유주의 진영은 없었지만, 도로에 매설된 급조 폭발물은 여전히 위력을 발휘했다. 특히 이라크는 산악도로가 아닌 도시의 주요 교차로나 길목에 폭탄이 매설되어 민간인 피해도 심각했다. 미군은 도시 외곽을 순찰할 때도 탱크와 함께 움직여야 했다. 매일 한 명 이상의 전사자를 내던 미군은 2011년 말 이라크에서 철수하고 말았다. 그나마 이라크에 후세인 지지 정부가 들어서지 않았다는 것이 다행이라고 해야 할까?

이로 인해 미국이 겪은 후유증은 만만치 않았다. 예상할 수 없는 공격에 대한 공포로 귀가한 많은 군인들이 정신적 후유증을 겪었다. 대부분 우울증으로 폭력적 성향을 보이며 사회 적응에 실패해서 이혼하거나 폭행 등의 범죄를 저지르고, 심할 경우 자살하거나 살인을 저지르기도 했다. 이라크 전쟁을 다룬 많은 영화나 드라마가 제대한 후 적응하지 못하고 다시 전장으로 돌아가는 병사들 이야기를 담고 있는 것은 시사하는 바가 크다.

수억 달러의 비싼 몸값을 자랑하는 최첨단 전투기와 미사일이 난무하는 현대전에서, 정작 승패를 가른 중요한 무기가 아마추어들이 만든 조잡한 폭발물이라는 사실은 21세기의 또 다른 모습이다. 전쟁을 좌우하는 것이 무기와 돈이 아닌 인간이라는 인류사의 보편적 진리, 갈등을 폭력으로 해결하려는 시도가 얼마나 어리석은 일인지를 21세기 대표적 현대전을 통해 깨닫게 되는 것이다.

210

도광양회에서 화평굴기로

G2 시대

 **21세기**

교과서 속 한 줄 역사 2001년 세계무역기구(WTO)에 가입한 중국은 경제적으로 급속히 성장하고 있다.

2011년 중국은 국내 총생산(GDP) 5조 8,786억 달러를 기록하며, 5조 4,772억 달러의 일본을 제치고 세계 2위의 경제대국이 되었다. 일본은 1967년 독일을 추월한 이후 34년 만에 세계 3위로 밀려났다. 이로써 세계경제는 미국(2014년 현재 17조 달러)과 중국(10조 달러)의 G2(Group of 2) 시대로 전환되었다.

2014년 현재 중국은 자본투자유치 1위, 세계시장 점유율 1위 상품 개수 1위(1,480여 개. 미국 600여 개 3위, 한국 64개 13위), 구매력 2위, 무역 규모 2위 등 세계의 시장이자 산업국으로 미국과 어깨를 나란히 하고 있다. 1840년 아편전쟁 이후 잃어버린 세계 최강 경제대국의 지위를 200년 만에 다시 탈환하려 노리고 있다.

팍스 시니카, 낮추었던 몸을 일으키다

1980년대 덩샤오핑은 개혁개방정책을 취하며 '도광양회韜光養晦'를 주장하였다. 빛을 감추고 어둠 속에서 키운다는 뜻으로,《삼국지》에서 유비가 조조 밑에서 재능을 숨기고 힘을 키우면서 했다는 "칼빛을 칼집 속에 숨기고 어둠 속에 힘을 기른다"는 말에서 나왔다. 강대국들의 견제를 피하기 위해 최대한 몸을 낮추고 조용히 내실을 기하겠다는 뜻이었다.

하지만 2000년대 중국의 새로운 지도부는 '화평굴기和平屈起'를 내세웠다. 주위와 화목하며 낮춘 몸을 일으킨다는 의미로, 이제는 일어서서 세상의 평화를 위해 역할을 하겠다는 적극적인 의미다. 일본을 추월하고 미국을 바짝 추격한 경제력, 핵과 항공모함을 보유한 세계 3위의 군사력, 세계에서 세 번째로 유인우주선을 쏘아 올린 과학기술, 무궁무진한 인적자원을 바탕으로 다시 한 번 '팍스 시니카Pax Sinica'(청나라 시대처럼 중국China이 동아시아 및 중앙아시아를 제패하고 조공 질서를 구축한 시대)를 열겠다는 의지의 표명이었다.

이러한 중국의 자신감을 보여 준 것이 중국 국영방송 CCTV에서 제작한 다큐멘터리 〈대국굴기大国崛起〉이다. 총 12편으로 구성된 이 다큐멘터리는 영국·미국·일본·네덜란드 등 근대 세계를 지배한 강대국들이 나라를 일으킨 역사를 살피고, 다음 차례인 중국이 무엇을 해야 할 것인가를 13억 중국 인민 전체와 함께 고민하는 작품이었다.

2003년 후진타오 주석의 외교 노선인 '화평굴기'(평화롭게 국제사회의 대국으로 부상)에 이어, 2006년 CCTV는 '대국굴기'(대국이 일어서다)라는 12부작 역사 다큐멘터리를 방송했다.

제국이냐, 공존이냐

그러나 중국의 '화평굴기'에 대한 세계의 견제가 만만치 않다. 미국은 필리핀 · 일본 · 파키스탄 등 중국과 접해 있는 나라들의 미군 기지를 강화하거나 부활시켜 중국의 제국주의적 진출을 봉쇄하고 있다. 일본, 베트남, 인도 등 중국 국경 지대의 영토 분쟁도 끊이지 않고 있다. 티베트와 신장자치구는 중국 공산당의 압제에 대항하여 분리 독립운동을 펼치고 있는데, 이에 대한 국제사회의 관심과 지원이 중국에게는 크나큰 난제이다.

2000년대 후반부터 중국은 '화평굴기'를 접고 세계와 공존하기 위해 노력하는 태도를 보이고 있다. 6자 회담을 통한 북핵 문제 해결, 2008년 세계 금융 위기 이후 세계경제 위기 극복을 위한 중국의 역할 강화, 테러 방지를 위한 국제적 공조, 아프리카 빈곤 국가에 대한 경제원조 등 경제력을 바탕으로 경제를 넘어선 중국의 세계적 위상을 정립하고 제국주의적 팽창에 대한 안팎의 경계를 누그러뜨리려 안간힘을 쓰고 있다.

2008년 베이징 올림픽은 그런 의미에서 상징적이었다. 204개국 1만 명 이상의 선수단이 참가한 역대 최대 규모의 올림픽으로 치러진 이 올림픽에서, 중국은 분리 독립운동의 테러 위협과 중국 인권에 대한 여러 불편한 시각 속에서도 대회를 성공적으로 치러 중국의 위력을 세계에 보여 주었다. '몽둥이를 든 팬더 곰'이었던 중국의 이미지가 세련되고 귀여운 '푸와'(올림픽 마스코트)로 바뀌는 순간이었다.

2008년 베이징 올림픽 마스코트 '푸와'.

오늘날 세계인들의 가장 큰 걱정거리는 중국의 경기 경착륙이다. 인권과 민주주의의 문제가 심각함에도 불구하고 '세계 시장'인 중국의 불황이 각국 경제에 미칠 충격이 더 두렵기 때문이다. 미국과 일본의 경제 불황이 장기화되는 시점에서 다시 용틀임하는 거대 국가 중국은 21세기 지구의 가장 큰 변수가 되었다.

에피소드 세계사 **하**

2016년 1월 30일 초판 1쇄 발행

지은이 | 표학렬
펴낸이 | 노경인 · 김주영

펴낸곳 | 도서출판 앨피
출판등록 | 2004년 11월 23일 제2011-000087호
주소 | 우)120-842 서울시 영등포구 영등포로 5길 19(37-1 동아프라임밸리) 1202-1호
전화 | 02-336-2776 팩스 | 0505-115-0525
전자우편 | lpbook12@naver.com
홈페이지 | www.lpbook.co.kr

ISBN 978-89-92151-94-8
      978-89-92151-92-4 (세트)